李天綱 主編

浦東歷代要籍選刊編纂委員會
上海市浦東新區地方志辦公室
編

张文虎集

二

［清］張文虎 著

王瑾 顏敏翔 整理

復旦大學出版社

舒蓺室隨筆

舒藝室隨筆卷一

漢書藝文志：易經十二卷。師古曰：「上下經及十翼，故十二篇。」蓋相傳舊說也。自經師析傳隸經，經傳混淆，失其舊次。孔沖遠正義謂：經本上、下篇。十翼：上彖一，下彖二，上象三，下象四，上繫五，下繫六，文言七，說卦八，序卦九，雜卦十。宋東萊呂氏古周易及朱子本義並從之。案：晁以道古易以文言次象傳後，與今乾卦篇合，疑當從晁。魏志：高貴鄉公問博士淳于俊曰：「孔子作彖、象傳，鄭玄作注，其釋經一也。今彖此謂彖傳也，而但偁彖者，以是知彖曰、象曰等字，古本已然。不與經文連，可知其時經、傳未并。而注連之，何也？」案：「此謂鄭君注文，各系經傳之下，異於孔子之傳，不與經連，故下云「鄭玄何獨不謙」，非斥鄭君合傳於經也。合傳與經，相傳本於費氏。蓋以漢書儒林傳言費氏亡章句，徒以彖、象、繫辭十篇、文言「文言」二字，疑當在十篇上，誤倒。解說上下經。」想當然爾。或者又以曹髦此問屬之鄭君，而孔沖遠又謂分爻傳各附當爻之下始於王輔嗣。然則輔嗣以前，皆如今乾卦篇邪？東萊亦疑之。蓋不可考矣。

坤彖傳：「至哉坤元，萬物資生，乃順承天。」案：陽德健，而用在施；陰德順，而用在承。

陽施陰，而資始；陰承陽，而資生，「一陰一陽之謂道」也。陽施而變，陰承而化，而云：「乾道變化，各正性命」，獨歸之乾者，坤之功皆乾之功也。地道无成而代有終也。

文言：「陰疑於陽，必戰，爲其嫌於无陽也。」案：「疑」當讀爲「儗」，説文：「儗，僭也。」无陽猶言無君。上云臣弑其君，子弑其父，蓋豫戒於履霜之初。「嫌於无陽」，九家作「兼于陽」。「兼」，猶並也，言並立也。義與「疑」亦同。管子云：「内有疑妻之妾，此宫亂也。庶有疑嫡之子，此家亂也。朝有疑相之臣，此國亂也。」史記李斯列傳云：「臣疑其君，無不危國；妻疑其夫，無不危家。」即此「疑」字。

比九五：「王用三驅，失前禽」。案：「前禽」謂上六也。四陰皆在下相承仰，比於五而上獨自外，故云「失前禽。」傳曰：「舍逆取順。」是也。象曰：「後夫」，上曰「无首」，義同。

履上九視「履考祥，其旋元吉」。釋文云：「祥本作詳。晁引荀作詳，審也」。鄭注云：「履道之終，考正詳備。」案：爾雅釋詁：「考，成也。」視履考詳，所謂動容周旋，中禮也。故繫辭傳曰：「履和而至。」疑古本作「詳」。虞注：「乾善爲詳。」則讀「詳」爲「祥」，而王輔嗣遂改爲「祥」矣。

同人大象傳：「天與火，同人。君子以類族辨物。」案：天高在上火，即日也。明無不照，故君子法之。以類族辨物，蓋同中有異，異中有同也。

謙爲九三：「勞謙。君子有終，吉。」案：九三體「艮」，萬物之所成，終而成始，故曰「勞」。此爻爲成卦之主，故其辭與彖同。

豫·大象傳：「雷出地奮，豫。」案：「豫」，當訓如「凡事豫則立」之「豫」，爻辭可證。雜卦傳「謙輕豫怠」，取相反爲義，所謂「不豫則廢」也。積之厚而動，故曰「雷出地奮」。

九四：「由豫，大有得。」案：小爾雅：「由」，用也。君子陽陽、詩毛傳同。四爲成卦之主體「震」，震爲決躁無所遲疑，用豫之道也。

蠱：案：釋文：「蠱，一音故。」序卦傳：「蠱者，事也。」審經文，蠱無惑義。雜卦傳：「蠱，則飭也。」飭，猶法也，與「事」義亦相因。昭元年左傳「女惑男」之説，術家坿會，乃別一義，不足以解經。正義引梁褚都講疏云：「物既惑亂，當須有事。」李氏集解引伏曼容云：「萬事從惑而起。」調停二義，此則本義壞極，而有事之説所本也。

彖：「先甲三日，後甲三日。」案：「甲者，十干之首。所以作事謀始。先甲三日謀之前，後甲三日慎之既。約言之，非限於三日也。「艮」成終成始，「巽」申命用事，故取義如此。傳云：「終則有始」，大象傳云：「君子以振民育德」，義同。

初六：「幹父之蠱。」案：説文：「榦，築牆版也。」即根「榦」字，經典相承作「幹」。乾文言曰：「貞固足以幹事。」幹父之蠱，若孟莊子「不改父之臣與父之政」充之，則善繼善述矣。故傳曰：「意承考也。」

臨象：「至于八月有凶。」案：王氏經義述聞據象傳「消不久也」之義，斷從鄭君及虞仲翔，以爲建未乃周之八月是也。復之七日，少陽也。自姤一陰生而數之，臨之八月，謂遯。少陰也，自復一陽生而數之。陽主日，故曰七日；陰主月，故曰八月。臨之傳曰：「剛浸而長」，謂陽長也，遯之傳曰：「小利貞，浸而長也」，謂陰長也。聖人之言重規疊矩，而學者以小見私識亂也，或曰建申，或曰建酉，此無事自擾。

復「一陽初生」，而曰「七日來復」，有喜詞抑有勉詞焉。臨「剛浸而長」，而曰「至于八月有凶」，有懼詞抑有警詞焉。聖人之憂天下來世，其至矣。漢儒六日七分之術，破碎難知。借易卦以寄其說，以之説易，是謂褻經。至十二辟卦，實出自然。復之「七日」，臨之「八月」，非此不能通，故論易者每取之。

六三：「甘臨，无攸利。既憂之，无咎。」案：説文：「甘，美也。从口含一。」兑爲口、爲説，恐其妧於此一陰，故曰「无攸利」。憂者，憂其「至于八月有凶」也。思患豫防，則咎不長。傳文。咎不長，與象傳「消不久」相對。

噬嗑象傳：「柔得中而上行。」案：卦自否來，初與五易，故云。賁象傳：「柔來而文剛」，「分剛上而文柔」。案：卦自泰來，上與二易，故云云。傳於二曰：「與上興」，於上曰：「上得志」，其義灼然。

「天文也」。義海撮要載徐氏說，句上有「剛柔交錯」四字。案：王輔嗣注亦云：「剛柔交錯以成文，天文也。」似王本本有此四字，而傳寫失之。

六三：「頻復，厲。」頻、濱，古今字。說文作「頻，水厓人所賓附也」。顰蹙不前而止，三體震爲足，而迫坤，故云「頻復」。厲，如深則厲之，厲三遠於初，恐其怠，故勉之。

大畜六四：「童牛之牿。」案：說文：「牿，牛馬牢也。」告牛觸人，角箸橫木，所以告人也。此經「牿」字，說文、九家皆作「告」，本義混而一之，既釋以詩之「楅衡」，則當作「告」矣。周禮地官封人：「凡祭祀，飾其牛牲，設其楅衡。」云童牛之告者，蓋將以祭祀。告，乃梏之借字。

頤六二：「顛頤，拂經于丘頤。」案：二三四五皆在頤中，而二最近初動而不已，故曰：「顛」。拂經者，戾其常度。丘，大也虛也。於言語，則放言高論；於飲食，則放飯流歠，此之謂「丘頤」。

上九：「由頤，厲吉。」案：由，用也。上爲艮，主頤之道，不得已而動，在艮以限之。養而有節，則自養而亦能養人，故傳曰「大有慶也」。

大過九二：「枯楊生稊。」案：夏小正「柳稊」，傳云：「稊也者，發孚也。」孚字从孚，孚亦乳也。蓋狀其萌芽。說文草部有「蕛」字，而禾部無「稊」，疑傳本失之。釋文引鄭作「荑」，云：「木更生。」詩碩人傳云：「荑，茅之始生也。」義亦相近。

離九四：「突如其來如，焚如，死如，棄如。」案：九四與三，重剛相接，兩火相炪，燎原之象。重離與重坎等也，水就下，故於三云「來之坎坎」；火炎上，故於四云「突如其來如」。

咸彖傳：「柔上而剛下，二氣感應以相與。」案：咸自否來，恒自泰來，皆四上互易，故咸曰「柔上而剛下」，恒曰「剛上而柔下」。二卦六爻皆相應，故咸曰「二氣感應以相與」，恒曰「剛柔相應」。

上六傳：「滕口說。」案：說文：「滕，水超涌也。」玉篇引詩「百川沸滕」，今詩作「騰」，蓋假借字。段注云。然「騰」亦有超躍義，自可通用。

恒九三：「不恒其德。」案：巽爲躁卦，爲進退，爲不果。三居巽上，迫近震動，見巽思遷者也。

遯九三：「有疾，厲。畜臣妾，吉。」案：有疾厲者，思患而豫防之，慮陰柔之漸長也。畜臣妾吉者，艮體在上，畜下二陰，畜而能止，善畜者也。大傳曰：「不惡而嚴」是已。

上九：「肥遯，无不利。」案：正義引子夏曰「肥，饒裕也。」是就文爲訓。王輔嗣云：「憂患不能累，矰繳不能及。」似兼取淮南九師「飛遯」之說。見後漢書張衡傳注。汪君士鐸云：「毛傳「所出同，所歸異，爲肥泉。」見泉水傳，爾雅釋水「歸異，出同流，肥。」郭注亦引此。遯世之士所歸不同，故曰「肥遯」。亦有意義。

大壯九三：「小人用壯，君子用罔。貞厲，羝羊觸藩，羸其角。」案：罔字，釋文引馬、王訓「无」，本義因之。王輔嗣解爲「羅罔」，似皆詰籀，疑當爲「誣罔」之罔。蓋小人狂戾，而君子或惑於誣罔之言，則皆不免於觸藩羸角。大壯爲大兑，故三四五皆取象於羊。三當兩卦之間，重剛躁進，欲應上六，而格於九四，故有觸藩羸角之象。本義訓羸爲困，得之。

晉初六：「晉如摧如，貞吉。罔孚，裕无咎。」案：摧如者，難進易退，不以進爲喜。裕无咎者，孟子所謂「綽綽然有餘裕」也。當晉之初，君子宜慎其始，故傳云「獨行正」。

六二：「晉如愁如，貞吉。受兹介福于其王母。」案：愁者，揫之假借字。鄉飲酒義「秋之爲言愁也」；尚書大傳「秋者愁也，萬物愁而入也」，皆以「愁」爲「揫」。説文：「揫，束也。」詩曰：「百禄是揫。」今長發作「遒」。傳訓「聚也」。坤爲衆，有聚義。故下云「受兹介福于其王母」。三陰在下，惟二得中，故其占如此。揫之爲言歛也，虚中善下，常懷憂懼，亦「摧如」之義。然則讀愁如字，亦可。

家人九三：「家人嗃嗃，悔厲吉。婦子嘻嘻，終吝。」案：離體以二陽閑一陰，初在内，不失其閑者也，三則近外矣。故嚴其閑，爲家人之嗃嗃則吉；或弛之，則爲婦子之嘻嘻而吝也。

九五：「王假有家。」案：王假有家，所謂「刑于寡妻，至于兄弟，以御于家邦」者也。其取義，則本義備矣。

睽六三：「見輿曳，其牛掣。」案：三之「輿曳」，上之豕、鬼車、弧寇，皆取象於坎。「牛」取象於離，以是知「互卦」之說不可廢。

上九：「匪寇婚媾，往遇雨則吉。」案：以互有坎體，故有負塗、載鬼、張弧、說弧之紛紛，及得六三正應，乃知坎體匪真，故傳曰「群疑亡」。兑澤爲雨坎，爲心病，故曰「疑」。

夬大象傳：「居德則忌。」虞注「乾爲則」。許叔重說文解字序引亦作「則」，與今本同。王輔嗣注云：「夬者，明法而決斷者也。忌，禁也。法明斷嚴，故居德以明禁也。」正義申注亦作「明」，今注疏本正文作「則」，蓋後人依今本改。

萃象：「王格有廟。」案：澤地之爲萃，猶水地之爲比也。下順上說，格廟之象。又云：「用大牲吉。」大牲，謂坤。

井初六：「舊井无禽。」王氏述聞云：「禽指禽獸。井，當讀爲阱，與井泥不同。」案：王說是也。古井、阱同字，論語「井有仁焉」；孟子「今人乍見孺子將入於井」，「赤子匍匐將入井」皆當讀爲阱。坎初六、六三皆云「坎窞」，此言「井」皆取義於「陷」。

震：「亨。震來虩虩，笑言啞啞。」案：陽氣在下，鬱則必發，發則通矣。天地之怒，震動萬物，及其過也，乾清坤夷，故曰「震來虩虩，笑言啞啞」。

漸大象傳：「君子以居賢德善俗。」俞氏群經平義云：「居字包下二事而言，解者誤以『居賢德』爲一事，『善俗』爲一事，遂有疑『賢』字爲衍文者。」案：俞説是也。此文與未濟大象傳「君子以慎辨物居方」句同，德有凶有吉，故別之曰「賢德」。「賢德」與「善俗」相對爲文，猶「辨物」與「居方」相對爲文也。此以「居」字領下二事，猶彼以「慎」字領下二事也。王注乃云：「賢德以止巽則居，風俗以止巽乃善」，則已誤讀「居賢德」三字相連矣。

上九：「鴻漸于陸，其羽可用爲儀，吉。」案：「陸」，疑當作「阿」。古音阿、儀同部，菁菁者莪詩可證，丘阿高處在上故也。或疑「陸」爲「逵」，誤，不合古音。

豐初九：「遇其配主，雖旬无咎。」鄭、虞並訓「旬」爲十日，是也。彖曰「日中」，二、三、四同。上曰「三歲」，皆比事屬辭。傳曰：「過旬災也。」則「旬」爲十日可知。荀、王及本義皆訓「旬」爲「均」，於義不可通。

巽大象傳：「隨風，巽。」案：風之爲氣，以陰入陽，巽之象也。「隨風」謂無所不至，故説卦曰：「風以散之。」又曰：「巽，入也。」

九二：「巽在床下。」案：説文：「床，安身之几也。」几，亦作「机」。此言「床」，涣言「机」，取象同。

九五：「先庚三日，後庚三日。」案：「庚」之爲言更也。「巽」陰柔善承，然有不得不更者，又不可執守成之義也。蠱言甲善其始，巽言庚善其繼，申命行事，此之謂也。

中孚彖傳：「柔在内而剛得中，説而巽孚。」王注：「有此四德，然後乃孚。」正義申之，云：「柔内剛中，各當其所，説而以巽乖争不作，所以信發於内，謂之中孚。」故曰「柔在内，而剛得中，説而巽孚也。」下「乃化邦也」，正義釋經亦無「孚」字，是古本以「説而巽孚」斷句，今本皆以「孚」字屬下句。

「利涉大川，乘木舟虚也。」案：詩谷風正義引此文注云：「舟謂集板，如今自空大木爲之，曰虚。即古又名曰虚。」案：此是虚亦舟名。「自空大木」，蓋木之老而空腹者，疑古者偶取空腹之木，浮之以渡，因名爲虚。後乃刳大木而用之，繫辭傳「刳木爲舟」是也。集板之製，又出其後。於是虚之名，鮮有知之者矣。正義引但作注云，王伯厚輯入鄭注，蓋因上「鄭唯何有何亡爲小異」七字而誤，不察此七字有「○」隔之，乃正義自論傳、箋、釋詩異同，非言易注也。阮氏校勘記又謂「自空大木」之「自」當作「船」，則又誤於「自」字斷句耳。

既濟大象傳：「君子以思患而豫防之。」案：水火相濟，而亦相勝，又狎之皆能爲害，逆之，亦能爲害，故思患豫防。思患豫防不於未濟，而於既濟，其旨微矣。

六四：「繻有衣袽，終日戒。」王氏述聞讀「有」爲「又」，引説文「繻，⿰⿱日大隹衣也」。云「⿰⿱日大隹，温也。⿰⿱日大隹衣，所以禦寒。」案：王説是也。内離外坎，由暑之寒，宜豫爲禦寒之備。四入坎體而上互離故。傳曰「有所疑也」者，水火相代，危疑之際，不可不戒也。

既濟初九：「濡其首。」以二至上互重坎也。未濟上九：「濡其尾。」以初至五互坎也。然則互卦不限於上中下，上互三至上，中互二至五，下互初至四。惟其象之似耳。孔氏經學卮言所列互卦，有上五爻互，下五爻互，此亦其一證。申戒於重坎之外，所謂思患豫防。

繫辭上：「聖人有以見天下之至賾。」案：説文無「賾」字。玉篇臣部有之，引此文解云：「賾者，謂幽深難見也。」正義解同。傳中每以「賾」與「動」對舉，疑「賾」義近静，與幽深義亦合。京房作「嘖」，蓋隸變相借。祝睦碑、范式碑「探賾」字並作「嘖」。其訓爲精或靖字，傳寫誤。静、靖字古通。嘖字，説文云：「大呼也。」非其義。本義釋「賾」爲「雜亂」，未知所本。

「言天下之至賾而不可惡也，言天下之至動而不可亂也。」案：逸周書武順解：「地有五行，不通曰惡。」惡者，阻滯之義。成六年左傳：「有汾、澮以流其惡。」注云：「惡，垢穢。」管子水地篇：「夫水淖弱以清，而好灑人之惡。」尹注同。蓋垢穢亦由積滯而生，義相因也。不可惡不可亂，蓋謂静而不滯，動而不亂。

繫辭下：「爻有等，故曰物。物相雜，故曰文。」案：以重卦言，則内貞外悔盡矣。若以奇偶言，則初、三、五爲陽，二、四、上爲陰；以爻位言，則初與四、二與五、三與上皆相應；以重爻言，則初與二、三與四、五與六皆相比，皆所謂「等」也，而錯居其間，所謂「雜」也。

書堯典：「欽明文思。」鄭注：「慮深通敏謂之思。」今文「思」作「塞」。案：塞，亦通也。以塞爲通，猶以亂爲治，以擾爲馴。思與塞，聲轉義通，皋陶謨「剛而塞」，義亦同，蓋剛而不通則愎矣。九德皆上下相對，務去其偏，史記以「實」字代「塞」字，雖正義，然非其解也。馬氏注：「道德純備謂之思。」後漢書郅惲傳引鄭注考靈燿：「道德純備謂之塞。」蓋惟道德純備，而後能會其通也。洪範：「思曰睿。」馬注：「睿，通也。」是馬、鄭義同。

「寅餞納日」與「上寅賓出日」相對。賓餞，有迎送之意，馬注「餞」爲「滅」，敬滅納日，不辭。鄭謂「秋分夕月」，亦不可以釋納日。史記五帝本紀高辛氏「歷日月而迎送之」，蓋即賓餞之義。匈奴列傳：「單于朝出營，拜日之始生。」今回國風俗，每晚向西送日。見西域聞見録。皆古禮之僅存者與？

皋陶謨：「惟帝其難之。」解者皆云「帝」指堯。案：下文「帝」皆偁舜，此何獨屬堯？「難」有戒慎意，與下「而難佞人」之「難」同。詩桑扈：「不戢不難。」箋云：「不自難以亡國之戒」，疏云「難者，戒懼之辭」，是也。盤庚「子告女于難」，義同。

禹貢：「覃懷底績。」某氏傳云：「覃懷，近河地名。」史記夏本紀索隱云：「今驗地無名『覃』者，蓋『覃懷』二字或當時共爲一地之名。」案：詩葛覃傳云：「覃，延也。」又「實覃實訏」，傳云：「覃，長也。」説文：「覃，長味也。」覃有長義，引申之爲延，此「覃」字義當爲延，與詩「覃及鬼方」之「覃」同。史記集解引鄭注祇云：「懷縣屬河內。」則「覃」非地名，明矣。

盤庚上：「盤庚遷于殷，民不適有居，率籲衆慼出矢言。」俞氏平議謂：盤庚三篇，中宜爲上，下宜爲中，上宜爲下。曰：「盤庚作，惟涉河以民遷」者，未遷時也；曰：「盤庚既遷，奠厥攸居」者，始遷時也；曰「盤庚遷于殷，民不適有居」者，則又在後矣。案：今證之經文，俞說良是，殆不可易。「籲」字，僞傳訓「和」，俞據説文訓「呼」，亦是。段氏尚書撰異謂：「慼」本作「戚」，衛包所改。案：此「衆戚」即下文「婚友」，并非「憂戚」之「戚」。蓋民不便新邑，相與怨於動戚之家，動戚之家又不敢入告，徒坿和民言謗議於外。故下文云「起信險膚」，又云「惟女含德，不惕予一人」，又云：「女曷弗告朕，而胥動以浮言，恐沉于衆」。蓋動戚亦多不願遷者，故下云「女猷黜乃心」。盤庚乃復進而告戒之也。姚氏姬傳言：「自我王來」迄「底綏四方」皆述民不願遷之意。」亦塙。

「重我民，無盡劉，不能胥匡以生。」案：「劉」疑當作「鎦」。說文有「鎦」無「劉」。蓋「留」之假借字。民有留有徙，親戚乖離，不能相保以生也。

盤庚中：「女不憂朕心之攸困，乃咸大不宣乃心，欽念以忱，動予一人。」案：此謂爾不恤我心之所勞苦，乃自蔽私見，不獻其忱，欲以浮言動我聽也。僞傳不達經意。

金縢：「二公曰：『我其爲王穆卜？』周公曰：『未可以戚我先王。』公乃自以爲功，爲三壇同墠。」案：穆卜者，卜之穆廟也。文王之廟。凌氏禮經釋例據士冠、士喪二禮，謂：「凡卜筮皆於廟門。」案：士冠禮注：廟，謂禰廟。疏云：儀禮單言廟者，皆是禰廟。不於堂者，嫌蓍之靈由廟神。疏引易繫辭鄭注云：「鬼謀，謂謀卜筮於廟門。凌說信矣。穆廟者，即禰廟。取其近也。高宗肜曰：「典祀無豐於昵。」某氏傳：「昵，近也。」釋文引馬注：「昵，考也，謂禰廟也。」周公蓋欲禱於三王，不循常卜，故曰「未可以戚我先王」，戚，近也，謂不當獨於禰廟。乃別爲三壇同墠，合大王、王季、文王而卜之也。它日，成王因天變而懼，將與大夫卜於禰廟。此武王之廟。及見金縢之書而止，故曰「其勿穆卜」也。某氏傳訓「穆」爲「敬」，其勿敬卜，義不可通。

君奭序：「召公爲保，周公爲師，相成王爲左右。召公不説，周公作君奭。」案：不説者，蓋以周公攝政當國，己不敢與之抗行也。堯典：「舜讓于德，弗嗣。」五帝本紀「嗣」作「懌」，徐廣曰：「今文尚書作『不怡。』」索隱云：「不怡即不懌也。」謂辭讓於德不堪，所以心意不悦懌也。」史公自序：「虞舜不台。」又見漢書王莽傳、後漢書班固傳。「台」即「怡」字。見卷二。此之不説，即彼之不怡，義可互證。觀篇中引殷周諸臣勸其任職勿讓，又曰「襄我二人」，曰「在時二人」，曰「惟時二人弗戡」，曰「篤棐時二人」，皆勖以相助共濟，意本明白，而向來説經者，史記燕世家集解引馬注，疏引鄭注，並同。不解「不説」二字之義，乃以召公疑周公不宜復列臣位，故不説。於序意、經意兩失之，且厚誣古人矣。

立政：「謀面用丕訓德。」僞傳解爲「謀所面見之事」，非其義。案：玉藻：「唯君面尊。」鄭注：「面，猶向也。」向、嚮古通。面用猶言嚮用。

詩邶風：「匏有苦葉，濟有深涉。深則厲，淺則揭。」毛傳云：「由膝以上爲涉，以衣涉水爲厲。謂由帶以上也。揭，褰衣也。」爾雅：「繇膝以下爲揭。」郭注：「褰，裳也。」案：此本爾雅文。然鄭風言「褰裳涉溱」、「褰裳涉洧」，是「涉」乃總名，不必由膝以上；而由膝以上即不免以衣涉水，則「厲」亦涉深水之總名。不必由帶以上也。說文「涉，徒行厲水也。」是厲、涉同用。厲，說文引作「砅」，云：「履石渡水也。」戴氏毛鄭詩考正據詩「在彼淇厲」，謂「厲」是橋梁之名，以證說文是，而爾雅毛傳非，其實一也。由膝以下固可揭衣而過矣。由膝以上，苟有石以藉足，則仍可揭衣而過，而仍謂之厲者，從其朔而言也。至於極深，則并非履石所能濟，則須爲之梁矣。說文訓「砅」爲履石渡水，不即訓爲橋梁，似「厲」與「梁」亦有間，詩之「淇厲」、「淇梁」，非一處也。

魏風碩鼠：「樂國，樂國，爰得我直。」案：「直」謂見理於上，亦謂能見己之隱曲。說文：「直」，正見也。从「乚」，即隱字。从十，从目。襄七年左傳：「恤民爲德，正直爲正，正曲爲直。」故毛傳云：「得其直道。」鄭箋云：「直，猶正也。」意正相足。又「德」字說文本作「悳」，从心直。則「直」與「德」義亦相因。彼文承「恤民爲德」言，此詩亦承上「莫我肯德」言。「莫我肯德」，言其不恤民隱也。

「樂郊，樂郊，誰之永號。」案：此謂雖念樂郊，果誰爲樂郊可告愬者？然則上云「樂土、樂國」，亦徒然心口間耳，此其情爲尤苦也。箋謂「誰當獨往而歌號者，言皆喜說無憂苦」，似非詩人之意。

豳風鴟鴞：「予尾翛翛。」正義云：「消消，定本作翛翛。」然則正義所據本作「消消」，今經傳本作「翛翛」，或作「脩脩」，乃後人不解「消」字之義，而妄改也。案：毛傳：「譙譙，殺也。消消，敝也，翹翹，危也。並與上『拮据』、『卒瘏』相比切。」說文：「消，盡也。」淮南原道訓：「齒堅於舌而先之敝。」高注：「敝，盡也。」傳以「敝」訓「消」，消蓋脱落之義。惟其是「消」字，故與「譙」、「翹」、「曉」爲韻，若「翛」、「脩」从「攸」得聲，非同部矣。且「脩」字訓長、訓大，義尤相反。釋文：「翛，素彫反。」已從改本，然猶知讀「翛」爲「消」。錢少詹定從「翛」字，與詩、傳戾。

東山：「熠燿宵行。」毛傳：「熠燿，燐也。燐，螢火也。」案：說文無「螢」字，古蓋借「熒」字爲之。集韻：「螢，𧓍火蟲。或从熒。」後漢書靈帝紀：「帝與陳留王協夜步，逐熒光行數里。」字正作「熒」。螢、𧓍皆後起。說文：「熠，盛光也。燿，照也。」爾雅：「熒火即炤。」炤，與「照」同。燐，鬼火也。熒，屋下鐙燭之光。」曰「熠燿」、曰「燐」、曰「熒」皆狀其光之閃爍耳。段注說文，釋「熒」爲「光不定」，引淮南「熒惑」語證之，甚塙。廣雅：「景天、螢火，燐也。」與毛公合。「積血成燐」與「腐草爲螢」正同類，非真有鬼也。曹子建不喻斯旨，强爲辨析，疏復引之以糾傳，固哉！

小雅無羊：「牧人乃夢，衆維魚矣，旐維旟矣。」王氏述聞謂「上維字訓乃，下維字訓與」。此泥傳以旐旟並列耳。案：傳云：「牧人乃夢見人衆相與捕魚。」是魚乃「𩵹」之借字，指其事，非指其物。都人士：「匪伊卷之，髮則有旟。」傳云：「旟，揚也。」箋云：「旟，枝旟，揚起也。」疑此

「旗」字亦當訓「揚」，虛實相當，無須異訓。

大雅文王疏：「其年則入戊午蔀，二十四年矣。歲在癸丑。」案：凡算術皆外所求，乾鑿度所謂「入天元二百七十五萬九千二百八十」，乃年前積數也。以元法四千五百六十去之，餘四百八十，算外得甲寅，是爲入戊午蔀之第二十五年。自此至魯惠公末年，首尾共三百六十五年。雒師謀注云：「數文王受命至魯公末年，三百六十五歲。」引見下文。「魯」下當脱「惠」字。正與此合。下既有「入戊午蔀二十九年」之文，而必先言此者，緯書依坿殷曆，而殷曆以甲寅爲元，故也。以入蔀年，當外所求。如法求得甲寅歲天正甲子冬至，聊合於日甲子，歲甲寅之説，實非元首年。天正朔己亥至朔不同日。「依三統曆七十六歲爲一蔀，二十蔀爲一紀，積一千五百二十歲。凡紀首者「者」字即下文「皆」字譌衍。皆歲甲寅，日甲子。」案：此文大誤。三統術以八十一章爲一統，積千五百三十九歲，無紀、蔀之名。此云七十六歲爲一蔀，二十蔀爲一紀，乃四分術，黄帝、顓頊、夏、殷、周、魯，六術皆同。非三統術也。四分術一元四千五百六十歲，每千五百二十歲爲一紀。如殷術天紀起甲寅，則地紀得甲戌，人紀得甲午。三紀既周，然後復於甲寅爲元，何云紀首皆歲甲寅乎？

「若欲知日之所在，乘積年爲積日，以日行一帀六十除之，得日之所在。」案：欲知冬至日，則當以日餘乘入蔀年，中法除之，而得積日。欲知天正朔，當以章月乘入蔀年，求得積月，再求得積日，皆六十去之，而以所入蔀命其大餘。今但曰「欲知日之所在，乘積年爲積日」，所求者何日，所以乘積年者何數乎？孔沖遠雖不精算術，何至憒憒如此！蓋有脫簡。

「又按三統之術，魯隱公元年歲在己未。」案：此亦據四分術也。三統術此年距上元十四萬二千五百十，算應超九百八十九，辰歲星在降婁，太歲在卯，非己未也。

皇矣：「維此二國，其政不獲。維彼四國，爰究爰度。上帝耆之，憎其式廓。」傳云：「二國，夏殷也。四國，四方也。耆，惡也。廓，大也。」案：憎其用大位，行大政，語甚詰⿱𥫗⿰幸訇。訓耆爲「惡」，它無所徵，疑是釋「憎」字。然惡其式廓，意亦不安。竊謂「二國」謂商，「四國」謂周。二國、四國猶言二分、四分，所謂「三分天下，周有其二」也。史記孔子世家：「如王四國，非文王其誰能爲此也。」「耆」當爲「榰」。爾雅「榰，柱也。」讀爲「天之所支」之「支」。「憎」當爲「增」。孟子：「士憎兹多口。」趙注：「離於凡人而仕者，亦益多口。」集註云：「按此則憎當從土，今本皆從心，蓋傳寫之誤。」此亦以「憎」爲「增」也。此言殷政不綱，天下歸周者衆，上帝眷顧西土，將建立之以益大其土宇也。集傳亦以「憎」爲「增」。

「無然畔援。」鄭注：「畔援，猶拔扈。」釋文引韓詩云：「畔援，武强也。」顔師古漢書注引作「畔换」，云「强恣之貌」。案：「畔援」，猶「⿰口反喭」也。論語：「由也喭。」鄭注：「子路之行失於⿰口反喭。」邢疏云：「今本「⿰口反」作「畔」，王弼云：「剛猛也。」書無逸：「乃逸乃喭。」今本作「諺」，辨見段氏撰異。某氏傳曰：「⿰口反喭不恭。」正義云：「論語：『由也喭。』喭則叛喭。」「⿰口反喭」與「畔援」聲義並近，與下「訢羨」相對爲文。拔扈，亦畔援之轉聲，箋義本韓，較優於毛傳矣。卷阿：「伴奂爾游矣。」箋云：「伴奂，自弛縱之意。」義亦相因，而各有所當。

周禮地官保氏：「九數。」鄭注云：「方田、粟、米，差分、少廣、商功、均輸、方程、盈不足、旁要，今有重差、夕桀、句股也。」賈疏云：「今有重差，句股也者，此漢法增之。」又引馬注作「今有重差、夕桀」。釋文亦云：「夕桀二字非鄭注。」是鄭注無「夕桀」，馬注無「句股」，今本並有者，後人依馬注增入鄭注耳。今永樂大典本九章算術缺旁要，惟楊輝九章算法詳解句股容方弟一問引「句股旁要法」。「夕桀」則惟秦九韶數學九章弟四篇望敵圓營術有其名，云：「以句股求之，夕桀入之，亦即句股容圓術也。」「重差」者，重疊測望而知其差也。劉徽海島算經序云：「度高者重表，測深者累矩，⿰亻瓜離者三望，離而又旁求者四望，此即所謂重差也。」「旁要」、「夕桀」，蓋皆測望中之一事。「旁要」測方，「夕桀」測圓。孔顨軒氏以爲「旁要」即西人三角法。案：釋名云：「在邊曰旁。」史記扁鵲倉公傳索隱云：「方，猶邊也。」要即古「䙴」字。孔説殆近之矣。「夕桀」云者，廣雅釋詁云：「夕，衺也。」王氏疏證引呂氏春秋明理論「是正坐於夕室也」，注云：「言其室邪夕不正。」桀者，揭也。文選謝靈運擬劉楨詩注：「桀與揭音義同。」又東京賦薛注：「揭，猶表也。」蓋樹表而邪望之，即劉徽所云「⿰亻瓜離者也」。疑「重差」、「夕桀」，古人本以「旁要」該之，其實此三者皆不離於「句股」，後人强爲之分析耳。錢氏十駕齋養新録疑「夕桀」爲「互乘」之譌，儀徵阮文達公又以「今有」爲即九章算術中「今有術」。案：「互乘」、「今有」皆算家通法。不得另列爲一章，且不得雜出於「旁要」、「重差」下也。

考工記：「車人之事，半矩謂之宣。」注：「頭髮皓落曰宣。」釋文：「皓，胡老反。本或作顥，音同。」劉作「皓音灰」，「皓」無灰音，明是「昊」字之誤，而各本相承，盧氏亦因仍不改，何與？

矢人：「則雖有疾風，弗之能憚矣。」注：故書憚或作但，鄭司農云：「讀當爲憚之以威之憚。」又廬人「句兵欲無彈」。注：「故書彈或作但。鄭司農云：『但，讀爲彈丸之彈，但爲掉也。』」此憚、彈二字同義，當皆訓爲掉。商頌：「不震不動。」箋：「不可驚憚也。」以「驚憚」訓震動，蓋彈、憚、但、動、掉皆聲之轉。太平御覽二百五十引字林云：「彈行丸者，又栟也，栟使戰動掉彈也。」栟使戰動掉彈者，謂兩物相擊使動掉也。栟，蓋同拼，亦同迸，謂使二丸相迸擊。

儀禮既夕禮：「折横覆之。」注云：「折，猶庪也，方鑿連木爲之，蓋如床，而縮者三，横者五，無簀，窆事畢，加之壙上，以承抗席。」禮記雜記：「甕、甒、筲、衡，實見間，而後折入。」注云：「折，承席也。」蓋折如木架，鄭訓爲「庪」，又云「如床」。疑本與「庪」通。爾雅釋天：「祭山曰庪縣。」釋文：「庪，本或作庋，又作攱，同。居委、居僞二反。」玉篇广部：「庋，居毀切。」庪，同上，亦「祭山曰庪縣。」又立部：「攱，居委切，掎也，載也。抗也。」正與鄭釋「折」義合。此陸説所本也。史記梁孝王世家：「竇太后義格。」集解引如淳曰：「攱閣不得下。」索隱引周成雜字：「攱，閣也。」通俗文云：「高置立攱棚曰攱閣。」字林音紀，又音詭也。亦與鄭注及玉篇相發明。然則

「折」當音庪，而釋文音之設反，則誤讀「折」爲「斷」字矣。說見卷二。又周官考工記玉人注：「其祈沉以馬。」釋文云：「小爾雅曰：『祭山川曰祈沉。』」案：爾雅：『祭山曰庪縣，祭川曰浮沉』。祈音九委反。」案：今小爾雅無其文，且祈、沉乃二事，不得合而爲一，疑鄭注有脱文，而祈即折之譌字，彼集小爾雅者又據誤文入之。段氏懋堂辨小爾雅爲僞書，見經韻樓集。陸氏蓋亦疑其非，故引爾雅文以正之，而音祈爲九委反，則固讀爲「庪」也。折、祈二字，並從斤聲，祈可讀爲庪，則折亦可讀爲庪矣。古支、脂二部音最相近。說文广部無庪、庋二字，立部無攱字，疑古但作折，在手部，庪、庋、攱本後起，或即其重文。今折字爲妄人移入草部，而折之音義皆失，向非既夕、雜記二篇及鄭注，則無復可尋矣。

禮記曲禮：「禮不辭費。」鄭注：「爲傷信君子先行其言。而後從之。」蓋自「不妄說人」以下，皆修身踐言之事，此「費」字與表記「恥費輕實」之「費」同，鄭彼注云：「恥費不爲，辭費出空言也。」正義云：「言而不行謂之辭費。」義正本此。朱子謂「辭達則止，不貴於多」，是以「辭」爲修辭之辭矣。

「父母有疾，言不惰。」鄭注：「憂不在私好，惰不正之言。」案：「言不惰」當與「臨祭不惰」之「惰」同。論語：「語之而不惰者。」皇侃疏：「惰，疲懈也。」侍疾之人精神勞瘁，言語應對不可略形疲懈。傷父母心，若不正之言，豈待侍疾而戒乎！

間傳：「斬衰之葛，與齊衰之麻同，齊衰之葛，與大功之麻同。麻同則兼服之。」案：此謂「斬衰」既虞，變服之葛、首絰要帶，與齊衰初喪同，齊衰變服之葛，與大功初喪同。故凡麻同者，皆得以重喪兼輕喪之服。鄭注：兼者兼上二事也；服之謂服麻又服葛也，意自明了。毛刻注疏本誤作麻葛皆兼服之，江氏禮記訓義擇言反以麻葛之本爲是，不特於義窒礙，且此文又見於喪服小記，何以通之？

中庸：「君子之中庸也，君子而時中；小人之中庸也，小人而無忌憚也。」案：時中者，無時無事而不得其中。孟子譏子莫「執中無權」，權即所以用中，故言中，又言庸。至於小人者，本不知中，又烏知所以用中？然而變亂白黑，自以爲中庸，竊君子之似以爲禍於天下，此其所以爲無忌憚也。王肅於「小人」下增一「反」字，義反淺矣。

「隱惡揚善」：即黜幽陟明之意。「好問好察邇言，執其兩端，用其中於民」。所謂衆好必察，衆惡必察也，舜之大知如此。堯授舜，舜授禹，所謂「允執厥中」亦猶此。皋陶謨：「知人則哲。」湯之言曰：「有罪不敢赦，帝臣不蔽」；「周有大賚，善人是富」。蓋有天下國家者，不過進賢退不肖而已，其脩之身也，不過好善惡惡而已。其大知，則在能辨善惡賢不肖於是非真僞形跡疑似之間。所謂權也，執兩以用中之道也。

「素隱行怪」，鄭注：「素，讀如攻城攻其所傃之傃。」傃，猶鄉也。言方鄉辟害隱身而行佹譎。玉篇「僸」字引「僸隱行怪」，蓋即本鄭義。集註讀「素」爲索，則本漢書藝文志。又「君子之道費而隱」，鄭注：「費，猶佹也。」釋文：「費，一本作拂。」案：皇矣詩：「四方以無拂。」箋：「拂，猶佹也。」然則鄭讀「費」爲「拂」矣。集註訓「費」爲「用之廣」。錢氏答問謂「費無美偁」。案：招魂「晉制犀比，費白日些」。王叔師注：「費，光貌也。」蓋借「費」爲「曊」字。淮南子墬形訓：「日之所曊。」注：「曊，猶照也。」曊，亦作「昲」，廣雅釋詁：「昲，曝也。」光有廣義，故「費」亦可訓廣。朱註非無所本。然篇中「費」字不再見，而它書亦無以「費」贊道者，錢氏言，是也。今合上下文繹之，則鄭説爲近。君子有道則見，無道則隱，而或僻志山林，故爲佹譎如巢、由之類，是賢知之過也。遵道而行，則不素隱、不行怪矣。半塗而廢，又愚不肖之不及也。依乎中庸，惟道是適，不見知而不悔。其隱也，道拂而隱，非僸隱也。它日贊易曰：「不易乎世，不成乎名；遯世無悶，不見是而無悶；樂則行之，憂則違之。非聖人其誰與歸！」

博學、審問、慎思、明辨，格物致知之事也；篤行，則兼誠意、正心、修身；成物，則齊家治國平天下胥舉之矣。二篇之義固相表裏，語有詳略爾。

大學「國治」之「治」，陸音直吏反，「先治其國」之「治」，無音。岳倦翁謂：平聲係使然，去聲係自然。則格、致、誠正、修、齊、平，又如何分別？蓋一字而義有虛實，呼之自當有輕重，今人口語猶然。古人讀虛實字，必小異其音，後人不得其讀，但求之四聲耳。莊二十八年公羊傳：「伐者爲客，伐者爲主。」解詁云：「伐人者爲客，讀伐，長言之；見伐者爲主，讀伐，短言之。」釋文不能發音，故漢經師貴口授。

大戴記公冠：「成王冠，辭使王近于民，遠于年。」年字，說苑及太平御覽七百三十六引禮外傳並作「佞」。年、佞一聲之轉，（春秋襄三十年「天王殺其弟佞夫」，公羊作「年夫」。）遠于佞，與上「近于民」相對，聲近誤爲「年」。劉昭續漢志注引「遠于佞」，上別出「遠于年」，又淺人所加。

春秋魯隱公九年：「三月癸酉，大雨，震電。庚辰，大雨雪。」案：此建寅之月也。夏小正：「正月，啓蟄。」蓋古驚蟄節在雨水前，立春後，雷電不爲異，繼以雪則異耳。劉子政謂：「既已發，則雪不當復降。」是也。然大都得之冬煖，愆陽不伏，驟感陰氣，搏擊成雷，及其既散，則化爲雨雪。以予所親歷，如道光十八年除夕，雷電；明年元旦，大雪。咸豐九年正月二十六日雷電，二十九日雨雪。同治四年正月十一夜大雷雨，十四日雨雪。昔以爲異，今爲常矣。劉歆謂：「三月癸酉，於曆數春分後一日。」然則建卯非建寅也。以三統術考之，周三月壬辰朔，無癸酉、庚辰，四月壬戌朔，十一日壬申春分，十二日癸酉，十九日庚辰，而經書三月者，泰州陳宫諭謂「隱公元年前，實多一閏」，是也。

桓二年左傳：「藻率鞞鞛。」杜注：「藻率，以韋爲之，所以藉玉也。」正義引服虔：「以藻爲畫藻，率爲刷巾。」是服、杜皆以「藻率」爲連文。案：傳文上下並以一字爲一物，孔既釋「藻」爲

「繅」，自不得牽「藻」、「率」爲一。說文：「帥，佩巾也。」或作「帨」，又「刷」下云：「禮有刷巾。」與服義合，然非謂畫藻於帨也。段注辨帥、帨、率同字甚詳，而於「藻率」，猶仍服誤。率，當所律切，釋文音律非。

文十八年左傳：「掩義隱賊。」疏解爲「心頑而不則德義之經。」釋文說亦同，似非傳意。「義」字當讀如呂刑「鴟義姦宄」之「義」。王氏述聞於立政篇「乃三宅無義民」云：『「義」讀爲「俄」。』說文：「俄，行頃也。」「頃」與「傾」同。賓之初筵箋：「俄，傾貌。」廣雅：「俄，邪也。」古「俄」、「義」同聲，故「俄」或通作「義」。亦引呂刑文爲證。此傳「掩義」與「隱賊」同義，正承上文「掩賊爲藏」來，則亦當讀爲「俄」矣。

宣二年左傳：「華元殺羊食士，其御羊，當斷。斟不與。」案：其御羊者，叔牂也。斟不與者，說文：「斟，勺也。」分羹之器也。古以斟分羹，如史記趙世家「襄子使廚人操銅枓行斟」，是也。因即謂之斟，而叔牂不得與也。因叔牂名羊，與羊羹之羊相混，遂以羊斟二字連讀，而誤爲姓羊名斟。然則史記宋世家作「其御羊，當斷。羹不及」，又爲姓羊名羹乎？然此誤已久，故下文曰：「君子謂羊斟非人也。」又曰：「其羊斟之謂乎！」蓋兩「斟」字皆後人妄增。正義引服虔載賈逵、鄭衆説，皆「羊斟」爲名。

昭元年左傳：「風淫末疾。」杜注：「末，四支也。」案：素問繆刺論：「上下、左右與經相干而布於四末。」注：「四末，謂四支也。」樂記「奮末廣賁」、管子內業篇「氣不通於四末」，注並同。

正義引賈氏訓「末」爲首，無它證。又「穀之飛亦爲蠱」，外傳：「蠱之慝，穀之飛，實生之。」論衡商蟲篇：「穀蟲曰蠱，蠱若蛾矣。粟米饐熱生蠱。」杜注本其説，云：「穀久積則變爲飛蠱，名曰蠱。」正義皆不能爲之引證。

昭十六年左傳：「非不能事大字小之難。」杜以九字爲句，語頗詰籟。服斷「字小之難」爲句，解云：「字，養也。」視杜爲優。正義右杜左服，謂「字爲愛，不爲養。」案：昭十一年傳：「使字敬叔」，杜注：「字，養也。」豈遽忘乎？説文：「字，乳也。」廣雅：「字，生也。」皆有養義。愛與養，義亦相近。

何邵公公羊傳解詁序：「其勢雖問，不得不廣。」語不可解，上句疑當作「其執難問」。「執」與「勢」，古「勢」字本作「埶」，後人加力。「難」與「雖」，皆字形相近而譌。「執難問」者，即解詁所謂「執不知問」也。然徐彦作疏時已誤。

桓十一年公羊傳：「少遼緩之，則突可故出，而忽可故反，是不可得則病，然後有鄭國。」孔氏通義釋「故」爲「如故」，是也。「則」字當讀爲而。經傳釋詞云：「則，猶而也。」「少遼緩」者，依違之辭，突雖暫立，而仍可使出。昭雖暫出，而仍可使入，如是君可不死，國可不亡，而人亦不得而罪我，以是存鄭。此公羊氏所謂「蔡仲之權」也。

僖十年公羊傳：「君嘗訊臣矣。」釋文出「賞訊」二字，云：「音信上問下曰訊。」是何氏未釋

「訊」字，故釋文及之。今本解詁中亦有「上問下曰訊」五字，蓋後人所增。又文十五年傳：「筍將而來也。」釋文出「筍將」二字，云：「音峻，竹箯也。將，送也。」而今解詁亦有「竹箯」及「將送也」之文。蓋類此者，多矣。

隱八年穀梁傳：「或曰隱不爵大夫也，或說曰故貶之也。」案：上文注云：「不知爲是隱之不爵大夫，爲是有罪貶去氏族。」注所謂「有罪」即此文「故」字，蓋當時有此兩説也。「故」讀如律「故犯」、「故殺」之「故」。王氏述聞以「故」爲承上之辭，乃疑其衍字。

昭八年穀梁傳：「艾蘭以爲防。」此句與下「置旃以爲轅門，以葛覆質以爲槷」一例。艾、乂古通。説文作「𨐨，治也。」蘭，本作闌。漢書成紀元延二年冬「大校獵」，師古曰：「校，以木相貫穿爲闌校。」又司馬相如傳「天子校獵」，師古曰：「校獵者，以木相貫穿，總爲闌校，遮止禽獸而獵取之。」是闌爲行圍之木栅，以防禽獸衝軼。闌，亦作蘭。三輔黄圖：「上林苑有上蘭觀，蓋畜禽獸之處」；楊子雲羽獵賦：「翼乎徐止乎上蘭」；班孟堅西都賦：「遂繞酆鄗歷上蘭」；張平子西京賦：「正壘壁乎上蘭」；元后傳：「較獵上蘭，」字並作「蘭」。史記汲黯列傳集解引孟康曰：「今御武帳，置兵蘭五兵於帳中。」漢書「蘭」作「闌」。是凡木栅，皆名闌，或作蘭，今俗並作欄字也。今國語亦有木蘭之名。而范注「蘭」爲「香草」，疏又從爲之辭。車攻詩毛傳云：「田者大芟草以爲防。」似已誤解。

論語學而首章弟一節學不厭也，弟二節誨不倦也，弟三節遯世不見知而不悔也。聖人以身體者勉人，開宗明義，大旨已具。注家皆言下學之事，而擴而充之，上達亦不外乎是矣。

八佾篇：「繪事後素。」集注云：「先以粉地爲質，而後施五采。」前人議之矣。集解引鄭注「先分衆色，然後以素分布其間，以成其文。」此本考工記：「凡畫繢之事，後素功」，然似非此章之旨。說文絢篆引詩「素以爲絢兮」，段注以爲許用「白受采」之義，似矣，而猶未悟。論語之「素」，非謂粉也。說文：「素，白致繒也。」字從𠂹，取其澤，致堅緻也。謂惟以素爲質，而加絢，則采色分明，此則「甘受和白受采，忠信之人可以學禮」之意也。

王孫賈媚竈之問，疑亦當在見南子時，與子路之意蓋同，皆疑夫子急於行道，不惜枉己以求合。「獲罪於天」之答，亦即天厭之義與？

先進篇：「魯人爲長府。閔子騫曰：『仍舊貫，如之何？何必改作？』案：哀十一年左傳：『季孫欲以田賦，使冉有訪於仲尼。』仲尼曰：『丘不識也。』三發，卒曰：『子爲國老，待子而行，若之何子之不言也。』仲尼不對，而私於冉有曰」云云，而其明年經書「春，用田賦」，疑長府之作，當在此時。季氏志在必爲，言之無益而又不可以，緘默而已。閔子之言婉而有體，正與夫子意合，故云「言必有中」。有若對哀公年饑用不足之問，疑亦在其時。

顏淵篇：「片言可以折獄。」孔氏解爲「偏信一言」，義殊曲。鄭訓「片」爲半，是也。廣雅釋詁同，集註亦主鄭義。半言，蓋極言其辭數之少。獄，謂事之糾結聚訟者。子路勇決，故剸鐘立斷，冰解理釋，即「由也果，於從政乎何有」意，非必刑獄之獄也。

憲問篇：「克、伐、怨、欲不行焉，可以爲仁矣。」案：克、伐、怨，忮也；欲，求也。克、伐、怨、欲不行，則不忮、不求矣。子貢結駟連騎，而原子攝敝衣冠見之，亦所謂「衣敝緼袍，與衣狐貉者立，而不恥者」。子曰：「仁則吾不知也。」蓋即何足以臧之旨哉！

衛靈公篇：「立則見其參於前也。」案：立，當如「升車必正立執綏」之「立」；參，當讀爲「驂乘」之「驂」。古字本通，故曾子字子輿。乃與下倚衡相應，而合夫子答問行之意。子路篇答樊遲問仁，語意與此同，疑彼文「仁」字當作「行」，形近而譌。後見宋人小説，亦有論此者。

陽貨篇：「宰我問三年之喪」章，邢疏引繆協説「假時人之謂啓憤於夫子」。吾友戴君望引春秋閔公元年夏五月「吉禘于莊公」、公羊傳「譏始不三年」以證之，深得聖門問答之意。蓋禮壞於國君，誠有不可以明言者。憲問篇顓孫氏諒陰之問，意亦同此。

孟子梁惠王篇：「轉附朝舞。」注家不詳其處。竊以爲朝舞即轉附，皆即「之罘」之轉聲也。史記秦始皇紀二十八年：「上泰山，刻石，乃並勃海以東，過黄、腄，窮成山，登之罘，南登琅邪。」又二十九年：「始皇東游，登之罘，刻石，遂之琅邪。」集解引地理志：「東萊有黄縣、腄縣。」又云：「之罘山在腄縣。」正義：「罘音浮。」引括地志云：「在萊州文登縣東北百八十里。」成山在文登縣西北百九十里。」又云：「之罘山在海中。文登縣，古腄縣也。」又云：「今兖州東沂州、密州，即古琅邪也。」密州諸城縣東有琅邪臺。案：腄縣，今山東登州府福山縣地，之罘在其海中。成山，屬榮成縣海邊，在之罘東南。琅邪，今兖州府沂州地，在成山西南。始皇自之罘遵海而南，至琅邪，正與齊景公語合。遵海，猶言沿海也。惟成山在之罘東南，史不當先言窮成山，後言登之罘，疑史文倒置。後文三十七年：「臨浙江，上會稽，還過吴，從江乘渡，並海上，自琅邪北至榮成山，至之罘。」此自南而北，先至成山，後至之罘，則成山在琅邪、之罘之間。其自北而南，當先登之罘，後窮成山，明矣。「轉」與「朝」字，形相近，而皆與「之」字聲相轉。附，古音入侯部，轉入幽部。皇矣：「附」與禡、侮韻，角弓：「附」與木、猷、屬韻。燭乃幽之入聲也。又馬聲古入虞部，常棣：「外禦其務」，左傳作「侮」，是侮有務音，與今讀同。而務字實本矛聲，故「附」與罘、舞、侯幽虞三部相轉，爲甚近也。子虛賦「射乎之罘」與「琅邪」古音余。「孟諸」爲韻，是讀「罘」入虞部，正與附舞字近也。轉附與朝舞，形聲皆近，疑古本有異文，後人不能定，遂並存之耳。

「畜君何尤」之「畜」，疑當讀爲勖，古同音相借。燕燕：「以勖寡人。」坊記引作「畜」。勖之爲畜，猶畜之爲勖矣。説文：「勖，勉也。」景公志在游觀，而晏子勉以補助，所謂責難陳善，引君當道者也。「好君」非釋畜君，乃謂以善勉君，乃正所以忠於君也。

「齊人伐燕，勝之。」案：齊破燕，孟子以爲宣王時事。燕策：「仆燕之舉勸之者儲子將之者」章，子屬之齊宣，與孟子合。史記於六國表、田齊世家皆不書，而著之趙世家，以爲湣王。蓋史公以宣王侵威王之年，湣王侵宣王之年，故說見卷四。通鑑於周赧王元年書齊破燕，即於是年書齊宣王薨，湣王地立。蓋破燕實在宣王末年，故當時有以爲湣王者。水經淄水注云：「營陵城其外郭，即獻公所徙臨淄城也，世謂之虜城，言齊湣王伐燕，燕王噲死，虜其民實諸郭，因以名之。」此父老傳聞之說，未必實事也。自太史公時，已不能定其事，故參差闕略，而王白田謂：「孟子七篇所言齊王，皆湣王。湣王初年，兵彊天下，與秦爲東西帝，故孟子謂以齊王猶反手。後來傳孟子者，改湣王爲宣王，以爲孟子諱耳。」案：據史記齊湣王與秦爲東西帝，在三十六年，即依通鑑降十年，亦在二十六年，不得爲初年。而史記孟子列傳、韓詩外傳言孟子游齊並在宣王時，無涉湣王者，豈皆後人所改與？此所謂截趾以適屨者也。

公孫丑篇：「志壹則動氣，氣壹則動志也。」集註解爲「專一」，於理未融。趙注云：「壹，志氣閉而爲壹也。」與下蹶者、趨者爲近。「壹」與「噎」義通。黍離：「中心如噎。」疏云：「噎，咽喉蔽塞之名。」蓋氣有所屈爲壹，因加口，而爲飯窒之名。漢書賈誼傳：「獨壹鬱其誰語。」師古注：「壹鬱，猶怫鬱也。」是可以證趙注。

滕文公篇：「兄戴蓋祿萬鍾。」趙注以爲戴食邑於蓋，遂無以處蓋大夫。王歡、閻百詩乃爲二人同食邑之說以調停之。敬齋古今黈解「戴蓋」爲乘軒，孟子無此鄙語。案：蓋是語辭，亦約略之辭，趙注乃無事自擾。皇甫謐高士傳云：「陳仲子齊人也，其兄戴爲齊卿，食禄萬鍾。」是不以蓋爲食邑。

「當在宋也，子將有遠行。」案：孟子遊跡，至梁爲最遠，故惠王曰：「不遠千里而來。」此遠行，蓋將適梁，而上云「前日於齊」，則是孟子先齊後梁，與史記列傳合矣。然尹士譏孟子至齊亦云「千里見王」，何也？竊意孟子實兩至齊，其初至齊，蓋在威王末、宣王初，盡心篇有「齊宣王欲短喪」事，則疑即威王之喪也。公孫丑齊人，故有「爲期之喪」之云，而孟子謂宣告之以孝弟，是時孟子猶未見宣王，所謂願見而不可得也。比由宋適梁居梁，不久而惠王卒，襄王立。其再適齊，蓋亦以宣王卑禮來聘之故，過薛受餽當在此時，觀陳臻前日今日云云可見。而自是至齊，遂爲客卿而仕於齊。依通鑑周慎靚王三年，當梁襄王元年，齊宣王十五年，孟子自梁適齊，當在其時。

萬章篇：「舜禹益相去久遠。」語不可通。以上文證之，此文「相」字亦當讀去聲：「去」，當爲「之」字之誤。「遠」，當作「速」字。形相近而譌。孟子每以「久」與「速」相對，相之久速，與下「其子之賢不肖」，皆承上文而約言之。

「百畝之糞」。王制：「糞」作分，注云：「分，或爲糞。」「分」與「糞」聲近而譌。管子小匡篇：「糞除其顛旄。」國語作：「班序顛毛。」班亦分也，與頒通用。

爾雅釋器：「一羽謂之箴，十羽謂之縳，百羽謂之緷。」周禮地官羽人作：「十羽爲審，百審爲摶，十摶爲縳。」鄭康成、孫叔然皆以雅文「一羽」爲非。蓋一當作十，十當作百，百羽當作十縳，此自爾雅誤文。然羽人之摶，即「縳」之借字，其「十摶爲縳」之「縳」，當依爾雅作「緷」，蓋亦誤也。箴、審同部音近，偁名流變。穆天子傳：「於是載羽百軍。」此亦「緷」之借字。注云：「十羽爲箴，十縳爲緷。」可證今本之譌。俞氏平議云：「緷，通作揮。緷之作揮，猶縳之作摶。鄭公孫揮，字子羽。」然則「緷」當音許歸反，而陸音古本反，非也。

釋樂：「宮謂之重，商謂之敏，角謂之經，徵謂之迭，羽謂之柳。」注家穿鑿字義，如繫風捕景。竊疑五音之名，本象其聲，不必拘泥其義，重、敏五字亦猶如此。惟敏、經、迭三字，實互誤，當云：商謂之經，角謂之迭，徵謂之敏。敏從每聲，每從母聲。生民詩：「履帝武敏」，與祀、子、止爲韻，鄭箋釋爲拇，拇亦從母聲。蓋讀敏如拇，與徵同部。徵固讀如祉，蒸部、之部本同入互轉也。又逸周書太子晉篇温、恭、敦、敏，與改、起、子韻。然則重經迭敏柳，即宮、商、角、徵、羽，何字義可尋乎！或本依五音相生之次，則當爲重、敏、經、柳、迭。

「大簫謂之言。」郭注：「編二十三管，長尺四寸。」詩有瞽疏引同。邢疏引博雅，通典引月令章句，皆云「二十三管」。文選洞簫賦注同。今廣雅作「二十四管」。周禮春官小師疏引同。藝文類聚引三禮圖作二十四彄。蓋二十四乃倍十二律吕之數，疑作二十三者，誤也。陳氏樂書引蔡邕說，亦作二十四。案：編簫即今排簫也，說文云：「簫，參差管樂，象鳳之翼。」小師疏引通卦驗亦云：「形象鳥翼。」則宜依律吕爲長短。又楚詞湘君：「吹參差兮誰思。」王注：「參差，洞簫也。」今統云尺四寸，無以別聲，則不爲洞簫，當如蔡伯喈説「以蜜蠟實其底而增減之。」見通典。否則須開旁孔矣。今排簫見律吕正義。十六管，爾雅所謂「小者謂之筊」也。十二律吕加夷、南、無、應四倍，律爲十六。無蠟底，無旁孔，分陰陽二均，左八管，自長九寸一分奇，至四寸奇，右八管，自長八寸六分奇，至三寸八分奇，短者居中，長者在邊，合於鳳翼之象矣。

釋山：「重甗，隒。」郭注謂：「山形如累兩甗。甗，甑也。」案：釋畜云：「騉駼，枝蹄趼，善升甗。」甗，即「巘」之借字。西京賦：「陵重巘，獵騉駼。」正作「巘」。下文「小山，別，大山，鮮」。釋名「鮮」作「甗」。詩公劉毛傳云：「巘，小山，別於大山也。」蓋亦音近相借。吕覽「獻羔」，小戴記作「鮮羔」，亦其例。

釋草：「蒐，懷羊。」郭注：「未詳。」釋文：「蒐」作「瘣」。錢氏答問云：「類篇芋之惡者曰瘣。疑即此。」案：如錢説，則「羊」當爲「芋」。古羊字本作「芊」，與「芋」極近。釋木：「瘣木，苻婁。」注謂：「木病尪傴癭腫。」説文：「瘣，病也。」一曰「腫旁出也。」然則「婁」乃「瘻」之借字。蓋芋魁形醜大如癭瘻，故有此名。懷字，疑當作「瓌」。瓌，即瓌字，説文「傀」之重文。方言注：傀，言瓌瑋也。釋木又云：「枹，梄木，魁瘣。」郭注云：「盤結磈磊然。」則瘣即芋魁之魁字，明矣。

「垂，比葉。」郭注：「未詳。」案：垂字，本作「𠂹」。説文：「草木華葉𠂹，象形。」廣韻作

「⿱㸚丂」，云：「華葉下縣。」説文：「比，密也。」此草必密葉而常垂，故獨擅此名，猶「桑」之爲「叒」矣。

「權，黃華。」注：「今謂牛芸草爲黃華。華黃，葉似⿱艹牧宿。」案：説文：「芸，草也，似目蓿。」蓋牛芸似芸，故亦冒「芸」名。而芸本香草，則氣味亦近之矣。今俗有名辟汗草，亦名草木犀，以爲其花色黃，而香似桂，故名。其實乃⿱艹牧蓿之轉音耳。今金陵人呼⿱艹牧蓿爲木犀菜，亦其一證。爾雅翼謂：「芸蒿，莖幹婀娜。」鄭夾漈説同。此草頗似之。又經秋則葉背有粉，亦與程氏易疇釋草小記之言芸者合。蓋芸類不一，牛芸其一種也。今婦人簪其花，云辟髮臭。

「蔠葵，蘩露。」注：「承露也。大莖小葉，華紫黃色。」本草陶注云：「落葵，一名承露。」蜀本注云：「蔓生，葉圓如杏葉，子似五味子，生青熟黑。」據此，似即吴俗所云紫草子者。亦名燕支孃。蔠，疑本作「絡」，譌爲「終」。釋文本作「終」。猶「鶨鳩」譌爲「鶨鳩」也。葵，本菜之總名，絡言其蔓，蘩露者，蓋以其子纍纍如冠上蘩露。「終」字「蘩」字之從草，蓋後人加之。然「絡」雖譌「蔠」，而人口相傳，其音不改，遂又爲「落葵」矣。

釋蟲：「蟦衕，入耳。」郭注：「蚰蜒。」案：考工記：「卻行。」注云：「蟦衍之屬。」蟦衍，蓋名其引申之狀。蚯蚓名蟦，蓋本同類。蚰蜒，即蟦衕之轉音，邢疏謂：「黃色而細長，呼爲吐古。」是即水蛭，俗所謂馬黃者。黑者謂之蜞。乃又云：「象蜈蚣。」郝疏云：「黑色多足。」邵疏亦引淮南子之「蚙窮」爲證，則以後文「蛝，馬䗃」者當之矣。馬䗃亦能卻行，而狀殊不類，惟云「入耳」則似，是蓋年深屋壁皆有之，時墮几席。若蛭能入人足，無由入耳也。馬䗃，吾鄉謂之「蠁蜒蟲」，而郝云名「蚰蜒」，蓋方俗異呼。吴俗又呼「蝸牛」之無殼者爲「蜒蚰」，則又「螔蝓」之轉音矣。釋文：「螔，余支反。蝓，羊朱反。」

「蛝，馬䗃。」注：「馬，蠲蚐。」案：説文引明堂月令：「腐草爲蠲。」吕氏春秋作「蚈」。此即莊子「夔憐蚿」之「蚿」。釋文引司馬彪云「馬蚿」。蠲、蚐、蚈一聲之轉，蛝、䗃、蚿亦聲相近。淮南子謂：「昌羊去蚤蝨而來蚙窮。」其實此蟲不必在昌蒲根，凡草根皆有之，故古人謂腐草所化。今驗，屋壁陰溼處，亦往往而有，并不必由腐草也。其在水中橋柱及木杙中者，長至尺餘，此昔人所未言矣。死則屈如環。戰國策云：「百足之蟲死而不僵。」蓋指此。然吴俗呼蜈蚣爲百脚，則名與形皆相混也。

「蜆，縊女。」注：「小黑蟲，赤頭，喜自經死。」案：此蟲當秋後作繭吐絲自縣，非死也，久之乃化蛾蝶之類飛去，蓋亦蠶之一類。然如蛅蟴、蚇蠖皆如此，不知何以獨擅此名。蜆，疑即「絸」之異文。六書故引唐本説文云：「即繭字。」是也。絸，本古文「繭」字。

釋獸：「威夷，長脊而泥。」王氏述聞云：四牡正義以倭遲爲長遠，是威夷長貌。案：説文：「豸，獸長脊豸豸然，有所司，古「伺」字。殺形。」即此文的解。「泥」與「昵」同，蓋狎近之，古人體物惟肖如此。郭注云：「少才力」，誤解「泥」字耳。

釋畜：「犬生三，猣。」玉篇：犬部、廣雅一東「猣」字，並訓「犬生三子」，與爾雅同。釋文音子公反。是所見本無異，而玉篇「猥」字下亦訓「犬生三子」，則傳本之誤。説文：「猥，犬吠聲。」廣韻十四賄，「猥」下訓同。集韻、類篇同。錢氏答問乃謂：「爾雅猣當爲猥」，直以説文無「猣」字，故反以誤本爲是。然經典字説文闕者多矣，不能執許書一一改之也。篇、韻又有「獀」字，亦訓「犬生三子」其皆形近而譌明矣。

舒蓺室隨筆卷二

説文丄部：「旁，溥也。从二，闕。方聲。」嚴氏校議云：「凡言闕者，轉寫斷爛，校者加闕字記之。」錢氏斠詮云：「央字下云：从大，大人也。央、旁同意，則此字从人矣。」案：二説皆是也。旁字在丄丅二文間，从方者，四方也；从人者，天上地下，人在中也，故云央、旁同意。然則旁字義，許書元未闕。

示部：「祀，祭無已也。」案：祭無已，語簡未達。定八年公羊傳解詁云：「言祀者，無已長久之辭。」疏云：「見其相嗣不已，長久常然。」此蓋漢儒相傳之訓，謂子孫世祀不絶也。故年亦謂之祀。

「祪，祔祪祖也。」案：文本爾雅。段氏注云：「祔，謂新廟；祪，謂毀廟，皆祖也，連引之。」是也。類篇引此文作「祔，鬼祖也。」祪、鬼異部而聲相近，疑祪即祭法「去墠爲鬼」之「鬼」，祪其本字，鬼，其借字也。

三部：「三，天、地、人之道也。从三。數，凡三之屬皆从三。弎，古文三，从弋。」案：實無从三之字，而特立一部者，明天地人道，各有其極也。玉篇云：「一生二，二生三，三生萬物。」正與此解相發。其「凡三之屬皆从三」七字，疑後人增。書中凡無部可歸，亦無从此字偏旁，而獨立一部者，疑皆不當有「凡某之屬皆从某」七字。

王部：「琜瓄，玉也。瓊，赤玉也。」段注改「赤」爲「亦」，謂：「倘是赤玉，當厠瑞、瑕二篆間。」固是。顧上下諸文皆云「玉也」，何以此獨云「亦玉」？嚴氏校議及桂氏義證以説文無「瓄」篆，謂「瓄」即「瓊」字之譌，而此文「赤玉」乃「琜」字誤分。似矣。然廣雅、玉篇、廣韻皆有「瓄」字，晋書輿服志云：「九嬪佩采瓄。」初學記引晋服制亦云：「婕妤佩采瓄。」安知非説文本有「瓄」篆，而傳本失之？嚴又引宋書禮志及御覽引尚書舊傳之「采瓊」爲證。案：史記大宛列傳、漢書張騫傳並有「采來」之文，來蓋「琜」之本字。見卷三。後人加王，即此「琜瓄」字。疑「琜瓄」及「瓊」皆采玉，故以類相次，今失「瓄」篆，而「瓊」下「采」字誤爲「赤」，遂致議者之紛紛。

「瑗，大孔璧，人君上除陛以相引。」段引荀子：「聘人以珪，召人以瑗。」案：疑「人君」二字，即「召人」之誤倒。義證云：「本書『爰』，引也。」續漢書文士傳：「應劭，字仲瑗。」漢官儀、劉寬碑、文心雕龍並同。然則瑗字从爰，以義兼聲。

「玎，齊太公子伋謚曰玎公。」段謂：「古音丁公之讀，與凡丁音異。」案：廣韻下平聲十三「耕，中莖切」下收「玎」字，引許氏此文，與段説合。玉篇「玎」字注引此文在「都廷切」下，又引謚法「義不克」義上蓋脱「述」字。曰「玎」，又「竹耕切」，是有兩讀。今逸周書謚法解作「述義不悌「悌」字疑誤。曰丁。」史記正義論例、及齊太公世家正義引謚法並作「述義不克曰丁」。是丁、玎同字，非美謚也。吕伋之名見於顧命，昭三年左傳「丁公」與「太公」並偁。釋文「丁」字無音，則讀如字。其「述義不克」無可考。齊世家「丁公」子「乙公」，「乙公」子「癸公」，自以行次爲號。自周以來，不聞它有謚玎者。都廷、竹耕二切本類隔，非有二義。爾雅釋天：「太歲在丁曰强圉」，「月在丁曰圉」；白虎通「丁者，强也」，與「述義不克」之説適相反。謚法解多有後人增竄者，未可爲據。廣韻：「丁，齊太公子伋謚丁公，因以命族。」蓋譜諜假借。

玨部：「班，从玨刀。」案：疑當云：「从玨分，省聲」，寫本脱爛耳。周禮大宰九式：「八曰匪頒之式。」鄭司農云：「頒讀爲班布之班，謂班瑞也。」攴部：「攽，分也。」今通作「頒」，蓋聲義皆从分。

屮部：「𡴀，菌𡴀，地蕈，叢生田中。」案：爾雅釋草：「囟，芝。」郭注：「芝，一歲三華，瑞草。」「囟、芝二字，疑即「菌𡴀」之譌。芝、菌同類，「𡴀」與篆文「芝」形近。玉篇作「圈𡴀」，「圈」與「囷」形聲皆近，景純好奇，故有「一歲三華」之説。

艸部：「薇，菜也，似藿。」案：上文「藿」篆説解云：「尗之少也。」則薇亦豆類。草蟲詩：「言采其薇。」正義引陸疏云：「山菜也，莖葉皆似小豆，蔓生，其味亦如小豆，藿可作羹，亦可生食。」六書故引項安世曰：「今之野豌豆也，莖葉華實皆似豌豆而小，莢可菹，蜀人謂之小巢菜，豌豆謂之大巢也。」據項説，與許解、陸疏正相發明。「藿」與「䕲」同，雖豆葉之總名，見廣雅。而許云「尗之少」，則專屬豌豆。陸疏云：「小豆又云小豆藿」，其説同。今吴俗呼蠶豆爲安豆，而呼豌豆爲小安。安、豌聲近，謂之小豌，則又以蠶豆爲大豌矣。豌豆莖葉結角，與蠶豆無二，但蠶豆大而扁，豌豆小而圓，微有藥氣。野豌豆花、葉實並同豌豆，但莢小如眉，又蔓生爲異，野岸往往見之，故爾雅有「垂水」之名，其實不必近水也。項説以豌豆爲「大巢」，野豌豆爲「小巢」，段注引之，删去「莖葉」以下十三字，「小巢」以下六字，徑以野豌豆爲「大巢菜」，非項意也。義證於此注，又引爾雅「柱夫摇車」，郭注：「摇車，蔓生，細葉，紫華，可食。今呼翹摇車」爲證。郝氏爾雅義疏亦以「翹摇」爲野豌豆，非也。案：翹摇，即詩「邛有旨苕」之苕也。正義引陸疏云：「苕，苕饒也，幽州人謂之翹饒。」花在莖首，故謂之翹摇，言其莖柔弱易動。苕饒皆狀其花。夏生，莖如勞豆而細，翹摇春生而云夏者，或地南北異。史記趙世家正義引作「蔓似營豆而細」。葉似蒺藜而青，其莖葉緑，上已云葉似蒺藜而青，此又云莖葉緑，當有誤。趙世家正義引作「其華細緑色」，亦非也。可生食，味如小豆藿也。「味」字依趙世家正義補。今驗翹摇葉頗似豌豆，色深緑而不作蔓，花如荷甚麗，有紅、紫、白三種，紅、紫多，白者少，故鄉人或謂之荷花草，我鄉謂之饒摇。其莖葉可鬻食，亦可爲菹。子如蒺藜，隔歲下種，春初萌芽，三月間作花，夏初翻根，和溝泥積之以培田，此與野豌豆迥不同。蘇文忠集詠元修菜引云「菜之美者，有吾鄉之巢。」其詩云：「彼美君家菜，鋪田緑茸茸。豆莢圓且小，槐牙細而豐。種之秋雨後，擢秀繁霜中。欲花而未蕚，一一如青蟲。」又云：「春盡苗葉老，耕翻煙雨叢。潤隨甘澤化，暖作青泥融。始終不我負，力與糞壤同。」此正以翹摇爲巢菜，巢與苕翹、饒摇皆聲相近，而不言其爲大巢小巢，若野豌豆爲小巢，則此爲大巢，而與項説以豌豆爲大巢者又不合。又野豌豆有蔓無莖，而陸疏、項説皆兼言莖葉，翹摇無蔓，而郭注云「蔓生」，則亦混翹摇、野豌豆爲一物矣。

「芌，大葉實根駭人，故謂之芌。」案：方言：「于，大也。」鄭注尚書大傳「朱于」同。檀弓「于則于」，疏亦訓「廣大」。是「于」本有「大」義，故凡从于聲之字，如訏、盱、宇，皆訓大。竽之大者爲竽，張目大視爲盱，而詩「君子攸芋」，毛傳亦訓爲大。則「芌」之从亏，固不必旁借吁嗟段注。驚駭之義矣。又「芌」从亏，芌从丂疑皆兼象形。

「葑，須從也。」段注：「葑、須爲雙聲，葑、從爲疊韻。」案：葑、須非雙聲，蓋「須從」之誤。

「蕛，草木不生也。一曰茅芽。」案：玉篇：「蕛，子習切，茅芽也。又草木生皃。」蓋本許書。此文「不」字，當即木字之譌衍。義證謂：「埶當從埶，即經典『藝』字。」然丮部：「䄮，種也。从坴丮，持亟種之。」詩曰：「我䄮黍稷。」則經典「藝」字，許書自作「䄮」。䄮爲持種，蕛爲草木生，非一字也。

「斮，斷也。从斤斷草。折，篆文斮，从手。」案：屮，即重中。中，音徹，古音與「斮」同部，是會意兼諧聲也，不入斤部，而入艸部者，義重在斷艸也。折字，段云：「唐後人妄增。」九經字樣云：「説文作𣂚，隸書作折。」類篇、集韻皆云「隸從手，則折非篆文，明矣。」案：段説是也。折，本古「庋」字，當在手部，从手，斤聲。見卷一。 隸書省「出」作「丰」，非以爲从手，後世以形近混爲「折」，妄人遂移手部之「折」於艸部「𣂚」篆之下，以爲重文，而注云「篆文𣂚」。試問「𣂚」字已是篆文，其籀文則作「𣃔」，从艸，在仌中，何得復有篆文乎？然自此已後，折字不復歸本部，音義皆失，而凡从𣂚聲之字，如逝、誓、哲、晢諸字，皆从折，諸字古音在祭部。 并其篆文而改之。甚矣，隸書之爲禍於篆也。玉篇艸部「𣂚」下注：「之列切，斷也。今作折又常列切。」而正文不出「折」字，是希馮尚見許書元文。其手部「折」下注：「士列切，斷也。又之舌切。」此孫强輩所增。

「萑，詩曰『食鬱及萑。』」案：豳詩：「六月食鬱及薁，七月烹葵及菽。」毛傳：「鬱，棣屬。薁，蘡薁也。」鬱、薁爲一類，葵、菽爲一類。古人屬辭自有體。又「薁」與「菽」古音同部。爾雅「萑」乃山韭，非鬱之倫，六月非食韭之時。「萑」、「菽」異部，不能相叶。邢疏引以爲韓詩，未可爲據。 楚金本無此六字，蓋鼎臣所增。

「蘬，薺實也。」案：爾雅：「紅，蘢古。其大者蘬。」注云：「俗呼紅草爲龍鼓，語轉耳。」今俗又轉爲龍骨。 又「蒫，薺實。」注云：「薺子味甘。」玉篇「蘬，大蘢古也。」「蒫，薺實也。」廣韻六脂：「蘬，蘢古大者曰蘬。」上聲五旨同。 八微：「蘬，馬蓼，似蓼而大也。」陶注本草同。 又六脂「蒫，薺實也。」七歌同。

蘬非薺實，薺實是蒫，顯而易見，蓋釋草此二文相連，許書「蘬」、「蒫」二篆亦相連，而傳本「蘬」下失説解，又失「蒫」篆，遂以「蒫」下説解，繫之「蘬」篆，自二徐時已誤，楚金固疑之矣。郝疏謂許氏所見本異，蓋謂今本説文必無脱誤耳。

八部：「余，語之舒也。」案：爾雅釋詁：「余，身也。」邢疏引舍人曰：「余，謙卑之身也。」孫炎曰：「余，舒遲之身也。」此二義正與「我」篆解「施身自謂」相對，偁余者氣舒而下，偁我者氣急而倨。予與余同，鄭注覲禮云：「余、予古今字。」故舒字从予。

牛部：「牛，大牲也。牛，件也；件，事理也。」嚴據集韻、韻會尤韻「侔」字皆云「侔或作件」，謂「件」當作「侔」。案：如此則與「羊，祥也。馬，怒也、武也」一例。段删「大牲」以下七字，改爲「事也、理也」固可通，不如嚴説之允。人部：「侔，齊等也。」牛，畜之大者，郊特牲，春秋屢書。郊牛，禮之大者，民以食爲天，牛資農耕，事之大者。凡事理皆先其大者，而後以次差等之，故云「侔，事理也。」侔字从牟，牟，牛鳴也。亦以義兼聲。

「⿰牛寽，牛白脊也。」案：犡、⿰牛寽皆牛白脊，又同部聲近，疑本一字，廣韻云：「出字林」，則是後人竄入許書。

「牢，閑，養牛馬圈也。从牛，冬省，取其四周帀也。」段云：「从古文冬省也。冬取完固之意。」類篇引作「从舟省」，桂云：「案：周，正作『𠣘』，𠣘本从舟，則作『从舟省』是。」案：云取其四周帀，則从冬無義。考工記作『舟以行水』，注云：『故書舟作周』，蓋舟、周古或相借。」桂說是。

「物，萬物也。牛爲大物，天地之數起於牽牛。」案：物，猶事也。部首釋「牛」字云：「侔，事理也。」則「物」字从牛之義可知，乃云數起牽牛，反爲迂曲。玉篇云：「凡生天地之間，皆謂物也、事也、類也。」疑本許氏元文。

告部：「告，牛觸人，角箸橫木，所以告人也。从口，从牛。易曰：『僮牛之告』。」段云：「牛口，未見告義，字形無木，告義未㬎。」案：从口、从牛者，用牛以告天也。論語曰：「敢用玄牡，敢昭告於皇皇上帝。」此乃告字本義。僮牛者，郊特牲記「祭天用犢」是也。若角著橫木，則其字當作「梏」，魯頌所謂「楅衡」，毛傳云：「設牛角以楅之者也。」古人或假借「告」字爲之，此說解疑有脫文，遂以假借之義爲本義，宜來段氏之糾。至淺人習聞「告天」之說，又以「告」字本義移之「梏」字，因復撰爲「桎」以告地，謬坿許書。周禮音義不察而采之，段氏又不察而據以補說解，此爲治絲而棼之矣。

「嚳，急告之甚也。」段注：「玄應說嚳與酷，音義皆同。」案：風俗通引尚書大傳云：「嚳者，考也、成也，言其考明法度，醇美嚳然，若酒之芬香也。」嚳、考雙聲同部，當有所本。芬香義亦與「酷」近，疑玄應說出此。

口部：「名，自命也。从口，从夕。夕者，冥也，冥不相見，故以口自名。」案：下文「命，使也，从口，从令。卪部，「令，發號也，从亼、卪」。玉篇：「名，號也。」名命令更相爲義竊謂名字本从口从令省亦聲从令省者，从卪也。卪者，信也。从口从卪者，所謂名之必可言，言之必可行也。篆文「卪」與「夕」形豪氂之誤，坿會爲「夕、冥」，其説甚陋，蓋後人所妄竄，非許書也。

「台，説也。」案：漢書王莽傳：「書曰：『舜讓于德不台。』」後書班固傳注、文選典引注引同。史記五帝紀作「舜讓於德不懌」，段注説文引作「不台懌」，衍「台」字。集解徐廣曰：「今文尚書作『不怡』。怡，懌也。」索隱云：「古文作『不嗣』，今文作『不怡』，怡即懌也。」段氏尚書撰異據史記自序「虞、舜不台」，又曰「諸吕不台」，謂今文尚書本作「不台」，太史公以故訓之字更之，作「不懌」。案：許此文訓「台」爲「説」，心部「怡」訓「和」也，字義微異，後人混之。不台，不説也。不説者，猶言無喜色也。段謂「不爲百姓所説」，則「不台」上須加「民」字，且與上下文不合。

「吝，恨惜也。从口，文聲。」易曰：「以往吝。」段云：「此字蓋从口文，會意，非文聲。」案：从口文，蓋取「文過」之義。玉篇引論語「改過不吝」。文見晚出古文仲虺之誥。論語無此句，疑因子張篇「小人之過也必文」而誤憶。凡吝於改過者，必文飾之也。辵部「遴」篆下亦引易曰「以往遴」，則字又作「遴」。遴，難行也。廣雅：「遴，澀也。」漢書王莽傳：「性實嗇遴。」澀、嗇與難行義相因，遴聲在真部，文聲在諄部，故段云「文非聲」。

步部：「歲，木星也。越歷二十八宿，宣偏陰陽，十二月一次。从步，戌聲。律曆書名五星爲五步。案：文當云「从步戌，亦聲」，蓋會意兼形聲也。步曆者，察中星以定四時，必於初昏，又察歲星與日同次之月，斗所建之辰，以定大歲，亦於初昏。初昏者，日加戌，歲星同次則亦加戌，故字從戌。許云「越歷二十八宿，宣徧陰陽，十二月一次」，言簡義明。諸家紛紛泛引，皆失其恉。又許意專主木星，「律曆」九字疑後人妄增。

此部：「呰，窳也。闕。」案：「呰窳」連語，説解「窳」上疑脱「呰」字，非以「窳」釋「呰」也。闕者，闕其从吅之義。義證説同。與不入吅部而入此部之故，蓋傳本爛脱，後人不敢以意補，故注「闕」字，以存疑。段謂「窳也」二字，許説亡後，後人所補，未然。

齒部：「齔，毀齒也。男八月生齒，八歲而齔。女七月生齒，七歲而齔。从齒，从匕。」段謂：「其字从匕。匕，變也。古音如貨。據大戴記本命篇『陰以陽化，陽以陰變』，故男八女七；引玄應書十一，舊音羌貴切，古讀如毀。」案：段説是也。匕，古「化」字，化，毀聲之轉，詩「七月流火」，火與葦韻。今吴言「毀齒」之「毀」，如旭倨切，亦其轉音，猶呼幃如于，呼貴如倨也。淺人不悟「齔」字之从匕，乃坿會説解「七歲而齔」之文，改篆文从七豈齔齒專屬女子邪？玉篇「齔」，叉謹、初靳二切，蓋所見本已誤。玄應書五又引舊音作差貴切，則羌、差形近而譌。

「齞，口張齒見。从齒，只聲。」玉篇引與今本同。文選登徒子好色賦注及韻會引作「張口見齒」。未知孰爲元文。徐音研繭切，與只聲不合。蓋本作「从口，从八」，會意，非从只聲。篇、韻並有「齴」字，音魚蹇切，釋云「齒露」，疑即「齞」之異文，而彼从彥聲，與研繭切合矣。

牙部：「牙，牡齒也。」各本及篇、韻皆同。牙，門牙也，其形單，故云牡齒，亦云奇牙。齒在兩邊，其形中陷，故古文作「𤘗」，象形。凡幼時生齒，先生門牙，故「萌芽」字从牙。牙旗、牙門之類，蓋亦取其當門之義。「猗」篆解云：「虎牙也。」段注：「今俗謂門齒爲虎牙」，引大招、淮南「奇牙」之文爲證，是矣。於此文乃因石刻九經字樣誤「牡」爲「壯」，反據之以詆各本作「牡」之非辟矣。牙與齒，對文則異，散文則通。惟隱元年左氏傳「皮革齒牙」，疏云：「頷上大齒謂之牙。」此孔氏之誤。

谷部：「谷，口上阿也。」案：上阿，謂穹然而在上，猶屋棟之下謂之「阿」也。今謂「上阿」爲「上腭」。

古部：「古，从十口，識前言者也。」段云：「識前言者，口也。至於十，則展轉因襲，是爲自古在昔矣。」案：説解簡奥，段乃從爲之辭。竊謂古从一，所謂「惟初太始，道立於一」也；从丨，上下通也；从口，傳説之也。此三義非臆説，仍許氏文也。

十部：「十，數之具也。一爲東西，丨爲南北，則四方中央備矣。」案：「一爲」以下不類許書，疑後人所增，竊謂十从一者數之始，从丨所以貫之，所謂九變復貫。

言部：「誾，和説而諍也。」案：論語鄉黨篇孔注：「誾誾，中正皃也。」和説而諍，即無犯無隱之意，故曰中正。从門，會意；从言省，亦聲，非从門聲也。

「誎，餔旋促也。」蔛詮云：「言日至餔而旋促之。此促，速字。」案：誎字，廣雅云「督促也」，玉篇云「從也」，廣韻云「飾也」。從與旋、促近，飾與餔近，疑篇韻皆有譌脱。辵部「速」，古文作「𧫷」，與「誎」義近，錢説似是。然則伐木詩「以速諸父」之「速」，宜從此。

茂部：「茂，同也。从廿廾。」段云：「廿，二十并也。二十人皆竦手，是爲同也。」案：「茂」字，古文作「」，蓋取重「収」之義。恭敬之恭，龔給之龔，並从共。疑篆文本作「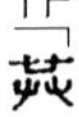」，上「」省筆作「廿」。古文上，蓋亦不連，書家變通之，避複沓耳。二十人之説近鑿。

晨部：「晨，早昧爽也。从臼，从辰。辰，時也。辰亦聲。丮夕爲𡖍，臼辰爲晨，皆同意。」案：上「臼」篆説解云：「叉手也。从E彐。」嚴云當作爪爫。从臼者，謂將起而操作。，亦古文「爲」字。晨乃昧爽當將旦之時，段引左傳僖五年正義解説文，謂「夜將旦，鷄鳴時也」。非辰時也。爾雅釋天：「大辰，房星也。大火謂之大辰。」周語「農祥晨正」，韋注云：「農祥，房星。晨正，謂立春之日，晨正於午也。農事之候，故曰農祥也。」天將明，農早作，此晨字从臼从辰之義，亦即農字从晨之義，説解「辰時也」三字及「丮夕」十一字，疑後人增竄。

革部：「革，獸皮治去其毛。革，更之，象古文革之形。，古文革，从三十。三十年爲一世而道更也。」案：革字有二義，一爲革疾，一爲皮革。古文，正象鳥振翅疾飛。十，蓋从「卂」省。卂部：「卂，鳥飛也。」詩斯干：「如鳥斯革。」傳：「革，翼也。」六月：「織文鳥章。」傳：「錯

革鳥爲章也。」春官司常：「鳥隼爲旟。」爾雅釋天：「錯革鳥爲旟。」邢疏引孫炎云：「革，急也。畫急疾之鳥於縿也。」又引鄭志答張逸亦云：「畫急疾之鳥隼。」㫃部「旟」下亦云：「錯革鳥於上。」隼，正急疾之鳥。疑古文「革疾」之「革」，祗作，其从，形近臼。則爲以手去毛，會意，而借「」爲獸皮之象形，是爲「皮革」之「革」。篆文省「臼」爲「臼」，又從而連之作「」，爲今「革」字。其又引申爲「更革」之「革」者，說解云：「獸皮治去其毛革更之。」蓋皮以毛爲用，今去其毛而別爲用，是爲更革也。許於篆文，就文爲解，不及革疾之義，而於古文以三十解，則从，又何說邪？羽部：「䎍，翅也。如鳥斯革。」韓詩作「䎍」，蓋後起之字。

鬲部：「䰙，三足鍑也。」案：此即采蘋詩「維錡及釜」之「錡」，彼釋文云：「錡，三足釜也。」方言：「鍑，江淮、陳楚之間，謂之錡。」注云：「錡，三脚釜也。」知「䰙」即「錡」之異文，支、奇同部。

鬥部：「鬩，恒訟也。」詩「曰兄弟鬩于牆。」案：鬩謂嫌隙之微者，若小兒相鬥，故从兒，會意。許云恒訟者，猶言常有之事也。

又部：「叜，老也。从又从災。闕。」案：許列「叜」字於「父」字之下，當是从父，非从又。以不立父部，故以類坿此。玉篇別立父部，而「叜」字仍在又部，蓋所見本許書已誤。其篆宜作，从災之義不可考矣。姑以意說之：宀者，交覆突屋，老者所安居也。耳部：「耿」字解云「耳，著頰也。」蓋以火

象人頰，魚字。燕字从火，象其尾，非取火義。鼠字从臼，象其首，非取臼義。它可類推。疑此亦象年老頰垂。从父者，家所尊也。韻會引「有災者，衰惡也。」五字，此妄人所增，元應從爲之辭，其義鄙矣。

叚重文：「𠬶，譚長說如此。」案：𠬶，玉篇作「叚」，疑傳寫誤。華山廟碑書「假」作「徦」，孔羡碑作「假」；景北海碑陰書「瑕」作「瑖」，韓勑兩側題名作「瑖」，孔羡碑「假」作「假」，景君銘作「假」，孔宙碑書「蝦」作「蝦」，皆可與譚長說相證。又漢書王子侯表「虖葭康侯澤」，地理志「琅邪郡」屬作「雩段」，師古音工下反，史記作「雩殷」，亦與「𠬶」形近而譌。是「叚」字固有从𠂤、从⺕者，惟从殳則乃誤字耳。

「𠬶，古文習。」案：易兌大象傳：「君子以朋友講習。」蓋志同術，行同方，故从習从一。一者，道也，其所習也。

支部：「，去竹之枝也。从手，持半竹。」案：去竹之枝不可解。竹部：「箇，竹枝也。」六書故引唐本「今或作个，半竹也」，段注據補。重文「个」篆引大射、士虞禮、特牲饋食禮，注皆云「个猶枚也」爲證。然則此解「去」當作「」，「枝」當作「枚」，文宣云「，半竹之枚也，从手持半竹。」

「攲，持去也。」案：竹部：「箸，飯攲也。」是「攲」即今飯箸。通俗文云：「以箸取物曰攲。」則轉實義，爲虛義，猶以漆箸物即曰漆也。攲音去奇切，今俗呼「箸」曰「快」，即其轉聲。持去之義不可解，「去」疑「夾」字之誤。曲禮：「羹之有菜者用梜，其無菜者不用梜。」鄭注：「梜，猶箸也。今人或謂箸爲梜提。」釋文云：「梜字林作『筴』，云箸也。」是「箸」又名「梜」，或作「筴」，古或借「夾」字爲之，形近譌爲「去」也。以「持」夾訓「攲」，猶以「以箸取物」訓「攲」也。玉篇云：「攲，今作不正之⿰飠支。」蓋「⿰飠支」音丘知切，與「攲」形聲俱近而譌，此語蓋後人所增，非希馮本文。

聿部：「𦘔，聿飾也。从聿，从彡。俗謂以書好爲⿰氵𦘔。」案：从彡者，文飾之意。此「津潤」及「談論津津」之「津」，隸書變「彡」爲「氵」，孔龢碑書「須」作「湏」，今俗多從之，是其證。遂混爲「津」渡字。「津」渡字本作「⿰氵𦘔」，「津」行而「⿰氵𦘔」廢矣。

殳部：「殿，擊聲也。」桂云：「擊聲者，所謂呼殿。」案：秋官朝士：「帥其屬而以鞭呼。」蓋即鳴鞭肅衆之意。許以擊聲訓殿，而今以爲宮殿字，蓋叚借也。宮殿字疑本作「壂」，廣雅：「堂堭，壂也。」玉篇：「壂，堂也。」廣韻：「壂，堂基。」漢碑多有書「殿」作「壂」者，然頗雜出。史記、漢書皆作「殿」，則久假不歸矣。許書土部宜有「壂」字，而今失之。校議據御覽百七十五引說文「殿」，堂之高大者也。」又土部「堂」字，木部「柧」字，广部「廣」字，解皆有「殿」字，謂「殿」篆下當有「一曰」云云。案：御覽所引未定是許氏元文，至說解容有通用字，未可爲據。

寸部：「將，帥也。从寸，牆省聲。」案：手部有「㸓」字，从手，爿聲，訓扶也。此變手从寽，寽即肘字，肘即手也。將字宜爲「㸓」之重文。至牆字，當爲从酉、从將，省聲。今云「將」字从牆，省聲，未敢信從。

皮部：「𠬝，剥取獸革者謂之皮。从又，爲省聲。」案：尸，象皮裂之形，从又，會意。篆無「爲」字形，「爲省聲」三字疑衍。

𢽳部：「𢽳，上所施。下所效也。从攴𡥈。」案：教从攴，書所謂「扑作教刑」也。段注「攴」字云：攴，經典隸變作扑。

用部：「用，可施行也。从卜中。」案：中字从口，無作中者。疑本從丰，丰今「才」字，木之始生也。亦通作「材」，材所以用也。从八，象材旁達之形。从卜者，旁求之義。才者，人之用；卜者，用人之才。又「用」與「由」，聲轉義通。今説文佚「由」字而有「甹」，甹即「甹不」之「甹」，草木萌牙之義，與才字義近。玉篇「由」字在用部。詩、大小戴記、左傳、論語、孟子、荀子、吕覽、淮南、楚詞諸注，及廣雅、小爾雅皆云「由，用也。」是「由」與「用」同義，疑「用」即「由」之倒文。甬即「甹」之倒，甹未出地，甬已出地，可爲用也。然則从卜之説，亦贅衍。

「甫，男子之美偁也。从用父。」案：甫從父，有長義，惟有才者可以長人，亦惟長人者能施用也，故冠而字則偁甫，爲成人之始也。

鼻部：「鼻，引氣自畀也。从自畀。」案：畀，必至切。疑「从自畀」下脱「亦聲」二字。

羽部：「翕，起也。」段云：「翕，从合者，鳥將起必斂翼也。」案：「詩，翕河喬嶽」，箋：「翕，引也。」又「載翕其舌」，箋：「翕，猶引也。」「引」與「起」義相近。子虛賦「翕呷萃蔡」，漢書注引張揖云：「翕呷，衣張起也。」論語「翕如也」，鄭注「變動之貌」。皆與許義相發明。

隹部：「雊，雄雉鳴也。」案：許於「雊」篆訓雄雉鳴，於「鷕」訓雌雉鳴，證之小雅之「朝雊」，邶風之「有鷕」，碻無疑義，與毛傳亦合。鄭注月令「雊，雉鳴也」，雖統言之，然下引詩云：「雉之朝雊，尚求其雌。」則亦明以「雊」爲雄雉鳴。潘岳賦：「雉鷕鷕而朝雊。」浮薄之士，不足與論訓詁，且安知非兼言其雌雄相應？段反據之以爲鷕、雊無分雌雄，而譏毛公爲望文生義，是其信毛、許，不如其信潘岳也。

「䧹，鳥也。从隹，瘖省聲。或从人，人亦聲。」案：人聲、瘖聲，皆後世方音真、侵、蒸不分，而坿會之，蓋許氏元文佚矣。月令季冬之月「征鳥厲疾」，注云：「征鳥，題肩也，齊人謂之擊征，或名曰鷹。」疑「䧹」字本从疾省，疾者，取其疾速，亦革鳥之意。疾有二義，說見後。疒，狀其疾飛也。隹，从雁省。雁體大而飛高，鷹似之，此會意，非諧聲。

「雁，鳥也。从隹，从人，厂聲。」案：从人，从厂，疑皆象其飛之行列。

𦫳部：「乖，戾也。从𦫳八。」案：𦫳者，羊以角相抵也。篆當作「乖」从𦫳，从北。北部：「北，乖也。」蓋「北」即古「背」字。段以爲从兆，非也。玉篇正作「乖」。

羊部：「羔，羊子也。从羊，照省聲。」義證云：「照省聲者，後人亂之，當云从火。」月令注：

「羊，火畜也。」周禮「羊人」屬「夏官」。案：天官庖人注亦云：「羊，屬司馬，火也。」又儀禮少牢饋食禮注引尚書傳曰：「羊屬火。」桂説信矣。獨施之於羊子者，夏小正傳曰：「夏有煮祭，祭也者用羔，或曰從宎魚燕之例，从火象其跪乳。」

𠬪部：「𣪠，進取也。从𠬪，古聲。𣪊，籀文𣪠。」案：古聲太遠，籀文从殳、从彐、从冃。衛風：「伯也執殳，爲王前驅。」許書「殳」篆下亦云：「旅賁以前驅。」彐者，爪之變文。爪部：「爪，亦丮也。」冃者，冒之省。冃部：「冒，冡取也。最，犯而取也，皆从冃。」與進取義合，乃會意字。篆文从𠬪，从冒，小變之。漢隸無从古者，古聲之説，蓋許書失真，後人竄改。古文「𣪊」，疑亦後人所增。

肉部：「肖，骨肉相似也。从肉，小聲。不似其先，故曰不肖也。」此上九字，疑後人所增。案：肖从小者，謂具體而微也，以義兼聲。

「肎，骨間肉肎肎箸也。从肉，从冎省。一曰骨無肉也。」案：篆文徒作「由冂」，孰知其爲从冎者。華山亭碑、綏民校尉熊君碑並作「肻」。韻會云：「肎，一作肻。」其所本也。蓋字本从肉，从骨省，書家又省作「肎」，失其意，轉賴隸書正之。

刀部：「利，銛也。从刀，和然後利，从和省。」易曰：「利者，義之和也。」案：刀者，所以割禾，利人者莫如禾。割禾非以自私，同之於人，天下之大利，故曰「和然後利」。蓋未有不和而能利者也。文言曰：「利物足以和義。」利物者，不自私而公之人者也。和則兩得之，不和則兩失之。繫辭曰：「二人同心，其利斷金。」左傳曰：「師克在和。」其和也，其義也即其利也。反是則爲害矣。

「剝，裂也。从刀，从录。录，刻割也。」案：刻割與剝，義相因，而微有別。昭十二年左傳：「君命剝圭以爲鏚柲」，此正用刻割義。杜注以「破」字代「剝」字，是但用裂義，未洽。豳風「剝棗」，毛傳「剝，擊也。」蓋謂「剝棗」者擊其樹，此因事爲文，非以擊訓剝，不然則剝瓜又可云「擊」乎？蓋「剝」有盡取之義。見孔氏顨軒大戴記補注。剝瓜、剝棗，皆盡取之，故繫辭傳曰：「物不可以終盡。」裂，繒餘也。疑傳寫誤。義證云：「當作列」，是也。列，分解也。

「⿰未刀，裁也。从刀，从未。未，物成有滋味可裁斷。一曰止也。，古文利如此。」案：「未」篆説解云：「味也，六月滋味也。」語亦當有脱文。此是一義。又云：「五行木老於未，象木重枝葉也。」此又一義。此文云可裁斷，但當用木老重枝葉之義。若物成有滋味，不可云裁斷。疑是許書「从未」下、「可裁斷」上有爛文，而後人妄補之也。抑又有疑焉。本書「未」篆下無它重文，即「从未聲」諸篆下，亦無左旁作「」之古文。漢碑、隸書「未」字無作「韦」者，其書「制」字，或作「制」、或作「韦」、或作「制」、或作「剬」，亦無作「⿰未刂」者。玉篇無「⿰未刂」字，但作「制」又出古文「制」，是「⿰未刂」字之在許書尚可疑，而説解「从未」之云，亦未定其不誤也。玉篇所出古文「制」，左旁从

上市，莫考其義。以此文「一曰止也」，推之，疑本作「⿱止巾」，从止，从巿。止者，有所止也。巿者，匊也，制法度者。玉篇訓法度也。周詳審愼，使必止於是，而無過不及，是爲制也。从刀，所以斷之。然則此古文「𠛍」，左旁疑亦从止、从巿，又多彡者，蓋文飾之。

「罰，辠之小者，从刀，詈。未以刀有所賊，但持刀罵詈則應罰。」案：此字疑从网、从言、从刀。网者，法罔也；言字，从䇂，䇂，亦辠也，非取罵詈之義；刀者，刀布，非刀刃之刀。呂刑：「五刑不簡，正于五罰。」又云：「墨辟疑赦，其罰百鍰。劓辟疑赦，其罰惟倍。剕辟疑赦，其罰倍差。宮辟疑赦，其罰六百鍰。大辟疑赦，其罰千鍰。」是也。宜入网部，而今入刀部，乃爲持刀罵詈之說，果許書本文邪？

角部：「角，獸角也。象形。角與刀魚相似。」案：角，魚並从刀，角象肉角；𩵋象魚頭，各肖其形而頗相似，當云「角與魚相似。」然疑非許氏元文，乃後人所增，今又衍一「刀」字，豈魚字專屬刀魚邪？

「⿰爿角，角長皃。从角，爿聲，讀若粗⿰爿角。」段云：「⿰爿角字衍。」案：疑當作讀若麤。粗，古音魚，模與陽、唐每相出入，如「駔」讀如「奘」，「迎」讀如「御」，「莽」有「姥」音，亡有「無」音之類。从爿聲，而讀若粗，亦其例也。又凡从爿之字，多有長大義，如「壯」、「將」、「牂」諸字是也，引申之爲粗。

竹部：「筭，長六寸，所以計曆數者。从竹弄，言常弄乃不誤也。」案：竹，其物也；廾，其事也。从王者，天地人三才；丨，上下通也。續漢律曆志云：「古之人論數也，曰『物生而後有象，象而後有滋，滋而後有數』。然則天地初形，人物既著，則筭數之事生矣。」此可證「筭」字从王之義，非从弄也。常弄之說，恐又後人所增。

「算，數也。从竹具。」案：从竹，从廾，與筭同。从目，即數目也。云从具具，亦未然。

青部：「青，東方色也。木生火，从生丹，丹青之信言必然。」案：青者，青石也。从生，取東方生氣之義，亦兼聲。青石而从丹者，段氏所謂「青丹、白丹、黑丹，皆曰丹也。」說見丹部「雘」字下。

「静，審也。从青，争聲。」案：静字，从争，以相反爲義，静則不争矣。商頌：「鬷假無言，時靡有争。」箋以爲「心平性和」，此「静」之義也。許訓審也。玉篇同。玉篇訓「謀也」、「悉也」；廣韻訓「安也、謀也、和也、息也」，皆由「静」而引申之。所謂「静而後能安，安而後能慮也」。静字，古書每與「靖」通用，許書立部：「靖，立竫也」；「竫，亭安也」。義亦近。

丼部：「𠛬，罰辠也。从丼，从刀。易曰：『丼，法也。』丼亦聲。」案：丼字古借爲「阱」字，見卷一。从丼，从刀，謂人自陷於𠛬也。

㫗部：「覃，長味也。从㫗，鹹省聲。詩曰：『實覃、實吁。』」案：此篆疑經後人改竄，許書當作「覃」，从卤、㫗，卤亦聲。卤部：「卤，草木實垂卤卤然。讀若調。」從卤之義，正與長味協。

「棪」下、「突」下，鍇本。並云讀若「三年導服」之「導」。「導」从道聲，道从首聲，調从周聲，同部聲近，篆文譌「㐭」爲「鹵」，而俗人狃於後世音讀，遂有从鹹省聲之説。士虞記注：「古文『禫』爲『導』」，蓋禫、導一聲之轉。

木部：「椐，樱椐木也。」案：「椐」下云：「樻也。」爾雅：「椐，樻。」郭注云：「腫節可以爲杖。」大雅：「其檉其椐。」毛傳：「椐，樻也。」釋文引陸疏云：「節中腫似扶老，即今靈壽是也。」北山經：「虢山其下多桐椐」，注云：「椐，樻木，腫節，中杖。」又中次十二：「龜山其上多扶竹」，注云：「邛竹也，高節實中，中杖，名之扶老竹。」然則椰也、樱也、椐也、樻也、扶老也、邛竹也，實一物，而其種稍異耳。椰、樱聲相近；椐、樻聲之轉。扶老之名，以其中杖也，在竹木之間，故亦謂之竹。邛者，其所出之地，遂又造爲「邛」字，或本名邛竹，地以木名，不可得而考矣。

「⿰木虖，木也。从木，虖聲。」案：下「樗」篆云：「木也，以其皮裹松脂。疑脱「可爲燭」三字。从木，雩聲。」重文「檴」。蓋⿰木虖、樗二字，互誤，此「⿰木虖」字當爲「樗」，从木，虖聲；下「樗」字當爲「⿰木虖」，从木，虖聲。段本已改正。⿰木虖、檴聲之轉，又轉爲華，俗作樺。見段注。樗、⿰木虖形近而譌。史記秦本紀「樗里疾」譌爲「⿰木虖里疾」是也。玉篇以「⿰木虖爲惡木」，而於「檴」下出重文「⿰木虖」，云「同上」，則所見本説文已誤。

「檈，檈味，稔棗。」案：四字文見爾雅，「檈」作「還」，「稔」作「棯」。郭注云：「還味，短味。」

釋文云：「還，字林作：『檈。』」是陸所見本説文無「檈」字。據郭注以「短味」釋「還味」，則還非木名，不得加木作「檈」，後人依字林補許書耳。大廣益會玉篇於「檈」字注：「檈味，稔棗。」於「棯」字注：爾雅曰：「還味，棯棗。」略無辨别，蓋皆非希馮元本。又案：「還」無短義，郭注未必然。文選吴都賦：「丹橘餘甘。」注引薛瑩異物志曰：「餘甘，如梅李，核有刺，初食之味苦，後口中更甘。」疑所謂「還味」者，當如此。説文無「棯」字，則作「稔」爲是。

「楡，白枌。」案：此以枌之白者，爲楡也。詩：「東門之枌。」毛傳云：「枌，白楡也。」則是以楡之白者，爲「枌」，毛、許異義。爾雅：「楡，白，枌。」乃於「白」字斷句，義與毛同。詩疏引孫炎曰：「或以楡爲白枌者，誤也。」蓋即指許書。段注依爾雅以「楡白」連文，以合毛傳，許書無此文法。且如段説，則當解於「枌」篆，下云「白楡也」，此非許義，當兩存之。篇、韻皆云「楡，白枌也。」「枌，白楡也」，蓋亦首施於毛、許間。史記封禪書集解亦引張晏曰「枌，白楡也」。

「某，酸果也。从木甘，闕。」案：某，既酸果，何以从甘？言部：「謀字，古文从母，以此推之，疑古「某」字本从母，作「⿱母木」或作「栂」，古音母讀如每。栂與「柟梅」之「梅」形聲並近，故後人或以「梅」當「栂」，而「⿱母木」又以形近，譌爲「某」。

「根，木株也。从木，艮聲。」案：説卦艮爲足。「艮，止也。」止，古趾字。根从艮，似非徒取諧聲。

「本，木下曰本，从木，一在其下」；「末，木上曰末，从木，一在其上。」案：一在上爲上，在下爲下，本、末字皆从一，會意，何嫌何疑？六書故引唐本「本」字从丅，「末」字从丄，未可信。段氏从之，徑改篆文作「夲」、作「𣎳」，殆於不可。

「梃，一枚也。」段注：「今俗或名枚曰個，音相近。案：枚，榦也。」案：枚與個，音絶遠，何得云相近？蓋「音相近」三字，當在「榦也」下，謂「榦、個聲相轉也」。古元、歌二部，每相出入。義證據小爾雅「杖謂之梃」，孟子「殺人以梃與刃」，趙注：「梃，杖也」，謂「一枚也」當作「杖也」。案：許書「杈」篆以下十五文，皆類列木之枝榦皮葉之名，不當以「梃」、「杖」字，雜厠其間。汝瀆詩毛傳云：「枝曰條，榦曰枚。」「枚」篆解云：「榦也。」而廣雅云：「枚，條也。」蓋「條」與「榦」散文則通。條有直義，梃亦有直義，以「枚」訓「梃」，猶以「條」訓「梃」也。取其「梃直」以爲「杖」因亦謂之「梃」，此又引申之義。桂説似未得許意。「一」字則疑衍。

「材，木梃也。」案：此亦謂木之梃直，非梃杖之「梃」，可知「梃」篆下説解「枚」字，非杖之誤。

「𣝗，角械也。从木，郤聲。一曰木下白也。」案：此六字，疑當在上文「杳」篆下，彼解云：「冥也，从日，在木下。」古从日、从白之字，每互見，白即日光也。見卷三。玉篇：「𣝗，角械也。一曰木也。」集韻亦云：「一曰木名。」然其引説文則與今本同。

「檽，楯間子也。」案：文選遊天台山賦注：「檽，窗間子也。」又江文通雜體詩注：「檽，窗間孔也。」是子即孔。

「梱，門橛也。从木，困聲。」案：梱、閫異物，古書或相亂。玉篇：「梱，門橛也。」「閫，門限也」。廣韻：「梱，樴、弋，門橛。」「閫，門限也」。截然不同。士冠禮：「布席于門中，闑西閾外。」鄭注：「閾，門閫。」此「閫」爲門限不誤。曲禮：「外言不入於梱，内言不出於梱。」注：「梱，門限也。」此「梱」乃「閫」之誤。史記循吏列傳：「楚王惡楚俗庳車，孫叔敖使高其梱。」其爲門限可知，此「梱」亦當作「閫」。張釋之馮唐列傳：「閫以内者，寡人制之；閫以外者，將軍制之。」索隱云：「此郭門之梱也。」漢書「閫」作「闑」，韋昭曰：「門中橛爲闑。」又誤「梱」爲「閫」。許書無「閫」字，但有「梱」字、「閾」字。

「柤，木閑从木，且聲，側加切。」獨山莫君友芝得唐寫本說文木部殘卷，起「柤」止「梊」，中頗有勝今本者，今坿著之。此切下，彼多「莊余」一切。案集韻九魚，有此音。

「槍」，唐寫本此篆次「櫪撕」後，與玉篇合。

「楗，限門也。」段依文選南都賦注引及老子釋文改爲「歫門也」，與唐本合。此後唐寫本並省偁「唐本」。

「柵，編樹木也。从木，从冊，冊亦聲。」樹字，段依篇、韻改「豎」，與唐本及玄應書十四引合，楚金本及韻會引皆無「亦」字。案：柵正象編豎木之形，故云亦聲，段刪之，非也。唐本作「从刪，省聲」。莫君據唐韻、集韻「柵」有「所晏切」一音，又舉「姍」字「从刪省聲，所晏切」，爲證，則亦可通。

「杝，落也。从木，也聲。讀若他，池爾切。」唐本作「讀若池，力支切。」案：他字誤，作「池」是也。段依趙凡夫鈔本作「阤」，則與池爾切合。「力支切」與「籬」音合。

「楃，木帳也。从木，屋聲。」唐本作「屋亦聲」。案：此説文「帷幄」字。天官幕人注：「四合象宮室曰幄。」釋名：「幄，屋也，以帛依板施之，形如屋也。」从屋乃義兼聲，故云「亦聲」，二徐删「亦」字，非是。周本紀「有火自上復于下，至于王屋」。此借「屋」爲「幄」字。

「杠，床前横木也。」唐本無木字，與篇、韻合。

「桱」，唐本次「楅」篆後。

「床，安身之坐者。」唐本作「安身之坐也」。小徐「坐」上衍「几」字，文不成義，段注「强爲之説」。玉篇床部作「身所安也」。初學記、御覽引作「身之安也」，皆無「几」字。

「枕，卧所薦首者。」玉篇作「卧頭所薦也」。唐本作「卧頭薦也」，蓋脱「所」字。

「櫝，又曰大梡也。」大梡，楚金本作「木枕」，唐本同。莫君據玉篇「櫝，又小棺也」；左傳「公將爲之櫝」，釋文「櫝，棺也」；本書「槥，棺櫝也」，漢書高紀「爲槥」，應劭曰「小棺也，今謂之櫝」；楊王孫傳注「櫝，小棺也」，謂「大梡」乃「小棺」之誤。案：廣韻：「櫝，函也。又曰小棺。」正與玉篇合。棺、梡聲近而誤，再譌爲「枕」，又誤小爲大，莫説是。

「梳，理髮也。」唐本作「理髮者」，是。

「㭘，胡甲切。」唐本「江洽切」。

「相，一曰徙土輂，齊人語也。」唐本作「齊語，讀若駭」。莫君云：「方言『臿，東齊謂之「梩」』，郭音駭。」蓋本說文。

「相，耒耑也。」唐本作「耒耑木也」，與齊民要術引合，玉篇亦同。枱非耒耑，今本蓋脱「木」字。

「𣗋，種樓也。一曰燒麥柃𣗋。从木，役聲，與辟切。」唐本「下卦、胡狊二切」。案：玉篇「𣗋，胡的切，又胡革切」。集韻入聲二十一「麥」下革切，二十二「昔」營隻切，又刑狄切，並有「𣗋」字。又去聲十五「卦」胡卦切，與唐本合。廣韻無「𣗋」字，惟二十一「麥」下革切有「炈」字，注云「燒麥」。蓋即「𣗋」字之誤，「燒麥」下當有脱文。玉篇「炈，陶竈囪」，說文作「投」，無「燒麥」義。

「柃，木也。」唐本無此篆。案：許訓木也，則「柃𣗋」其又一義不當厠此。玉篇列「桔」、「柞」二文間，云：「木名，可染。」段引上林賦張揖注「櫹似柃」。疑許書本與木類同列，後人因「柃𣗋」之文，而移「𣗋」就「柃」，惜唐本前半卷已缺，不可考矣。

「枷，柫也。从木，加聲。古牙切。」唐本：「工亞切，一音加。」案：工亞切，則爲「椸枷」之

「枷」。廣韻去聲四十「禡」作「架」，云：「亦作枷。」禮記曰：「不同椸枷。」二徐本蓋失一音。

「⿰木省，木參交，以枝炊籅者也。从木，省聲。讀若驪駕，所綆切。」集韻去聲四十「禡」居迓切收「⿰木省」字，云：「木參交，以枝炊籅者。李舟說。」案：此是讀「⿰木省」如「駕」也，省聲與駕絶遠。若省有駕音，則古音無據甚矣。蓋李舟之誤而波及集韻也。竊疑此「讀若驪駕」四字，當是「枷」篆下說解，正與唐本「工亞切」合，錯簡在此，遂僅存「古牙切」一音矣。抑又審之玉篇木部「杫」、「⿰木省」、「⿰木徙」三字，同「思漬切」，訓「肉几也」。集韻去聲五「寘」出此三字，與玉篇同。廣韻但出「杫」字，訓同。然則此三字同音、同義。以大徐音考之，躧、⿰革麗、釃皆「所綺切」；灑，「山豉切」；曬，「所智切」；音皆相近，疑「驪駕」之「驪」，古或讀如「躧」，許讀「⿰木省」如「驪」，非讀「⿰木省」如「駕」也。段氏以爲省聲，麗聲清、支二部合韻，此又無以處「杫」、「⿰木徙」二字，蓋古从「麗」之字多或从徙，如「躧⿰革麗」或作「蹝纚」或作「縰籭」，或作「簁」之類。乃一聲之轉，非合韻也。廣韻、集韻上聲四十「静」，思井切，仍收「⿰木省」字，此則从省本音。

「栖，匵也。」唐本作「一匵也。」案：匚部：「匵，小栖也。」疑此當作「大匵也」，互文爾。「大」字壞爲「一」，後人以其不可通而删之。

「□，籒文栖。」唐本「□」作「□」，與楚金本合。韻會引同。

「枓，勺也。从木，从斗。」唐本「斗」下有「聲」字，與楚金本合。韻會引同。

「杓，枓柄也。从木，从勺。」唐本「勺」下有「聲」字，與楚金本合。韻會引同。

「櫑，龜目酒尊。刻木作雲雷象，施不窮也。从木，畾聲。」唐本作「刻木爲雲靁象，施不窮。从木，畾畾亦聲。」楚金本有「亦」字，廣韻引此文，「雲雷」下有「之」字。

「楕，徒果切。」唐本「他果切」，與廣韻合。楚金「禿頗切」同。

「椶，槌之横者也，關西謂之㯡。」唐本「椶」作「𣝢」，説解「㯡」字亦作「𣝢」。案：「㯡」即「椶」字之譌。椶，方言、廣雅並作「栚」，唐本似合。然許書自有「艐」，篆與此「椶」字迥別，「椶」次「槌」「持」二文後，以類相連，唐本失「艐」篆，而「艐」次「槃」後，蓋誤合二字爲一。

「櫎，所以几器。从木，廣聲。一曰帷，屏風之屬。」唐本「几器」下、「帷」下並有「也」字。玉篇作「所以支器，一曰帷櫎，屏風之屬。」案：几、支聲義並近，「帷櫎」即「帷幌」，疑今本説解脱「櫎」字，唐本「櫎」誤爲也。

「㮛，舉食者。」段本以意增「所以」二字。唐本作「舉食者也」，則「所以」字不必增。

欄，唐本缺。

機，唐本缺。

「杼，機之持緯者。从木，子聲。」大東詩正義引作「機持緯者也。」唐本及「玄應書」十五十七引並同。案：「艐」篆云：「機持經者」，「榎」篆云：「機持繒者」，疑此篆亦止作「機持緯者」，段本刪

「之」字。「也」字乃引書人所增。杍，即後世梭字。〔大東釋文引説文作「杍，盛緯器。」〕亦作「梭」，見玉篇。疑古讀「杍」如「舒」，方音流轉，魚、模之字，往往變入歌、麻也。〔如車華，牙遮之類。〕唐本説解末有「一曰柧削木」五字，「柧」疑「柾」字之譌。集韻去聲四十「禡」、「柾」下引廣雅「柾，謂之滕」。〔今本廣雅脱誤作「桫，謂之滕」，辨見疏證。〕疑當是「䑬」篆下錯簡，在此而「削」木下尚有脱文。

「椱，機持繒者，从木，复聲。扶富切。」唐本「篆作椱者」下有「也」字，父又切，〔即扶父切。〕又音復。案：椱，淮南子氾論訓，及王逸機賦並假借複字。集韻：「複，房六切。機持繒者。」蓋即用許書文。玉篇木部亦用許文，而刊本譌「繒」爲「繪」。段注謂「繪」爲「會」字之譌，引季敬姜語「持交之梱」以爲證，不知廣韻此注云「織椱卷繒者」，蓋「繒」是帛之總名，謂已織過者，亦用軸卷之以漸而成匹。王叔師賦「勝複回轉」，蓋持經、持繒皆用軸，〔大東詩作「柚」。〕以便展卷，故云「回轉」，其義顯然。若季敬姜所謂「持交不失，出入不絶者」，乃廣雅所云「經梳謂之杓」也，疏證備矣。

「核，狀如籢尊。从木，亥聲，古哀切。」唐本「工才、工亥二切。」楚金本「籢尊」下多「之形也」三字。案：上云狀，則下不必言形，疑衍。唐本亦無此三字。〔集韻平聲十六「咍」同。〕

「棧，棚也。竹木之車曰棧。」玉篇引作「一曰竹木之車曰棧」。詩曰「有棧之車」。案：棧車別是一義，當如玉篇。〔集韻上聲二十六「産」引與今本同。〕唐本「棧」次「梐」篆後，非。

「椯，一曰椯，度也；一曰剟也。兜果切。」唐本作「一曰椯，度高下；一曰剟，多果、初委二切。」

「橜」，唐本作「橛」。

「樴，之弋切。」唐本多「又特切」，與集韻「逸職切」一音同。

「柭，棓也。」唐本此篆次前「櫡」篆後。案：集韻入聲八「勿」柫柭連文，引説文「擊禾連枷也」。類篇「柭」字下同。莫君據此疑此文當有「一曰擊禾連枷也」七字，故與「杷」、「杸」爲類，二徐失之，故移就「棓」次。竊以此莫君回護唐本過也。許書例以弟一義類次，果有「一曰」七字，則爲別一義，亦當依今本之次。且「櫡」、「杷」、「杸」、「柃」、「柫」、「枷」，六篆相次，「柭」當次「柫」、「枷」二篆間，「柫」下既云：「擊禾連枷也」，則「柭」下止當依「枷」例，云「柫也，一曰棓也」，不必復出「擊禾」字，亦不當錯出「櫡」後，然則唐本誤寫爾。又案：方言：「僉，自關而西謂之棓，或謂之柫，齊楚、江淮之間謂之柍，或謂之桲。」集韻、類篇「桲」下亦引之。蓋連枷系於「棓」上，故亦謂之「棓」。棓、柫、桲、柭，聲近相轉，疑「桲」即「柭」之重文，因柭篆不與柫枷相次故又出擊禾連枷也五字而唐本今本皆佚之矣。

椎，唐本誤作「榫」。

「棁，木杖也。」唐本「棁」次「棓」篆後，與段本所移合。木作「大」，與韻會及玄應書十六引合。

「杘，篗柄也。从木，尸聲，女履切。」唐本「丑利切」，與楚金「敕稚切」同。又「柅，杘或从木，尼聲」。唐本作「杘，或从尼」。案：竹部：「篗，收絲者也，从竹，蒦聲。」今俗省作「篗」，各本皆如此，廣雅、玉篇並同。廣韻六「至」作「籆」，更誤。重文「柅」，玉篇作「杘」。

「桰，檃也。从木，昏聲。一曰矢桰，築弦處。」唐本「檃」作「隱」，云「一曰矢頭也。」案：釋名「矢其末曰栝。栝，會也，與弦會也。」云「矢桰築弦處者，築，擣也。」儀禮既夕記注云「築，實其中堅之。」金縢釋文云：「築謂築其根。」蓋張弓引滿，矢頭抵弓背之一點，其根箸弦處如築之也。唐本疑脱誤。

「棋，博棋」。唐本作「簙棋也」。案：「博」當作「簙」，唐本誤从氵旁，然可見是「簙」之譌。

「櫝，畜獸之食器。」唐本作「獸食器也」。案：「畜」字衍，「獸」當爲「嘼」，即畜字。集韻六「豪」財勞切，引作「畜之食器」，而影宋本「畜」下又衍「獸」字。

「桶，木方受六升。」唐本作「木方器也，受十六升。」段疑當作「方斛受六斗。」義證及廣雅疏證引並作「木方受六斗」。案：月令仲春之月「角斗甬」，鄭注：「甬，今斛也。」呂氏春秋、淮南子「甬」並作「桶」，廣雅云「方斛謂之桶」。是「桶」即「斛」，「甬」其假借字。斛「十斗」而云「六升」，字形相近而譌。唐本「十」字不誤，而仍衍「六」字。

「樂，象鼓鞞。木，虡也。」段云：「鞞，當作鼙。」案：爾雅、釋文引作「象鼓鞞之形，木其虡也。」「鞞」字亦誤，唐本與釋文同「鞞」作「鼙」，符段說。

「枹，擊鼓杖也。」唐本「杖」作「柄」，與文選曲水詩序注、玄應書三、四、十八。引合。

「椌，柷樂也。」唐本作「柷，樂器也」，次「樂」篆後，蓋誤寫。

「柷，樂木空也，所以止音爲節。」韻會引楚金本作「樂也木，音工用柷聲，音爲亨。」唐本作「樂，木椌也，工用柷，止音爲節。」段氏、桂氏並據有瞽傳謂「空」當作「椌」，與唐本合。楚金本雖有誤字，而「工用柷」三字，與唐本同，皆與風俗通引樂記合，疑是許書元文。鼎臣見楚金本瞀亂，故以意改之。案：爾雅云：「所以鼓柷謂之止。」郭注「止」者，其椎。「柷」自以止爲義，而白虎通云「柷，始也；敔，終也。」故段氏欲改「所以止音」爲「以止作音」。竊意今俗樂發音，小頓起板有頭板、底板、中又有罨板，古用「柷」亦如此。皋陶謨曰：「合止柷敔。」合者，合人聲與樂聲也，止者，其節也。一篇有一篇之節，一章有一章之節，一句有一句之節，乃至曼聲，則一字有一字之節。節者，合終始而言之也。白虎通引又一說云：「笙柷鼓簫，琴塤鐘磬。柷，在東北方。」東北方，艮位。萬物之所成。終而成始，是「止」即「作」也，無煩改字。此文當以唐本爲正。

「槧，自剡切。」唐本「自斂、才冉、才敢三切」。

「檄，二尺書。」玉篇、廣韻、集韻、類篇、史記索隱、玄應書十引並同。唐本亦同，惟「檄」作

「檕」。後書光武紀注引作「尺二寸」，其文亦異。韻會所據楚金本亦作「尺二寸」，疑即依章懷改也。

「檕，車歷録，束文也。」唐本「文」作「交」，毛本亦「刓」改「交」與集韻、類篇、韻譜同。嚴據小戎疏兩言「文章歷録」，是孔沖遠所見本作「文」是也。

「极，驢上負也。从木，及聲。或讀若『急』。」案：但云「驢上負」，不辭篇韻並云「驢上負版」，疑此「也」字當作「版」字之誤也。极、急皆从及聲。「或」字疑衍唐本無。

「槅，大車枙。」唐本作「大車軛也」，與玉篇合。

「楇，盛膏器。从木，咼聲，讀若過。」案：玉篇「楇，車釭盛膏者」。又車部：「輠，車盛膏器。亦作楇。」廣韻平聲八「戈」同。是「盛膏器」上當有「車」字。集韻八「戈」亦同。廣韻「而」去聲三十九「過」引説文，與今本同。「楇」本盛膏以滑轂，其義取過，故史記孟子荀卿列傳「炙轂過髡」，即借「過」字代之，其用專屬之車，不得但云「盛膏器」，蓋「車」字傳寫失也。辵部：「過，度也。」本音古禾切。「讀若過」三字不誤，段删之，非。

「枊，馬柱，一曰堅也。」段删此四字。案：篇韻皆云：「繫馬柱」，宜有「繫」字，而集韻亦無之。唐本作「馬柱也」，「一曰豎」。「堅」疑「豎」誤。桂本作「豎」。臤部「豎，豎段改堅。立也。」豎、柱音義並近。意謂凡「柱」皆得名「枊」，不專馬柱。

「椢，可射鼠。」唐本作「可以䠶鼠也」，與玉篇合。

「欙，山行所乘者。」唐本「者」作「也」。又「澤行乘𨊠」，唐本「𨊠」作「輴」，韻譜引作「輴」。案：輴，兵車也。此寫誤。玉篇「𨊠」、「輴」字同。輴，之爲𨊠，猶逡遁之爲逡巡也。見史記札記。

「榷，水上横木，所以渡者也。」唐本無「者」字，與御覽引合。

「楫，舟櫂也。」唐本「櫂」作「擢」。

「校，木囚也。古孝切。」唐本作「木田也。下校切」。楚金通釋以爲「木缶」，誤，不可考。案：漢書司馬相如傳，師古注云：「校獵者，以木相貫，總爲闌校，遮止禽獸，而獵取之。」莫君據此以爲「田」字是。竊謂如莫説，則「田」當爲「毌」字之譌。毌，即「以木相貫」之「貫」字，文當云：「毌木也」，誤倒作「木毌」，又以形近譌爲「田」，於是爲「囚」、爲「缶」，烏焉成馬矣。

「柹，削木札樸也。从木，朩聲。陳楚謂櫝爲柹。」唐本作「削木朴也」，與玄應書十八引合。又十六引作「削朴也」。案：朴，木皮也。作樸誤。朩，俗本誤朿；柹，俗本誤柨，蓋篆文「朩」、普活切。「朩」本，即里切。止争一畫。桂氏云：「櫝」當作「牘」，固是。然「牘」亦非「柹」也。韻會引楚金本作「陳楚謂之札柹」，段改從之，勝鼎臣本。

「樵，从木，雋聲。」春秋傳曰：「越敗吴於樵李。」案：樵，从雋聲，讀如醉，此古音、諄脂二部同入互轉之例。義證、斠詮皆謂宜从「雋聲」，未聞載籍有作「檇李」者。唐本「於」作「于」，與楚金本合。

「朾，橦也。」唐本「朾」篆在「椓」前，「橦」作「撞」，與段改合。

「棱，柧也。」唐本作「柧木也」。

「櫱，商書曰：『若顛木之有甹櫱。』」唐本「甹」作「由」，與今本尚書合。今説文無「由」字，而有「从由」之字，蓋傳本失之。又重文「辥」在「栓」下，與楚金本同。

「枰，从木，从平，平亦聲。蒲兵切。」唐本無「平亦」二字，防柄切。案：篇、韻皆平、去兩收。

「柆，折木也。」唐本作「折木聲」。

「桱，邪斫也。春秋傳曰：『山木不槎。』」唐本作「邪斫也。」春秋國語曰：「山不桱梓。」案：此足正各本之誤。玉篇云：「國語『山不槎櫱。』」蓋所見本説文未誤。

「柮，斷也。讀若爾雅『豽無前足』之『豽』。」唐本下有「一曰絡」三字。玉篇：「柮，説文五滑切，斷也，一曰給也。」絡、給二字，疑皆有誤。

「楬，春秋傳曰：『楬，柮也。』」唐本作「春秋傳『楬，柮也。』」

「析，破木也。一曰折也。从木，从斤。」楚金本「斤」下衍「聲」字。唐本作「从木斤，一曰折」。

「棷，側鳩切。」唐本「叉逅、側溝二切」。廣韻亦平、上兩收。玉篇「叉逅、側九二切」，疑「側九」即「側鳩」之譌。

「梡，棞木薪也。胡本切。」唐本「下短切」。

「棞，梡木未析也。」唐本「析」作「斫」。

「楄，春秋傳曰：『楄部薦榦。』」唐本下有「者」字。案：昭二十五年左傳「唯是楄柎所以藉榦者」，疑當有「所以」二字。

「楅，以木有所逼束也。」詩曰：「夏而楅衡。」唐本「逼」作「迫」，「曰」作「云」。案：許書無「逼」篆。

「枼，楄也。」唐本「楄」作「牑」，與桂説合。

「槱，積火燎之也。周禮以『槱燎祠司中、司命。』从木，从火，酉聲，余救切。」唐本作「積木」，與篇、韻、五經文字、六書故、韻會合、集韻上聲四十四「有」亦作「積木」，去聲四十九「宥」誤作「積火」，與今本同。唐本「周禮」下有「曰」字，末云「音酉」。案：周禮大宗伯釋文「音羊九」，詩棫樸釋文「音弋九」，是經典多讀上聲，唐本是也。徐音「余救切」，非。重文「禉，柴祭天神。或从ネ。」唐本作「槱，柴祭天神之名」。疑誤。

「休，息止也。」唐本「息」「止」倒。

「械，一曰持也。」唐本無此四字。

「杍，从木，从手，手亦聲。」唐本無下「从」字，末有「讀若丑」三字。

「桎，足械也。」唐本下有「所以質地」四字。

「梏，手械也。」唐本下有「所以告天」四字。案：「質地」、「告天」二句，並與周禮釋文、御覽六百四十四引合。蓋當時有此增竄之本，二徐本並無之，是也。說見前。「古沃切」，唐本作「古屋切」。

「櫪，櫪㯕，椑指也。」唐本「椑」作「押」，韻會引繫傳「以木柙十指」，「押」乃「柙」之俗字，作「椑」誤。段本改之矣。

㯕。唐本「㯕」後次「槍」，「槍」後次「閑」，云：止也。从木，歫門，胡閒切。楚金本亦有之。毛刻本刓補「於」部末、「棐」篆後。案：閑字已見門部，此乃後人所增，鼎臣刪之，是。

「柙，以藏虎兕。」唐本作「可以盛虎兕。」又「，古文柙。」唐本上有「从口」二字。口，疑「冂」之譌。

「棺，所以掩尸。」唐本「尸」作「屍」，是。

「櫬，士輿櫬。」唐本「輿」作「舁」。

「槥，祥歲切。」唐本作「槥，息芮切。」案：玉篇爲綴、才芮二切，又音歲，是有「息芮切」。

「楬，楬桀也。春秋傳曰：『楬而書之』。」案：「楬」與桀義通，見卷一。疑說解以「桀」訓「楬」，衍一「楬」字耳。段據韻會引及趙凡夫鈔本、近刻五音韻譜改爲「楬櫫」，不如兩存之。「楬而書之」，文見地官泉府，非春秋傳。唐本作周禮，是。

「梟，不孝鳥也。日至捕梟磔之。从鳥頭在木上。」五經文字引作「从鳥在木上」，段據之改篆爲「梟」，而刪説解「頭」字。案：「[鳥省]，象鳥之首身翅尾；ㄑ，象其足，梟字本从木、从鳥，今作「梟」者，乃書家省筆，非謂以「[鳥省]」爲「鳥頭」也。説解「从鳥」二字爲句，「頭在木上」爲句。玄應書十一、十三、十七、二十。引作「冬至日鳥頭在木上」，殊不成文理。然可見舊本有「頭」字，不可删也。廣韻引此文與今本同，惟「日至」上多「故」字。此字與「県」音義並同，義取縣頭於木，故系木部，遂以名其鳥，非其鳥本名梟也。讀書者顧名思義，知古人垂戒深矣。

桀，唐本次「梧」下「棋」上。

叒部：「□，籀文。」案：隸變「若」字，从口，乃本籀文。

「桑，蠶所食葉木。从叒木。」案：叒，本象葉重沓之貌。桑以葉重，故从叒，象形。「若」與「桑」，亦古魚、唐二部相合之證。

㞢部：「㞷，草木妄生也。」案：妄，讀如「妄一男子」之「妄」。妄生，謂得土即生，不擇地也。

𣎵部：「索，草有莖葉，可作繩索。从𣎵糸。杜林説：𣎵亦朱市字。」案：草字宜句，謂「索」亦草名也。因其莖葉可作繩索，即名之爲索，亦如惡鳥宜梟磔，即名之爲梟也。離騷：「索胡繩之纚纚。」王叔師云：「胡繩，香草也。」因其可爲繩索，故名胡繩。索亦胡繩之類。洪補注楚詞亦引此說解。「杜林」七字，疑當在部首𣎵下。校議亦有此說。

囗部：「困，故廬也。从木在囗中。」案：木在囗中，枝榦不能條達而困。云「故廬」者，猶言身不能出閭巷也。

「囮，譯也。從囗化。率鳥者繫生鳥以來之名曰囮，讀若譌。」段云：「譯，疑當作誘。」案：譯疑「謣」字之誤。謣、鄂古通，魯語：「於是乎設穽，鄂以實廟庖。」韋注：「鄂，柞格，所以誤獸也。」「囮」讀如「譌」，譌者所以誤之也。囮、誤、謣，一聲之轉。

貝部：「賢，多才也。」案：賢能之賢，古本作「臤」，後世借「賢」爲「臤」，而「臤」字遂廢矣。「賢」字次「賄」、「財」、「貨」、「賜」、「資」、「贎」、「賑」諸篆之後，於賢能義不類，故段注改爲「多財也」，然財、才古通用。

邑部：「郒，詩曰『即有郒家室。』」案：楚金本「詩曰」上有「臣鍇曰」三字，是繫傳文，鼎臣竄入說解，書中凡此類不少。

「邠」重文「豳」，从山，从豩，闕。」案：从豩，闕者，蓋不得其聲義所从也。豕部：「豩」，云：「豳从此，闕。」語正相應。𨙵：「𨛜字从此，闕」；𨛜部：「凡𨛜之屬皆从𨛜，闕」；貝部：「質从所，闕」；斤部：「从二斤，闕」；語皆相應。校議以爲「闕」字後人所注，非也。豩字，玉篇「火類切」，不知所本。鼎臣音「伯貧切」，轉因「豳」字之音而坿會之，又音「呼關切」，則「火類」之轉耳。

「郇，从邑，旬聲。讀若泓。」段云：「泓，疑當作淵。」案：泓、旬聲，絶遠。「淵」與「泓」形亦不似，疑「泓」乃「泫」字之譌。「郇」、「洵」同音，國語「無洵涕」，借「洵」爲「泫」字。莊子田子方篇「今女怵然有洵目之志」，列子黄帝篇同。釋文：「洵，謂眩也。」蓋旬聲、玄聲，古音相近，如絢从旬聲，而讀「許掾切」是也。玄字，隸變或作「弓」，孫叔敖碑、祝睦碑書「絃」爲「紖」，「泫」之誤「泓」，蓋非無徵矣。

舒蓺室隨筆卷三

日部：「日，實也，太陽之精不虧。」案：實，滿也。「太陽之精不虧」，正釋「實」字之義。此與「月」下訓「闕也」相對爲文。「彼月而食，則維其常」，言月本有盈闕也。「此日而食，于何不臧」，言太陽之精不當有虧也。

「早，晨也。从日在甲上。」案：日在甲上，猶言日在甲位。甲位，東北方，日加寅時，故爲早也。

「暳，星無雲也。」斠詮云：「『星』，當作『姓』。」姚氏姬傳說同。楚金本作「星無雲，暫見也」。則又不以爲「姓」字。案：史記封禪書：「乃以禮祠，迎鼎至甘泉，從行，上薦之。至中山，曣㬈，有黄雲蓋焉。」「曣㬈」，補孝武本紀作「晏温」，漢書郊祀志同，如淳曰：「三輔謂日出清濟即霽字。爲晏。」段注於「晏」篆下晏，天清也，亦與無雲義近。引史、漢此文，而解爲「氤氳」，是也。蓋曣、暳同字，而單文則爲無雲，爲清濟；其連「㬈」字爲文，則爲「氤氳」。氤氳者，和合之氣，乃與下「黄雲」義洽。

「曏，不久也。」案：易隨大傳：「君子以嚮晦入宴息。」嚮字，疑當作此「曏」字。

「㬎，衆微杪也。从日中視絲。」案：如許義，則「杪」當作「秒」，蓋「眇」之借字，玉篇作「微妙也」。

㫃部：「旟，錯革畫鳥其上。」段云：「畫字，妄人所增。」是也。案：爾雅云：「錯革鳥曰旟。」錯者，雜也，所謂以五采彰施于五色也。古已有希繡，小雅云：「織文鳥章。」則是織作，而如鄭注周禮，則以「畫繢」，蓋皆可用，故云「錯」。

「游，旌旗之流也。从㫃，汓聲。」案：字當作「斿」，書家以不便於結體，改爲「游」。玉篇㫃部遂以俗書「旒」字當之，改「游」字入水部，訓云：「浮也，旌旗之游也。」「游」疑「流」字誤。而正義反爲別義。且从水、从斿，「斿」不成字，豈希馮舊本乎？然許書水部「汕」篆解云：「魚游水皃。」是游固有浮義，而此文失之。

冥部：「冥，幽也。从日，从六，冖聲。日數十，十六日而月始虧，幽也。」案：篆止从日，無緣及月，以「十六」解「六」字，毋乃太迂？木部：「杳，冥也。从日，在木下。」冥字从冖，義蓋略同。从六者，許書言易之數，陰變於六，六爲老陰。易「冥豫」，虞注云：「坤爲冥。」是其證也。

晶部：「曐，一曰象形。从〇。古〇復注中，故與日同。[illegible]，古文曐。」案：據説解，則象形，从〇者，作「[illegible]」，其古文則當依古〇復注中，作「[illegible]」。日部「[illegible]」、「[illegible]」，朙部「[illegible]」，囧部「[illegible]」，所謂與日同也。

「疊，楊雄説以爲古理官決罪，三日得其宜乃行之。从晶宜。」案：从晶宜者，晶，精光也。晶無不照，宜無不當，故詩以爲「震疊」字。改从畾者，靁之省。

月部：「朖，明也。从月，良聲。」案：既醉詩及爾雅釋言並作「朗」，玉篇月部：「朗」亦作「朖」、「䏎」，古文。疑許書「朖」下亦當有「朗」、「䏎」二文，今本失之。

有部：「有，不宜有也。春秋傳曰：『日月「月」字衍。有食之。』」案：「有」之義从月。蓋取月始見，天下皆知也。日有食之，又其引申之義。

夕部：「夜，舍也。天下休舍也。从夕，亦省聲。」案：「天下休舍」無義。「下」疑「子」字之譌：夜，蓋「宮掖」之「掖」，故云「天子休舍」，謂夕所休曰夜，猶謂「晨所涖曰朝」。从亦古肘亦字，今俗作「腋」。省者，蓋書家省之以結體，自專以爲晨夜字，故借从手之「掖」以當之。「掖」，持臂也。本扶掖字。

「夗，轉卧也。从夕，卪，卧有節也。」案：右旁卪，疑本作㔾，似尸而曲，象人曲𦙍側卧之形，所謂「寢不尸」。卧字、尸字並从人。以爲从卪，後人失之。

卤部：「㮚，木也。𣡌，古文㮚，从西，从二卤。徐巡説，木至西方戰栗。」案：楚金本古文作「籀」。卤，籀文作「𠧴」，从三卤，故「㮚」，籀文作「𣡌」，「粟」，籀文作「𥻆」，亦並从三卤，其例易明。鼎臣以「𣡌」从「𠧪」，故改爲古文。其實「卤」與「𠧪」之古文「卥」形近，因「卤」譌爲「卥」，再譌爲「𠧪」，遂有徐巡之郢說，洨長好異義而誤采之。夫木至西方何爲戰栗？宰我之鑿，夫子斥之矣，無施於此。段氏謂「㮚」字隸變作「栗」，竊取古文从西之意。然則「㮚」字無从「𠧪」之古文，何爲亦作「栗」乎？蓋皆因「卤」、「鹵」形近而謬，趨簡易好古者，勿佞古可也。

亯部：「亯，肩也。象屋下刻木之形。」案：人部「仔，克也。」周頌：「佛時仔肩」，毛傳「仔肩，克也」，是「克」與「肩」互訓。亯从「𠙴」，與高同意，或本从高省。尸象人肩物之形「肩也」下當有「象形」二字。「象屋下刻木之形」乃別一義，當在古文「𠧹」下。𠧹从上，上亦高也。「上」，亦古文「上」字。从彔，與彔同。彔，刻木彔彔也。此其義矣。

禾部：「禾，从木，从𠂹省。𠂹象其穗。」案：「从𠂹省」三字，蓋衍文。當云「从木，𠂹象其穗。」段并删下「𠂹」字，則象其穗者何邪？

米部：「竊，盗自中出曰竊。从穴，从米，禼、廿皆聲。廿，古文疾，禼，古文偰。」案：禼、廿不同部，豈得兩諧其聲？蓋非許義。廿當作「卄」，从芉省。爾雅釋蟲「蛄䗐，强蛘」，方言作「强羊」，郭注：「今米穀中蠹，小黑蟲是也。」禼，蟲也。義兼聲。从穴，从卄，會意。「盗自中出」者，猶言火生於木。書家誤寫「卄」作「廿」，許解又缺，「禼廿」十二字，皆後人妄增。

宀部：「㝗，康也。从宀，良聲。音良，又力康切。」「康」下脱「㝗」，段本已補。案：許書但有「讀若某，無云音」者，此「音良，又力康切」，明是鼎臣之文，毛本譌「又」爲「久」，段遂以爲當作讀若「良久」，亦太疏矣。楚金但有「力康切」，卻引吳都賦所謂「聊㝗之野」。今檢彼賦云：「相與騰躍乎莽㫰之野」，又云「相與聊浪乎昧莫之坰」，當由誤記。

「寡，从宀，从頒，頒，分賦也，故爲少。」案：徒取分賦，从宀，何謂？恐非許文。蒙謂貧寡字皆从分，貧从貝，貝，財也。財分則貧。寡从頁，頁，首也，屋中人也，人分則居者，寡。

「宛，屈艸自覆也。」案：屈艸之義不見。上「舁」篆解云：从宀，𢍏聲。艸部：「𢍏，本从収。疑此文「艸」乃「艸」之譌，當屬「舁」下，因「舁」、宛互訓，錯簡在此，而「艸」又譌爲「艸」，遂不可通。

「宕，過也。一曰洞屋。从宀，碭省聲。」案：去「昜」存石，孰知爲「碭」聲？疑本作「从宀、石，會意。」洞屋者。石通迵似屋者也。通迵則可徑過，穀梁傳「長翟兄弟三人，佚宕中國」是也。

穴部：「𥦗，深也。一曰竈突。从穴，从火，从求省。」楚金本作「从求省聲，讀若『三年導服』之『導』。」案：求聲絶遠，形亦太疏。篇、韻並作「窔」，疑本从又，又，手也。窔者竈下進火處，故从又。深疑「探」之譌，探與禫聲近，故云讀若「三年導服」之「導」，蓋「窔」即古「探」字，窔自竈門，非高出屋上之突。「突」，今謂之煙囱。今許書「突」篆下無「竈」，突義此「一曰竈突」四字，當屬彼。廣雅釋宮「竈謂之竈，其脣謂之陘，其窗謂之埃。埃下 謂之」各本末缺一字，疑即「窔」字。

「突，犬從穴中暫出也。从犬，在穴中。一曰滑也。」楚金本下有「匪突也」三字。案：疑當作「滑突也」。滑突，鄭武公名，今俗猶有此語，亦作「胡突」，不知當時作何義。又疑此下當有

「一曰竈突」四字，説見上。

「审，入脈刺穴謂之审。」案：今醫以指甲切定穴處納鍼，俗作「掐」。或云當從手部「擪」字，云：「指按也。」不知古自有「审」字。

疒部：「疛，小腹病。从疒，肘省聲。陟柳切。」段引小雅「我心憂傷，惄焉如擣。」案：毛傳「擣，心疾也。」擣，猶易林云「胸舂」，非小腹病。玉篇「疛，心腹病也。」呂氏春秋云「身盡疛腫。」今呂書先己篇作「府腫」，高注：「府，腹疾也。」疛、府形近而譌。則「疛」是小腹脹。「小」字與立、心形近，譌爲「心」宜以説文正之。詩「擣」字，釋文云：「本或作⿸疒壽，韓詩作疛。」蓋「⿸疒壽」之壞文，非其義。許書「疛」篆次「疝」、腹，腫也。⿸疒奧滿也。二文間，自是「腹病」。

「瘇，小腫也。一曰族絫。」案：族絫，桓六年左傳作「瘯⿸疒蠡」，釋文引説文云：「瘯瘰，皮肥也。」許書無此文，亦無「瘯瘰」二字，陸誤記耳。肥，非畜病，蓋「⿸疒肥」之譌。玉篇「⿸疒肥」「痱」同字，許書「痱」，風病也。玉篇云：「瘯⿸疒蠡，皮膚病。」天官内饔「豕盲眡而交睫，腥」，注：「腥，當爲星，聲之誤也。肉有如米者似星。」案：肉部：「腥，肉中小息肉」，正與此合。鄭以其與上「腥臊」字混，故易之。蓋即所謂「瘯⿸疒蠡」，亦即「族絫」也。「族絫」二合音即「痤」字。蠡、絫二字，皆有螺音，見集韻。

「𤵸，狂走也。」段引公羊傳『怴』字注：『怴者，狂也。』以釋之。」案：𤵸，疑即禮運「獸不狘」之「狘」，彼注云：「驚走也。」玉篇「狘，獸走貌。」篆文「朮」、「戉」、「戌」三字形聲並近。洪範五行傳「禦聽於怵攸」，注「怵讀曰『獸不狘』之『狘』」，漢書武紀注：「怵，音如『戌亥』之『戌』」，說文無「怴」、「狘」二字，或借「⿸疒术」字爲之。

冃部：冒，重文圙。趙凡夫云：「从囚誤，當从古文目，作回。」案：囚，亦目也。目部：「省，古文作省。」正借「囚」爲「目」字。冈，疑从冞，省隸書网，或作冂；又省米，作八；省回，作囚。网部「冞」下引詩「冞入其阻」，今商頌省作「罙」，箋云：「罙，冒也。冒入其險阻。」是「冞」、「冒」同義。

「最，犯而取也。」案：楚金本作「犯取也」。臣鍇曰：「犯而取也」，今本說解有「而」字，是亦鼎臣依鍇補之。犯取正合殿最之義，殿者，護後；最者，突前。段欲改「殿最」爲「殿𡧱」，未然。

㒳部：「㒼，平也。从廿，五行之數，二十分爲一辰。㒳，㒼平也。」案：五行，謂五行家也。辰者，十二辰，每辰十分。㒳之則二十分；十二辰，得二百四十分。以比二十四銖爲一兩。一歲二十四氣，每氣得十分也。「㒳，㒼平也」，疑「㒳」、「㒼」互倒。此重釋「㒼」爲「平之」義，云㒳者，陰陽五行之氣消長適平也，即兩下云「平分」意。

网部：「冞，周行也。从网，米聲。詩曰：『冞入其阻』。」楚金本作「周也」。案：「周」蓋「冒」之譌，鼎臣又因「周」而加「行」字矣。夫周行何爲而从网乎？今詩「冞」作「罙」，蓋省文，猶古文「罔」字省作「冋」。鄭箋訓「罙」爲「冒」，釋文引許書云：「冒也」，正與鄭合。毛傳訓「深也」，亦與鄭「冒入其險阻」意相因。「罙从网」者，猶言觸网，亦冒義也。段氏改「罙」篆説解爲「网也」，而删詩曰六字，又以詩「罙」字爲「突」而謂「罙」爲鄭君所易，未敢服膺。

襾部「覈，實也。考事實。襾笮邀遮，其辭得實曰覈。」嚴據後漢和紀、文選長笛賦注玄應書七、又十二引作「考事實」也，云「此文今本誤倒」，是也。玉篇注亦作「考事實」。張士俊刊本「考」誤作「老」。文當以「考事實」也句，「襾笮邀遮」句，「其辭得實」句。「襾笮邀遮」，所謂鉤距之術矣。

白部：「白，西方色也。陰用事，物色白，从入合二。二，陰數，又皁，古文白。」案：「从入合二」之説，以解古文，可也。今篆文並不从二，則不可以通。竊謂白者，日光也。莊子人間世「虛室生白」，釋文引崔云：「白者，日光所照也。」漢書賈誼傳注：「白晝，白日也。」言白者，言不陰晦也。又魏豹傳注：「白駒，謂日景也。」古書以「明」訓「白」者甚多，是「白」與「明」義同，其字从丨者，上下通也；从日者，凡光所照皆日也。日出東方而而照於西，謂白爲西方之色，義亦可通。

人部：「倩，人字。从人，青聲。東齊壻謂之倩。」案：但云「人字」，非解字體。韻會引作「人美字也」，猶缺略。顔注漢書朱邑傳云「倩，士之美稱也。」其義始備。文部「彦」下云：「美士，有文，人所言也。」疑此文本亦作「美士」也。傳者或譌、或衍爾。荀粲字奉倩。粲，鮮好貌。名、字相配，倩義可知。碩人傳轉以「巧笑」通爲「好口輔」，非倩本義，故許不取。

「份，文質備也。从人，分聲。論語曰：『文質份份。』彬，古文份，从彡林。林者，从焚，自聲。」楚金本無「林者」二字。案：此解冗雜，从焚亦迂謬。林，有衆盛之義；彡者，文飾也。疑「彬」本从彡林，會意。「林者」六字，皆後人妄增。

「儃，何也。」段云：「當作『儃回』是也。」莊子田子方：「儃儃然不趨。」釋文引李云「儃儃，舒閒之貌。」楚辭：「惜誓固儃回而不息。」注云：「儃回，運轉也。」蓋俗書「回」作「佪」，說文無「佪」字。因譌爲「何」。玉篇「儃，疾也，何也。」皆非「儃」義，亦後人竄入。

「侊，逸周書曰：『朕實不明，以侊伯父。』」段云：「侊，當爲『溷』之假借。」案：溷與本典解故「問伯父」之「問」聲亦相近，疑彼文亦本「溷」字也。「侊」與「梡」，皆胡本切，「侊」之假爲「溷」，猶「梡」之或爲「棞」也。

臥部：「臥，休也。从人臣，取其伏也。」二徐本同。惟韻會引作「伏也」。段據以改訂。案：諸葛武侯爲臥龍，又曰伏龍，臥、伏同義。然玉篇但云「眠也、息也」，廣韻、集韻引說文並同今本。御覽引亦同。疑「取其伏也」四字，後人所增。若許書本訓「伏也」，亦不當有此四字。

身部：「身，躳也，象人之身。从人，厂聲。」「聲」字疑衍。篆本象形，从厂，會意，从人亦聲。釋詁：「朕、余、躬，身也。」杜注僖九年左傳本此。郭注：「今人亦自呼爲身。」案：蜀志張飛傳「飛據水斷橋，瞋目橫矛，曰：『身是張益德也。』」此所謂自呼爲身也。从厂者，即「我」篆解所云：「施音、義並同厂。身自謂也。」韻會引楚金本，作「从申，省聲」，非許義。

衣部：「，依也。上曰衣，下曰裳。象覆二人之形。」段解二人爲一貴、一賤，近陋。孫氏淵如謂「二人」當爲「二𠃋」，古文肱字，亦未盡。案：疑此字本象形，象領，象兩袖、左右襟相掩及裾下乑之形，桂説亦已近之。其次於人部後者，衣以蔽形人所急也。

老部：「，考也。七十曰老，从人毛匕，言鬚髮變白也。」案：如説解「从人毛匕」，則篆當依「」字例，上中畫，略向右曲，中从乁，乃段本作「」，注云：「本从毛匕，長毛之末筆，非中有人字。」此因韻會無「人」字而坿會之耳。即如其説「長毛之末筆」，則尾當向右，不當向左作，而右邊別多一。蔣詮本篆形，竟作，則更不成字矣。此部惟「薹」字从老，其耊、耆、耇、𦒸、耄、壽、考、孝八字，皆省「从耂」。許自叙特以「考」、「老」二字釋轉注，蓋「耊」、「耆」諸字，雖省从耂，而實皆以老爲義。偶舉「考」、「老」以例其餘，亦以二字同部，尤親切耳。段氏承戴氏東原之指，以「考」、「老」互訓爲轉注，則六書缺其一矣。向持此論，未敢自信，讀曾文正公答朱太學書，意與余合，又推之辥、爨、畫、眉、苒、筋、稽、橐、㝛、重、履、履、歙、弦、西諸部，皆如此，所論尤精塙，私喜有所印證，坿識於此。

「耇，老人面凍黎若垢。」案：鄭注儀禮，孫叔然注爾雅皆如此説，殆以「句」、「垢」同音而坿會之，於是舍人又有「色赤黑如狗」之云，益荒謬矣。竊謂「句」即「痀」字。痀，曲脊也。玉部：「玖，讀若『人句脊』之『句』，是借『句』爲『痀』字。」當以年老背傴僂爲義。詩言「黄髮鮐背」；方言云「陳、兖之會曰耇鮐」，是謂背曲脊如鮐也。

「[篆]段本誤刻作「[篆]」，解作「从[篆]」，不誤。老人行才相逮。从老省，易省，行象。」案：[篆]象曲躳行，後人失其解，謂从易省耳。當作「从老省，[篆]象行。」段本改「易」爲「[篆]」，是矣。而改行「象」爲「象形」，似可不必。

尺部：「[篆]，尺所以指尺，段云當作「厈」。厈，指厈，猶標目也。規榘事也。从尸，从乙。乙，所識也。」案：疑古尺如今之規，兩股可開合。今亦謂之旋尺。[篆]乃象形，今木工營造尺，亦縱横兩股，但不能開合耳。

舟部：「舠，船行不安也。从舟，从刖省。讀若兀。」案：从則無義，且去月存刀，孰知其爲从刖省邪？玉篇有「⿰舟兀」字，云：「播舟。」集韻、類篇並以爲「舠」之重文，疑字本作「⿰舟兀」，聲義並从兀。篆文「[篆]」，詰屈與勹形近，爛文成「舠」，後人强説之，非許書元本。廣韻反以「⿰舟兀」爲俗字，謬矣。今以「舠」爲「曾不容刀」之「刀」，又其後起。

兄部：「兢，競也。从二兄。二兄，競意。从丰聲，讀若矜。一曰兢，敬也。」楚金本無「一曰」五字，玉篇兄部：「兢，兢兢戒慎也。」説文云：「競也」兢，同上，見説文。」案：誩部。「誩，競言也」。「競，即今競字。彊語也。」此「兢」字仍訓「競」，是乃「競」之重文而已。且如「兢」訓爲「競」，則當云「从二丰，丰，象屮生散亂之貌。从競省聲」，競本从言，从口即如从言。何爲特立兄部，而以爲「从二兄」乎？「兢」字屢見經典，而今本說文無之，蓋此即其字，而其訓義與其从丯从兓之解已佚，後人妄以「競」義竄補。夫「競」自从誩，从二人，「兢」自从丯，从二兄，絶不相涉，乃因其下半字體相似，而牽合其義，豈許書元文乎？玉篇以「兢」爲「兢」同字，得之矣。「惟說文曰『競也』」五字，不當注「兢」下，蓋亦後人所增。

「禿，無髮也。从儿，上象禾粟之形。」案：禿，蓋秀之反，禾部諱「秀」無說，故此亦略之。「禿人伏禾中」之說，廣韻謂出文字音義，非許氏文。

欠部：「欠，張口氣悟也。象氣从人上出之形。」案：人倦則欠伸欲卧，及其覺亦欠伸而起，此主覺言，故云「張口氣悟」。「悟」即「寤」字。

頁部：「頁，頭也。从百，从儿，古文䭫首如此。凡頁之屬，皆从頁。頁者，䭫首字也。」斠詮云：「末六字後人所加，段本删之。」案：疑「古文䭫首如此」六字，亦錯簡，當在「𦣻」部「䭫」字下。「順，理也。从頁川。」案：理者，面目顔色之治，如玉之有理，孚尹旁達也，與下「彡」、「𩕳」爲類。楚金本「川」下有「聲」字，是。

「顒，面前岳岳也。」案：「面前岳岳」，蓋狀其面皃偉岸。段注引「山從人面起」爲證，微特失許義，并失太白詩意。

「𩔖，昧前也。从頁，𡿪聲，讀若昧。」案：「前」字與上「面前」義同，蓋言其面目蒙昧。巛部：「𡿪，水流也。于筆切。聲義絶遠。顧命「王乃洮頮水」。漢書律曆志引「頮」作「沬」。水部：「沬，洒面也。𩔓，古文「沬」。疑此篆亦當从「巛」，誤作「𡿪」耳。「洒面」與「蒙昧」，義相反，古文入水部，从水頁，會意，讀同「沬」；小篆入頁部，从頁水，讀若「昧」，音同而義别也。段改水部「𩔓」爲「頮」，而於此文釋爲「昧」。「昧」當前，引論語「正牆面」爲説，未然。

彡部：「彭，清飾也。从彡，青聲。」段云：「彤不入彡部，彭不入青部者，錯見也。」案：彤，義在丹，从彡聲；彭，義在彡，从青聲。「彤」必以「丹」，而「彭」不必以「青」。故不曰「青飾」，而曰「清飾」。且若「彭」入青部，則與「彤」同音矣。

色部：「艴，色艴如也。从色，弗聲。論語曰：『色艴如也』。」案：此解疑傳寫誤。玉篇：「艴，説文曰：『色艴如也。』孟子曰：『曾西艴然不悦』。」

山部：「嶽，王者之所以巡狩所至。」案：「之所以」三字衍文。韻會引無。玉篇云：「王者巡狩所至之山。」

广部：「戊，屋牝瓦下，一曰維綱也。从广。閔省聲。讀若環。」集韻、類篇引並作「屋北瓦下」，「北」亦「牝」之譌。玉篇作「屋牡瓦下」也，廣韻作「屋牡瓦名。」案：戊从广爲義，非瓦名。牡瓦瓦之卷者。下即「牝瓦」瓦之平者。玉篇：「瓪，牝瓦也。甋，牡瓦也。」九章算術：「今有一人三日爲牡瓦三十八枚，一人二日爲牝瓦七十六枚」，蓋牡瓦卷，用功多，故以三日抵牝瓦一日之功。「戊」在「牝瓦」下，不在「牡瓦」下也。爾雅釋宮：「屋上薄謂之筄。」郭注：「屋，笮。」竹部：「笮，在瓦之下，棼上。」是「牝瓦」下即「笮」。笮，急就篇作「柞」，顔注：「柞，屋棧也。」棧無「柞」義，疑即「戊」之譌。六書故云：「椽上必設笮，然後安瓦。」然則即櫋聯矣。桂云：「戊當从戈聲，後人以環戈音異，改爲从閔省聲，是也。閔亦从戈聲，本元、歌互轉之理。又案：管子小匡篇「綱山於有牢」，齊語「綱」作「繯」，韋注：「繯」，繞也。後漢書馬融傳注引作「還也」。還、環聲義並同。說文無「繯」字，蓋即以「環」字當之。此解維「綱」字疑「綱」，亦當作「繯」，義益與櫋聯近。

「㢓，屋階中會也。」案：屋階中會者，蓋謂歷階而上，值堂外深檐，屋所覆處，以其向明，故謂之㢓。古東西兩階，賓主至中而相見，故曰「屋階中會。」楚金云：「會者，其中階相向處。」是也。段以「長石居中，兩邊鬥合」者當之，恐非。

丸部：「丸，圜也。傾仄而轉者。从反仄。」案：「傾仄而轉」者，如今丸藥者，旋轉敧仄而成圜也。商頌：「松柏丸丸。」傳訓「易直」，非許義，段引誤。

長部：「長，久遠也。从兀，从匕。兀者，高遠意也。久則變化。亡聲。𠂆者，倒亡也。𠑷，古文長。𠑿，亦古文長。」案：此蓋後人牽於長生久視之說，而坿會也。以兩古文體皆从人審之，知小篆亦从古文人，蓋取「體仁足以長人」之義。疑「長」字以「長養」、「尊長」爲本義，𠑷，从上引申爲「長短」之長。然从兀、从匕義，蓋闕。「倒亡」之陋不足究。惟以長養、尊長爲本義，故「从匕」與「老」

字義同。

豸部：「豸，獸長膂行豸豸然，欲有所司殺形。」案：此即爾雅所謂「威夷，長脊而泥」也。象其首，犭象其長膂立而相搏之勢。古人繪物之簡，與其狀物之精，備見於此。

「貜，王縛切。」案：貜，玉篇「九縛切」，廣韻「居縛切」。爾雅、釋文「俱縛切」。凡从矍聲者，不當音王縛切。王縛切則从蒦聲矣。徐音非是。

易部：「易，祕書說曰：『日月爲易，象陰陽也。』」案：如祕書說，則篆當作「⿱日月」。繫辭曰：「陰陽之義配日月。」又曰：「縣象著明，莫大乎日月。」與「明」字取義相同，故引申爲「易簡」之「易」，「夫乾確然示人易矣」是也。从日从月，乃「易」之本義，「蜥易」之說，其細已甚。

鹿部：「麎，牝麋也。从鹿，辰聲。植鄰切。」案：吉日詩：「其祁孔有。」箋云：「祁當作麎。」段注以麎在漢時，讀與「祁」同。竊謂此鄭以「祁」爲誤字而易之，非讀「祁」如「麎」，亦非讀「麎」如「祁」也。麎，玉篇「市真、市軫二切」，廣韻止入平聲十七「真」，並無祁音。詩釋文引何「止尸反」，止，疑「上」之譌。沈「市尸反」。爾雅釋文引字林「市尸反」，既非「祁」音，又非「麎」音，疑「尸」皆「尹」字之譌。舊書引「尸子」、「尹子」，往往相亂，是其證也。

犬部：「臭，禽走臭而知其跡者犬也。」段云：「走臭猶言逐氣。」曾公子紀澤云：「當以『禽走』爲句。」義證亦云：「走，屬禽，不屬犬。」段注非。

「狄，赤狄，本犬種。狄之爲言淫辟也。从犬，亦省聲。」初學記、御覽引並作「狄，赤犬也」。疑今本「狄赤」下脱「犬也」二字，蓋「狄」本赤犬之名，因狄人本犬種即呼之爲狄。火，赤色。从犬，从火，會意。非从亦省聲。「狄之爲言淫辟者」，言其禽獸行。樂記：「流辟邪散狄成滌濫之音作，而民淫亂。」義蓋同此。

能部：「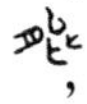，从肉。」案：从肉無義，凡能、熊、羆、龍等字之从，皆象其首，如「豸」篆之例，後人不察，以爲从肉，并篆文説解而改之。

火部：「⿳宀目火，柴祭天也。从火，从慎。慎，古文慎，祭天所以慎也。」案：篆文从中，从火，象火煙上出，義同「⿱宀炅」，从炅。炅，見也。廣韻云：「光也。」大宗伯鄭注云：「燔燎而升煙，所以報陽也。」从炅者，取其光遠見也。今本「从火」以下，疑後人改竄，校議亦以「慎，古文慎」爲校語。

黑部：「⿱罒炎，火所熏之色也。」段依青、赤、白、黄例，增「北方色也」。案：玉篇：「黑，韓康伯云：『北方陰色』，説文云：『火所熏之色也。』」是所見説文無此四字，故别引韓説。廣韻但云「北方色」，不引説文，徑補，恐非。

「黸：齊謂黑爲黸。」案：瀘，黑水；櫨，黑橘；獹，黑犬。或止作「盧」，又黑弓、黑矢，爲盧弓、盧矢。疑古本謂「黑」爲「盧」，盧雉亦止作盧。「黸」乃後起字。

「黔，黎也。秦謂民爲『黔首』，謂黑色也；周謂之『黎民』。」案：爾雅釋詁：「黎，衆也。」詩傳箋、禮記鄭注並同，而許書黍部云：「黎履黏也。」無衆義。此解乃以「黎」訓「黔」，且明以「黎民」解「黔首」，是許與爾雅、毛、鄭異義，段必辯以爲非，亦固矣。古人以幼爲赤子，老爲頒白，則「黎民」、「黔首」蓋舉壯者以該老幼。禹貢：「厥土青黎。」正義引王肅云：「青，黑色。」某氏傳同。史記秦始皇本紀集解引應劭曰：「黔，亦黎黑也。」李斯列傳：「面目黎黑。」廣雅：「黎，黑也。」又隹部：「𪇰，𪇰黄也。一曰楚雀，其色黎黑而黄。」蓋古謂「黑」爲「黎」或作「犂」，見秦策。後世乃有「黧」字，如「盧」旁增黑爲「黸」矣。黎、盧亦一聲之轉。

炙部：「炙，炮肉也。从肉，在其上。𤏫，籀文。」段引詩瓠葉傳「炕火曰炙」，正義云「炕，舉也，謂以物貫之，而舉於火上以炙之。」案：今燔炙者，以叉貫肉炙於火上。籀文右旁木，正象叉形，肉象肉弗貫之形。左旁夕，疑涉篆文而衍。

壺部：「壼，壹壼也。从凶，从壺。不得泄，凶也。易曰：『天地壹壼。』」案：「从凶」，無義，疑當「从囪」。見後。囪部：「䶒，篆解云：从囪，囪取通氣也。」壹从吉聲，專壹也。壼从囪聲，通氣也。氣專壹則不泄，不泄則積之厚，而自相通，故云「天地壹壼」。今易繫辭作「絪緼」。萬物化醇。」淺人以「壹」从「吉」，遂以「壼」从凶。段氏亦爲所惑矣。

夫部：「夫，丈夫也。从大，一以象簪也。周制以八寸爲尺，十尺爲丈，人長八尺，故曰丈夫。」案周制一尺止八寸，則一丈止八尺，人長八尺，仍以周制言也。故曰：「丈夫。」桂以八尺爲六尺四寸，失許義。或云説解「十尺爲丈」，「十」字當作「八」。

立部：「竫，磊竫，重聚也。」案：史記五帝本紀集解引皇覽：「肩髀冢在山陽郡鉅野縣重聚，大小與闞冢等。」「重聚」猶言「土阜」。磊竫，即龍斷轉音。

並部：「普，廢一偏下也。」六書故引唐本止「廢也」二字，與爾雅釋言、詩楚茨、召旻傳：離騷注、僖七年二十四年左傳杜注並同。嚴氏校議謂：「當作廢也，一曰偏下也。」案：廢，亦置也。言廢一置一，猶今人云普代偏下也者衺。「普」之意與「廢」義相引申，嚴説是。

囟部：「囟，頭會匘蓋也，象形。□，古文囟字。」案：内則正義云：「囟是首腦之上縫，故説文云：『十其字象小兒腦不合也。』」今「囟」篆下無此文，蓋隱栝儿部「兒」篆下説解。彼云象小兒頭囟，未合。段據九經字樣引説文作「囟」，夢英書偏旁石刻及宋刻書本，改篆文作「囟」，是也。觀古文作「□」，知上不當連。今楷書作「囟」，猶書「兒」作「兒」，書「臼」作「臼」，取便運筆耳。惟篆文作「囟」，則失其意矣。因是乃悟𡿺字从凶，本是从囟，其上不連，故譌爲「凶」，若連則當譌爲「囟」矣。亦足證予前説之非鑿也。

思部：「恖，容也。从心，囟聲。」汪刻楚金本「容」作「睿」，韻會引説解作「从心，从囟」，段本並依改，是也。恖字从心、囟，會意。今人謂人記憶在腦，故凡思則側其首，段注「息」篆亦云：「心思上凝於囟也。」囟，息進切；思，息兹切，實一聲之轉，則亦以義兼聲。校儀亦主「睿」字。

心部：「㤝，意也。从心，㞢聲。」案：此鼎臣所補十九文之一，今楚金本亦有者，後人依鼎臣本補。校議據周禮保章氏注「志，古文識」，謂當於言部「識」篆下補重文，亦一間也。

「惕，敬也。」此篆不與「恭敬」諸文爲類，而後出於此，蓋非許書元次。校議據文選射雉賦注、玄應書五引作「驚也」，謂「敬，其爛文」。案：夕部：「夤，敬惕也。」則「敬」非誤。

水部：「泌，俠流也。」案：玉篇作「狹流也」。說文無「狹」字，蓋皆「陜」之誤。阜部：「陜，隘也。」玉篇云：「陜，不廣也。亦作狹。」陜，謂泉出石間甚偪側也。上林賦：「偪側泌瀄。」司馬彪注：「偪側，相近也；泌瀄，相楔也。」見史記索隱及文選注，而顔師古注漢書襲之。蓋「偪側」言其勢，「泌瀄」狀其流，正與「陜流」義相發。詩「毖彼泉水」，傳云：「泉水始出毖然流也。」目部：「䀣，篆解云：『讀若詩云『泌彼泉水』。」是「泌」與「毖」同。衡門詩：「衡門之下，可以棲遲。泌之洋洋，可以樂飢。」言衡門人見爲陋，已覺其安；泌水人見其隘，已覺其廣大足飲也。

「瀵，水浸也。从水，糞聲。爾雅：『瀵大出尾下。』」案：楚金本有「讀若粉」三字，而爾雅文則其所引，非許書本文。釋水此文注云：「今河東汾陰有水口如車輪許，濆沸湧出，其深無限，名之爲瀵。馮翊郃陽縣復有瀵亦如之，相去數里，而夾河河中有陼，上又有一瀵。瀵原皆潛相通。」王氏述聞云：『瀵大出』當絶句，『尾下』自爲一義。大出者濆涌上出，尾下者歸於他水，水之尾也。」據此，則郭注止得其上一義。玉篇「瀵」字下亦止掇郭注數語，而以說文字爲重文，不著「水浸」之義。廣韻去聲二十三「問，匹問切」下「瀵，水浸也。」「方問切」下「瀵，水名，有三眼」云云。亦即郭注文。是別二義爲二音。集韻「芳問切」下即「匹問切」。「瀵，宋本如此，楝亭本作「瀵」，然皆不古不今，疑有誤。說文「水，浸也。宋本不誤，楝亭本誤「漫」。引尾下，一說泉涌出也，蒲、同二州夾河皆有瀵泉。」亦即郭注所云。「方問切」下「瀵，水名。爾雅「瀵，水當作「大」，類篇不誤。出尾下，在河東」云云。亦掇郭注文。夫「瀵」、「瀵」，篆隸之異，本非二字，而畫分二音。類篇亦如此。誤矣。然其所引說文似勝今本，蓋「瀵」有二義，說解「水浸」云者，即爾雅「尾下」之義。莊子所謂「尾閭」，故云「引尾下」；謂水相引，而至尾。桂氏義證以爲「浸，讀如揚州之浸，五湖是也。」「涌出」云者，即爾雅「大出」之義，楚金不解「引尾」之云，遂刪去其文，而以爾雅補之，鼎臣因之竄入說解，微集韻、類篇，則許書本文從此晦矣。段注據集韻誤本改「水浸」爲「水漫」，亦失之。

魚部：「鰥，魚也。从魚，眔聲。」案：「鰥，當从罤省聲，故詩「其魚魴鰥」，箋讀爲爾雅「鯤，魚子」。其辨物，非其音，是也。

「鮍，魚名。」案：鮍，蓋魚之細者，今吳人猶有「鰟鮍」之偁。其魚形似魴而細，故曰「鰟鮍」。「鰟」即「魴」之重文。爾雅翼作「旁皮」，不知說文固有「鰟鮍」二字也。

耳部：「耿，耳著頰也。从耳，烓省。杜林說：耿、光也，从火，省聲。凡字皆左形右聲，杜說非也。」案：火字，象人頰，故云「耳，著頰也。」此會意字。去圭，从火，而云烓聲；去呈从耳，而云聖聲。此皆後人坿益。至全書右形左聲之字多矣，而云「凡字皆左形右聲」，許氏何至自相矛盾如此？楚金已覺其不類矣。

「聯，連也。从耳，耳連於頰也；从絲，絲連不絕也。」案：周禮大宰：「以八灋治官府」，「三曰官聯，以會官治。」蓋人並則耳相接，故曰聯，从糸者，取其相連而不可亂也。篆無「頰」形，何以云「耳連於頰」？恐非許氏文。

「聽，聆也。」段注云：「凡目所及者，云視，如視朝、視事、是也；凡目不能遍而耳所及者，云聽，如聽天下、聽事、是也。」案：段說甚精，請益之曰：目在此而光照於彼謂之視，故凡出於我者皆謂之視。聲發於彼而入我耳謂之聽，故凡出於彼者皆謂之聽。如聽訟、聽天命、聽客所爲之類是也。

「聹，益梁之州謂聾爲聹，秦晉聽而不聰、聞而不達謂之聹。」案：方言「聹，聾也。」玉篇引作「半聾也。」廣韻亦訓「半聾也」。以聽而不聰、聞而不達推之，當有「半」字，今本方言脫落。

「耴，安也。从二耳。」蓋帖耳之義。廣韻「帖，安也。」玉篇引埤倉云：「耳垂」，廣韻「耳垂皃」，皆與「帖耳」義相近。段注謂「二耳在人首，帖妥之至」，幾於戲論。

𦣞部：「𦣞，廣𦣞也。从𦣞，巳聲。戺，古文𦣞，从户。」段云：「户，當作尸。」案：此疑古文假借「堂廉之戺」爲「𦣞」。據九經字樣引說文作「㞒」。玉篇「戺」入户部，則非「尸」之誤，明矣。

手部：「掊，把也。今鹽官入水取鹽爲掊。」六書故引唐本「把」作「捊」。案：把訓握，與

「掊」義不合。史記封禪書「掊視得鼎」，索隱引説文「掊，抱也」。抱，乃捊之重文，捊，引取也，正與唐本合。捊之作「抱」，猶桴之作「枹」也。把與抱，形近而譌。段又改爲「杷」。杷，收麥器，不可以入水取鹽，亦不可以掊土出鼎。

女部：「嬴，少昊氏之姓。从女，羸省聲。」案：此與貝部「贏」，从羸聲，兩「聲」字疑皆衍。楚金本於此文改作「从羸，省聲」，則安知非嬴从羸省聲乎？昭十七年左傳以「少昊」即「摯」，史記五帝本紀不及「少昊」，而「摯」爲高辛氏之子，索隱引皇甫謐宋衷則皆云「玄囂青陽即少昊」，史以爲黄帝子，降居江水，不爲帝。世遠莫考。然郯子自序其祖不當誣，晋語司空季子謂「黄帝之子」「十二姓」：姬、酉、祁、己、滕、箴、任、荀、僖、姞、儇、依，無嬴姓，許蓋別有所據。秦本紀言柏翳，「舜賜姓嬴」字。段氏以爲賜復祖姓，然史云柏翳、顓頊之苗裔，非少昊後，仍不合。又段此注以皐陶爲伯翳之子，與列女傳相反，亦未知何據。

「姶，女字也。从女，合聲。一曰無聲。」案：末四字，乃校者之辭。謂一本止作从女合，無「聲」字也。段注以爲別一義，惑矣。

「嫢，媞也。秦晋謂細爲嫢。」案：下「媞」篆解云：「諦也。」諦、細義近，段引釋訓「媞媞，安也。孫炎曰：『行步之安也。』」正與方言「秦晋之間，細而有容曰嫢」義合。玉篇引説文作「秦晋謂細署曰嫢」。楚金本從之，蓋後人不解「細」字之義，妄增「署」字，重誣汶長矣。

「𡠗，至也。从女，執聲。周書曰：「大命不𡠗。」讀若摯。一曰虞書「雉𡠗」。德清徐氏心田名養原，著有檀園字説上下卷，未刊。云：説文「墊鷙」等字「鷙」字亦同此論。皆云「執聲」。案：執，非聲，當从摯省聲。摯，握持也。从手，从執，會意。羊部：「䍐，亦當从摯省聲。讀如晋。」案：徐説是也。摯，音至。至部爲真部相配之陰聲，其入聲爲質部「䏌」，从至聲。晋、至、質聲相轉，若「執」字古音入緝部，非其聲矣。段本知「从執，非聲」，而徑改爲「埶」鷙、騺、墊皆改「从埶」。不知「埶聲」入祭部，仍不得至音也。東原别祭於脂，段不從然别至於脂，則本。段説乃自亂其例與？

「婁，不媚，前卻婁婁也。」段、桂並引後漢書曹世叔妻傳「視聽婁輸」爲證。案：陜輸，今詞曲家作「闪尸」。文選海賦「蟈像暫曉而閃屍」，注：「閃屍，暫見之貌。」

母部：「，止之也。从女，有奸之者。」曲禮曰：「母不敬。」釋文引作「止之詞，其字从女，内有一畫，象有姦之形，禁止之勿令姦。」大禹謨正義引略同。案：篆形从女，从一，如許説似「一」爲奸之者，而止之義不可見，其果洨長元文乎？竊謂「女」者，在室之偁；「从一」者，閑之以禮，詩所謂「其儀一兮」是也。凡非禮者皆禁止之，豈獨「奸之者」而已。

厂部：「厂，抴也，明也，象抴引之形。虒字从此。」段衍「明也」二字。案：玉篇：「厂，拖身皃。」廣韻：「厂，施明也。又身皃。」疑説文、廣韻皆有譌、衍之字，當以玉篇正之。手部：「拖，曳也，抴捈也」，「捈，卧引也」。儀禮士相見禮：「舉前曳踵」，注：「古文曳作抴」，是厂、抴、拖、曳四字同義。易訟上九：「或錫之鞶帶，終朝三褫之。」釋文引鄭本「褫」作「拖」，蓋褫从虒聲，虒从厂聲，諧聲而義在其中也。此解「抴」下衍「也」字，「明」乃「身」字之誤。廣韻衍「也又」二字，「明」亦「身」字之誤衍。此解之「抴身也」，即廣韻之「施身皃」，皆即玉篇之「拖身皃」也。施也者，斜也。史記屈原賈生列傳「庚子日施兮」，集解徐廣曰：「施，一作斜。」漢書賈誼傳作「斜」。又越絶書：「日昭昭侵以施。」「施」，亦斜也。斜本當作「邪」。然自漢書已以「斜」字當之矣。施身之義，見「我」篆説解，曰：「施身，自謂也。」蓋形體放舒，驕惰跛倚之貌。孟子：「施施從外來」義亦同此。

氏部：「氐，木本。从氏，大於末。讀若厥。」六書故引蜀本作「大於本」，是也。木以下爲本，上爲末。丅，即「下」字，木本也，上从氏。説解云：「巴蜀名山，岸脅之旁著欲落墮者曰氏。氏崩，聞數百里。」蓋末大於本斯崩矣。孟子「若崩厥角稽首」之「厥」，疑當从此。

乚部：「直，正見也。从乚，从十，从目。」案：孟子云：「聖人既竭目力焉，繼之以規矩準繩，以爲方員平直，不可勝用也。」直，从十，取交午平直之形，以目切之，見其隱曲。

匚部：「匪，逸周書曰：『實玄黄于匪。』」案：孟子「其君子實玄黄於篚」以下，似申上「篚厥玄黄」之義，此引以爲逸周書，蓋古人引書，不屑屑於經、傳之分也。

卵部：「毈，卵不孚也。」案：孚者，育子；不孚者，謂之毈。今俗以「蛋」字當之，呼如彈。凡卵統名之爲蛋，其孚而不育者，謂之「哺退蛋」，實即「毈」字也。

二部：「二，地之數也。从耦一。」案：下「亟」篆解云：「二，天地也」，而此云「地之數」者，一爲天於上，以一配之爲地，故曰「从耦一」。

「𢛳，常也。从心，从舟，在二之間上下，一楚金本有「一」字。心以舟施，恒也。𠄨，古文恒，从月。詩曰：『如月之恒。』」桂云：「施，當爲旋。段注云「而心以舟運旋」，是亦以爲「旋」字。案：旋字，是也。从二者，恒象傳曰：「天地之道，恒久而不已也。」从心者，人所以立於天地之間者也；从舟者，所謂利有攸往，終則有始也。或云舟者，匊之省，古周旋字，舟旋亦終則有始之義也。古文恒，从月者，所謂日月得天，而能久照也。从月不从日者，日兆月，月光即日光，晦朔弦望以月爲候，循環不已，恒之道也。解云：从月，而字从夕，从乁，段云：「轉寫譌舛。」古文恒，直是二中月。」是也。依段說，則當从「亘」。木部：「𣐺，古文亙。」顏氏家訓以爲「彌」。亙字，从二間舟，疑「亙」即「亘」字，當爲二間月也。𢛳字，疑當从心，亙聲，入心部，今入二部，義重亙也。

斗部：「斟，勺也。」案：斟者，行斟之器也，亦謂之枓。史記趙世家「襄子使廚人操銅枓行斟」，張儀列傳及燕策並作「金斗」。木部：「枓，勺也。」枓與斗，古通用。方言：「斟汁也，北燕、朝鮮洌水之間曰斟汁。」疑「斗」字之譌。或以左傳「斟不與」之「斟」爲羊汁，不悟方言「汁」字之誤耳。

車部：「軌，車徹也。」段注軌之名：「謂輿之下隋方空處。」老子所謂「當其無，有車之用」也。案：考工記「轂也者，以爲利轉也」。鄭注：「利轉者，轂以無有爲用也。」老子「三十輻共一轂，當其無，有車之用」，正謂轂中空處，與「輿下隋方」，兩不相涉，不得强爲牽就，若「輿下隋方」

之不可以釋「軏」，則王氏石臞糾之矣。見經義述聞。

辛部：「辠，犯法也。从辛，自，自从，言辠人蹙鼻苦辛之憂。秦以辠似皇字，改爲罪。」案：从自、从辛者，孟子引太甲曰：「自作孽，不可活。」孽，本作辥。辥，辠也。字皆从辛。説解：「言辠」以下十八字，疑皆後人所續。

巳部：「巳，已也。四月陽氣已出，陰氣已藏，萬物見，成文章。故巳爲蛇，象形。」「㠯，用也。从反巳。」案：「巳」篆運筆，蓋自下而上，象陽氣上達之形。赱部：「起，能立也。五經文字云：『从辰巳之巳』是也。」已从反巳者，蓋「已」篆運筆自上而下順行，故其字爲「已事」之「已」，引申之爲「用也」。丨，引而上行，讀若囟。引而下行，讀若退，即此例。

酉部：「醫，治病工也。殹，惡姿也。醫之性然，得酒而使，从酉。王育説：一曰殹，病聲。酒所以治病也。周禮有醫酒，古者巫彭初作「醫」。」案：天官酒正四飲，一曰醫，鄭注：「醫，内則所謂或以酏爲醴。凡醴濁，釀酏爲之，則少清矣。醫之字从殹，从酒省也。」蓋「醫」本酒名，借爲「醫療」字。玄應書六引此解云：「酒，所以治病者。藥非酒不散也。」疑此二句，本在「得酒而使」下，當云「藥之性，得酒而使，酒所以治病者，藥非酒不散也。」今本説解殘脱譌亂，遂不可通。玉篇酉部失「醫」字；類篇「醫」下有重文「毉」；廣韻、集韻平聲七之「醫」下並有「毉」字，疑許書本有之。此解「古者巫彭初作醫」當作毉。七字當系「毉」字下。逸周書大聚解：「鄉立巫醫，具百藥以備疾災。」

亦以「巫醫」連文。廣雅釋詁「醫，巫也」。乃毉之本字，後世假借行，而本字廢，并許書重文而失之，猶賴此七字未删，得以考見也。

陳書顧野王傳稱，所著玉篇三十卷。據梁書蕭子顯傳乃野王爲太學博士時奉令撰，則在大同四年後也。本傳「大同四年，太學博士。」又言太宗簡文帝。嫌其書詳略未當，命蕭愷更與學士删改，則不待孫强增加，唐高宗上元元年。而已非希馮元本矣。封演聞見記言：玉篇凡一萬六千九百十七字，未知所據何本。至宋真宗時，又命陳彭年與吴鋭、丘雍等重爲校勘，是乃今之大廣益會玉篇也。國初澤存堂張氏、楝亭曹氏，皆云據宋本重刊，曹本較張本多大中祥符六年勅一葉，又卷末五音紐弄圖後多「羅文反樣」五行，其它脱漏舛誤之處，一一皆同，蓋同出一本。然此兩本，邇來藏書家已視同宋版，書賈居奇以爲珍祕，又安問宋以前舊本邪！

玉篇三十卷，凡五百四十二部，多於説文者二部，蓋删併者十部：哭、入吅部。延、入廴部。敎、入攴部。眉、入目部。𨙨、𨙨字不收，其鄉、𨞻二字入邑部。㱃，入欠部。亣、大之異文，不收。其奕、奘、臭奚、耎、㚅、奰七字入大部。弦。入弓部，其盭、紗、𦁊三字入幺部。又𦣻部「者」字改入老部，而餘皆失收，后部删「㖃」入口部，而又失收「后」字。其增者十二部：十部分出「丈」，又部分出「父」，卜部分出「兆」，冂部分出「冘」，木部分出「床」，𣎵部分出「索」，石部分出「磬」，几部分出「處」，雲部分出「云」，厂部分出「弋」，其畫部改爲書部，而以「畫」字隸之。其意似嫌許書部分次弟不清，而别爲之類次，卒亦不能釐析，仍牽制於許書，又或失許氏之意，未知是否希馮舊目，抑亦不免於更張。至其重複雜亂，正俗混淆，大率後人增竄，不可以責希馮也。

玉部：「琫，佩刀下飾也。」「珌，佩刀上飾。」案：説文：「琫，佩刀上飾也」；「珌，佩刀下飾」，與瞻彼洛矣、篤公劉二傳合，此上下互易。廣韻於「珌」云「佩刀上飾」；於「琫」字但云「佩刀飾」，當與此同，偶脱「下」字耳。蓋皆承桓元年左傳杜注之誤，劉炫已規之矣。集韻「琫」、「珌」二字，皆注爲「下飾」。類篇因之，傳寫誤也。

「瑑，珪有折鄂也。」案：春官典瑞：「瑑珪」注：鄭司農云：「瑑，有圻鄂瑑起。」疏引同。釋文：「圻，魚斤反。」説文：「瑑，圭璧上起兆瑑也。」圻，即垠字重文，説解云：「地垠也。一曰岸也。」爾雅歲名：「在酉曰作噩。」釋文云「本或作咢。」漢書「作詻」，韋昭音「圻堮」。史記天官書索隱引作「作鄂」，李巡云：「皆物芒枝起之貌。」蓋瑑珪邊刻爲隆起。説文土部：「垗，畔也。垗，即兆字。畔與邊同義，即所謂「兆瑑」，亦即所謂「圻鄂」也。圻與折，形近而譌。土部：「圻，魚斤切。圻堮也。」正作「圻」。

「珋，音留。説文云：『石之有光，璧也，出西湖中。』」「湖」當作「胡」。

人部：「俛，無辨切。説文音俯。」頁部：「頫，靡卷切，説文音俯。」案：俛，从免聲；頫，从兆聲，義同爲「俯」，而音自不同。今皆讀爲「俯」，是以音從義也。説文頁部以「俛」爲「頫」之重文，鼎臣本云「或體」，楚金本云「俗字，音皆同俯」，此所引説文音，疑皆陳彭年所增二徐之音也。然「頫」音靡卷切，轉兆音以從免，則古音部分，直不可據之物矣。

頁部：「顡，頭蔽顡也。」案：説文作「蔽顡」，廣韻引同，此作「蔽」，誤。

口部：「呴，所律切。史記曰：『楚先有熊呴，是爲蚡冒。』」類篇同。案：廣韻、集韻入聲六「術」皆無「呴」字，集韻平聲十八「諄」呴字，乃「詢」之重文。今史記楚世家作「熊呴」，徐廣音舜，索隱引玉篇在口部。而云劉音舜，意似以徐音爲非，則劉本從玉篇不音舜，疑當音爲率。今本傳寫誤也。眴字，廣韻、集韻兩收於平聲十八「諄」，去聲二十二「稕」，與徐音合。从旬聲之字，未見有轉入聲者，疑「呴」實「眴」之壞文。玉篇本音所律切，譌爲「律」字耳。

又部：「父。」案：説文「父」字在又部，今弟三卷既別立父部，何又重出於此？蓋後人妄增。

足部：「踦，恐人踦乃身，迂乃心。」案：此尚書盤庚篇文也。踦，今作「倚」。説文：「踦，一足也」；方言「踦，奇讀如「奇偶」之奇。也」，皆有偏義，近於「倚」，此訓「踦」爲「曲」，義稍別。

龠部：「龠，樂之所管，三孔，以和衆聲也。詩云：『左手執龠。』今作『籥』。」案：説文本作「樂之竹管」，所譌字，「執龠」字蓋希馮所見古本如此。「今作籥」三字，當是後人所增。籥，説文云：「書僮竹笘也。」非管龠字，俗流傳誤耳。

木部：「槅，大車軛也。」案：槅字，何獨雜出楔、梀二字之間？蓋爲後人竄亂極矣。

「桲，蒲骨切。今連枷所以打穀也。」案：此即説文「柫」字。

「桅，黄木可染也。」案：黄木可染者，乃梔也。已見前，此因説。文誤作「桅」，後人以爲希馮本未備而增之。

「槐，又守宫槐，葉晝聶合，而夜忼布者。」案：忼當作「炕」，爾雅釋木釋文「炕：顧云：張也。」今火部「炕」下但云「乾極也，炙也。」疑有脱文。

「㮇，木杖。」木，當爲火，廣韻不誤。

艸部：「草下引説文「一曰樣斗。」案：今許書作「象斗子」。而木部：「栩，其實皁，即草字。一曰樣。」樣，栩實。蓋象、樣聲近，方音流變。

艸部舛誤甚多，略舉之：如「葸，非葸菜。」非，當從爾雅作「菲」；「苜，苜草」，當從説文作「甘草」；「蕢，四月生蕢秀也」，生當從夏小正作「王」，説文亦作「王蕢」；「蘵，葴蘵，實垂皃」，實，當從説文作「華」；「萙字誤从木，當從説文作「蒩」；「蓍，雜也」，雜當從説文作推「蕵」；「青，蘋也，似蘋而大」，案：説文「蕵，青蕵也，似莎」。張揖注子虚賦云：「青蕵，似莎而大。」此文上「蘋」字當作「蕵」，下「蘋」字當作「莎」；「芋，芋熒也。蒟，芋熒也。」兩「熒」字，皆當依説文作「熒」；「菌，地菌」。當依説文作「地蕈」；「莎，莎草也，蒿雜樹也」。案：説文「莎，鎬侯也。」爾雅「薃侯，莎」。此「蒿」乃「薃」字之壞文，下脱「侯」字，「雜樹」二字當衍。「薃，莎草，一名莎侯」

當作「蒿侯」;「䓝,䓝草。薴,草亂也。」案:説文「䓝,䓝薴皃。」疑各有脱字,當作「䓝,薴草,亂皃」;「葸,爾雅云:「存存,葸葸,在也。」今釋訓作「存存,萌萌」,郭注:「未見所出。」釋文云:「萌,或作葸。」蓋本此。

「薊,薊草,時人取根,呼爲蜀夜干,含治喉痛。」案:「取根」二字,疑當在「蜀夜干」下,此即射干也。陶隱居本草注云:「射干,方疑下脱「書」字。多作夜干。今射亦作夜音。」然則射字,當讀如「僕射」之「射」。

「蔋,詩云:「旱既太甚,蔋菽山川。」蔋蔋,旱氣也。本亦作「滌」。案:蔋,説文作「菽」,廣韻有「蔋注云:「草木盡死也。」」無「菽」,集韻兩收之,未決其孰誤也。本亦作「滌」,疑後人據今本毛詩增。

「芿,草茇,陳者又生新者。艿,説文曰「舊草不芟,新草又生曰艿。」案:芿,即艿之俗字,當移「艿」下爲重文。乃,一音而證切,一音仍。蓋隨見增綴,以多爲貴,不復檢覆全書,此類不可枚舉。至如薔、菩等字之前後複出,不足論矣。

禾部:「稷,重文「䄨」不成字,當從説文作「䄨」。案:「轢禾也」誤从木,當从説文作「案」。

臼部:「䑍,乃舀之或字,亦見説文,當次「舀」下,今次「臽」下,音義皆乖。此校者之失也。

爨部:字當从𦥑,今並从𦥑。黑部:當从㘥,今並从田,且全書从黑之字,皆作「黒」。刊小學書，乃如是其憒憒乎！

尢部：「尦，於干切。辛苦行不得皃。」諸字書、韻書無此字，蓋「尫」字之譌。集韻：「尫宂，即尢。於寒切，股也。」類篇同。廣韻：「尫，古寒切。」注云：「尫，服。」服，即「股」字之譌。説文尢部有：「尦」字，訓「股」，尦也，乙于切。」字本从于，後世誤从干，遂又有此「尦」字，而妄爲之音。玉篇、類篇、廣韻、集韻皆「尦」、「尫」兩收，不省其爲一字矣。

犛部：「氂，犛牛尾。」此字从毛，从犛省聲，當作「氂」，今从尾，因注而誤也。又見毛部作「氂」，不誤。

隹部：「雉，城高一丈三尺爲雉。」案：考工記匠氏鄭注：「雉，長三丈，高一丈。」此「三」上脱「長」字，又誤「丈」爲「尺」。

鼠部：「鼣，注郭璞曰：「山海經説獸云：『狀如鼣鼠。』」案：此爾雅注也。鼣即「鼣」字誤。

鼀部：「鼀，進也。」案：鼀字，本从「它」篆，起筆稍曳之，隸變作鼀。今俗書皆然，實非也。説文：「鼀，舊也。」蓋取雙聲爲訓，此作「進」，誤。

糸部：「紈，累也。」累乃「素」字之誤。

攴部：「敊，几羸切。攴垂。」案：此字本作「敊」，正文譌从缶，而注又釋爲「支垂」，致不可解。類篇支部「敊，株垂切，歧敊不齊」。而部無「歧」字，攴部出「歧」、「鈙」二字，云「渠金切」，説文持也，或从金。又枯含切，攱敧不齊。又其淹切，又其嚴切，又丘凡切。集韻五「支」株垂切，「鼓」下注作「攱鼓不齊」；二十三「覃」枯含切「攱」下注作「攱散不齊」；二十六「嚴」其嚴切，二十九「凡」丘凡切「攱下」並作「攱敧不齊。」廣韻五「支」竹垂切「鼓」下注作「敁散不齊」，蓋「支」、「攴」形近，易混，攱、敁亦皆誤文。「敧」乃「敧」之譌，散又「敧」之譌也。竊疑「鼓」即説文「攲」字。攲，攲嘔也。玉篇：「攲，傾低不正」，亦作「敧」。此「敧」字下亦云：「今作不正之攲。」説文「敧，持去也」，「鈘，持也」則「鈘」、「敧」二字並有持義。金、今同音，故从其聲者，多通用，不正與不齊義亦相近，支、攴義皆从又，支、危、垂古音本同部，故「敧」，亦作「鼓」也。

十部：切，説文作「协」，此从刀，誤。

莫君友芝言玉篇女部失「毋」字，糸部失「孫」字。今檢禾部失「積」字，米部失「糜」字，酉部失「醫」字。若細校之，凡説文所有而此闕者，恐不少也。

舒藝室隨筆卷四

向承湘鄉曾文正公命作校刊史記集解索隱正義札記，間有所擬議而不當入記者，輒別識之如左：

夏本紀「山行乘檋」，漢書溝洫志「檋」作「梮」，如淳云：「以鐵如錐頭長，半寸，施之履下，以上山。」據此，則即今之「屐」也。檋、梮同紀録反，今音「屐」，爲渠戟反，蓋其轉音。河渠書作「橋」，疑「屩」之借字。説文：「屩，屐也」；「屐，屩也」。是「橋」亦「屐」矣。説文無「檋」字，「梮」字，作「山行乘檋」，又別一説。

「左準繩，右規矩。」案：準，所以求平；繩，所以求直；規矩，所以求高低遠近，治水者宜測量地形水勢以施功，故一日不可離。集解引王肅云：「左右言常用也。」意尚明了。小司馬乃云：「左所運用堪爲人之準繩，右所舉動必應規矩也。」真夢囈矣。

「載四時。」案：此謂測中星，候晷景漏刻，定方向四時，當時亦必有其器，故云「載」。集解引王肅云：「所以行不違四時之宜也。」蓋得其意。周禮太史：「抱天時與大師同車。」蓋亦其器，而鄭司農解爲「抱式」，則術家所用矣。

周本紀：「宣王即位，二相輔之，修政，法文、武、成康之遺風，諸侯復宗周。」案：二相，即上云召公、周公也。據國語韋注，召公即召虎，而周公無考。史叙宣王中興，止此十八字。凡詩所偁北逐玁允，南征荆蠻，及吉甫、方叔之倫，概不書。蓋宣王不終，史祇依國語作紀，故多闕略。

「西周恐，倍秦，與諸侯合從。」集解引文穎曰：「關東爲從，關西爲横。」孟康曰：「南北爲從，東西爲横。」正義云：「關東地南北長，長爲從，六國共居之；關西地東西廣，廣爲横，秦獨居之。」案：從，有「聚」義。説文：「從，隨行也。」引申爲「從横」之「從」，故賈生曰：「合從締交。」横，有「散」義。解如「横決」之横，故賈生曰：「從散約解。」合衆攻，一曰從；散衆事，一曰横。漢書叙傳云：「及至從人合之，衡人散之。」樂毅列傳：「於是使毅約趙惠王，别使連楚、魏，令趙嚪説秦以伐齊之利。諸侯害齊湣王之驕暴，皆争合從與燕伐齊。」是不得執東西、南北「長」、「廣」之勢，以釋「從」、「横」矣。

秦本紀：「惠文君十三年四月戊午，魏君爲王，韓亦稱王。」案：上文四年已書齊、魏爲王，此年是秦惠稱王之歲，「魏」字衍文。表同。今刊本已依志疑删。至韓爲王，尚在後二年，表在韓宣惠十年，世家在十一年。此「韓亦稱王」四字，亦衍文也。索隱於上「齊、魏爲王」注：「齊威王、魏惠王。」不誤。正義於此文嫌「魏」重出，乃注云：「魏襄王、韓宣魏王」；不辨其爲衍文耳。

「秦武王三年。」案：水經渭水注引秦本紀：「武王三年，渭水赤三日。秦昭王三十四年，渭水又大赤三日。」漢書五行志亦有此文，引作「史記曰」。今惟上一條見秦記，而本紀皆無之，豈佚文與？

「昭襄王八年，使將軍芈戎攻楚，取新市。齊使章子，魏使公孫喜，韓使暴鳶，共攻楚方城，取唐眛。」案：六國年表楚懷王二十八年，「秦、韓、魏、齊敗我將軍唐眛於重丘」，當秦昭襄六年。楚世家亦云：「二十八年，秦乃與齊、韓、魏共攻楚，殺楚將唐眛，取我重丘而去。」與年表合。而此紀書於此年，則當楚懷王三十年，不知孰誤。

「九年，奂攻楚，取八城，殺其將景快。景快，疑即「景缺」，說見札記。十年楚懷王入朝秦。」案：取楚八城，六國表在八年，楚世家同。是爲懷王入秦之歲。而此紀又分隸九年、十年，則於表當楚襄之元、二矣。

秦始皇本紀：「十年，齊人茅焦說秦王曰：『秦方以天下爲事，而大王有遷母太后之名，恐諸侯聞之，由此倍秦也。』」案：說苑載此事云：「陛下車裂假父，有嫉妒之心；囊撲兩弟，有不慈之名；遷母咸陽，有不孝之行。」謂毐曰「假父」，謂其所生子曰「兩弟」，而黜之曰「不孝」，直面辱呂政，豈有不逢其怒者？此非事實。史公所述，勝中壘多矣。

「以人魚膏爲燭。」正義引廣志云：「鯢魚聲如小兒啼，有四足，形如鱧，可以治牛，出伊水。」案：「治牛」疑誤。然水經伊水注引亦同此。北山經云：「決決之水，其中多人魚，其狀如鯑魚，四足，其音如嬰兒，食之無瘕疾。」郭注：「或曰人魚即鯢也，似鮎而四足，聲如小兒啼。」然則

「牛」乃「瘕」字，誤。

項羽本紀：「漢皆已入彭城，收其貨寶美人，日置酒高會。」案：沛公一入秦宫即欲留居，今入彭城又復如此，亦無異於淫昏之主，此范增所云貪財好美姬者也，宜其爲羽所破，幾至滅亡哉！史公於此二事，不著之高紀而見之羽紀及留侯世家，此爲高諱而仍不没其實，旁見側出，謂之良史不亦宜乎！

「漢王乃封侯公爲平國君。匿弗肯復見。曰：『此天下辯士，所居傾國，故號爲平國君。』」正義引楚漢春秋云：「上欲封之，乃肯見。曰：『此天下之辯士，所居傾國，故號爲平國君。』」案：「匿弗肯復見」，與上下文不相接，漢書高帝紀無「匿弗」以下二十一字，疑後人依楚漢春秋竄入。而注中「乃肯見」三字，又即「匿弗肯復見」之誤略，已見札記，猶未竟其説也。

「楚兵且破，信、越未有分地，其不至固宜。」案：此事不書於高紀，不書於留侯世家，信、越列傳而書之羽紀者，明非此不能破羽也。然信、越死機，則已伏於此。

吕太后本紀：「代王立爲天子。二十三年崩，謚爲孝文皇帝。」案：孝文自有紀，何爲豫書崩年、謚法於此？「二十三年」以下十一字，蓋後人妄增。然史文中類此多矣，梁氏志疑輒爲駁黜，獨遺此條，何與？

孝文本紀：「二年十一月晦，日有食之。十二月望，日又食之。」案：日無比食之理，望無日食之事。漢書文帝紀、五行志皆不書十二月之食，下文帝詔亦祇言「十一月晦，日食」。以今癸卯元術，上考是年十二月癸卯朔，顓頊術同漢書紀、志並爲十一月癸卯晦，則又合殷術。太陰交周六宮〇一度〇四分二十九秒，入食限，蓋史文失書日名。而是月望，太陰交周初宮十六度二十四分三十六秒，月亦入食限，月食例不書，豈連類而及之邪？

景帝紀：「後二年，爲歲不登，禁天下不造食。」「不造食」，集解索隱正義皆無注。案：疑「造」乃「竈」之假借字。周官大宗伯太祝掌六祈，一曰造，鄭注：「故書造作竈。」龜策傳：「卜先以造。」徐廣曰：「音竈。」造，與竈音近相借。詳見王氏管子雜志。「不造食」如今之行竈。爾雅：「煁，烓也。」郭注：「今之三隅竈。」説文：「烓，行竈也。」「煁，烓也。」小雅白華：「樵彼桑薪，卬烘于煁。」則古已有之。禁不造食者，行竈苟且不成竈。竈列五祀，尊竈所以重飲食也。

三代世表：「后稷生不窋。」案：國語：「自后稷之始基靖民，十五王而文始平之。」韋注十五王：后稷、不窋、鞠、公劉、慶節、皇僕、羌弗、今史本作「差弗」。毁隃、公非、高圉、亞圉、公叔祖類、太王、王季、文王，蓋即本於史記，而史記實據國語。十五王謂「不窋」以下，若合「后稷」則十六矣。此韋注之誤。然棄當堯、舜之時，歷夏十七世，商二十九世，而周僅十六世，必無此理。祭公謀父曰：「昔我先王世后稷，及夏之衰，棄稷不務，我先王不窋用失其官。」不窋當夏之衰，其非棄子明甚。即以太子晋所言徵之，亦非謂十五王直接棄。梁氏志疑謂史公承國語之誤。子晋，周之子孫，何至數典而忘？自是史公誤讀國語，非國語誤也。漢書古今人表尚有辟方、公非子。夷竢、高圉子。雲都。亞圉子。路史發揮有台璽、后稷子。叔均。台璽子。疑猶不止此，但古書亡，不可考耳。而史獨著「不窋」至文王十五世，以合國語之文，不知「后稷」乃官名，棄始爲之，而子孫世其職，至不窋而廢，豈謂棄爲后稷一傳而遂失之哉？自史公紀、表有此駁文，鄭氏詩譜因之，而周初世系從此亂矣。

黄帝終始傳曰：「漢興百有餘年，有人不短不長，出自燕之鄉。」案：霍光事何與於三代世表？此褚少孫續貂之尤鄙謬者。漢書儒林傳：王式爲昌邑王師，以詩諫，聞少孫乃其弟子，是生當宣帝之世。光薨於地節元年，霍禹謀反於四年，少孫此記當在霍氏盛時，霍氏敗後，必不敢爲此。造爲妖言將以取媚，玷其師甚矣。

十二諸侯年表：「晋靈公夷皐元年。」單本索隱出正文，作「晋靈公蝪」，注云：「音亦。系家及左傳名夷皐，此蓋誤也。」案：夷皐二字，不得誤爲蝪，疑蝪本作「睪」。睪，羊益反。古「睪」字每與「皐」相亂，「皐」譌爲「睪」，音近誤爲「蝪」。夷、睪亦聲之轉。

六國表：「趙成侯五年」，「魏敗我懷」。「六年」，「敗魏涿澤，圍魏王」。案：趙成侯五年，當魏惠王元年；六年，當魏惠王二年也。魏世家言：「初，武侯卒也。子罃與公中緩争爲太子。」韓、趙用公孫頎説，合軍伐魏，戰於濁澤，即涿澤，趙世家作「喙澤」。魏氏大敗，魏君圍。蓋猶魏武侯十六年事。及惠王二年，乃敗韓于馬陵，敗趙于懷。而表及世家皆以敗懷爲成侯五年，或冬春之間，戰非一時，史文略之。至涿澤之戰及圍魏王事，斷不得屬之趙成六年。魏世家此年方兩敗韓、趙，豈得被圍？若謂表文錯寫，則趙世家亦如此；若謂有兩次圍魏，則前圍何以不書？此不能爲史公解矣。

「魏襄王元年，與諸侯會徐州，以相王。」案：杜氏左傳後序引汲冢紀年篇：「惠王三十六年改元，從一年始，至十六年而偁惠成王，卒。」云云。然則此年爲惠王改元之年，自此以下十六年，即史記襄王之年也。其自十六年後但偁今王，至二十年止，蓋作書時未卒，故不偁謚。而杜氏彊以史表年次命之爲「哀王」，則非也。魏世家集解引世本：「惠王生襄王而無哀王。」索隱亦云：「系本襄王生昭王，無哀王。」高誘注呂氏春秋審應篇云：「昭王、襄王之子。」顧氏日知録云：「襄、哀字近，史記誤分爲二。」梁氏志疑以爲稱王，故改元，與秦惠王改元同。又云：「惠王自言西喪地於秦七百里，南辱於楚。考襄王後五年予秦河西地，後七年盡入上郡於秦，後十二年楚敗魏襄陵，所言正指此。據此則孟子至梁，當在惠王後十二年後，史文乃綴於前三十五年，相去遠矣。惠王在位五十二年，竹書「今王」即「襄王」，或作「哀王」者，猶十二諸侯表以秦哀公、陳哀公爲襄公也。」案：梁説甚辯，無以易之。通鑑考異亦謂紀年魏史所記魏事，必得其真，故於周慎靚王二年書「梁惠王薨，襄王立」。足正史文之譌。馬氏繹史表亦依通鑑。

「齊宣王十年」，「楚圍我徐州」。案：越世家云：「當楚威王之時，越北伐齊。」齊威王使人說越伐楚，楚威王大敗越，北破齊於徐州。楚世家云：威王七年，齊田嬰欺楚，即說越伐楚事。威王伐齊，敗之於徐州，令必逐田嬰。又齊策云：「楚威王戰勝於徐州，欲逐嬰子於齊。」又云：「齊封田嬰於薛。楚王聞之大怒，將伐齊。」又云：「靖國君即田嬰。善齊貌辨，舍之上舍，數年，威王薨，宣王立。靖郭君之交，大不善於宣王，辭而之薛。」云云。是楚圍徐州，當齊威王時甚明。史以宣侵威年，故以圍徐爲宣王十年事。又以湣侵宣年，故以燕噲、子之之亂爲湣王事。通鑑損宣前十年以益威，損湣前十年以益宣，故以馬陵之戰爲威王三十九年，徐州之圍爲威王四十六年，以破燕之舉爲宣王十九年，皆與國策、孟子合。惟「田嬰封薛」，史以爲「湣王三年」，通鑑書於「周顯王四十八年」，爲齊宣十二年，似未契勘於國策。田敬仲世家索隱引紀年云：「威王十四年，田朌伐梁，戰馬陵。」孟嘗君列傳索隱引紀年云：「梁惠王後十三年，齊威王封田嬰於薛。」年次雖不合，而皆以爲威王時事。

韓宣惠王十年「君爲王」，燕易王十年「君爲王」，同周顯王四十六年也。而秦紀韓爲王書於秦惠文十三年，當周顯王四十四年。韓世家韓宣惠爲王在十一年，當周顯王四十七年。惟楚世家韓燕爲王並書於懷王四年，與表合。史文參錯甚矣。

秦楚之際月表：二世二年「後九月」。徐廣曰：「應閏建酉。」案：術九月壬戌晦，霜降；後月丁丑，立冬；十月壬辰朔，小雪，正當閏建戌。

漢二年四月，「王伐楚，至彭城，壞走」。中統本吳校金板同。前作札記，因它本多譌「壞」作「懷」，據傳寬傳疑爲「走懷」之誤。及讀漢書王莽傳云：「大衆崩壞號謼。」乃悟此「壞走」字不誤，蓋直不戰而潰，前説非是。

「後九月。」徐廣曰：「應閏建巳。」案：顓頊術建未後一月，無中氣。

高祖功臣侯年表：「閼氏侯馮解敢。」索隱云：「閼氏，縣名，屬安定。」案：漢書地理志安定郡有烏氏縣，師古音「氏」爲「支」，與閼氏聲相近。然安定郡，武帝元鼎三年始置，高祖時宜未有此縣。水經清漳水注引司馬彪、袁山松郡國志，言涅鄉縣閼與聚，漢高祖八年封馮解散漢表亦作「散」爲本有「閼與」二字，戴校删。侯國。漢書地理志：上黨郡有涅氏郡國志止作「涅」。縣閼與，即趙衰破秦兵處也。馮奉世傳：馮亭，上黨潞人。與趙括距秦，戰死長平。宗族繇是分散，或留潞，或在趙。疑「解散」亦馮亭族，上黨乃其故鄉，故封之於此。酈説當有所本。

「戴敬侯彭祖」。單本索隱出正文「秋彭祖」，注云：漢表作「祕」，音轡。韋昭云：「符蔑反」，非也。今檢史記諸本，並作「秋」，今見有姓秋者。」案：漢表戴敬侯祕彭祖，師古曰：「今見有祕姓，讀如『祕書』，而韋昭妄爲『音讀』，非也。」然則漢書舊有「音讀」，如小司馬所引，而今本失之。然韋昭時，未有「反切」，恐傳者之誤，顔氏亦不暇辨矣。王氏雜志以「祕」字爲非，然廣韻六「至」：「祕」，「又姓，西秦録有僕射祕宜」。元和姓纂：「祕」，漢初功臣祕，彭祖，傳七代。西秦録有「僕射祕宜。」陽湖孫氏云：「西秦録作宣。」與廣韻合。而廣韻十八「尤」：「秋」，「又姓，宋中書舍人秋當。」是所見史本作「祕」，不作「秋」，故「秋」姓下獨引當，而不引彭祖也。至小司馬所見本自作「秋」，而今本合刻並作「祕」，又妄人所改。

惠景間侯者年表：「章武，孝文後七年六月乙卯，景侯竇廣國元年。」案：孝文崩於六月己亥，乙卯在其後十六日，則章武、南皮兩侯，皆景帝所封，故班表屬之景。

建元以來王子侯表：「扶⿰氵帚。」「⿰氵帚」字誤，當作「沭」，已見札記。或疑「⿰氵帚」當爲「濅」。説文：「濅，水出魏郡武安，東北入呼沱水。」地理志：魏郡武安又「有濅水，東北至東昌入虖池。」濅，今本作「⿰氵⿱宀帚」或作「濅」，焉知「⿰氵帚」非「濅」之壞文？案：自麥以下二十侯，皆城陽頃王子，所封不出故地，豈此侯獨封於魏郡？班表明著「琅邪濅水，不聞南繞」，其爲「沭」字之譌，無疑。小司馬不能據班表以訂正，而音「⿰氵帚」爲「浸」，作班馬字類者，遂於去聲沁韻出「⿰氵帚」字，引此爲證，亦太疏矣。

禮書：「仲尼没後，受業之徒沉湮而不舉，或適齊魯，或入河海。」正義引論語「大師摯章」爲證。史公意未必即指此。然師摯諸人雖非弟子，而當孔子反魯正樂，或得奉教於左右，執弟子禮，未可知。觀「語魯大師樂」及韓詩外傳師襄偁夫子，可見。

歙金氏輔之云：見所校嘉靖丁酉廣東崇正書院重修本漢書眉，上海寧唐君仁壽所藏也。孟堅刑法志實本子長律書之旨，古者「師出以律」，故名爲律書，蓋即兵書也。褚少孫妄作，輒以律書補之，坿會周官

「執同律以聽軍聲」之説，與子長作書本旨，刺謬殊甚。案：金説是也。自漢書以律曆同志，後代之史，多效之，皆以爲本於孟堅，不知孟堅實本子長。其自序曆書云：「律居陰而治陽，曆居陽而治陰，律曆更相治，間不容翲忽。」據此知今本律書十二律名義及律數分寸。史公元文必在曆書，其篇首「王者制事立法，物度軌則壹稟於六律，六律爲萬事根本。」此四句，當爲曆書起首之文，正孟堅律曆志所本。其下文「書曰『七正』二十八舍」云云，至終篇，皆曆書之文。中間「兵者，聖人所以討强暴」以下，至「孔子所稱有德君子者邪」，則律書本文。蓋史公此篇明聖人不得已而用兵之故，以爲窮兵黷武、民不聊生及將兵失律者諷，故不曰「兵書」，而曰「律書」。續貂者不知其意，徒見律書殘缺，輒割裂曆書之半以足之，又自覺其不可通，乃妄撰「其於兵械尤所重」以下，至「何足怪哉」，凡六十字以聯絡之，謬矣。史公自序總論八書，别「兵權」於「律曆」之外，小司馬云：「兵權，即律書也。」遷没之後，亡，褚少孫以律書補之。」又似八書外，别有律書者，由不悟「律」、「曆」同篇，而法律、樂律，字同義異也。

「推孟春以至季冬，殺氣相并。而音尚宫。」「孟春季冬，文當互易，已見札記。「音尚宫」之説，蓋坿會國語伶州鳩之言七律，然此亦非少孫所能爲。蓋少孫所自撰「惟其於兵械尤所重」七字，及「百王不易之道也」七字，「同聲相從，物之自然，何足怪哉」十二字耳，餘亦皆剿襲它人者。

曆書：「招致方士唐都，分其天部，而巴落下閎運算轉曆。」案：「漢志叙造太初曆，首選鄧平。又云：『詔遷用鄧平所造八十一分律曆。』」則太初曆固鄧平主之，而此文祇及都、閎，疑有殘闕。

「朕唯未能循明也，紬績日分，率應水德之勝。今日順夏至。」案：「紬績日分」句，與上下文義不接。漢志云：「依違以惟，未能修明。其以七年爲元年。遂詔卿、遂、遷與侍郎、尊、大典星射姓等議造漢曆。」則此「循明也」下當有脱文。又「率應水德之勝」句，與上下全不相涉，亦有脱誤。「循」當爲「脩」，「至」當爲「正」，已見札記。

「十一月甲子朔旦冬至已詹，其更以七年，爲太初元年。年名『焉逢攝提格』。」案：此未定曆時語也。太初元年，六曆皆在丁丑，而此云「焉逢攝提格」者，以元封六年概之也。元封六年，歲星在星紀之次，合於歲陰在寅之文。故云已得上元本星度，而是年十一月甲子朔旦冬至，至、朔同日。又古法相傳，上元起甲寅，爾雅釋天「歲陽」首「閼逢」，「歲」名首「攝提格」，是其證。武帝好儒慕古，改曆以爲名高，遂據以爲元首。不知元封六年可名「焉逢攝提格」，而不得以之偁「太初元年」也。詳見卷五。

「曆術甲子篇。」案：此篇或以爲褚少孫所補，或以爲褚取曆官舊諜綴之，以太初元年爲曆元，仍用四分術氣、朔分演算。梁氏志疑、王氏太歲考皆以爲殷術。不知殷術是年入天紀乙酉蔀弟二章首，歲名丁丑，天正、氣、朔皆有餘分四之三，不得爲元首，并不得爲殷術。反覆思之，則疑此即史公與壺遂等，初受詔改曆時所定也。蓋帝詔直以「元封六年十一月甲子朔旦冬至」

爲曆元，不復計及餘分，遷、遂等依違承詔，徒以歲星在丑，則太歲在寅，命爲「焉逢攝提格」，其餘仍用舊氣、朔、分黄帝術以下六術，皆同四分。推算，以爲太初新曆，不能它有所更格。周曆「太初元年」入地紀弟一蔀首甲子朔旦冬至，氣、朔皆無餘分，正與此合。迨鄧平改定，破紀法八十章爲八十一，而謂之統法，一元之終多五十七年，不得復其歲名，歲餘、朔餘皆强於四分。當時蓋亦以氣、朔餘分爲嫌，而無法消弭之，故漢志言姓等奏不能爲算，逮鄧平定曆，增其小餘，以四千六百十七年爲元法，餘分適盡，蓋得之巧算，而即以此爲張壽王所詆。詳卷五。而改歲星與日同次之斗建，命爲歲在困敦。此據十一月朔之星次耳，其實此時歲星在婺女六度，逮至婺女八度，歲星自丑度子，太歲則自子度丑矣。史公心有所不善焉，特以詔用平術，漢志云：「迺詔遷用平所造八十一分律曆。」不敢執舊法以爭，故於曆書存此篇以見意。自「焉逢攝提格」至「祝犂大荒落」，凡七十六歲合一蔀之數，小司馬謂太始、征和以下，並褚先生所續，非也。其歲名下本不著年，今本有者後人增之。已見札記。蓋惟本不著年，故索隱正義每注於下。若史文已具，則注爲贅矣。然則前文不及鄧平，又詔「更七年爲太初元年」下，不復詳定曆終始，蓋有故焉，非闕略也。

錢少詹謂古以歲陰紀歲，後世易之以太歲。王氏太歲考謂：歲陰即太歲，特命歲有兩法。言之甚詳。蓋歲星昭昭可睹，而太歲無可表見，故取其應歲星日躔之，斗建以命之，或以晨見爲徵，日加丑之時。或以同次爲始。然據左傳，春秋時惟以歲星紀歲，無言太歲者。歲在涒灘之文，獨見呂覽，而年次不合。見卷六。以歲陽、歲名紀歲，惟此篇爲備，其法則見於天官書，猶告朔之餼羊乎？

天官書：「星動角益希，及五星犯北落，入軍，軍起。火、金、水尤甚：火，軍憂；水，患木；土，軍吉。」案：既云火金水尤甚，而其下祇言「火」、「水」，不及「金」，蓋脱文。疑「火，軍憂」「火」下當有「金」字。漢書天文志作「火入軍憂」。上已云「入軍」，則此「入」字爲贅，疑即「金」字之誤。正義云：「金，火守，有兵。」則知本有「金」字，當作「火金，軍憂。」史、漢文同，「水患」句當重「水」字，作「水，水患」，已見札記。

「歲行三十度十六分度之七。」案：依此則歲星行十二歲，適積三百六十五度四分度之一，故可以右旋而紀歲，亦可立太歲。即史公所謂歲陰，見太歲考。左旋相應以紀歲，而無如歲星之行，後世漸疾，當春秋時已見其端。襄二十八年左傳：「梓慎曰：『歲在星紀，而淫於玄枵。』」故劉歆設爲超辰之術，此歆所立以説春秋者，非太初本法。詳見太歲考。謂歲星每歲常行之外，又贏百四十四分之一，歷百四十四年而超一辰，則太歲亦應之而超。夫後世不以歲星紀歲，超次而民不知，若太歲亦應之而超，將今歲在子，而明歲在寅，何以示民？且歲星亦何超辰矣哉？遲疾順逆參錯於兩辰間，不能無岐出，漸積至侵一次，皆係實行，何嘗有由析木而徑跳至玄枵者？故超辰之法，不可以施於太歲，而超辰之説，并不可以言歲星。

「月食始日，五月者六，六月者五，五月復六，六月者一，而五月者五，凡百一十三月而復始。」索隱云：「依此文，唯有一百二十一月，與元數甚爲懸校，據此語意，似所見史本不止云「凡百一十三月」。

既無太初曆術，不可得推而「推而」疑倒。定。今以漢志，統曆法統上脱三字。計，則六月者七，五月者一，又六月者一，五月者一，凡一百三十五月而復始耳。以上據毛刻單行本。其王柯凌等諸合刻，更瞀亂矣。案：史文當云「六月者七，五月者一，又六月者七，五月者一，又六月者六，五月者一，凡百三十五月而復始。」今既謬誤，而小司馬注亦有脱文。錢氏考異爲之訂補矣，乃誤以首「六月者七」置於末，中間又「六月者七」與下「又六月者六」互誤，札記已正之。又小司馬謂無太初術，不可推定，今以三統曆法計，云云。不知三統術即太初術也。漢志明云：「閎、平法，一月之日二十九日八十一分日之四十三。」是即統母之月法二千三百九十二矣。又云：「詔遷用鄧平所造八十一分律曆。」續漢律曆志云：「自太初元年始用三統曆。」又賈逵曰：「太初曆冬至日在牽牛初牽牛，中星也。」又曰：「太初曆斗二十六度三百八十五分，今漢志脱「度」下餘分。牽牛八度。」皆與今漢志合。蓋歆用太初術以證左傳，其所爲世經損夏益周横斷年數。見續漢志又增歲星超辰術，以求密合，它無所更革，并「三統」之名亦太初術所本有，八十一章爲「統」，則「三統」爲「一元」。而非歆所定也。若謂史公不用平術，則食限五月又二十三分之二十，太初與四分諸術皆同，又非史公所能别定矣。今自食限起算之初，至其一終，凡百三十五月，列爲譜如左，以釋讀史者之疑。命一月爲二十三分，累加之盈百三十五爲入限，有餘以入後食。

一二三四五六食餘三。　一二三四五六食餘六。　一二三四五六食餘九。　一二三四五六食餘十二。　一二三四五六食餘十五。一二三四五六食餘十八。一二三四五六食餘二十一。一二三四五食餘一。一二三四五六食餘四。一二三四五六食餘七。一二三四五六食餘十。一二三四五六食餘十三。一二三四五六食餘十六。一二三四五六食餘十九。一二三四五六食餘二十二。一二三四五食餘二。一二三四五六食餘五。一二三四五六食餘八。一二三四五六食餘十一。一二三四五六食餘十四。一二三四五六食餘十七。一二三四五六食餘二十。一二三四五適盡。

封禪書：「武王克殷二年，天下未寧而崩。」案：金縢「王翼日乃瘳」下云：「武王既喪。」此史臣欲終紀金縢之事，故牽連書之，非謂武王暫瘳，旋仍崩也。魯世家云：「明日，武王有瘳。其後武王既崩。」猶依寫經文。至周本紀云：「武王有瘳，後而崩。」辭意已不達，此乃直云克殷二年而崩，然則三卜習吉之兆，三王特以紿周公邪？劉歆謂「克殷七年而崩」，別有考論。

吳太伯世家：「夫子獲罪於君以在此，懼猶不足，而又可以畔乎。」索隱引左傳曰：「而又何樂」，此「畔」字非其義。案：皇矣詩「無然畔援」，箋訓「拔扈」，蓋聲之轉。卷阿之「伴奐」，箋訓「自縱弛」。說文：「伴，大也。」段氏云：「方言、廣雅、孟子注皆曰：『般，大也。』亦謂『般』即『伴』。」此皆聲近相借。然則「畔」得讀爲「般樂」之「般」矣。考異謂「畔」乃「胖」字之借，大學「心廣體胖」，鄭注：「胖猶大也。」則「胖」與「伴」亦同義。

齊太公世家：「蒼兕蒼兕。」索隱引馬融曰：「蒼兕，主舟楫官名。」論衡亦引其文：「蒼兕者，水中之獸，善覆人船」云。索隱引云「蒼兕者，水獸九頭。」蓋「兕」本水獸，又善奔突，故以名其水軍，猶秦官名「犀首」矣。犀、兕同類。

魯周公世家：「於是乃即三王而卜。卜人皆曰吉，發書視之，信吉。周公喜，開籥乃見書遇吉。」案：金縢：「乃卜三龜，一習吉。啓籥見書，乃并是吉。」蓋三龜一習吉，卜人之言，證之以兆書，果皆吉也。史依寫經文，而「發書」六字與下文義複，疑是旁註誤混。

「周公乃告太公望，召公奭曰。」案：經但云「二公」，疑不得有太公。據齊世家：「武王已平商而王天下，封師尚父於齊營丘。東就國，道宿行遲。逆旅之人曰：『吾聞時難得而易失。客寢甚安，殆非就國者也。』太公聞之，夜衣而行，犂明至國。萊侯來伐，與之爭營丘。」云云。又言：「成王少時，管、蔡作亂，淮夷畔周，乃使召康公命太公。」云云。本篇又載：「太公封於齊，五月而報政；後伯禽封魯，三年而報政周公，乃歎曰：『魯後世其北面事齊矣！』」伯禽即位之後，有管、蔡等反也。然則太公受封後即就國，不在王朝，未知二公者其一爲誰？孔沖遠以爲時畢公爲太傅，想當然耳。

趙世家：「主父及王游沙丘異宮。」案：「異宮」二字爲句，謂主父與王不同居也。蓋此時主父與王及公子章並在沙丘，而王別居，故章得以主父令召王。正義以「異宮」連上爲文，是誤解爲「離宮」矣。

「趙與燕易王」，以龍兑、汾門、臨樂與燕。」案：續漢志涿郡北新城有汾水關，注引史記「趙與燕汾門」。水經易水注云：「其水又東逕西故安城西，又東流南徑武隧。即遂城。縣南、新城縣北，俗又謂是水爲「武隧津」。津北謂之「汾門」。史記趙世家：孝成王十九年，「與燕易土」，「以龍兑、汾門」與燕，即此也。亦曰「汾水門」。蓋「汾門」之偁舊矣。據劉、酈所注甚顯，而張守節乃引括地志所襲滱水注之「龍門」以當之，謂「汾」字爲誤，傎矣。

田敬仲世家：「齊威王七年，魏伐我，取薛陵。」案：此年衛聲公元年也，趙伐魏，取都鄙七十三，救亡不暇，豈能伐齊？此年各國亦無伐齊事，薛陵地亦無考，殆誤也。

留侯世家：「樊噲諫沛公出舍，沛公不聽。」集解引徐廣曰：一本「噲諫曰：『沛公欲有天下邪？將欲爲富家翁邪？』沛公曰：『吾欲有天下。』噲曰：『今臣從入秦宮，所觀宮室帷帳珠玉重寶鐘鼓之飾，奇物不可勝極，入其後宮，美人婦女以千數，此皆秦所以亡天下也。願沛公急還霸上，無留宮中。』沛公不聽。」案：此諫甚切，今本過略，不知何人所删，漢書亦没其語，非史法也，宜著之噲傳。

陳丞相世家：「其計祕，世莫得聞。」集解引桓譚新論云：「彼陳平必言漢有好麗美女，爲道其容貌天下無有，今困急，已馳使歸迎取，欲進與單于，單于見此人必大好愛之，愛之則閼氏日以遠疏，不如及其未到，令漢得脱去，去亦不持女來矣。」案：此蘄尚説鄭袖之故事，譚襲之以誣陳平，此真所謂薄陋拙惡者也。

梁孝王世家：「子明爲濟川王，子彭離爲濟東王，子定爲山陽王，子不識爲濟陰王。」案：此四句疑非史文，乃後人妄增。小司馬所據本無，故於後分梁爲五國下注之，史於濟川等四王皆提明梁孝王子。若此處已見，則後文屋下架屋矣。凡史中似此者，可類推。

五宗世家：「河間獻王德，二十六年卒。」集解引漢名臣奏云：「孝武帝時，獻王朝，被服造次必於仁義。問以五策，獻王輒對無窮。孝武帝艴然難之，謂獻王曰：『湯以七十里，文王百里，王其勉之。』王知其意，歸即縱酒聽樂，因以終。」案：武帝好勝自雄，其於獻王自知不及，而故折以惡語，媢哉！表書元光五年來朝，而即以此年薨，蓋以憂死。世家文甚略，其有所諱與？

老子韓非列傳：「老子之子名宗，宗爲魏將，封於段干。宗子注，注子宮，宮玄孫假，假仕於漢孝文帝。」案：上文孔子死後百二十九年，周太史儋見秦獻公，云云。其年周顯王十九年也，下距漢文帝元年百七十年，而宗至假凡七世，其年數略相當。然則宗乃儋子，於李耳無涉。

「然善屬書離辭。」王氏雜志釋「離」爲「陳」，引左傳「設服離衛」杜注爲證。案：易彖傳：「離，麗也。」王輔嗣云：「麗，猶著也，各得所著之宜。」義亦與「陳」近。又疑「離」乃「攡」之假借字。太玄：「幽攡萬類。」玉篇云：「攡，張也。」說文作「摛」，訓「舒」也。段注引蜀都賦「摛藻掞天庭」，魏都賦「摛翰則華縱春葩」證之。舒、張義同，與陳義亦不遠，「摛辭」字則後世所常用矣。

正義云：「離辭猶分析其辭句。」徒望文耳。

老莊申韓同傳，或是之，或非之。案：漢初崇尚黄老，景、武時猶然。而晁錯諸人又變而爲名法，武帝時用法尤嚴，於是酷吏興焉。史公目擊其弊，而爲此傳，用意甚深，讀者殊未理會而漫云史公進黄老，何哉？漢書藝文志以管、晏入道家，蓋亦本史公之意。管晏列傳正義引七略則云「在法家」。

司馬穰苴列傳：「景公召穰苴，與語兵事，大説之，以爲將軍，將兵扞燕、晋之師。」索隱注：「將軍」二字，云：謂命之爲將，以將軍也。將音即匠反。」案：小司馬意，以春秋時未有將軍之官爾。觀下又有「將兵」云云，則上文「將軍」即其官。穰苴事，它無所徵，果在景公時否，未可知。然老子已有「偏將軍處左，上將軍處右」之語，則其來久矣。篇末云：「齊威王使大夫論古司馬兵法，附穰苴於其中，而國策又有閔王殺穰苴事，豈同名邪？抑傳聞誤邪？姑置之。

伍子胥列傳：「吴人憐之，爲立祠於江上，因命曰胥山。」正義云：「吴地記云：『胥山，太湖邊胥湖東岸山，西臨胥湖，山有古丞、胥二王廟。』按其廟不干子胥事，太史誤矣。」案史記正義單行本已佚，此注闕略，疑經删節。水經沔水注云：「虞氏曰：『松江北去吴國五十里，江側有丞、胥二山，各有廟。魯哀公十三年，越使二大夫疇無餘、謳陽等伐吴，吴人敗之，獲二大夫，死，故立廟于山，上號曰丞、胥二王也。』」此事亦見左傳，在子胥後。蓋以山名「胥」而坿會之。

白起王翦列傳。案：起、翦同傳，不特其功相等，即其謝病事，亦先後一轍。它日再起將兵，其所以求自免者用心良苦，蓋有鑒於起，然亦幸而無應侯之忌功耳。

平原君虞卿列傳：「於是平原君乃斬笑躄者美人頭，自造門進躄者。」夫罷癃誠賢，乃近在門牆而不知邪？斬頭釋憾，何不遂引爲上客？秦兵壓境，此人安在？數千客又安在？毛遂出下客，李同、公孫龍皆非客，史特寫此三人，以見數千人乃無一人焉者。

范睢蔡澤列傳「睢」字，宋本、毛本作「睢」，漢書人表同。它本「睢」、「睢」雜出。黄刊姚本戰國策作「睢」，通鑑作「睢」，集覽音「雖」。案：武梁祠堂畫像有范且，錢氏跋尾云：「戰國秦、漢人多名且，穰且、豫且、夏無且、龍且。或加「隹」旁。范睢、唐睢。案：魏策「唐睢」亦作「唐且」。然則作「睢」者誤。睢相秦昭襄十有餘年，而秦本紀、六國表絶不書，豈史文脱邪？

「崔杼，淖齒管齊，射王股，擢王筋。」索隱云：「立『射王股』，誤。」意以齊莊公不得偁王也。案：此承上文「尊其臣者卑其主」來，此兩「王」字皆「主」字之譌。下又云：「不爲主計，而主不覺悟」，是其證。

樂毅列傳：「樂間曰：「趙四戰之國也。其民習兵，伐之不可。」燕王不聽，遂伐趙。趙使廉頗擊之，大破栗腹之軍於鄗，禽栗腹、樂乘。樂乘者，樂間之宗也。樂間奔趙。據此，是樂乘亦燕將，與燕世家合。而趙世家書此事，以廉頗所虜者爲「樂間」。梁氏志疑據國策「趙使廉頗以八萬遇栗腹於鄗，使樂乘以五萬遇慶秦於代」之文，燕、趙世家以「破栗腹」、「卿秦」皆廉頗事疑策文誤。以爲燕世家及此傳皆誤，不知國策下文又云「樂閒、乘怨不用其計，二人卒留趙。」正與此傳下文合。又據傳及燕世家「樂閒」未爲燕將，無由被虜，自以不聽其言投趙，則被虜者，實乘趙世家誤爲閒也。而其前有與慶舍攻秦信梁事者，蓋毅本趙人，顯於燕其族往來燕、趙間，時或爲之將，惟其所使耳。

魯仲連鄒陽列傳。案：魯仲連、鄒陽既不同時，其人品事跡絶不相類，此史公合傳之最不可解者。自序云：「能設詭説解患於圍城，輕爵禄，樂肆志。」以論仲連似矣，何與於鄒陽？陽之可取在諫吳王，今反不載其書。班書載之，與賈山、枚乘、路温舒同傳，斯勝史公矣。

刺客列傳「家丈人召使前擊筑。」索隱：劉氏云：「謂主人翁也。」又韋昭云：「古者名男子爲丈夫，尊婦嫗爲丈人。故漢書宣元六王傳所謂丈人，謂淮陽憲王外祖母，即張博母也。故古詩曰「三日斷五匹，丈人故言遲」是也。今本漢書及樂府詩集焦仲卿妻篇「丈人」字皆作「大人」，如正義所見本。案：此注與前聶政傳正義引韋昭大同，惟此「丈人」字彼注並作「大人」，而俗本又改爲「夫人」，已見札記。古無以「丈夫」相呼者，韋意蓋以古名男子爲「丈夫」，故尊婦嫗爲「丈人」，比之於男子耳，其實不然。此傳「家丈人」，自當如劉説爲「主人翁」，不必屬之婦嫗。又漢高帝呼太上皇爲「大人」，見本紀，漢書同。齊悼惠王世家：「魏勃曰：『失火之家，豈暇先言大人而後救火乎！』」正與此言「家丈人」同意。然則「丈人」、「大人」皆尊屬通偁，無別乎男女也。

樊酈滕灌列傳：「噲乃排闥直入，大臣隨之。上獨枕一宦者卧。噲等見上流涕曰：「始陛下與臣等起豐、沛，定天下，何其壯也！今天下已定，又何憊也！且陛下病甚，大臣震恐，不見臣等計事，顧獨與一宦者絶乎？且陛下獨不見趙高之事乎？」侃侃數言，深切簡括，得大臣之體，不謂出之於噲也。案：噲入闕諫沛公出舍，至鴻門説項羽，理直辭壯，足折羽之氣，此其人必不肯黨呂后以危劉氏者，以須比雉，幾與禄、産同論，冤哉！

酈生陸賈列傳：「人或毀辟陽侯於孝惠帝，孝惠帝大怒，下吏，欲誅之。呂太后慚，不可以言。大臣多害辟陽侯行，欲遂誅之。」案：朱建事何足道，史公因與其子善而及之。然惠帝及漢大臣之欲誅辟陽而不果，則賴此而見，亦非徒蕪累筆墨也。

袁盎鼂錯列傳：「絳侯爲丞相，朝罷趨出，意得甚。上禮之恭，常自送之。」徐廣曰：「自一作『目』。」案：漢書正作「目」，「自」乃譌字也。丞相得意，而帝目送之，蓋嫌之意露矣。盎窺見其微而入毀言，小人哉！或乃以它日徵繫請室，唯盎明絳侯無罪，以爲古誼。不知此盎明知文帝仁德，必不殺勃，因以結勃耳，何古誼之有！景帝目送亞夫，前後一轍，居功名之際者，可不慎乎！

魏其武安侯列傳：「武安侯，貌侵。」集解引韋昭以「刻确」訓「侵」，音爲核。索隱亦引之，音确爲「刻」。案：确無核、刻二音，疑本「覈」字之誤。後漢書班固傳：「肴覈仁義之林藪。」章懷引詩「肴核維旅」，文選典引李善注引詩徑作「肴覈」，蓋本魯詩也。小司馬「音刻」，蓋「劾」字之譌。玉篇「劾，一音胡勒切。與「覈」同音，然「确」、「覈」字形不相涉，何由致誤？

匈奴列傳：「夏道衰，而公劉失其稷官，變于西戎，邑于豳。」案：國語：「及夏之衰，棄稷不務，我先王不窋用失其官，而自竄于戎、狄之間。」周本紀云：「不窋末年，夏后氏政衰，去稷不務，不窋以失其官而奔戎、狄之間。不窋卒，子鞠立。鞠卒，子公劉立。公劉雖在戎、狄之間，復修后稷之業。」與國語合。此傳固略而言之，然已失故步，詩譜遂云：「后稷之曾孫曰公劉者，自郃而出。」篤公劉箋云：「夏之始衰，見迫逐，遂遷於豳。」豈誤會傳文邪？

「必我行也，爲漢患者。」案：也、邪古通用，蓋中行説本不肯行而彊使之，故忿曰：「必欲我行邪？則當教匈奴擾漢」，意甚明顯者。者，語絶之辭，今文牘中猶用之。俗乃以爲倒句法，云「爲漢患者，必我也。」文不成義，且行字爲贅矣。

平津侯主父列傳：「弘爲人意忌。」雜志云：「意，疑也。」案：意、億古通，「意忌」猶「猜忌」也。論語：「毋意，毋必」，「不億不信」，「億則屢中」。意、億皆同義。小司馬解爲「意多有忌害」，失其旨。

司馬相如列傳：「獸則㺎旄貘犛。」索隱郭璞云：「㺎，㺎牛，領有肉堆，音容。」案：今之犛牛也。」案：犛在下文，此注「犛」字，蓋「犎」之譌。爾雅「犦牛」，郭注：「即犎牛也，領上肉犦胅起。」玉篇：「犦，犎牛也。」㺎牛胅領，是犦即㺎，㺎即犎牛。而犛牛不可以釋㺎，今局刊本已正之。

「枇杷橪柿，楟柰厚朴。」漢書注引張揖曰：「橪，橪支，香草也。」郭璞曰：「橪，支木也。」師古曰：「此二句總論樹木，不得雜以香草。」案：此節皆言果類，亦不得雜以凡木。索隱引徐廣曰：「棗也。」集解「棗」作「果」，疑誤。又引説文「橪，酸小棗」、淮南子「伐橪棗以爲矜」釋之，蓋勝郭注。此文所舉，除隱夫不可考，當亦果名。餘皆知爲果。李時珍注本草云：「厚朴，實如冬青子，生青熟赤，有核。七八月采之，味甘美。」是亦果也。而注家但云藥名，失之。

淮南衡山王列傳：「與諸侯王列侯會肄丞相諸侯議。」案：上已云「諸侯王列侯」，則下「諸侯」二字複衍矣。索隱本出正文「會肄丞相者」，蓋此是詔語，因有司之請，而命其與諸侯王列侯同詣丞相議也者。者，亦句絶之辭，與匈奴列傳中行説語「爲漢患者」「者」字同。論語：「君曰：『告夫三子』者！」亦同。傳寫誤作「諸」，淺人妄加「侯」字。已見札記。漢書但作「與諸侯王列侯議」，案：下文有「丞相弘、廷尉湯等以聞」云云，是與丞相會議也。

酷吏列傳：「劾鼠掠治，傳爰書，訊鞫論報。」考異云：「傳蓋『傅』之譌。傅讀曰附，謂附于爰書。」案：錢説是也。説文「爰，引也。」「爰書」猶今律文，謂可引以治獄也。傅者，比坿之義。周禮小宰「以八成經邦」法，四曰聽稱責以傅别。鄭注：「傅，傅著，約束於文書。」比坿云者，猶今偁比照某律以定罪也。蘇林訓「爰」爲「易」，已曲。小顔承譌字，訓「傳」爲「傳逮」，上已云「掠治」，此乃復云「傳逮」邪？札記簡略，故復申言之。

大宛列傳：「河源出于窴，其山多玉石采來。」集解引瓚曰：「漢使采取，將持來至漢。」案：

「采來」二字連上爲句。「采」，當爲「采色」之「采」，「來」乃「⿱來玉」之借字。說文「⿱來玉，瓄玉也。」廣雅作「琜瓄」。玉篇：「⿱來玉，玉屬也。」采來，謂采色之⿱來玉。王氏廣雅疏證引晉書輿服志：「九嬪銀印青綬，佩來瓄玉。」「來」字正可助吾說。然所見本晉書並作「采」，不知王據何本。錢氏說文斠詮亦引晉志作「⿱來玉，瓄玉」。此條互見卷二。

游俠列傳：「何知仁義，已饗其利者爲有德。」案：「已」當作「己」，己猶身也，謂身受其人之利，即其人爲仁義矣。索隱音已爲「以」，非。

「侯之門仁義存。」案：此謂衆以仁義偁之，受其利故也。所謂「跖、蹻，暴戾，其徒誦義無窮」也。索隱云：「言人臣委質於侯王門，則須存於仁義。若游俠徑挺，亦何必肯存仁義也。」不知所謂。

「今拘學或抱咫尺之義，久孤於世。」案：此謂拘守志節，獨行踽踽，不見知於世也。索隱云：「言拘學守義之人或抱咫尺纖微之事，遂久以當代，孤負我志。」辭繁而意不達，殊多此一注。

龜策列傳：「衛平乃援式而起，仰天而視月之光，觀斗所指，定日處鄉。規矩爲輔，副以權衡。四維已定，八卦相望。視其吉凶，介蟲先見。乃對元王曰：「今昔壬子，宿在牽牛。河水大會，鬼神相謀。漢正南北，江河固期，南風新至，江使先來。白雲壅漢，萬物盡留，斗柄指日，使者當囚。玄服而乘輜車，其名爲龜。」案：「援式而起」，謂地盤也。「仰天而視月之光」者，定時也。「觀斗所指」者，正月令也。「定日處鄉」者，正日躔也。「規矩」、「權衡」、「四維」、「八卦」者，左規右矩，前衡後權，義見淮南天文訓及漢書律曆志。謂天盤所加十二辰之位也。「介蟲先見」者，謂初傳玄武發用也。「今昔壬午」者，日辰也。「宿在牽牛」者，日宿在丑也。「河水大會」者，仲冬水王，又日時干支皆水也。「漢正南北」者，夜半時箕斗在子，天漢正當南北也。「南風新至」者，冬至一陽生也。「斗柄指日」者，月建在壬位也。「使者當囚」者，白虎乘子加壬，又玄武乘功曹寅。也。今列壬式如左。錢氏十駕齋養新録以爲奇門之式，未然。

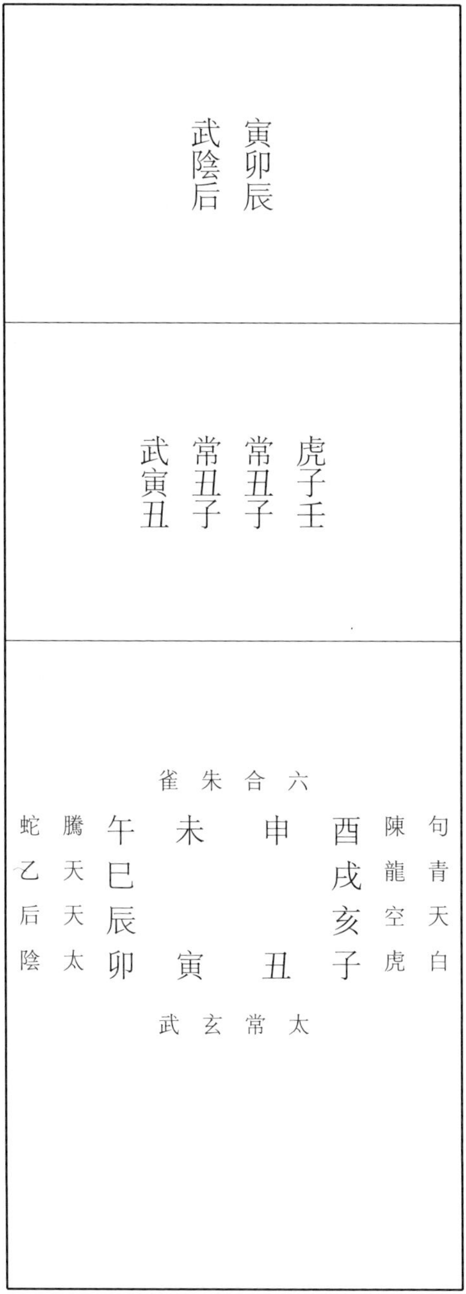

「故世爲屋，不成三瓦而陳之。」集解徐廣引「一本作棟」。案：作「棟」，是也。不成三瓦，謂中霤也。古者後室之霤，正當「棟」下，故云：「不成三瓦而棟之。」索隱正義訓「陳」爲「居」，郢書燕説耳。

貨殖列傳：「必用此爲務，輓近世塗民耳目，則幾無行矣。」索隱云：「輓音晚，古通用。」案：説文：「輓，引車也。」古書未見借「輓」爲「晚」者，自小司馬有此注，而俗遂書「晚近」字作「輓近」，以爲古矣，不知此文若讀「輓」爲「晚」，於上下文皆不可通。明余有丁云：「言用此以輓近世之俗。」此解得之。塗民者，猶云「如塗塗附」，言近世塗民，耳擩目染於聲色嗜欲，若必以上古之治輓之，不能行也。漢書儒林傳「申輓」，師古曰：「輓，音晚，蓋輓，晚同音，而義各别。」

「白圭，周人也。當魏文侯時。」云云。案：下文「圭」自偁其治生産有「商鞅行法」語，商鞅入秦在秦孝公初，當梁惠王十年後，去魏文侯遠矣。呂氏春秋有惠施與白圭、匡章問答，則與孟子同時，即治水之丹無疑。

「揄長袂，躡利屣。」案：屣即「躧」字，説文：「躧，舞履也。」或作「䩥」。上文云：「爲倡優。女子則鼓鳴瑟，跕屣」，漢書地理志「女子彈弦跕躧」，即本史文。如淳云：「跕音蹀足之蹀。躧音屣。」臣瓚曰：「躡跟爲跕，挂指爲躧。」師古云：「躧字與屣同，屣，謂小履之無跟者也。跕，謂輕躡之也。」師古所謂「小履」蓋即此文所謂「利屣」，然則裹足古有之矣。「跕」即「蹀」字，説文作

「屧」，云：「履中段本據玄應引改作「之」。荐也。」段云：「荐者，藉也。吴宫有響屧廊，東宫舊事有絳地文履屧百副，即今婦女鞋下所施高底。」夫「屧」與裹足事本相因，裹足則履小矣。剡其首，故曰「利屣」。履有荐，則趾在外而用力在足指，故曰「躡跟爲跕，挂指爲躧。」師古以爲無跟，非也。疑裹足跕躧，爲旋舞之飾，始於倡優，而良家效之，「廬江小吏妻，纖纖作細步，」其一證也。昔人以爲始於南唐，殆未考耳。

太史公自序：「在趙者以傳劍論顯，蒯聵其後也。」正義引如淳云：「刺客傳之蒯聵也。」漢書司馬遷傳注引同。師古曰：「蒯，苦怪反。聵，五怪反。」此以别於衛莊公。然，案刺客列傳無此人，説已見札記。左傳之「申蒯」乃齊人，其地其時與此文不相當。頃覆校刺客傳「荆軻嘗遊過榆次，與蓋聶論劍，蓋聶怒而目之。荆軻出，人或言復召荆軻。蓋聶曰：「曩者吾與論劍有不稱者，吾目之」云云，卻疑蓋聶即蒯聵之誤。榆次本趙地。古「蒯」字本作「⿱艹𠭥」，與「蓋」字並從艸，「𠭥」與「盇」形相涉，爾雅釋詁「𠭥」，釋文云：「又作嘳」。説文耳部「聵」字重文作「⿰𠕋咠」，與「聶」字形皆相涉，蓋傳寫錯亂。如淳魏時人，或尚見史記舊文。索隱云：「蓋，古臘反。蓋，姓；聶，名。」則所見本已譌。而史、漢諸注家及近來錢、王諸老，於如注與史文不相讎處，孰視若無睹，何也？

「春秋文成數萬，其指數千。」集解引張晏曰：「春秋萬八千字，當云『減』，而云『成數』，字誤也。」駰謂：「太史公此辭是述董生之言。董仲舒自治公羊，經、傳凡有四萬四千餘字，故云『文成數萬』也。」索隱引小顔云：「春秋經一萬八千，亦足稱數萬。」案：三說皆非也。說文「數，計也」。徐音爽主切。蓋云文以萬計，指以千計。諸人誤讀「數」字爲「數目」之「數」，遂多窒礙。

「不韋遷蜀，世傳呂覽；韓非囚秦，說難、孤憤。」案：列傳，呂覽之作，在不韋相秦時。說難、孤憤亦韓非未入秦時所作，此乃自相背違。

舒蓺室隨筆卷五

舊讀毛本漢書，覺多舛謬，其各紀、表、志日食晦朔、月日尤甚，以明刻廣東本及汪文盛刊本校之，稍勝。然積誤相傳亦不能免，輒彙識之。

高帝紀：「三年冬十月，帝以漢元年十月至霸上，遂因秦之舊以爲歲首，太初以前皆準此。甲戌晦，日有蝕之。十一月癸卯晦，日有蝕之。」五行志同。案：比月頻食，誤也。荀紀祇書前蝕，以今癸卯元術上考，實十一月甲戌朔。顓頊術同，殷術乙亥。太陰交周初宫十度〇八分十四秒入食限。

惠帝紀：「二年春正月癸酉，有兩龍見蘭陵家人井中，乙亥夕而不見。」案：是年正月丙午朔，二術同。二十八日癸酉，乙亥則二月朔，疑失書。五行志同。又「家人」二字疑誤倒，注云：「家人，言庶人之家。」亦牽正文而倒，然意自不誤。

「五年八月己丑，相國參薨。」百官表同。案：八月己酉朔，二術同。無己丑，史記將相表作「乙丑」，是也。乙、己形近而譌。

「六年冬十月辛丑，齊王肥薨。」十月戊申朔，二術同。無辛丑，未知干支孰誤。

「七年春正月辛丑朔，日有蝕之。」五行志同。荀紀誤作「辛酉」。案：癸卯元術乃年前十二月庚午朔，交周十一宫二十三度三十四分三十七秒入食限，差至一月，疑上年失後九月之誤。六年實閏建戌，二術同。然則「辛丑」當作「辛未」，二術同。又：「夏五月丁卯，日有蝕之，既。」五行志云：「丁卯，先晦一日。」今推六月戊辰朔，二術同。交周五宫二十七度三十六分入食限。

高后紀：「七年春正月，以梁王吕産爲相國，趙王禄爲上將軍。」案：史記梁王産爲帝太傅，不云爲相國，此時丞相則陳平、審食其也。將相表、百官表、外戚傳皆無「産爲相國事」，又趙王恢六月自殺，始以封禄，事在下文，不當豫書在前，皆誤也。

「八年八月庚申。」案：此承史記之文，史於上文已書「八月丙午」，此不當重出八月，蓋「八」乃「九」字之譌，將相表「九月，誅諸吕」可證。説見史記札記。

文帝紀：「三年冬十月丁酉晦，日有食之。十一月丁卯晦，日有蝕之。」案：史於「十月丁酉晦，日有食之」下，即書「十一月，詔列侯之國」及丞相勃免，無「丁卯晦，日有食之」之文，班書誤衍。癸卯元術十一月丁酉朔，太陰交周五宫二十四度〇五分五十七秒入食限。古「丣」、「戼」字形近易亂，後人莫定，遂兩仍之。五行志亦承其誤。

「後四年四月丙寅晦，日有蝕之。」案：四月丁亥朔，二術同。無丙寅。五行志作「丙辰」，是也。癸卯元術五月丙辰朔，顓頊術同，殷術「丁巳」。交周初宫〇七度十八分三十秒入食限。

景帝紀：「三年二月壬子晦，日有蝕之。」案：二月癸丑朔，二術同。則壬子是正月晦，而上已書正月，則「二」字非誤，當依五行志作「二月壬午晦」。癸卯元術三月壬午朔，交周初宫七度十二分四十六秒入食限。荀紀作「二月辛巳朔」，干支晦、朔皆誤。

「四年十月戊戌晦，日有蝕之。」案：十月不當書於七月之後。此條，五行志無，荀紀亦無。癸卯元術八月甲辰朔，二術並「乙巳」。太陰交周五宫十八度三十六分四十三秒入食限，疑本作「七月甲辰晦」。

「中四年十月戊午，日有蝕之。」案：此即上年「秋九月戊戌晦，日有蝕之」之誤衍也。癸卯元術十月戊戌朔，二術並同。太陰交周初宫十度〇十四分三十七秒入食限，當移上年所書於此年首，云「冬十月戊戌朔，日有蝕之」，而當時以爲九月晦，書於上年，又重出於此年「夏蝗秋赦」之後，誤「戌」爲「午」，何舛謬至此。荀紀同誤，五行志不書。明年十月壬辰朔，亦入食限，又不當書於此。

「後元年秋七月乙巳晦，日有蝕之。史記將相表同。五行志則云：「七月乙巳，先晦一日。」荀紀同。史記本紀亦不書「晦」。蓋當時以丙午爲晦，而乙巳爲晦前一日，故百官表書「丙午丞相舍死」，系於七月也。癸卯元術八月丙午朔，二術並同。交周初宫十四度十九分四十四秒入食限。

武帝紀：「元朔二年三月乙亥晦，日有蝕之。荀紀作「二月」。五行志作「二月乙巳晦」。癸卯元術三月乙巳朔，交周五宫二十一度〇二分五十七秒入食限。紀誤也。

「太初二年春正月戊申，丞相慶薨。」荀紀同。案：三統術正月丁巳朔，無戊申。百官表作「戊」，寅是。史表亦誤。

「征和二年夏，行幸甘泉。」案：上已書「夏四月，大風發屋折木」，此「夏」字重出，當衍。

「四年八月辛酉晦，日有蝕之。」五行志同。癸卯元術九月壬戌朔，交周初宫十度〇二十分〇四十五秒入食限，荀紀作「七月辛酉晦」，誤。

昭帝紀：「元鳳元年秋七月乙亥晦，日有蝕之。」荀紀同。案：三統術七月庚午朔，八月庚子朔，「乙亥」乃「己亥」之譌。五行志正作「己亥」，而下文云：「劉向以爲己亥。」然則志文與紀同作「乙」，仍當時史官之誤，而劉子政正之。今本志作「己」，乃後人依下文改也。

「四年春正月丁亥，帝加元服。」案：三統術年前閏建子，正月丙戌朔，丁亥則二日也，下乃云「甲戌，丞相千秋薨」，百官表、荀紀並同。甲戌後丁亥四十七日，豈得同在一月？百官表下又書「二月乙丑，御史大夫王訢爲相」，「相」上當脱「丞」字。又云「二月乙丑，大司農楊敞爲御史大夫。」二月乙卯朔，乙丑則十一日也，在甲戌前九日。此文「甲戌」二字，未知干支孰誤。又「五月丁丑，孝文廟正殿火。」五行志同。五月甲申朔，無丁丑，荀紀作「丁亥」，是。

宣帝紀：「本始元年夏四月庚午，地震。」荀紀同。是月壬午朔，無庚午。五行志不書。

「五鳳四年四月辛丑晦，日有蝕之。」「晦」當作「朔」，五行志、荀紀並不誤。此條王氏雜志已論之，今以三統術推之，實「辛丑朔」。

「甘露元年夏四月丙申，太上皇廟火。」三統術「丙申」，是。四月朔，此失書。五行志同。荀紀作「甲申」，誤。

「四年冬十月丁卯，未央宮宣室閤火。」「閤」字原譌「閣」，依荀紀改。案：十月乙亥朔，無丁卯，疑「丁酉」之譌。五行志不書。

元帝紀：「初元三年夏四月乙未晦，茂陵白鶴館災。」案：四月乙酉朔，乙未乃十一日，非晦也。五行志無「晦」字，荀紀譌「己未」，亦無「晦」字，當衍。此條錢氏考異已論之，云：「翼奉傳載此事，亦不云「晦」。」

成帝紀：「陽朔二年八月甲申，定陶王康薨。」荀紀作「甲戌」。案：八月己亥朔，無甲申，甲戌疑「甲辰」之誤。

「三年三月壬戌，隕石東郡，八。」三月丙寅朔，無壬戌。五行志作「二月」，是。二月丙申朔。

「永始元年八月丁丑，太皇太后王氏崩。」八月己未朔，十九日丁丑。荀紀作「丁酉」，誤。

「二年春正月己丑，大司馬車騎將軍王音薨。」正月丁亥朔，三日己丑。百官表及荀紀並作「乙巳」，則十九日。未知孰是。

「綏和二年三月丙戌，帝崩于未央宮。」三月己巳朔，十八日丙戌。荀紀作「丙午」，則四月八日，己亥朔。乃孝哀即位之日也。又「四月己卯，葬延陵」。四月無己卯，據荀紀云：「自崩及葬三十四日，則當爲己未。疑荀所見漢書已誤爲「己卯」，故改「丙戌」爲「丙午」以就之。

哀帝紀：「元壽元年春正月辛丑朔，日有蝕之。」五行志同。荀紀作「辛卯」，誤。

「二年四月壬辰晦，日有蝕之。」五行志作「三月」。案：三統術「三月固壬辰晦，而不當食；四月壬戌晦，當食。」荀紀但書「四月」而不書日，豈疑之邪？以癸卯元術考之，實五月壬戌朔，交周五宫十七度十二分三十三秒入食限。又「六月戊午，帝崩于未央宫。秋九月壬寅，葬義陵。」臣瓚曰：「自崩至葬，凡百五日。」案：九月辛酉朔，無壬寅。兩漢諸帝無遲至百五日而始葬者，其誤明矣。荀紀以爲「壬辰」，則八月朔，自崩至葬，凡四十五日。

平帝紀：「九月辛酉，中山王即皇帝位。」案：辛酉乃朔日，不當失書。荀紀以爲「壬寅」，則八月十一日。

「元始二年九月戊申晦，日有蝕之。」案：三統術是年當閏，九月己卯朔，戊申乃閏月晦，不當書「九月」。癸卯元術十月戊申朔，交周初宫〇七度五十九分三十秒入食限。

「五年冬十有二月丙午，帝崩于未央宫。」案：十二月辛酉朔，無丙午。師古引漢注云：「莽因臘日上椒酒，置藥酒中。」是年十一月丙申冬至，則十二月二日壬戌即臘日，荀紀以爲丙子崩，則臘後十四日也。

案：五行志所書文：「七年正月辛未朔，日有食之」，「景中元年十二月甲寅晦，日有食之」；「武建元五年正月己巳朔，日有食之」；「元光元年二月丙辰晦，日有食之」；「元朔六年十一月癸丑晦，日有食之」；荀紀誤「癸酉」。「元封四年六月己酉朔，日有食之」；「太始元年正月乙巳晦，日有食之」；「成永始元年九月丁巳晦，日有食之。」荀紀誤「乙巳」。諸帝紀皆不書，豈史官失之，抑傳寫脱去也？

異姓諸侯王表漢二年：漢、楚、衡山、九江、雍、燕六格「一月」二字，宜與臨江之十三、常山之三十九、代之四、魏之三十一、殷之十三、韓之四，上下相當，不當别出。臨淄齊田假初立格有「二」字，乃誤衍。又年月宜相屬，不當或分或合。表例惟，漢格有「月」字，餘衹著數目，此諸「月」字亦衍，皆傳寫誤。

二月魏格：「豹降爲王。」案：史記秦楚之際月表作「爲廢王」，此疑脱「廢」字。

三月漢格：「項王三萬人破漢兵五十六萬。」此文疑當在楚格。史表在楚格。

九月。案：史表是年有後九月，徐廣云：「應閏建巳」，據殷術也。於顓頊術「應閏建午」，班表不書後九月，蓋失之。又史表與班表每差一月，至此遂平，説見史記札記。

十月韓格：「二年一月。」案：實計月數爲年，此襲史公之謬，梁氏史記志疑糾之，亦見札記。

四年六月淮南格：「更爲淮南王。」「王」當作「國」。

九月淮南格：「三月。」「月」字衍。

「五年即皇帝位。」案：「漢王以二月即皇帝位，不當失書月。又即位以後，事歸統一，不必分月爲表。今前半板止於四月、九月，其十月、十一月，雖無事，亦宜依例入表至十二月。楚格之「漢誅籍」；臨江格之「漢虜尉」；五年一月楚格之「王韓信始」；齊格之「徙韓信王楚」，皆在即位前，不當混并爲一，皆傳寫之誤。又楚格衍「正月」二字。夫史表於漢王始封即書「正月」以别之，何至此始書，且即位不在正月，而又不書於漢格而書於楚格？其爲後人妄增，可知。今以史表參正分析元文，訂補如左。韓格有「四年」二字，蓋亦實計月數爲年。當漢四年十月，今移正而增「一月」兩字。又張耳之薨，史表在趙之二年九月，當漢五年七月。漢書張耳傳亦云「五年秋，耳薨。」而此表書「十二月」，蓋亦傳寫誤。今仍之，不敢輒改。

漢	楚	衡山	臨江	淮南	趙	代	齊	燕	梁	韓	長沙
十月	十	十	十五	四	十二		九			四年一月	
十一月	十一	十一	十六	五	二年一月		十			二	
十二月	十二漢	十二	十七漢	六	二		十一			三	

續表

漢	楚	衡山	臨江	淮南	趙	代	齊	燕	梁	韓	長沙
	誅籍		虜尉								
五年一月	王韓信始	十三		七	三			徙韓信王楚		四	
二月即皇	二	芮徙長沙		八	十二月乙	以太原爲		後九月王	王彭越始		二月乙未
帝位				丑耳薨	國			盧綰始故太尉			王吳芮始六月薨

諸侯王表叙：「被竊鈇之言。」應劭曰：「竊鈇，謂走出路間竊人鈇也。」師古曰：「雖有鈇鉞，無所用，是謂私竊隱藏之耳。」案：此謂以嫌疑致物議也。列子説符篇云：「人有亡鈇者，意其鄰之子視其行步竊鈇也，顔色竊鈇也，言語竊鈇也，動作態度無爲而不竊鈇也。俄而抇其谷而得其鈇，他日復見其鄰人之子，動作態度無似竊鈇者。」班語本此。又見吕氏春秋，蓋亦本列子。而注家不能引，何與？何義門云：「竊鈇事必出諸子書，應説近之而不詳，顔説迂謬。」是亦未見列子也。

高惠高后文功臣表：「子孫驕逸，忘其先祖之艱難，多陷法禁，隕命亡國，云子孫。迄于孝武後元之年，靡有孑遺，秏矣。」廣本「云」上有「或」字，疑「云」乃「亡」字之譌，當作「或亡子孫」後檢汪文盛本，正如此。謂無嗣國除者也。下文云「或絶失姓」，此指陷法亡國者。云「或之無主」，此指無子絶嗣者。

孝成功臣表：「李譚、稱忠、鍾祖、訾順俱以捕樊並功侯，表於譚書「永始四年七月己巳」；於忠書「十一月乙酉」；於祖、順皆書「七月己酉」。錢氏三史拾遺云：「四人封當同日七月，不當書十一月。後考成紀，事在永始三年十一月，恐『十一』兩字誤合爲『七』，四年亦三年之譌。」
案：錢説是也。事在十一月，安得七月先封？以三統術推之，永始三年十一月己巳朔，十七日乙酉，蓋此四侯皆以是日封。乙、己形近，古書往往相亂，十一月無己酉，七月辛未朔，亦無「己巳」、「己酉」。

百官公卿表：「高后七年七月辛巳，左丞相食其爲太傅。」案：史記將相表書在「八年」，此七月辛巳即吕后崩之日，實八月朔，而當時以爲七月，説見史記札記。此表錯入「七年」下。「八年九月丙戌，復爲丞相。」此文不書食其名，蓋即承七月辛巳來，則前文之錯明矣。九月辛亥朔，無丙戌。史記高后紀作「壬戌」，是。

「孝文三年十二月，丞相勃免。乙亥，太尉灌嬰爲丞相。」案：史記書勃免相在「十一月」，將相表書「十一月壬子」。蓋勃自以十一月免，嬰自以十二月相。十二月丁卯朔，無壬子，此文「十二月」三字，當在「勃免」下。

「四年十二月乙巳，丞相嬰薨。」案：十二月壬戌朔，無乙巳，「乙」當爲「己」。史表亦誤。

「後二年八月戊戌，丞相倉免。」雜志云：「戊戌，當依漢紀作戊辰。」案：八月丁卯朔，二日戊辰，無戊戌。史表亦作「戊辰」。宋本、王本亦誤「戌」，見札記。

「孝景二年八月丁未，御史大夫陶青爲丞相。」案：八月丙辰朔，無丁未。下文「八月丁巳，左内史朝錯爲御史大夫」，即代陶青之位，則此文亦當爲「丁巳」，蓋同日拜也。荀紀正作「丁巳」，而書爲「陶青翟」，豈因後「嚴青翟」而誤邪？

「中三年九月戊戌」。案：顓頊術、殷術「戊戌」乃十月朔，而系於九月，蓋不復用張蒼術矣，而亦非殷術。

「後元年七月丙午，丞相舍死。八月壬辰，御史大夫衛綰爲丞相。」案：丙午本八月朔，而當時以爲七月晦，説已見前。然即以八月爲丁未朔，亦不得有壬辰，非月誤即日誤。史表、荀紀並同。

「孝武建元三年，内史石遍。」考異云：「遍當作慶。」案：内史石慶，已書於二年，此衍。

「元狩三年三月壬辰，廷尉張湯爲御史大夫。」案：三月乙未朔，無壬辰。雜志云：「當在二年下。二年三月癸酉朔，二十日壬辰。李蔡爲丞相，湯即以是日爲御史大夫。」史表、漢紀皆書「於二年」。

「元鼎二年二月辛亥，太子太傅趙周爲丞相。」案：二月丁卯朔，無辛亥，且上已書二月，不當重出。當依石慶爲御史大夫，表作「三月辛亥」，蓋同日除授。

「太初二年閏月丁丑，太僕公孫賀爲丞相。」案：此年入太初術弟二年，安得有閏？史表作「三月丁卯」，於術三月丙辰朔，十二日丁卯。荀紀書正月下，無日。

「征和二年四月壬申，丞相賀下獄死。五月丁巳，涿郡太守劉屈氂爲左丞相。」案：四月丙子朔，無壬申；閏月丙午朔。五月乙亥朔，無丁巳，此皆誤也。武紀書賀下獄死在「正月」，荀紀同。正月戊申朔，壬申則二十五日。劉屈氂之相，史表、荀紀皆書三月「丁巳三月」。丁未朔，丁巳則十一日。此表「四」字「五」字皆傳寫誤。

「三年六月壬寅，丞相屈氂下獄要斬。」六月庚申朔，無壬寅。

「孝昭元鳳四年正月甲戌，丞相千秋薨。」正月丙戌朔，無甲戌，説見上。

「六年十一月己丑，御史大夫楊敞爲丞相。」十一月己亥朔，無己丑，且王訢於上年十二月薨，豈得虛位一年之久？疑「十一」兩字乃「正」字誤分。下「蔡義爲少府」，誤同此。荀紀作「十一月乙丑」，亦非。

「孝宣地節三年六月壬辰，御史大夫魏相爲丞相。」六月丙戌朔，七日壬辰，荀紀作「壬申」，誤。蓋「辰」、「申」聲近，故九月壬申地震，反誤爲壬辰。又：「張安世七月戊戌，更爲大司馬。」七月乙卯朔，無戊戌，疑戊辰之誤。又：「七月壬辰大司馬禹下獄要斬。」七月無壬辰，霍氏之敗，事在明年，且上已書七月，不當再出。雜志以爲錯簡，當在四年下，是也。然四年七月庚戌朔，亦無壬辰，豈又壬申之誤邪？史記續表作「壬寅」，固不足辨，而書在四年，則不誤。

「甘露元年三月丁巳，大司馬延壽薨。」三月丙寅朔，無丁巳。紀作「二月」，是也。通鑑作「二月」，荀紀亦誤「三月」。

「三年二月己丑，丞相霸薨。」此據毛本耳，它本作「三月」。二月乙卯朔，無己丑，紀作「三月」，是。通鑑作「三月己巳」，蓋從荀紀。

「孝元永光元年七月辛亥，太子太傅韋玄成爲御史大夫。」七月丙寅朔，無辛亥。

「竟寧元年七月丙寅，太子少傅張譚爲御史大夫。」七月戊辰朔，無丙寅。荀紀作「三月」。案：御史大夫李延壽以「二月」卒，則譚以「三月」代，當是。然三月庚午朔，亦無丙寅。它本漢表亦作「三月」，惟毛作「七月」，蓋因上格有「六月」字而誤。

「孝成永始二年正月乙巳，大司馬音薨。」本或作「己巳」，誤。紀作「己丑」，說見上。又：「二月丁酉，特進成都侯王商爲大司馬衛將軍。」二月丙辰朔，無丁酉。下「三月丁酉，京兆尹翟方進爲御史大夫」，當同日，此「二」字亦當作「三」。

「綏和元年四月丁丑，大司馬票騎將軍根更爲大司馬。」四月甲辰朔，無丁丑。荀紀作「乙丑」，是。又：「七月甲寅賜金，安車駟馬免。」七月癸酉朔，無甲寅。雜志據荀紀及通鑑謂當作「十月」，是。又：「三月戊午，廷尉何武爲御史大夫。」三月乙亥朔，無戊午。荀紀作「二月」，是。

「二年十一月丁卯，大司馬莽賜金，安車駟馬免。庚午，左將軍師丹爲大司馬，四月徙。」十一月乙未朔，無丁卯、庚午。荀紀作「七月丁巳」。七月丁卯朔，亦無丁巳。通鑑據「師丹爲大司馬，四月徙」，及下「十月癸酉，大司馬師丹爲大司空」之文，謂年表月誤，荀紀日誤，定爲七月丁卯。見考異。其說甚韙。案：是年閏七月，自七月庚午至十月癸酉凡百二十四日，故云「四月徙」。廣本誤爲「四年」，非。

「孝哀建平元年四月丁酉，侍中光禄大夫傅喜爲大司馬。」四月癸亥朔，無丁酉，蓋亦「戼」、「丣」形近之譌。

「二年二月丁丑，大司馬喜免。」二月戊午朔，二十日丁丑。荀紀書在「正月」下，誤。廣本又誤作「三月」。案：「四月乙未，丞相光免。御史大夫朱博爲丞相。」四月丁巳朔，無乙未。五行志作「四月乙亥朔」，案：乙亥是十九日，「朔」字蓋衍。

「元壽二年九月己卯，大司馬明免。十一月壬午，諸吏光禄大夫韋賞爲大司馬車騎將軍，己丑卒。十二月庚子，侍中駙馬都尉董賢爲大司馬衛將軍。」又：「八月辛卯，光禄大夫彭宣爲御史大夫。」又：「光禄大夫南夏常仲齊爲右扶風。」以上皆本元壽元年事，毛本誤，分爲二年，而二年諸條系之三年，不知哀帝崩於二年六月，安所得三年乎？廣本不誤。元年九月丁酉朔，無己卯。廣本作「乙卯」，當是。十一月丙申朔，無壬午、己丑。「壬午」疑「壬子」之誤，則「己丑」當爲「乙丑」。

「三年」。案：此下各條皆元壽二年事，而毛本誤列爲三年也。云「五月甲子，大司馬衛將軍賢更爲大司馬，六月乙未免。庚申，新都侯王莽爲大司馬。」六月癸巳朔，三日乙未，此時哀帝未崩，方寵異賢，何由免位？此「乙未」當爲「己未」之譌。蓋哀帝以戊午崩，賢以己未免，莽以庚申代爲大司馬，三日間事耳。天文志乃云「元壽二年十月戊寅，高安侯董賢免大司馬位，歸第自殺」，無論十月無戊寅。辛卯朔。莽之忌賢側目已久，大司馬之位豈能遲之十月乎？平帝紀云：「元壽二年六月，哀帝崩，太皇太后詔曰：『大司馬賢年少，不合衆心。其上印綬，罷。』賢即日自殺，新都侯王莽爲大司馬，領尚書事。」佞幸傳云：「哀帝崩，太皇太后召大司馬賢，問以喪事調度。賢内憂，不能對，免冠謝。太后遣使者召莽。既至，以太后指使尚書劾賢，收大司馬印綬，罷歸第。即日賢與妻皆自殺。」然則哀帝時賢未嘗免位，哀帝崩一日，即劾罷自殺，事甚明白。天文志成於馬續，殆不及契勘邪。

「孝平元始二年二月癸酉，大司空王崇爲病免。」「爲」字涉上而衍。二月癸未朔，無癸酉。荀紀作「三月」，近之，而又誤「王崇」爲「王舜」。元年表王舜爲太保車騎將軍，未嘗爲大司空也。

「五年十二月丙午，長樂少府平晏爲大司徒。」十二月無丙午，説見上。蓋亦「丙子」之譌。

古今人表：太師摯、亞飯干、三飯繚、四飯缺、鼓方叔、播鼗武、少師陽、擊磬襄，皆系紂時，此因論語與三仁八士同篇也。然柳下惠、接輿、沮、溺、荷蓧丈人、朱張、少連，非同篇乎？齊、楚、蔡、秦、紂時未有其國，師古禮樂志注回護孟堅，謂「追繫其地」，則古書無此書法。且二老歸周，其子焉往？而區區數樂工者，皆高蹈不顧乎？如謂記紂時樂官，則太師疵、少師彊抱樂器歸周，何以獨遺之？孔子自言師摯之始，洋洋盈耳，此非望古虛擬。學琴師襄，樂記有其文，豈皆不足信乎？集解引孔注曰：「魯哀公時，禮壞樂崩，樂人皆去。」師古謂班氏之説先於馬、鄭，豈又古於子國乎？史記禮書謂仲尼没後，或適齊、楚，或入河海，殆指其人，特以爲受業之徒，則無據耳。而班氏禮樂志即襲其文以系紂時，則又何據？

律曆志論度云：「本起黄鍾之長。以子穀秬黍中者，一黍之廣，度之九十分。」漢紀同。文六年左傳疏及史記五帝本紀正義引大略相同，獨舜典疏引「度」之下有「千二百黍」四字，蓋涉下文而誤衍。宋房庶竊之，詭云家有古本漢書，作「一黍之起，積一千二百黍之廣」，以行其説。范蜀公賢者，亦深信之不考，甚矣。

「壽王曆乃太史官殷曆也。」壽王猥曰安得五家曆，又妄言太初虧四分日之三，去小餘七百五分。」案：殷術太初元年入天紀乙酉蔀弟二章首，天正甲子朔冬至，歲餘二十四，朔餘七百五，皆合四分之三，實如壽王所云。而當時欲以太初元年爲曆元，須棄此小餘，故造爲以律起曆，黄鍾九寸，九九八十一分爲日法，即以八十一章爲統法，於是三統爲一元，多於舊法五十七年，其歲餘千五百三十九之三百八十五，贏於四分之一者小分二五，四分之一當三百八十四分，小分七五。積四千六百十七年，得千一百五十四分，小分二五，適合氣日分千五百三十九。即統法。四分之三以消此餘分，而朔餘五萬七千一百五，合百六十八萬六千三百六十日，亦適盡無餘。乃壽王猶以殷術爭之，不知當時承詔定曆，有所不得已也。

「易九戹」。劉淵林注吴都賦譌作「易无妄」，錢氏考異據之反以今本漢書作「九戹」爲誤。王氏雜志辨之詳矣，乃又據李善文選注屢引作「陽九戹」，而謂今本「易」字，誤，則又好異之過。孟康明引易傳所謂「陽九之戹，百六之會者」。志文「陽戹五」、「陰戹四」，不得但以「陽九戹」概之。善注自因「陽九」二字，而誤以爲三統曆篇名，未足爲據。此則錢説緯書之類爲近。

「實如法得一陰一陽各萬一千五百二十。」案：萬一千五百二十乃合三百八十四爻之策，不得云「一陰一陽」。蓋以千二十六，九章歲而六之數。除太極上元，得二萬三千四十，則兩分之爲萬一千五百二十也。「實如法得一」當絶句，算家常語。淺人誤以「一陰」連屬，遂又於「陽」上亦增「一」字。王氏雜志謂「得」下更有「一」字，非也。

「九章歲爲百七十一歲，而九道小終。九終千五百三十九歲而大終。三終而與元終。」案：此下所列三統二百四十一章，名數瞀亂，讀者芒然。蓋原本分三列，上中下相當，傳寫錯誤，致不可辨。今尋其義例，表之如左。

一	甲子元首漢太初元年	甲辰二統	甲申三統
二	癸卯	癸未	癸亥
三	癸未	癸亥	癸卯
四	癸亥初元二年	癸卯	癸未
五	癸卯河平元年	癸未	癸亥
六	壬午	壬戌	壬寅
七	壬戌始建國三年	壬寅	壬午
八	壬寅	壬午	壬戌
九	壬午	壬戌	壬寅
十	辛酉	辛丑	辛巳
十一	辛丑	辛巳	辛酉
十二	辛巳	辛酉	辛丑
十三	辛酉	辛丑	辛巳
十四	庚子	庚辰	庚申
十五	庚辰	庚申	庚子

續表

十六	庚申	庚子	庚辰
十七	庚子	庚辰	庚申
十八	己卯	己未	己亥
十九	己未	己亥	己卯
二十	己亥	己卯	己未
二十一	己卯	己未	己亥
二十二	戊午	戊戌	戊寅
二十三	戊戌	戊寅	戊午
二十四	戊寅	戊午	戊戌
二十五	戊午	戊戌	戊寅
二十六	丁酉	丁丑	丁巳
二十七	丁丑	丁巳	丁酉
二十八	丁巳	丁酉	丁丑文王四十二年
二十九	丁酉	丁丑	丁巳周公五年
三十	丙子	丙辰	丙申

續表

三十一	丙辰	丙申	丙子
三十二	丙申	丙子	丙辰
三十三	丙子	丙辰	丙申煬二十四年
三十四	乙卯	乙未	乙亥
三十五	乙未	乙亥	乙卯
三十六	乙亥	乙卯	乙未
三十七	乙卯	乙未	乙亥微二十六年
三十八	甲午	甲戌	甲寅
三十九	甲戌	甲寅	甲午
四十	甲寅	甲午	甲戌
四十一	甲午	甲戌	甲寅獻十五年
四十二	癸酉	癸丑	癸巳
四十三	癸丑	癸巳	癸酉
四十四	癸巳	癸酉	癸丑
四十五	癸酉	癸丑	癸巳懿九年

續表

四十六	壬子	壬辰	壬申
四十七	壬辰	壬申	壬子
四十八	壬申	壬子	壬辰
四十九	壬子	壬辰	壬申惠三十八年
五十	辛卯	辛未	辛亥
五十一	辛未	辛亥	辛卯
五十二	辛亥	辛卯	辛未
五十三	辛卯	辛未	辛亥僖五年
五十四	庚午	庚戌	庚寅
五十五	庚戌	庚寅	庚午
五十六	庚寅	庚午	庚戌
五十七	庚午	庚戌	庚寅成十二年
五十八	己酉	己丑	己巳
五十九	己丑	己巳	己酉
六十	己巳	己酉	己丑

續表

六十一	己酉	己丑	己巳定七年
六十二	戊子	戊辰	戊申
六十三	戊辰	戊申	戊子
六十四	戊申	戊子	戊辰
六十五	戊子	戊辰	戊申元四年
六十六	丁卯	丁未	丁亥
六十七	丁未	丁亥	丁卯
六十八	丁亥	丁卯	丁未
六十九	丁卯	丁未	丁亥康四年
七十	丙午	丙戌	丙寅
七十一	丙戌	丙寅	丙午
七十二	丙寅	丙午	丙戌
七十三	丙午	丙戌	丙寅愍二十二年
七十四	乙酉	乙丑	乙巳
七十五	乙丑	乙巳	乙酉

續表

七十六	乙巳	乙酉	乙丑
七十七	乙酉	乙丑商太甲元年	乙巳楚元三年
七十八	甲子	甲辰	甲申
七十九	甲辰	甲申	甲子
八十	甲申	甲子	甲辰
八十一	甲子	甲辰	甲申元朔六年
	中	季	孟

「世經：魯成公十二年正月庚寅朔冬至，殷曆以爲『辛卯』，距定公七年七十六歲。」案：每蔀首下距積年，皆當著年數。今惟此年有之，疑皆傳寫脱去，而李尚之三統術注，反以此文爲衍，何也？

「魯湣公二十二年」下，著「距楚元七十六歲」，又「漢高祖八年」下，亦著「楚元三年也」五字，既以高祖紀年，何以及楚元？豈歆自以爲元王裔而紀之與？

「漢曆太初元年，距上元十四萬三千一百二十七歲。前十一月甲子朔旦冬至，歲在星紀，婺女六度，故漢志曰『歲名困敦』，正月歲星出婺女。」案：太初元年，六曆皆爲丁丑，而武帝詔以爲「焉逢攝提格」，此又云「歲名困敦」者，蓋皆承元封六年爲言也。元封六年，歲星在星紀，正月晨見，故謂之「焉逢攝提格」。其十一月，歲星與日同次，故謂之「困敦」。治曆起年前天正冬至，又漢初承秦，以年前十月爲歲首，故以太初元年統於元封六年也。今依三統術推之，元封五年十一月庚子朔，即元封六年年前天正月也。十九日戊午冬至，日在星紀、中牽牛初度，歲星在析木二十七度百四十四分之百三十三，當斗八度，在日後去日十八度有奇，晨見。三日後當以前月與日同次，斗建亥，是元封五年，當名「大淵獻」也。自冬至順日行四十六日，日率十一分度二，元封六年正月己亥朔，初六日甲辰立春，日在陬訾、初危十六度，歲星在星紀、斗六度，去日五十四度，隔次晨見，凡隔次晨見，皆日加丑時。斗建寅，天官書所謂「攝提格之歲」，歲陰左行在寅，歲星右轉居丑。正月，與斗、牽牛晨出東方」也。自元封五年冬至前三日，歲星去日半次，始見。至六年冬至前三日，凡三百六十五日有奇，星行一次有奇而入伏限。十一月甲子朔旦冬至，即太初元年。年前天正月也。日在牽牛初度歲，星在婺女六度，在日前，去日十四度，與日同次，斗建子，是元封六年當名「困敦」也，伏限三十三日有奇。順日行三度奇，十二月癸巳朔，初二日甲午大寒，日在玄枵、中危初度，歲星在婺女九度，在日後，去日半次，晨見。順日行四十六日，日率十一分度二，行星八度十一分之四，太初元年正月癸亥朔，十八日庚辰雨水，三統術以雨水爲二月節。日在降婁、初奎五度，歲星在虛五度，去日五十二度，隔次晨見，斗建卯，天官書所謂「單閼歲，歲陰在卯，星在子。與婺女、虛、危晨出」也。是年十一月戊午朔，二十六日甲申小寒，十二月節。日在玄枵、初婺女八度，歲星距初見三百四十日矣。在危十二度，去日二十五度，在日前，與日同次，斗建丑，是太初元年，當名「赤奮若」也。夫既改用夏正，則紀年自當以正月爲斷，而鄧平術定於太初元年五月，其年前亥、子、丑三月，猶冠正月之前，武紀太初元年有十五月。當時未更定，故歆述三統承其舊文。又特言「正月歲星出婺女」者，十二月十七日己酉立春，入正月節，歲星猶在婺女十一度，明自此始爲太初元年也。

「改元曰建武，歲在鶉尾之張度。建武三十一年，中元二年，即位三十三年。」案：錢少詹依三統術推得建武元年歲星在壽星，則是前一年在鶉尾，疑此句當在上文「更始二年」下，錯簡在此。然求其次度二十四度百四十四分之八十四，鶉尾起張十八度，今至二十四度，餘則已在軫五度，去張遠矣。又依前例，此改元建武下，當有「六年十一月壬寅朔旦冬至，殷曆以爲癸卯」十七字，以「與上元帝二年」文相應，今本蓋傳寫失之。又光武著紀年數不當見於漢書，疑孟堅元本止於六年之文以終曆志，其「建武三十一年」云云十六字乃後人妄增。

禮樂志安世房中歌十七章。案：今本漢書分章，據毛本。以「大孝備矣」至「庶幾是聽」十二句爲一章；「粥粥音送」至「經緯冥冥」六句爲二章；「我定曆數」至「撫安四極」十五句爲三章；

「海內有姦」至「樂民人二十」二句爲四章；「豐草葽」至「被無極」八句爲五章；「靁震震」至「世曼壽」十句爲六章；「都荔遂芳」至「我署文章」十句爲七章；「桂華」至「燭明四極」四句爲八章；「慈惠所愛」至「終無兵革」十二句爲九章；「嘉薦芳矣」至「令問不忘」八句爲十章；皇皇鴻明至壽考不忘十八句爲十一章；「承帝明德」至「受福無疆」八句爲十二章，不足其五。郭茂倩樂府詩集析「我定曆數」至「四極爰轃」八句爲一章，「海內有姦」至「蓋定燕國」八句爲一章，「大海蕩蕩水所歸」至「貴有德」六句爲一章，「慈惠所愛」至「師象山則」六句爲一章，「皇皇鴻明」至「孔容翼翼」十句爲一章，而合「桂華」於「都荔遂芳」爲一章，故仍缺其一。竊意「我定曆數，人告其心」「心」字，與下「申」、「親」、「轃」不叶。據師古注云：「言臣下各竭其心，致誠慤也。」疑「心」字本作「誠」，當屬上章爲韻，後人以注中「其心」二字轉改正文以屬下章，而不知侵部字不可以叶真部也。又「都荔遂芳，窅窊桂華」「華」字，亦與下「光」、「行」、「芒」、「章」不叶。據臣瓚引茂陵中書歌都孋、桂英、美芳、鼓行，「荔」、「孋」蓋同聲假借，詳下章。「馮馮翼翼」上多「桂華」二字，毛本樂府詩集徑於「桂華」上增二方空，謬。「磑磑即即」上多「美芳」二字，於上下文皆不相涉。疑一本作「都荔窅窊，遂芳桂華」，「窊」與「華」叶，一本作「都荔桂英，窅窊美芳」，「英」與「芳」叶。亦叶光、行、芒、章。其別出之「桂華」、「美芳」，皆校者所注異文，傳寫錯亂。晉灼所見本已然。而正文「遂芳」與「窅窊」又誤倒，遂不可讀耳。「馮馮翼翼」四句，疑仍當依漢書自爲一章，餘如樂府詩集所分，則十七章全矣。蓋古書自篇首至末，本皆直下連屬，後世分析提行，以便尋閱，遂有誤分誤合之弊。

郊祀歌惟泰元七：「建始元年，丞相匡衡奏罷『鸞路龍鱗』，更定詩曰『涓選休成』。」又：天地八：「丞相匡衡奏罷『黻繡周張』，更定詩曰『肅若舊典』。」案：此皆題上事也。鸞路龍鱗者，惟泰元章之第十四句，「黻繡周張」者，天地章之第七句，其改之故，則錢氏考異引郊祀志釋之矣。今本漢書以「涓選休成」提行，冠於天地章之首。「黻繡周張」冠於日出入章之首，此亦庸妄子誤分誤合之弊。考異引文獻通考載「元豐六年」，陳薦議引「涓選休成，天地並況」證天地合祭之說，謂北宋本已誤，誠然。然樂府詩集載此歌每章皆序題在前，於惟泰元下，別行低格引漢書禮樂志曰「建始元年，丞相匡衡」云云，於天地下，別行低格引漢書禮樂志曰「丞相匡衡」云云，皎然明白，豈所見本固未誤邪？抑覺其誤而正之邪？

食貨志：「春，將出民，里胥平旦坐於右塾，鄰長坐於左塾，畢出然後歸，夕亦如之。」「將」字毛刻本誤作「秋」。案：上文云：「春，令民畢出在壄；冬，則畢入於邑。」無「秋，出民」之事，廣本作「將」，是也。荀紀引作「則」。「夕」字疑亦誤，當作「入」。師古注云：「言里胥鄰長亦待入畢，然後歸也。」則所據本是「入」字，此謂「冬，入民」亦如「春，出民」也。荀紀引亦作「夕」，蓋後人依誤本漢書改，又宣十四年公羊傳解詁全襲此志，乃云「暮不持樵者不得入」。夫當出之時，田自有廬可以居止，豈能朝出耕而暮歸里？且既朝出暮歸，何又云「冬，畢入」？蓋所謂「暮不持樵不得入」者，謂農民皆已出耕，惟樵采者得入，以防惰農私歸也。

「天下共其勞。」師古曰：「共猶同。」案：「共」字，疑當讀爲「供」，下文云「中外騷擾相奉」即此「共」字注腳，師古注非也。平準書作「天下苦其勞」，或疑「共」乃「苦」字爛文。

「苗生葉以上，稍耨隴草，因隤其土以附苗根。」詩甫田疏引與今本同。昭元年左傳疏引「葉」上有「三」字，「稍」下有「壯」字，王氏雜志以爲今本脫。案「三」字宜有，「壯」字則疑因下文「稍壯」而衍。稍耨云者，即下文所謂「每耨輒附根」，蓋以漸隤其土也，說文：「稍，出物有漸也。」故下云：「比盛暑，隴盡平而根深。」毛刻本「苗根」誤倒，「三」字、「平」字各本皆脫。

「予遭陽九之阸，百六之會。」案：曆志以「元帝平始三年」癸亥。入中統弟六章之十二年，自此至王莽建國三年辛未。是爲陽九，故莽云然。而王莽傳建國五年書則云「陽九之阸既度，百六之會已過」也，傳贊云「餘分閏位」亦指此。曆志孟康注云：「初入元百六歲有戹者，則前元之餘氣也，若餘分爲閏也。」

郊祀志：「陛下建漢家封禪，天其報德星云。」師古曰：「德星，即填星也。」案：填星，土也。公孫臣說「漢，以土德王」，文帝以來用之，故謂「填星」爲「德星」。史記作「旗」，疑字形相近而譌。索隱以爲「歲星」，非也。

地理志「遼東郡番汗」下云：「沛水出塞外，西南入海。」應劭曰：「番音盤。」案：「沛水」九字，乃班氏正文。說文云：「沛水，出遼東番汗塞外，西南入海。」蓋本此。毛本「應劭曰」下，衍「汗水出塞外，西南入海」九字，汪文盛本、廣本刪去之，當矣。乃移「應劭曰」三字於「沛水」之上，是以正文爲注矣。如係應注，則當先爲「番」字作音，此九字當在「番音盤」下矣。錢唐汪氏小米校本，反謂毛本誤以注入正文，又以衍文中「汗」字爲是，而正文「沛」字爲誤，未知所據。

廣平國曲周：「武帝建元四年置。」水經濁漳水注引史記大將軍酈商，以高祖六年封曲周縣爲侯國。金氏輔之據此謂曲周舊縣，非始孝武。案：史、漢表傳「酈商無大將軍之偁」，「大」字蓋衍。又止云：「封於曲周」，未知果爲舊縣與否？如志所言，則「縣」字亦衍也。索隱於史表「曲周」下注縣名，蓋亦承「酈」注文。據表、傳，商封曲周，子寄繼立，至景帝中二年，有罪失侯。明年，改封商他子堅於繆，十年之後始改曲周爲縣，似舊不爲縣矣。

「長沙國承陽。」師古曰：「承水原出零陵永昌縣界，東流注湘也。」汪校云：「零陵無永昌縣。」案：此據漢志言也。晋書地理志荆州零陵郡，有永昌縣。宋志、南齊志並屬湘州，隋志零陵郡零陵縣，舊曰泉陽，置零陵郡，平陳郡廢。又廢應陽、永昌、初陽三縣入焉。然則六代零陵郡皆有永昌，師古豈據彼爲説邪？水經湘水注：承水出衡陽重安縣西、邵陵縣界邪薑山，東北流至重安縣舜廟下，又東北逕重安縣南，武水入焉，至湘東臨承縣北，東注于湘，謂之承口。案：承水今謂之蒸水，承口今謂之蒸口。古永昌縣地，蓋在今衡州衡陽縣西南，祁陽縣及寶慶府邵陽縣之交矣。

溝洫志：「引渭穿渠起長安，旁南山下，至河三百餘里，徑易漕，度可令三月罷。」案：「徑易漕」三字句，謂其道徑捷便於漕也。「度可令三月罷」，與「上度六月罷」，下「度可得五千頃」、「度可得穀二百萬石」句法一例，小顔乃於「徑易」下絶句著注，金氏輔之校本從之點句，忽不加察耳。

賈誼傳：「般紛紛其離此郵兮，亦夫子之故也！歷九州而相其君兮，何必懷此都也？」「故」字史記作「辜」。案：此言屈子遭此放逐，咎由自取，不能周遊擇君，而戀戀於楚，以反射己之今日時勢不同也。李奇云：「亦夫子不如麟鳳故，離此咎。」意簡而明，師古乃謂「誼自言今之離郵，亦猶屈原」；又云：「言往長沙爲傅，不足哀傷，何用苟懷此故都。」夫誼生漢朝，與戰國異，雖爲長沙傅，猶漢臣也，何得云「歷九州而相君」？此解窒礙，蓋不如李。

「固將制於螻螘。」師古曰：「螻謂螻蛄也。」案：史記索隱本出正文作「蟻螻」。前作札記，據集韻十虞「螻」有「龍珠切」一音，謂此轉「侯」入「虞」，倒文叶韻。今以師古注證之，益可見本作「蟻螻」。蓋蟲名多取疊韻，如蟯蜋、蛣蟩之類，具見爾雅。「螻蛄」二字，轉婁聲以從古蟻自一物，螻蛄自一物，并不可云倒文，而此傳仍作「螻螘」者，蓋亦後人安其所習而改之也。螘，从豈聲。更不與上下韻叶。

「單閼之歲，四月孟夏，庚子日斜，服集余舍。」案：文帝六年丁卯四月戊寅朔，二十三日庚子，是時誼爲長沙傅已三年，下云「後歲餘，文帝思誼，徵之」，則在文七八年間，其卒也距梁王勝墮馬死。史記集解引徐廣曰「文帝十一年」。後歲餘，年三十三，則溯作服賦時年二十七。汪容甫賈子年表以爲作服賦在文帝五年，年二十六。其徵在文帝六年，年二十七。誤。

賈山傳：「其後文帝除鑄錢令，山復上書諫，以爲變先帝法，非是。又訟淮南王無大罪，宜急令反國。又言柴唐子爲不善，足以戒。章下詰責，對以爲『錢者，亡用器也，而可以易富貴。富貴者，人主之操柄也，令民爲之，是與人主共操柄，不可長也。』」案：據「錢者，亡用器也」云云，是章下詰責，專指諫除鑄錢令一事，不當以淮南王、柴唐子事隔在其間。疑「章下詰責」當直接「變先帝法，非是」下。其「又訟淮南王」至「足以戒」二十四字，當在「不可長也」下，而下接「其言多激切」云云，則總結山前後所諫諍者。傳末「其後復禁鑄錢」，則又它日事，記之以驗山言耳。

翼奉傳：「好行貪狼，申子主之。」案：「狼」乃「很」字之誤也。翼說申子主貪很，亥卯主陰賊，寅午主廉貞，己酉主寬大，辰未主姦邪，戌丑主公正，謂之六情。蓋以「貪很」對「廉貞」，「陰賊」對「寬大」，「姦邪」對「公正」，皆取其對衝之辰。說文彳部：「很，不聽從也。一曰行難也，一曰盭也。」廣雅亦訓「盭」。曲禮「很毋求勝」，鄭注：「很，鬩也。」今本皆作「狠」。說文：「狠」訓犬鬥聲，與「很」義別，俗以偏旁相近而混之。又因「狠」譌爲「狼」，狼乃獸名，義尤不類，而沿習既久，不復省其爲誤字矣。

「迺正月癸未日加申，有暴風從西南來。未主姦邪，申主貪狼，以太陰下抵建前。」注：張晏曰：「初元二年，歲在甲戌，正月二十二日癸未也，太陰在太歲後」；孟康曰：「時太陰在未，月建在寅，風從未下至寅南也。」案：張注「太陰在太歲後」下，疑有脱字，其注楊雄傳甘泉賦云：「太陰，歲後三辰也。」文選注引並同。據孟注云「時太陰在未」，正戌後三辰，而此傳下文「丙子孟夏」，張注以爲丙子歲太陰在甲戌，是歲後二辰矣。吴斗南兩漢刊誤補遺引甘泉賦注作「二辰」。史記貨殖列傳正義亦云「太陰歲後二辰」，今陰陽家亦以「歲後二辰」爲太陰，蓋其術舊傳如此。然則甘泉賦「三」乃誤字，而孟説非也。說見後。依三統術推初元二年正月壬戌朔，二十二日癸未，如張注未申皆在西南，與斗建對衝，故云「以太陰下抵建前」，此太陰自指歲後之辰，非主歲之太陰，王氏雜志以爲太歲，誤也。孟注「寅」下「南」字，非衍即誤。

「平昌侯比三來見臣。」案：平昌侯不舉名，據上文則是王臨，然外戚恩澤侯表平昌節侯王無故，宣帝地節四年封。子考侯接，五鳳元年嗣。接子釐侯臨，元帝永光三年嗣，初元二年，臨未嗣侯。其爲接則上文不當云王臨，其爲臨則此文不當偁平昌侯，豈亦周公自偁成王之叔父類邪？見史記魯世家。然史書中此類多矣。

「明年二月戊午，地震。七月己酉，地復震。」案：元帝紀初元二年詔亦云「二月戊午。」依三統術推二月辛卯朔，戊午乃二十八日也，與正月暴風同在一年，此「明年」二字，疑涉下文「明年夏四月」而誤。吴斗南乃謂前暴風、封事爲元年事，王氏雜志亦謂前封事爲元帝初即位時所上，蓋以前不書二年故也。不知新君即位一二年間，皆得謂之初，谷永待詔公車在成帝永始三年，猶云「上初即位」。不必元年。且元年正月戊戌朔，無癸未，此不能以口舌争也，蓋皆不省此「明年」二字爲衍文故耳。七月己未朔，無己酉。考異云：「當作乙酉」，是今年太陰建於甲戌。案：上文以太陰爲歲後之辰，則此不當復以爲主歲之太陰，蓋「陰」乃歲字之「誤」。孟康注云：「太陰在甲戌，則太歲在子。」則所見本已誤，遂妄以此爲四年之太歲丙子矣。不知此文承上二年地震來，下文云「明年四月乙未，孝武園白鶴館災」，乃初元三年事，元帝紀、五行志、荀紀並同。惡得以四年事先書在前乎？就其説謂「太陰在甲戌，則太歲在子」，是亦以太陰爲歲後二辰，然則前暴風、封事注以未爲太陰，亦誤以爲元年歲在癸酉故也。吴斗南不知陰陽家别有歲後二辰之「太陰」；錢少詹誤以歲後之「太陰」爲「太歲」；王氏雜志又不審此「太陰」實「太歲」之誤，遂各執一説而不能相通。

「如因丙子之孟夏，順太陰以東行。」案：丙子乃初元四年也，奉請元帝徙都，非可朝令暮成者。此疏承白鶴館災後，不書年，疑亦三年所上，其云「丙子」，乃豫期之也。此「太陰」亦「太歲」之誤。三年歲在乙亥，從亥之子，故曰「東行」。張晏注云：「因今丙子之四月也，太陰是時在戌。」則以此疏爲四年所上，恐不合於情事。荀紀又系之初元二年，亦非。

宣元六王傳：「又瓠山石轉立。」晋灼曰：「漢注作報。」水經汶水注引此文亦作「瓠」，而下文「治石象瓠山」，「瓠」作「報」。盧氏鍾山札記引宋本漢書兩「瓠」字並作「瓡」。案：作「瓡」，是也。景武昭宣元成功臣表「瓡讘侯扜者」，師古曰：「瓡，讀與瓠同。」史記建元以來侯者表亦作「瓡讘」，徐廣曰：「瓡，音胡。」王氏雜志謂隸書「瓠」或作「瓠」，因譌爲「瓡」，又譌爲「瓡」，是也。又王子侯表「瓡節侯息」，「瓡」即「執」字，王氏雜志謂隸書「執」或作「𡙁」，故譌爲「瓡」。師古亦誤讀爲「瓠」。地理志東海郡瓡注：「瓡即執字」，不誤。而史記索隱本出正文「瓡」作「報」，蓋瓡、瓡二字，止争一點，傳寫易亂。「瓡」之譌爲「報」，猶「瓡」之譌爲「報」也。若如今本作「瓠」，則無由誤爲「報」。

史丹傳：「國東海郯之武彊聚。」如淳曰：「聚，字喻反。」案：聚字蓋本作「冣」，故如淳作音，若「聚」字則人皆識之矣，以是知班書字爲後人所改者多矣。

翟方進傳：「而宣欲專權作威，迺害於迺國，不可之大者。」師古曰：「周書洪範云『臣之有作福作威，迺凶于迺國，害于厥躬。』」廣本正文作「乃害于國」，無下「迺」字，注作「乃凶于而國」。案：今經作「其害于而家，凶于而國。」自石經以及流傳舊本，又漢書它傳，屢引此文，無有如顔氏此注者，傳中隱栝經語，不嫌小異。其下「迺」字，疑衍，或當在「國」字下，與「不可」相屬爲句。廣本則或脱、或删。若顔注既明引洪範，不宜以意改竄，未知所據何本。段氏尚書撰異獨失引此條。

「其左氏則國師劉歆。」案：歆爲國師，在方進身後，莽始建國元年，此時何得書國師劉歆？

班書素謹嚴，乃亦不免此疏忽。

「莽於是依周書作大誥。」案：孟堅於莽傳詳著其書策詔令，以見莽之作僞欺世，此誥似亦當入莽傳，而著之翟義傳中者，深許義之首先發難，事雖不成，亦足以使莽之姦謀彰著於天下，而又以痛漢廷之無人也。其先有劉崇、張紹，事始作即敗。

谷永傳：「陛下則不深察愚臣之言，忽於天地之戒，咎根不除，水雨之災，山石之異，將發不久。」雜志云：「則與若同義。」案：則、即古通。見王氏經傳釋詞。賈誼傳：「陛下即不定制，如今之埶，不過一傳再傳，諸侯猶且人恣而不制，豪植而大强，漢法不得行矣。」此文之「則」，與彼文之「即」同。

「此天保右漢家，使臣敢直言也。」案：谷永陰坿王鳳，强爲之解，所謂誣善之人其辭游，然其中亦有可取者，則謂之直言亦可。

「今年二月己未夜星隕。」案：成帝紀：「永始二年二月癸未夜，星隕如雨。」五行志亦云：「癸未。」三統術「二月丙辰朔」，癸未則二十八日也，此云「己未」，則初四日，蓋誤。

匈奴傳：「而始皇帝使蒙恬將數十萬之衆。」史記匈奴列傳作「將十萬之衆」。毛本「衆」誤「物」。又：「其世姓官號可得而記。」毛本「姓」誤「信」。「姓」字與下云「單于姓攣提氏」相應。史記作「其世傳國官號」，與此不同。廣本皆不誤。

「漢使留匈奴者十餘輩，而匈奴使來漢，亦輒留之相當。」案：上文云：「先是漢亦有所降匈奴使者，單于亦輒留漢使相當。」又云：「每漢兵疑當作「使」。入匈奴，匈奴輒報償。漢留匈奴使，匈奴亦留漢使，必得當迺止。」與此文事皆相同，一篇三見，固史公累辭，而孟堅並仍之，不可解。

西域傳：「馮夫人錦車持節詔焉烏就屠詣長羅侯赤谷城。」案：師古於「持節」下著引服虔注，是於此絶句，「詔烏就屠」云云，十一字作一句，「焉」字即下「烏」字譌衍，宜删。廣本無。

「重合侯母虜候者」。「母」字誤，廣本作「得」，是。

「後漢使持節殷廣德責烏孫，求車師王烏孫貴，將詣闕。」錢氏拾遺云「烏貴者車師王之名，衍『孫』字。」案：錢説是也。上文「車師王烏貴恐匈奴兵復至，迺輕騎奔烏孫」，故漢使廣德責烏孫求之。玉篇：「將，送也。本詩「遠于將之」箋。」謂送至漢廷也。師古注：「烏孫遣其將之貴者入漢朝。」則所據本已誤。

叙傳。案：孟堅歷叙先世，并著叔皮王命論，亦放史公自叙并著談六家要旨之意。乃其載答賓戲及幽通賦則是自傳，非史法也。

「耳諫甘公，作漢藩輔。」案：此指甘公勸張耳走漢事也。廣本作「耳謀甘公」，是。毛本作「諌」，誤。

舒蓺室隨筆卷六

後漢書光武帝紀：「六月己卯，光武遂與營部俱進。」案：但云「營部」不辭。通典引「營部」上有「諸」字，通鑑亦作「諸營」。上文云「既至郾、定陵，悉發諸營兵。而諸將貪惜財貨，欲分留守之。光武曰：『今若破敵，珍瑤萬倍，大功可成。如爲所敗，首領無餘，何財物之有！』」蓋至此，諸將始肯俱進，「諸」字正承上來，不可少。

「二十六年春正月，詔有司增百官奉。」章懷注引續漢志「千石月八十斛。」毛本作「千石月九十斛，比千石月八十斛。」案：續志大將軍軍司馬、謁者僕射、宫掖門司馬、及太常光祿勳、衛尉、太僕、大鴻臚、宗正、大司農、少府、執金吾諸丞，皆比千石。又云：「凡二千石，丞比千石。」則千石下，自當有比千石一例，它本後漢書注、續志、通典職官、通志職官略皆脱「千石月九十斛比」七字。

明帝永平五年詔：「勞賜縣掾史，及門闌走卒。」注引續漢志曰：「五伯、鈴下、侍閤門闌、部署、街里走卒，皆有程品。」今續志「鈴」作「軨」，涉下而誤。說文「軨，車轖間横木。」亦車輪，字見段注。

和帝紀：「諱肇。」章懷注引說文音「大可反」。蓋舊音也。「肇」無大可之音，疑本作「丈少反」。丈、大形近，草書「可」作「⺈」，與「ク」亦相似而譌。

桓帝紀：「延熹八年，護羌，校尉段熲擊罕姐，破之。」通志同。注文盛本作「勒姐」，與段熲傳合。西羌傳或作「勒姐」，或作「牢姐」。牢、勒一聲之轉。此「罕」字乃「牢」之譌。

續漢律曆志：「然弦以緩急清濁，非管無以正也。」「弦以」之「以」，疑當作「之」，或「緩急」下脱「爲」字。又「案曆而候」之「曆」乃「律」之譌，盧氏群書拾補反欲據此改篇末「候日如其律」之「律」爲「曆」，誤矣。觀注自明。

「元和二年八月，詔書曰『石不可離』。」案：「石」即上文所引「石氏星經」，謂當以石氏爲主也。下云「其星間距度皆如石氏故事」，文自明顯，「石」字不誤。惠氏補注改「石」爲「古」，亦未勘上下文矣。

「及用四分，亦於建武，施於元和。」案：「亦」下疑脱一字，謂始於建武，而施行於元和也。

「設清臺之候，驗六異，課效粫密。」案：「異」疑「曆」字之譌。又案：漢書律曆志詔「雜候上林清臺，課諸曆疏密」，乃孝昭元鳳三年事，此連元封七年之文，蓋略之也。

紀蔀表。案：此表首行序題，各本誤以天紀歲名對蔀名甲子、癸卯爲弟一列，地紀歲名對庚辰、丙申爲弟二列，人紀歲名對庚子、丙辰爲弟三列，蔀首二字對庚申一、丙子二爲弟四列。

李尚之四分術注依錢少詹説更正，以天、地、人三紀序題各降一列，而以蔀首二字獨對一二三四數目，今局中新刊本從之。其實蔀名甲子、癸卯一列當移末列，與數目字相屬，王氏太歲考改如此。或移蔀首數目爲弟一列，與蔀名相屬，庶爲明白。又四分術本起庚申，而此以庚辰爲天紀者，是徑截孝文後三年爲上元也。上文云：「漢高皇帝受命四十有五歲，陽在上章，陰在執徐，冬十有一月甲子夜半朔冬至，日月閏積之數皆自此始，立元正朔，謂之漢曆。又上兩元，而月食五星之元，並發端焉。」李注曰：「從文帝後三年推而上之九千一百二十歲，歲在庚辰爲上元。」云云。是本以庚辰爲天紀矣。蓋立元本無一定，衹各隨其術取其齊同，觀六曆用數皆同，而立元各不同可知也。王氏太歲考改以庚申爲天紀首，未得其意。

「月之餘分積滿其法，得一月，月成則其歲月大四時推移，故置十二中以定月位。有朔而無中氣者爲閏。」案：「月大」二字，誤倒，「大」字絶句，「月」字當屬下，此謂有閏之年爲大歲也。歲之餘分滿月法而置閏，謂之大歲，與月之餘分滿日法而成日，謂之大月，正同。然閏月四時推移，或有進退，故置中氣以定之，此本易明，盧氏不知「月」字之誤倒，而以「歲」字爲衍；李氏四分術注亦以「月大」連文，皆非。

三國志魏文帝紀注引劉廙等奏議云：「今月十七日己未宜成。」陳少章辨誤謂「宜」當作「直」，引三少帝紀注「乙未直成」，云「正始三年九月二十五日乙未直成」，蓋已入立冬節後。及漢書王莽傳以戊辰直定爲證。孺子嬰三年也。上文云「十一月壬子直建冬至」。案：陳説是也。紀書冬十一月癸卯，此云「今月十七日己未」，則癸卯乃月朔，十一月建子，則未日直危，而云「直成」，蓋「十一月」乃「十月」之誤。四庫全書考證亦云衍「一」字。

王朗傳注引獻帝春秋云：「獨與老母，共乘一欐。」玉篇云：「欐，小船也。」廣韻同。蓋本此。

晉書律曆志：「五曰夷則，所以詠歌九德，平人無貳也。」案：此引國語文，「貳」字當作「貣」。與「貸」同。今國語本亦譌爲「貳」，儀禮大射儀注引作「貣」，王氏經義述聞已辨之。此志下文述十二月律云：「所以詠歌九則，平百姓而無貣也。」正作「貣」。然則此文作「貳」者，乃後人依誤本國語改。

「三分其所生，益其一分以上生，三分所生，去其一分以下生。」案：依下句「三分所生」，則首句「三分其所生」，「其」字衍。

「班固採以爲志。」案：上已云「班固漢書採而志之」，此文複衍。

「故復重作蕤賓伏孔笛。」案：「蕤賓」下疑脱「林鍾」二字，蓋惟此二律用八倍角笛也。

「羽生角，南呂生姑洗也。」注：「從羽孔下行度之，盡律，亦得角聲，出於南附孔之下。」案：「南」當爲「商」之譌。

「角生變宮，姑洗生應鍾也。」注：「上句所謂當爲角孔而出於商下者，墨點識之。」案：「商下」當作「商上」，宋志亦誤。又：「從此點下行度之應律」，「應」當作「盡」。

「變宮生變徵，應鍾生蕤賓也。」注：「其便事用，例皆一者也。」案：「者」字衍。下文「二十一變也」，注：「諸笛皆一者也」，「者」字亦衍。

「太蔟之笛，正聲應太蔟，下徵應南呂，長二尺五寸三分一釐有奇。」案：當作「二尺五寸二分八釐有奇。」宋志亦誤。

「夾鍾之笛，正聲應夾鍾，下徵應無射，長二尺四寸有奇。」案：此四倍林鍾分也，「有奇」二字衍，宋志無。

「姑洗之笛，正聲應姑洗，下徵應應鍾，長二尺二寸三分三釐有奇。」案：當作「二尺二寸四分七釐有奇」。宋志亦誤。此下缺「中呂笛」，説見後。

「南呂之笛，正聲應南呂，下徵應姑洗，長三尺三寸七分有奇。」案：「七分」下脱「七釐」二字。各笛尾數，皆止於釐。

「無射之笛，正聲應無射，下徵應中呂，長三尺二寸有奇。」案：此四倍林鍾分也，「有奇」二字衍，宋志無。上云「三尺二寸」者，應無射之笛。

「應鍾之笛，正聲應應鍾，下徵應蕤賓，長三尺九寸九分六釐有奇。」案：「三尺」當作「二尺」，宋志亦誤。

「十二月，律中大吕，司馬遷未下生之律，長四寸二百四十三分寸之五十二，倍之爲八寸分寸之二百四。」案：「八寸」下亦當有「二百四十三」五字。

「二月，律中夾鍾，酉下生之律，長三寸二千一百八十七分寸之一千六百三十一，倍之爲七寸分寸之二千七十五。」案：「七寸」下亦當有「二千一百八十七」七字。

「四月，律中中吕，亥下生之律，長三寸萬九千六百八十三分寸之六千四百八十七，倍之爲六寸分寸之萬二千九百七十四。」案：「六寸」下亦當有「萬九千六百八十三」八字。

「仲秋氣至，則其律應，所以贊陽季也。」「季」字當作「秀」，上文引泠州鳩語作「秀」，不誤。

「九月，律中無射，卯上生之律，長四寸六分千五百六十一分寸之六千五百二十四。」案：「六」下「分」字衍。

「凡音聲之體，務在和韻。」「韻」當作「均」。

「每律各一，内房中外高。」案：「房中」二字，乃「庫」字誤分爲二。此節全録續漢志，宋志亦同。

「勖銘其尺曰：『晋太始十年，中書考古器，揆校今尺，長四分半。所校古法有七品：一曰姑洗玉律，二曰小吕玉律，三曰西京銅望臬，四曰金錯望臬，五曰銅斛，六曰古錢，七曰建武銅尺。姑洗微彊，西京望臬微弱，其與此尺同。』銘八十二字。」案：今銘止七十九字。隋志亦載之，末云「其餘與此尺同」，則凡八十字，仍少二字。

「古有黍、絫、錘、錙、鐶、鈞、鏘、溢之因。」案：「鏘」當爲「鋝」，「因」當爲「目」。

「日行黄道，於赤道宿度復進有退。」案：「進有」當倒。

「故以乾象互相參校。其所校日月行度，弦望朔晦，校歷三年，更相是非。」案：已云「互相參校」，則「其所校」三字爲蛇足，宋志無之，是也。下「校歷」之「校」亦衍。

「大以黄初二年六月二十七日戊辰加時未日蝕。」案：「七」乃「九」字之譌。魏志云：「六月戊辰晦，日有食之。」

「乾象先天二年少弱，於消息先天一辰强，爲遠天。」案：「二年」當作「二辰」。

「三年十一月二十九日庚寅加時西南維日蝕。」案：魏志黄初三年十一月庚申晦，日有食之。此作「庚寅」，誤也。又云：「乾象加未初，消息加申，黄初加未，乾象先天一辰遠，黄初先天半辰近，消息乾象近中天。」案：既云「乾象先天一辰遠」，何云「乾象近中天？」蓋當云「消息近天」，「乾象」字、「中」字皆衍。

「三年十月十五日乙巳，日加丑月加未蝕。」案：「十月」，誤。下文郎中李恩議作「十一月望」，是也。以乾象術推之，黄初三年十一月辛卯朔，十五日乙巳望，而庚申乃十二月朔，非十一月晦。

「若知而違之，於挾故而背師也；若不知據之，是爲挾不知而罔知也。」案：「於」字依下句例，亦當作「是爲」二字。「若不知」下，疑當有「而」字。

「周天二十一萬五千一百四十。」案：「四十」當作「三十」，李尚之乾象術注亦承其誤。

「以章歲乘加時盈縮，差法除之，所得滿會數爲盈縮大小。」案：「大小」下，當有「分」字。

「入月日，十二下，注：『景初十三』；『度數，四十八』下，注：『景初五十。』」案：此皆後人旁註，非志文，宜删。

「金：九十一日行百一十三度。更順，減疾，日行一度十五分。」案：李氏乾象術注脱此二十六字。

晋書律曆志大都寫宋書而譌脱特甚，不盡由傳本之失，蓋當時成書草率之故。今本宋志雖不必盡善，尚較勝於晋書，校晋志者當以爲依據也。

「其餘蝕經无日諱之名，无以考其得失。」案：「名」字當在「日」下。

宋書律曆志：「南吕五寸二分三氂少彊。」案：當作「五寸三分三氂少彊。」

「應鍾四寸七分。」案：當作「四寸七分四氂半彊」，此脱「分」下尾數。

「而知寫笛造律」。「知」當爲「和」，晋志不誤。

「猶宜形古昔，以求厥衷。」晋志「形」上有「儀」字，是。

「案：太樂，四尺二寸當正聲均應蕤賓，以十二律還相爲宮，推法下徵之孔，笛應律大呂。」

案：「當」字、「笛」字，互誤，此刊改時失校耳。

「輒部郎劉秀、鄧昊、□□魏邵等。」案：晉志空處乃「王豔」，宜據補。

「太蔟爲商。」注：「此章說笛孔上下大律之名也。」晉志「說」作「記」，「大律」作「次第」，此誤。

「大蔟生南呂也。」注：「以南呂律度從角孔下度之。」「角」字誤，當依晉志作「商」。

「南呂生姑洗也。」注：「欲吹笛者左手所不及也。」「欲」即「吹」字之譌衍，晉志無，宜刪。

又：「音家舊法，雖一部再倍，但令均同，適足爲唱和之聲。」案：當依晉志作「一倍再倍」，「部」字誤。

「姑洗生應鍾也。」注：「上句所謂當爲角孔而出商下者，墨點識之。」案：「下」當作「上」，此即上注所云：「以姑洗律從羽孔上行度之，盡律而爲孔，則得角聲也。」以其出商孔之上，故第識其處以爲度，而從此下行度之以求變宮也。晉志亦誤作「下」。

「應鍾生蕤賓也。」注：「名以其宮爲主。」「名」當依晉志作「各」。又：「其使事用例。」「使」當依晉志作「便」，下云「伏孔四，所以便事用也。」

「黃鍾爲變徵。」注：「俱發三孔而徵磑硪之。」「徵」當作「微」。晉志亦誤。

「所以便事用也。」注：「一取則於琴徵也。」「徵」當作「徽」。晉志亦誤。

「太蔟之笛，長二尺五寸三分一氂有奇。」案：分氂數誤，說見前。

「姑洗之笛，長二尺二寸三分三氂有奇。」案：分氂數誤，說見前。又，各笛下並引周語作注，此姑洗笛下脫去注文及「中吕笛」一條，而即以中吕笛注系於姑洗笛下，今爲補之，云：「周語曰：『姑洗所以修潔百物，考神納賓也。』此補注「姑洗之笛」下。中吕之笛，正聲應中吕，下徵應黄鍾，長二尺一寸三分三氂有奇。此四倍南吕數。注云：周語曰：『三間中吕，宣中氣也。』」元本「宣」誤「宫」，今依國語改。晉志藍本宋志，亦缺「中吕之笛」一條，然則唐初所見宋書已如今本，乃冥然罔覺，可慨也。

「南吕之笛，長三尺三寸七分。」案：「七分」下脫氂數，又脫「有奇」二字，說見前。

「應鍾之笛，長三尺九寸九分六氂有奇。」案：「三」當作「二」，說見前。

逸周書文傳解：「從生盡以養一丈夫。」注云：「一丈夫，天子也。言兆民者天子也。」趙敬夫本改「者」字爲「養」，檢黄氏日抄引此注作「言兆民所奉者天子也」。蓋今本脫「所奉」二字，而「者」字不誤。知古書不可以意改。

大聚解：「春三月山林不登斧，以成草木之長；夏三月川澤不入網罟，以成魚鼈之長。」依「網罟」句，則上句少一字，路史夏后氏紀引「斧」下有「斤」字，是也。又：「泉深而魚鼈歸之，草木茂而鳥獸歸之，稱賢使能官有材而闕歸之。」惠徵士校本於闕處補「士」，字黄氏日抄引「泉」下有「水」字，與草木對，闕處乃「賢」字。案：惠氏曾見宋本，度非妄補，疑「賢士」二字，當並有，句法方稱。

世俘解：「新荒命伐蜀。」案：牧誓庸、蜀、羌、髳實從伐紂，何以見伐？又所俘呂他、新荒、侯來、陳本、百韋之屬，都不見它書，是不可究詰矣。

秦策：「臣不忠於王，楚何以軫爲忠？」案：下「忠」字當作「恵」，乃武后所造「臣」字也。高誘注：「欲爲臣乎？」正解此句。宋剡川姚氏本引曾本作「楚何以軫爲臣乎？」是也。

趙策：「人比然而後知賢不如。王若用所以事趙之半收齊，天下有敢謀王者乎？」案：「比」字當讀爲「比較」之「比」，「然」字衍，「如」字絶句，「賢不如」猶言「賢不肖」，謂人當比較而後知賢不肖，以喻事當比較而後知利弊也。諸家讀「不」爲「否」，以「如」字下屬，姚本又誤「知」爲「如」，遂不可通。

韓策：「當敵即斬。堅甲盾鞮鍪鐵幕革抉咙芮，無不畢具。」史記蘇秦列傳「即」作「則」，無「盾鞮鍪」三字。案：「即、則古通用。」「斬」字當絶句，承上劍戟言之。「當敵即斬」猶云「所當無不摧折」也。「堅甲鞮鍪」當四字爲句，索隱循注云：「咙與『瞂』同，謂盾也。」正義亦引方言云：「盾，自關而東謂之瞂。」下有「咙」字，則此文「盾」字爲衍矣。「鐵幕」疑即鞮鍪之轉聲，讀史者坍注於旁，混入正文。吳注以「斬堅」斷句，非。

管子牧民篇：「傾可正也，危可安也，覆可起也。滅不可復錯也。」案：「錯」字疑衍。類聚五十二引作「得」，「得」亦「復」字之譌衍。

「下令於流水之原者，令順民心也。」案：上云「下令」，則下句「令」字衍。上文「授有德也」，「務五穀也」，「育六畜也」，皆四字句，宜一例。下「令順民心，則威令行」，「順」上亦不當有「令」字。

「如地如天，何私何親。」案：韓子揚權篇「若地若天，孰疏孰親」，語本此，疑「私」字誤。

「故君求之則臣得之，君嗜之則臣食之，君好之則臣服之，君惡之則臣匿之。」案：「求」疑「來」字之譌。古「來」字每與入聲爲韻。（出車韻牧、載、棘，大東韻服，靈臺韻亟、囿、伏，常武韻塞。）而與「求」字形近，往往相亂。「嗜」疑當作「飤」，説文：「以食與人也，古通作食。」蓋校者疑其與下「臣食」複而改之。「服」字疑「報」之譌，雞鳴詩：「知子之好之，雜佩以報之。」此文似以來、得、飤、食、好、報爲韻。

形勢篇：「山高而不崩，則祈羊至矣。」「祈羊」無義，疑「羊」當讀爲「祥」，國准篇：「立祈祥以固山澤」，是其證。

「飛蓬之問，不在所賓。」陳君奂校宋本「問」作「閒」。案：「問」疑當作「聞」，故譌爲「閒」。

尹注云：「喻一二三之聲問，明主所不賓敬。」是本作「聞」也。

「犧牷圭璧，不足以饗鬼神。」案：此以儀不及物者比之飛蓬燕雀，所謂不誠未有能動者也，故云「不足以饗鬼神。」

「主功有素，寶幣奚爲。」案：「主功有素」即考工記所謂「畫繢之事，後素功」也，言采色必施以素功，饗神不徒以寶幣，借喻以申上意。

「唯夜行者獨也。」「夜」疑「心」字之誤，下文云：「四方所歸，心行者也。」後解雖承「夜」字之誤，亦解爲「心行」。

「不行其野，不違其馬。」尹注云：「未經其事，問其所經。」案：此即「問塗必於老馬」之意，雖與後解異，而與上文「伐矜好專」義正相承，似爲得之，然則上「不」字當作「未」。

「無廣者疑神。」案：「無」字疑即上「譕巨」之「譕」爛文耳。尹注及後解，皆失其義。

「曙戒勿怠，後穉逢殃。」案：穉，驕也。見重令篇注。猶云朝勤而夕懈。

「見與之交。」案：此謂面交而無實心，與下「心行」對，尹注非。

「言而不可復者。」案：猶言雖悔莫追，與下「行而不可再」義同，尹注謬。

權修篇：「有獨王者。」案：上形勢篇「獨王之國」，一本作「獨任」，後解亦作「任」，此「王」字蓋亦「任」之誤。

立政篇：「相高下，視肥墝，觀地宜，明詔期，前後農夫，以時均修焉，使五穀桑麻皆安其處，由田之事也。」案：「由」疑「司」字之誤，小匡篇云：「請立寧戚爲大司田。」

乘馬篇：「天地，莫之能損益也。」案：此明政者以地爲本，若陰陽之化有餘不足，皆天之事，莫能損益，故下云「然則可以正政者，地也。」此句當作「天，莫之能損益也」，「地」字衍。

「右陰陽。」案：題謬甚，此等皆後人妄增。

「汎山其木可以爲棺，可以爲車，斤斧得入焉，十而當一。」案：此與林所出同，乃林則五而當一，此則十而當一。且蔓山所出，與此亦略同，而云「九而當一」，文本自下而上，既十而當一，則當在蔓山之前，蓋數目字易譌，又傳寫瞀亂，不可考矣。

「流水，網罟得入焉，五而當一。」案：此當與澤爲類，不當雜出於汎山與林間，亦傳寫錯也。

七法篇：「猶立朝夕於運均之上，擔竿而欲定其末。」案：朝夕謂測景之臬，故云「欲定其末」，言不可定也。

「猶左書而右息之。」案：作書者自右向左而止，今反之也。

「故不爲重寶虧其命，故曰令貴於寶。」案：「故」字當衍，「命」當作「令」，觀下文自明。

「故蚤知敵人如獨行。」案：「獨行」，即上所謂「獨出獨入」。

「故有風雨之行，故能不遠道里矣。」案：上「故」字衍，觀下文自明。

幼官篇：「若因夜虚守静人物，人物則皇。」案：下云：「尊賢授德則帝，身仁行義，服忠用信則王，審謀章禮，選士利械則霸。」云云。疑本以皇、帝、王、霸爲次，與下諸句相連。「若因」二字不知何字之誤。「夜」字，後圖作「處」，蓋「處」字古作「処」，因譌爲「夜」。兩「人物」字疑皆衍文。「處」虚守静則皇，所謂無爲而人自化，正與「尊賢授德則帝」句相對。既多誤衍，又轉寫錯亂，孤縣在首，與下文不相屬，遂令讀者芒然。丁君士涵説小異。

「此居圖方中。」案：此篇以政治條目分，系中央四方，蓋放洪範九疇而圖之左右，以便觀覽，及削簡著書，不能爲圖，則於篇中記其方位，後人循之，復作幼官圖，傳者兩存其文，遂前後複出。

「説行若風雨，發如雷電。」「説」字疑衍。

五輔篇：「朝廷兇而官府亂。」案：説文：「兇，擾恐也。」與上「朝廷閒而官府治」相反。

宙合篇：「猶夏之就清，冬之就温可以無，及於寒暑之菑矣。」案：夏就清則無及於暑，冬就温則無及於寒，以喻賢人之「沉抑以辟罰，静默以侔免」也。宋本「及」作「反」，形近而譌。

「大行私、欺上、傷民、失士，此四者用，所以害君義失正也。」案：「君」字疑衍。

「泉踰瀷而不盡。」案：「踰」疑「輸」字譌。

八觀篇：「稼亡三之一，而非有故蓋積也，則道有損瘠矣。」「損」疑當作「殞」，然尹注本已誤，故釋爲「毁損」。

法禁篇：「不貴其人博學也。」案：「博學」與上下文不相比坿，據下引泰誓之文，又云：「君失其道，則大臣比權重以相舉於國，小臣必循利以相就。」疑此「學」字，乃「舉」之譌。

「毋事治職，但力事屬私。」案：下句「力事」二字，疑當衍其一。

「王官私君事，去非其人而人私行者，聖王之禁也。」案：此文不可通，疑有衍誤，當作「王官私非其人，去君事而私行者，聖王之禁也。」衍一「人」字，又上下倒。

「側入迎遠。」尹注云：「側身而入國，挺出而迎遠。」案：據注疑當作「側入挺迎」，與上「隱行辟倚」對文。

法法篇：「凡論人而遠古者，無高士焉。」尹注云：「高士必順考古道也。」疑正文「遠」字，當作「違」。

兵法篇：「遠用兵則可以必勝。」案：「遠」疑當作「速」，所謂兵貴神速，即上風雨雷電之喻，是也。「速」譌爲「遠」，猶孟子「舜、禹、益相之久速」誤爲「相去久遠」也。

大匡篇：「諸侯之君，不貪於土。貪於土必勤於兵。」案：此言諸侯之君，不貪於土則已，若貪於土，則必勤於兵也。檀弓：「伯氏不出而圖吾君，伯氏苟出而圖吾君，申生受賜而死。」句法正同。或欲改「不」字作「必」，非也。

「楚國之教，巧文以利，不好立大義，而好立小信。」案：下二句，涉下文而衍，上衛、魯二國，亦只一句。

「蒙孫博於教，而文巧於辭。」劉注云：「蒙孫，小匡作曹孫。」案：「曹」字形似「蓸」，再誤爲「蒙」。下「蒙孫」同。

「狄人伐」。尹注云：「謂入伐齊。」案：據注，則「人」乃「入」之譌。

中匡篇：「菀濁困滯，皆法度不亡，往行不來。」案：此文幾不可讀矣。疑「皆」下脫一字，屬上爲句，蓋謂菀濁困滯皆疏決也。「來」字當作「爽」，爾雅釋鳥「鷞鳩」誤爲「鶆鳩」，是其證。與「法度不亡」爲韻。尹注本已脫誤。

小匡篇：「夫鮑叔之忍，不僇賢人。」案：「忍」當作「忈」，古「仁」字也。左傳正義引作「不忍」，蓋所見本已誤。

「是以聖王敬畏戚農」。案：「畏」字疑亦「農」之譌。

「設問國家之患而不肉。」案：「肉」疑當作「恧」。說文：「恧，慚也。」齊語作「不疚」，音義亦俱相近。

霸言篇：「重宮門之營而輕四竟之守。」案：說文：「營，帀居也。」字通作「環」。宮門之營，蓋所謂環列之尹。群書治要引「門」作「闕」，蓋誤。

「彊國衆，合彊以攻弱，以圖霸。」宋本上「彊」字作「弱」。案：下文皆以彊國衆、彊國少立文。又云「戰國衆」、「戰國少」，戰國猶言敵國，亦即彊國也。彊國衆未易并吞，故和彊以取弱；彊國少，則可收小國以自助而圖彊。若弱國之多少，何足計乎？宋本非。

「自古以至今，未嘗有先能作難，違時易形，以立功名者，無有常先作難，違時易形，無不敗者也。」戴君望説「先能」二字倒，是也。「自古以至今」五字，總下兩層。「常」當作「嘗」，下「無」字當作「而」。「未嘗有能先作難違時易形以立功名者」十六字爲一句，「無有嘗先作難違時易形而不敗者也」十五字爲一句，趙本句讀皆謬。

問篇：「母遺老忘親，則大臣不怨。」案：此即所謂「不施其親，不使大臣怨乎不以」也，尹注不清。

「鄉子弟力田爲人率者幾何人？國子弟之無上事，衣食不節，率子弟不田弋獵者幾何人？」案：此兩「率」字義同，上謂率衆爲力田者，下謂率衆不耕而弋獵者。尹注不誤。或援小匡篇「十邑爲率」之文以解「率」字，殆非也。

「邊信傷德厚。」案：「邊信」猶「偏信」，與上「小怒」對文。尹注爲「邊人失信」，謬矣。「厚」字依王氏雜志上屬，是。

戒篇：「秋出，補人之不足者，謂之夕。」白帖引「夕」作「豫」。案：「夕」字無義，蓋即「豫」旁

「象」字壞文之僅存者。尹注無釋，則所見本未誤。

「静然定生。」案：「然」猶「乃」也。見王氏經傳釋詞。静乃定生，與下「仁從中出」、「義從外作」句法略同，所謂定而後能静也。尹注「欲静則生定」，文義倒置。

「蓋人有患勞而上使之以時。」案：「患勞」、「患飢」、「患死」三句，皆承上文，此句獨衍「有」字，文不成義，宜删。

「賤妾聞之中婦諸子。」案：「諸子」蓋八子、七子之類。史記秦本紀：「尊唐八子爲唐太后。」徐廣曰：「八子，妾媵之號。」又：穰侯列傳：「昭王母故號芈八子。」詳見漢書外戚傳。蓋其來久矣。

「妾人聞之。」案：「妾人」猶言「妾身」。長門賦：「妾人竊自悲兮。」善注引此文爲證。

地圖篇：「地形之出入相錯者，盡藏之。」案：「藏」疑「識」字之誤。

參患篇：「懦弱則殺。」案：此「殺」字當音所界反，尹注不發音，則與下文諸「殺」字混。

「道正者不安，則才能之人去亡。」案：「去亡」不辭，疑當衍其一，下文同。

「往夫具。」案：「往」疑「狂」字之譌。

制分篇：「故小征，千里遍知之。築堵之牆，十人之聚，日五間之。大征，遍知天下。日一間之。」案：丁君士涵云：「築當作一。」是也。然此文疑有錯簡，當云「一堵之牆，日一間之，十人之聚，日五間之」，故「小征，千里遍知之」；「大征，遍知天下」。「屠牛坦朝解九牛，而刀可以莫鐵。」案：「莫鐵」不可解。莊子養生主釋文引此作「剃毛」，疑誤倒作「毛剃」，又聲轉爲「莫鐵」矣。

君臣篇上：「猶揭表而令之止也。」案：「止」當爲「正」之誤，此與七法篇「猶立朝夕於運均之上，擔竿而欲定其末」義同。蓋測景當立表平地，若以手舉者，何能定景？此文「揭」字，彼文「擔」字，尹注並訓「舉」，似不誤。雜志謂「擔」爲「搖」，誤。夫立表運均而手擔之，已不能定，何待搖乎？證以此文，不煩改字。

「是故知善，人君也。身善，人役也。君身善，則不公矣。」案：知善者，明其道，身善者，守其職。君身善，則所謂代馬走，代鳥飛矣。「公」字疑「法」之誤，下文云「是國無法也」，「無法」即不法也。

「坐萬物之原，而官諸生之職者也。」案：「坐」疑「主」字之譌，下文「主身者，正德之本也；官治者，耳目之制也」，亦「主」與「官」對舉。

君臣篇下：「變故易常，而巧官以諂上，謂之騰。」案：「騰」與「滕」古通。説文：「滕，水超涌也。」詩「百川沸騰」作「騰」。騰，即孟子所謂「長君之惡」也。易傳「滕口説也」，虞氏作「騰」，亦其證。雜志云「官」，當作「言」，是。

「從其欲，阿而勝之。」案：「從」字疑當讀爲「縱」。此「勝」字，蓋亦「騰」之誤。

「中民亂曰讋諄。」案：「諄」乃「誶」字之譌，下「讋誶生慢」，花齋本作「誶」，而它本亦譌「諄」，其證也。史記平原君列傳集解引劉向别録「飾辭以相悖」，「悖」誤作「惇」，亦與此類。

「近其罪伏。」尹注云：「日期既近，尚有不供者，則加之罪，以權伏之。」案：如注則「其」當作「期」，注中「權」字蓋「摧」之譌。

小稱篇民之觀也察矣不可遁逃以爲不善案不可八字當作一句讀尹注於遁逃斷句非。

「澤之身則榮去之身則辱澤字尹解爲粉澤曲案下文云審行之身審去之身疑此澤字亦行之誤。

「桓公、管仲、鮑叔牙、甯戚四人飲。」案：此節錯簡，當在「管仲有病」節前。

四稱篇：「吾亦鑒焉。」案：此弟一問，不當云「亦」，蓋「以」字之誤。下有「道之臣」節「吾以鑒焉」，朱本「以」作「亦」，可證。然安知諸「亦」字，非皆「以」字之誤乎？

「收聚以忠，而大富之。」案：「忠」疑「惪」字之誤。「大富」謂富有之，猶言善人是富，尹注非。

「居處則思義，語言則謀謨。」案：上下文三十句皆四字，句有韻，此二句獨五字，不相叶乎？蓋「義」字、「謨」字後人妄增，元文當以「思」、「謀」爲韻。

「保貴寵矜。」案：「寵矜」疑倒。

侈靡篇：「地重人載，毁敝而養不足，事末作而民興之，是以下名而上實也。聖人者，省諸本而游諸樂，大昏也，博夜也。」案：此文殆不可解。「之」字疑當作「化」，「下」、「上」當互易，「樂」疑當作「末」，而又有錯簡。今更正之云：「地重人載，毁敝而養不足，大昏也，博夜也。聖人者，省諸本而游諸末，事末作而民興化，是以上名而下實也。」解曰：庶而不富，民生困敝，如在大昏、博夜。聖人省諸本而游諸末者權也，即下文所謂「侈靡」也。事末作而民興化，即下文所云「興時化」也；上名下實，即下文所云「賤有實，敬無用」也。

「賤有實，敬無用，則人可刑也。」案：「刑」疑當作「制」。

「藹然若夏之静雲，乃及人之體，鵾然若謞之静。」案：孫氏淵如謂當作「夏雲之静」，是也。「及人之體」，謂能蔭庇人。「謞」疑當作「歊」。「鵾」字不知何字之誤。

「動人意以怨」句，疑即上文「動人心之悲」句誤衍。

「人所生往。」案：疑當作「人心所往」，猶云衆所歸往也，「心」字誤「生」，又倒。

「辟之若秋雲之始見，賢者不肖者化焉。」案：「賢者」二字，疑當在「辟之」上，謂賢者在上，如秋雲之始見，不肖者仰而化之，猶離熱而得涼也。

「使其賢，不肖惡得不化。」案：「使」猶用也，賢者見用，則不肖者自化，亦承上文。

「用貧與富，何如而可？曰：甚富不可使，甚貧不知取。」案：此四句，與上下文意義不屬，當是它處錯簡。

「水平而不流。」案：此上疑亦有錯簡。

「親左有用無用。」案：「有」疑當作「右」。尹注不知「有」字爲誤文，以屬下句，不可通矣。

「而祀譚次祖犯詛渝盟傷言。」案：句不可解。疑「祀」乃「亂」之誤，俗書「亂」作「乱」也。「譚」與「神」草書形似。「次」字衍。「祖犯」倒。「詛」即「祖」字之譌衍。文當作：「而亂神犯祖，渝盟傷言。」「犯祖」，見漢書翟方進傳。

「齊約之信，論行也。尊天地之理，所以論威也。」「論行」上疑亦當有「所以」二字。又此二「論」字，疑並當作「諭」。下「必因成形而論於人」，「論」字同。

「薄德之君之府囊也。」丁君云：「薄當作博。」俞君樾云：「府當爲所。」案：二説皆是也。「囊」字疑當作洛誥「汝乃是不蘉」之「蘉」。釋文：「蘉，莫剛反。」引馬氏云：「勉也。」與「囊」字形聲相近。囊，俗「囊」字。

「應言待感。」案：「言」疑「旹」字之譌。旹，古「時」字。下文云「變之美者應其時。」「之」字，本作「其」，從雜志説。

「應風雨而種。」案：「種」疑當作「動」。

「有革而不能革。」案：據尹注，則所見本「有」字作「可」。

「民夗信，諸侯夗化。」案：兩「死」字，疑當作「服」，承上「不可服」來。古文「服」作「𠬝」，與「𠬝」形近而譌。「化」乃古「貨」字。

「請問諸侯之化弊。」案：「化」亦讀爲「貨」。「弊」與「幣」古通。

「弊也者，家也。」案：「弊」無「家」義，疑「帛」之譌。古文四聲韻引古文「家」字作「[illegible]」，與「帛」形近。說文：「幣，帛也。」

「家也者，以因人所重而行之。」此「家」字，疑當作「弊」，涉上而誤。

「民之所重，飲食者也，侈樂者也。」案：兩「者」字，疑衍。

「丹沙之穴不塞，則商賈不處。」案：上「不」字當衍。言利源塞，則商賈去也。

富者靡之貧者爲之案靡與爲韻言富者能不恤其財則貧者不憚其勞。

「此百姓之怠生，百振而食。」丁君云：「百當爲不。」是也。「怠」疑當作「治」，言此百姓之所以爲生，貧富相濟，不待上之振恤，而自以得食也。

「爲之畜化。」案：「化」亦當爲「貨」。

「收其春秋之時而消之。」案：「時」疑當作「財」，古音同部，字形亦近。「消」蓋「捎」之借字，說文：「捎，自關以西，凡取物之上者爲撟捎。」解見段氏注。

「强而可使服事。」俞君云：「自强而可使服事。以下凡七句，皆亡國之郄，非美事。」案：俞説是也。然「强而可使服事」句不辭，疑有衍字，謂以强服人也，與下「辯以辯辭，智以招請，廉以摽人」句法當一例。

「好緣而好駔。」案：上「好」字疑當作「惡」，謂惡華飾而好駔馬也，與上「尊禮而變俗，上信而賤文」句法當一例。

「家小害以小勝大。」案：「家」疑「蒙」字之譌。

「而復畏强長其虚。」案：此謂示以懦怯，因以長彼之虚憍，蓋驕敵之術也。

「而物正以視其中情。」案：「物」，如射禮「物長如笴」之「物」，射者所立處也，窺彼盈虚以爲進退。此篇故多陰符家言。

「强與短而立齊國之若何？」案：「短」字疑亦「强」之誤。「國」當爲「圉」，與御通。强與强而立齊，謂强臣並立也，故下言御之之術。

「大有臣甚大，將反爲害。」案：上「大」字疑當作「夫」。

「不謹於附近而欲來遠者，兵不信。」案：「兵」當爲「民」，下「則兵遠而不畏」，「兵」字同。

「樂聚之力，以兼人之强。」案：上「之」字蓋「己」之譌，尹注云：「好自勉以聚力」，是所見本未誤。

「大王不恃衆而自恃。」案：無繇闌入「大王」，疑是「人主」二字之譌。尹注引「亶父」釋之，非。

「衆而約實取而言讓。」案：尹注於「約」下絶句，非是。「實」乃「寡」字之譌，當屬上爲句。衆而約寡，謂行之者衆，則餘者不約而自從，觀下文自明。與「取而言讓」句，例相同。宋本「約」作「納」，與尹注「約束」不合，蓋譌字。

「長喪以䵒其時，重送葬以起身財。」案：「䵒」字不知何字之誤，尹注舛謬，無從考證。而就其意審之，疑「喪」上當有「居」字。「身」字當作「其」，句法一例。

「鄉殊俗，國異禮，則民不流矣；不同法，則民不困。」案：「矣」字不知何字之誤，當屬下爲文。今本作「矣」，遂以屬上句之末，非也。

「市也者，勸也。勸者，所以起。本善而末事起。不侈，本事不得立。」案：「勸」字疑「觀」之誤，讀如「觀兵」之「觀」。此文疑有錯簡，當云「市也者，觀也。觀者，所以起末而善本。末事不侈，本事不得立。」此侈靡本旨。

「水鼎之汨也，人聚之。」案：「鼎」當爲「泉」。因「鼎」字隸書或作「眔」，而譌。尹注謬。

「故動，化故從新。」案：此言故動而化故從新也。承上「能摩故道新道」來。尹以三字爲句，謬甚。

「不擇君而使。」案：「君」當爲「群」之壞文。

「士能自治者，不從聖人。」案「從」疑當作「待」。孟子曰：「待文王而後興者，凡民也。若夫豪桀之士，雖無文王猶興。」「從」字義不可通。

「然後運可請也。」丁君云：「請當作謀。」是也。疑「運」、「謀」二字當互易。

「故國無罪而君壽而民不殺。」「罪」疑「罰」字之誤。

「其滿爲感。」「感」疑「盛」字之誤。

「唯聖人不爲歲能知滿虛。」案：「不」、「歲」二字疑衍。

心術篇上：「故曰心術者，無爲而制竅者也，故曰君。無代馬走，無代鳥飛。」案：上「故曰」二字，雜志云「衍」，是也。「術」字亦疑衍文，尹注云：「心無嗜欲之爲，故能制於九竅。」亦無「術」字，可證。「故曰君」三字當連，此正解上文「心之在體，君之位也。」趙本以「君」字下屬，尹注意亦如此。謬。

「此言不奪能能不與下誠也。」案：上「能」字，疑當作「人」。「誠」乃「試」字之譌。古「能」字讀如耐。「不奪人能不與下試」，「能」與「試」爲韻。趙本於上「能」字斷句，謬。

「世人之所職者精也。」案：「世」當作「聖」。

「修之此莫能虛矣。」案：「能」讀爲而，而、如古通用。

「無慮則反覆虛矣。」案：「覆」當爲「復」，篇末云：「復所於虛。」

「應也者，非吾所設，故能無宜也。」案：「能」字疑衍，下云：「因也者，非吾所顧，故無顧也。」亦無「能」字。

「闕其門。」案：上文作「開其門」，疑皆「闢」字之誤。此言收視返聽也。

心術篇下：「無以物亂官。」案：此謂耳目口鼻之官也。尹注云：「貪賄則官亂。」謬。

「民人操，百姓治，道其本，治也。至不至，無非所人而亂。」案：「至不至」疑當作「本不至」，承上句而言也。「無」字當衍。「非所人而亂」，謂不能人其人也。尹注以「至不至無」爲句，文不成義。

「昔者明王之愛天下。」案：「王」疑當作「主」。下「暴王」同。

白心篇：「兵不義不可。」案：「不可」下當有脱字。

「韕乎其圜也，韕乎莫得其門。」案：樞言篇作「淳淳乎博而圜，豚豚乎莫得其門」，疑此文有誤。

「置常立儀，能守貞乎？」案：「貞」疑當作「真」，與下「人」字韻。

「知人曰濟，自知曰稽。」案：「濟」疑當作「齊」。齊，速也，即徇通之義，與「稽」韻。

「内固之一，可爲長久，論而用之，可以爲天下王。」案：「長久」疑當倒，與「王」爲韻。

「篡何能歌。」案：據尹注「前歌後舞」云云，疑正文「歌」下本有「舞」字。

水地篇：「集於天地。」案：「集」疑「準」字之誤。下「集於諸生」、「集於草木」，並同。

「男女精氣合，而水流形。」案：依尹注，「水」字衍。

四時篇：「慎使能而善聽信之。」案：此上諸「信」字，雜志以爲衍，是矣。此「信」字，蓋亦當衍。下文「聽信之謂聖」，亦當作「善聽之謂聖」，而衍「信」字。「聖字本从耳，風俗通云：『聖者，聲也。』」言聞聲知情。

「惛惛而忘也者。」案：「而」讀爲如，言惛惛如忘也。尹注以上「惛」字屬上，「使不能爲」爲句，不成文理。篇首云：「五漫漫，六惛惛。」則「惛惛」二字連文，明矣。

「中央曰土。」案：此節不當錯出於此，當在下文「夏雨乃至也」下。

五行篇：「然則水解而凍釋，草木區萌贖。」雜志云：「水當作冰。」是也。「贖」字疑當作「瀆」，上有脱文。四時篇云：「春三月，三政曰：凍解修溝瀆。」

任法篇：「莫敢高言孟行以過其情，以遇其主矣。」案：「孟」疑「猛」之借字。「以過其情」，「以」、「其」二字疑衍。「遇」，如「遇主于巷」之「遇」，謂詭遇也，尹注未得。

「皆囊於法以事其主。」案：此「囊」字，疑亦當作「蘘」，説見上。

「其殺戮人者不怨也，其賞賜人者不德也。」宋本無下「者」字。案：疑兩「者」字皆衍。

「外内朋黨雖有大姦，其蔽主多矣。」案：「有」當作「無」。

封禪篇尹注：「元篇亡，今以司馬遷封禪書所載管子言以補之。」案：小司馬索隱云：「案：今管子書其封禪篇亡。」正與此注合。此篇尹注多取裴駰集解，其移補無疑。而尚書序正義及禮記王制正義、文選羽獵賦注引古者禪泰山、封梁父之文皆偁管子，豈所見皆即移補之本邪？

小問篇：「凡牧民者，必知其疾而憂之以德。」案：「憂」，古「優」字。説文引詩「布政憂憂」，今作「優」，是也。

「昔者吴干戰。」案：「干」，疑即「干越」之「干」。史記貨殖列傳：「郢之後徙壽春，與閩中、干越雜俗。」今本或作「于越」，誤，説詳王氏讀書雜志。漢書十四，荀子一，淮南一。

七臣七主篇：「或以平虚論七主之過。」陳君云：「過當作道。」是也。案：篇中次序，七主在前，七臣在後，題亦當作「七主七臣」，今本「主」、「臣」互倒。

「申主。」案：上文先六過，後一是，此申主所謂一是者也，不當先於六過，蓋錯簡，説見下。

「芒主通人情以質疑。」案：「芒主」與上複，疑「芒」乃「荒」之壞文。又通人情以質疑，不得爲過，疑有誤。

「故主虞而安，吏肅而嚴，民樸而親，官無邪吏，朝無姦臣，下無侵争，世無刑民。」案：此七句，與上文義不接，蓋正與申主節「則民反素也」相貫。「吏肅而安」，承「任勢」四句，「民樸而親」，承「民反素」句，「官無邪吏」四句，總承上二項。則前文之爲錯簡，明矣。雜志謂有脱文，非。

「故一人之治亂在其心。」案：自此至「名斷言澤」千餘言，横亘於中，與上下文皆不相接，蓋它篇錯簡。

「商宦非虚壞也。」案：「商宦」二字疑「宫室」之誤。尹注徒望文爲説。

「大凶歲雷旱。」案：「雷旱」二字，不相比坿。據下文云：「非無雨露。」則此句專言旱，疑「雷」乃「菑」字之譌。

「馳車充國者，追寇之馬也。」尹注訓「追」爲「召」，疑本作「招寇」。

「無實則無勢。」案：「勢」疑本作「執」，譌爲「埶」，後人又增「力」。

「好佼反而行私請。」劉注疑「反」當作「友」。案：「佼」字本作「友」，譌爲「反」，兩本並存，遂爲衍字耳，此處不得有「友」字。

「居爲非母，動爲善棟。」案：「居爲非母」，謂陰爲衆惡之母。「動爲善棟」，謂襲衆善以自予也。棟者，椽所聚。

「以非買名，以是傷上。」「非」、「是」二字，疑當互易，謂己擅其功，歸過於上也。

「而衆人不知，之謂微攻。」案：七臣，亦六過一是。此止存六過，蓋下有脱文。

禁藏篇：「夫明王不美宮室，非喜小也。」案：「王」乃「主」字之譌，「小」字不與「美」對，疑本作「陋」。

「故先慎於己而後彼，官亦慎内而後外。」案：陳君謂：「彼字衍。」非也。「彼」與「己」正相對，正承篇首「以此制彼」、「以己知人」來，疑當衍「於」字。「官」字當作「臣」。

「謹其忠臣。」案：「謹」乃「諜」之譌。説文：「諜，軍中反間也。」

「離氣不能令，必内自賊。」尹注：「君臣意離别不可使令，既不命則自相殘殺。」案：注中「别」字乃「則」之譌。「既不」下脱「能」字。「命」當作「令」。由是觀之，則注文之脱誤多矣，其不通處，非盡尹氏之過也。

入國篇：「不耐自生者。」案：「耐」讀爲「能」。

「上收而養之疾官而衣食之。」案：十一字作一句讀，謂收養於主疾之官而給之飲食也。尹注以「疾」字斷句，非。

九守篇：「刑賞信必於耳目之所見，則其所不見莫不闇化矣。」案：兩「見」字，疑當作「及」。

度地篇：「上相穡著者，所以爲固也。」尹注：「穡，鉤也，謂荆棘刺條相鉤連也。」案：「穡」無「鉤」義，疑正文「穡」字本作「稽」。急就篇：「沽酒釀醪，稽極程。」「極」乃「棷」之譌字。稽棷，即積棷也。説文引賈侍中説：「稽、𥢑、稽，皆木名。」積棷，樹枝句曲，荆棘亦似之，故云相稽著。」說文：「稽，留止也。」尹所見本未誤，故訓「鉤」。今正文與注誤爲「穡」，不可通矣。

「地有不生草者，必爲之囊。」案：「囊」疑「壤」之誤。

地員篇：「墳延者六施。」案：「墳延」，即周官大司馬之「墳衍」，鄭注：「水厓曰墳，下平曰衍。」下文亦云：「在墳在衍。」延、衍古通。

「山之材，其草兢與薔。」陳君云：「材當爲側。」是也。蓋「側」字壞文作「則」，譌爲「財」，三寫成「材」矣。「側」與「薔」韻。「兢」，疑「苑」之譌。

「薛下於萑。」劉注：「萑音追，芫蔚，草也。一作蓷。」案：「芫」乃「茺」之譌。詩：「中谷有蓷。」釋文引韓詩云：「茺，蔚也。」

「㭾。」尹注：「音形。」案：「形」乃「彤」字之譌。說文：「㭾，音徒冬切。與彤同音。」玉篇、廣韻、集韻並同。

「無高下，葆澤以處。」案：上句當作「無高無下」，「下」與「處」爲韻。上文云：「若高若下，不操疇所。」「下」與「所」爲韻，句法一例。

「皆宜竹箭，求黽楢檀。」案：上文五粟之土云：「俱宜竹箭，藻鼁楢檀。」文句相同，疑此文之「求黽」，即彼文之「藻鼁」，而皆有誤。爾雅釋木：「椋，即來。」說文同。郭注云：「中車輞。」則亦堅木，與楢檀類。玉篇：「梾，椋也。」集韻：「梾，木名。古通作來。」疑「求」乃「來」字之譌。

藻，又「椋」字之譌也。黽、鼃二字，不知孰誤。

「其林其漉。」案：易屯六三：「即鹿無虞。」釋文引王肅作「麓」，云：「山足。」「鹿」，蓋「麓」之借字。疑此文本作「鹿」，誤增水旁。

「其種忍蔭。」案：爾雅作「隱荵」，齊民要術同。

「其種陵稻。」尹注：「陵稻，謂陸生稻。」案：依注，則「陵」乃「陸」字之譌。內則：「淳熬煎醢加于陸稻上。」正義云：「陸稻者，謂陸地之稻也。」

弟子職篇：「置醬錯食。」案：「錯」，猶置也。下文云：「凡置彼食。」是也。朱本譌爲「醋」，惠氏天牧遂改爲「醯」，誤矣。

「攘臂袂及肘。」案：「臂」字衍，不可通。注云：「恐溼其袂。」是本無「臂」字。

「坐板排之。」案：「板」乃「扱」字之譌。曲禮云：「以箕自向而扱之。」鄭注：「扱，讀爲吸，謂收糞時也。」尹此注云：「扱，穢時以手排之也。」蓋所見本「扱」字未誤。今則并注譌爲「板」字矣。

形勢解：「人主去其門而迫於民。」案：「去其門」不辭，疑「門」乃「閫」字之壞文。閫，説文作「壼」，宮中道，从口，象宮垣。

「備利而偷得。」案：「備」疑本作「葡」，乃「茍」之譌字。茍，同「亟」，急也。下文云「其得之雖速，其禍患之至亦急。」是其證。作「備」無義。

「明主不用其智，而任聖人之智。」案：「聖」當作「衆」，花齋本不誤。下云：「故以聖人之智思慮者。」「聖」字亦當作「衆」。

「亂主獨用其智，而不任衆人之智。」案：此正與上明主相反也，「衆」字不誤。宋本、朱本及群書治要引作「聖」，非。

臣乘馬篇：「故春事二十五日之内耳也。」丁君云：「耳當爲畢」。案：「耳」，猶而已也。已，止也。文可通，不煩改字。

海王篇：「吾欲藉於臺雉何如？」案：「臺雉」疑誤。輕重甲篇作「室屋」，國蓄篇作「室廡」，其文與此大同。「臺」與「室」形近，又「屋」字古文作「𡈝」，與「臺」字尤易相混。

「鹽百升而釜。」尹注：「鹽十二兩七銖一黍十分之一爲升。」案：依下注，一釜之鹽，七十六斤十二兩十九銖二纍，百分之，則此當云「十二兩六銖九纍一黍十分之二爲升」，蓋傳寫脱誤。

「釜五十也。」尹注：「每一斗。」案：「斗」當作「升」。

「行服連軺輦者。」雜志云：「輦，當依朱本作輂。」案：尹，音居玉反，則所見本作「輂」，不誤。

國蓄篇：「愚者有不賡本之事。」案：「賡」與庚、更通。後山國軌篇亦作「庚」。史記平準書：「悉巴蜀租賦不足以更之。」集解韋昭曰：「更，續也。或曰更，償也。」償、續，義亦相因。

山權數篇：「故王者歲守十分之參三年與少半，成歲三十一年而藏十一年與少半藏參之一，不足以傷民，而農夫敬事力作。」雜志云：「『三年』二字衍。成歲者，順成之歲也。藏十一年，衍『一』字。言順成之，歲三十一年而藏其十年與一年之少半，是所藏者爲三十一年中三分之一也。」案：王衍「三年」字及解「成歲」得矣，餘説嫌迂曲。竊謂「十一」兩字，皆當衍：「與少半」三字，當在「藏參之一」下。今更定之，云：「故王者歲守十分之參與少半，成歲三年而藏十，一年藏三之一與少半，不足以傷民，而農夫敬事力作。」解曰：少半者，三分之一也。令歲收十分而三分之，則每分得三又三分其餘，分得三三三不盡，是爲少半也。成歲三年而藏十者，歷三年而所藏積九分又九九九，不盡合之而成十也。一年藏參之一與少半，即承上「守十分之參與少半」而言，即所得三分，又三三三不盡。以明其不傷於民而又不至狼戾也。曰歲、曰年，皆舉時而言；曰少半、曰參之一，皆舉歲收之分而言。語自有倫，不得相混，而倂藏十年與少半也。乘馬數篇云：「人君之守，歲藏三分，此三分，兼小分、少半而言。十年，則必有五年之餘。」雜志云：「五當爲三。」是也。十年者，要其終言之，其實九年而已足。

「綪絤。」案：「絤」字疑即「綪」之異文。説文：「茜，茅蒐也。」段注以爲即「倩」字。又云：

「綪，以茜染，故謂之綪。」蓋古音西、青相近，故「綪」而作「緉」，後人不察而並存之。

山至數篇：「梁聚。」案：如前事語篇佚田，此篇「梁聚」、「請士」、「特」，及輕重甲篇「癸乙」，乙篇「癸度」、「衡」，蓋皆寓言，實無其人。

「外皮幣不衣於天下，内國傳賤。」戴君云：「御覽治道部引無「外」字，「内」作「則」。」案：御覽所引，蓋猶舊本也。「内」字蓋本作「而」，而即「則」也。見經傳釋詞形近譌爲「内」，後人遂於上句妄增「外」字。

地數篇：「故先王各用於其重。」俞君云：「各，當作託。」案：疑本作「度」字。度，古作「庑」，與「各」形聲俱近而誤。下文云：「先王權度其號令之徐疾，高下其中幣，而制下上之用是也。」國用篇作「故託用於其重。」託，亦「庑」字之譌。

揆度篇：「桓公曰：事名二，正名五，而天下治何謂事名二？」案：「桓公曰」三字，疑當在「何謂」上。

「此乃財餘以滿不足之數。」案：「財」乃「裁」之借字，易泰大象傳：「后以財成天地之道。」「財」，荀氏作「裁」。

「一歲耕，五歲食，粟賈五倍。一歲耕，六歲食，粟賈六倍。二年耕，而十一年食。」案：「五歲」、「六歲」，正得十一年。丁君云：「當作十二年。」非。

「我動而錯之，天下即已於我矣。」案：「已」字疑衍。

「良萌也。」案：「萌」即「民」也。説文：「民，衆萌也。」

輕重甲篇：「伊尹以薄之游女工文繡纂組。」案：「薄」即「亳」也。下文云：「夫湯以七十里之薄。」是其證。舊本於「之」字斷句，謬。

「故聖人善用非其有，使非其人。」案：「故聖人善」貫下二句。「用非其有」，即所謂來天下之財；「使非其人」，即所謂致天下之民。事語篇云：「佚田謂寡人曰：『善者用非其有，使非其人。』」與此正同。舊本乃於「善用」斷句，謬甚。

「跱蓄之家。」案：「跱」，當爲「峙」。費誓：「峙，乃糗糧。」説文作「偫」。

「弓弩多匡軫者。」案：考工記：「則輪雖敝不匡。」注：「匡，枉也。」

「魚以爲脯，鯢以爲殽。」案：「魚」字，疑脱右旁。

「則是下艾。」案：「艾」、「刈」古通。「下艾」，謂去其本。下文「今操不反之事」。「不反」二字，疑「下艾」之譌。

輕重乙篇：「癸度。」案：即「揆度」也。

「有雜之以輕重。」案：「有」，當爲「又」。

「甯戚鮑叔隰朋易牙。」案：「易」字衍；「牙」字當在「鮑叔」下。

「以是與天子提衡争秩於諸侯。」案：「子」疑當作「下」。

輕重丁篇：「煮沸爲鹽。」案：「沸」，疑「沸」字之譌。

「桓公舉衣而問曰。」宋本、元本「衣」作「哀」。案：疑「衷」字之譌。

「論議玄語。」案：「玄」，疑當作「互」。

輕重戊篇：「管子曰狐白應陰陽之變。」案：「管子曰」三字，當衍。

「離枝遂侵其北。」案：上文已云「離枝聞之，遂侵其北」，疑此文「侵」字當作「取」。

輕重己篇：「此三人者。」案：猶言「此三等人」也。雜志謂衍「人」字，非。

「觀於外祖者。」案：上文作「祀於太祖」，此「觀」字、「外」字，疑誤。

同治丁卯，德清戴望子高以所著管子校正見示，中多述王氏讀書雜志及陳君奂、俞君樾、丁君士涵之説，予爲覆校一周，間有所窺，坿識眉上，君亦頗見采焉。癸酉之春，戴君歸道山，其書前已刻成二卷，同人謀蕆其事，不枉君數載苦心矣。然管子書殘缺舛誤，自宋已然，封禪篇唐已缺。又古類書引者甚少，無可旁證，今雖稍爲之補苴，於全書不過十之二三。至於真贗雜糅，及後人所竄亂，皆不可得而理也。

韓非子初見秦篇：「世有三亡，而天下得之。」案：「三亡」，即下所云「以亂攻治者亡，以邪攻正者亡，以逆攻順者亡」今本脱此，宜依秦策補。三端也。「天下」二字承上「臣聞天下」云云來，謂天下之攻秦者，犯此三亡也。注乃云：「知三亡者，得天下。」不解其所謂。

「荊王君臣亡走，東服於陳。」案：「服」當依秦策作「伏」。史記楚世家：「頃襄王二十一年，秦將白起遂拔我郢，燒先王墓夷陵。楚襄王兵散，遂不復戰，東北保於陳城。」六國表作「王亡走陳」，白起列傳作「東走徙陳」。故云「伏」，謂竄伏也。此秦昭襄王二十九年事也。秦策以此篇爲張儀説秦王文。案：儀以秦武王元年去秦入梁，在前三十三年矣。又下文偁秦攻魏軍大梁，白起擊魏華陽軍及長平之事，更在其後，足以明國策之誤矣。

「弃甲兵弩戰悚而天下固已量秦力二矣。」上六字，策作「棄甲兵怒戰慄而卻。」案：「棄甲兵弩」言不成文，策作「怒」，亦不可通，疑皆有誤。「卻」字則當依策補。

「以代上黨不戰而畢爲秦矣。」「以」字疑即上句「也」字譌衍，秦策無。

「拔荊，東以弱齊强燕。」「强」字衍，秦策無。

「於是乃潛於行而出。」宋本、道藏本並同。今本作「潛行」，無「於」字，秦策、呂氏春秋、淮南子皆然。或以爲「於」字衍。案：「於」疑「游」字之譌，蓋韓子作「游」，它本作「行」，讀者旁注異文，轉寫並存，又以形近，譌爲「於」耳。游者，泅水也。此時城爲水灌，不没者三版，故泅水而出。

「知伯之約」。「知伯」上當有「反」字。趙本依秦策補，宋本、道藏本並脱。

「齊燕不親。」案：依上文，「親」當作「弱」。

墨子辭過篇：「冬則凍冰，夏則飾饐。」「飾饐」二字不可解。經訓堂校注本云：「飾，若覆食之冪。」與凍冰義不相對。群書治要引作「餕饐」。案：玉藻：「日中而餕」，鄭注：「餕，朝食之餘也。」論語：「有酒食，先生饌。」鄭本作「餕」，云：「食餘曰餕。」玉篇：「饐，饐餲，臭味變。」餕饐者，食有餘而味變也。或云「餕」當爲「酸」，酸饐與上「凍冰」對。

呂氏春秋序意篇：「惟秦八年，歲在涒灘，秋甲子朔。」案：歲陽歲名雖見爾雅，而古書用歲名者僅見此。若楚詞之「攝提貞于孟陬」，自謂月建，史記天官書：「大角者，天王帝廷。其兩旁各有三星，鼎足句之，曰攝提。攝提者，直斗杓所指，以建時節，故曰攝提格。」王叔師誤以太歲釋之。閻氏百詩以授時術，我友顧君觀光以三統術，推得始皇八年七月甲子朔，然是年實壬戌，當爲閹茂，非涒灘。錢少詹事以歲有超辰爲解。超辰之説始於劉歆，古法無之。今姑依三統積年，求得是年歲星在壽星，太歲在作鄂，仍差一次。王氏雜志用許周生説，以八年爲六年之誤，而六年秋無甲子朔，無以定其果是也。

淮南子天文訓：「太陰在卯，歲名曰單閼。」注：「單，讀爲明陽之明。」據莊刻本。案：「單」字斷無「明」音。蓋本作「闡揚」之「闡」，誤寫耳。然「單」雖有「齒善」一切，讀爲「嘽緩」之「嘽」，而據下文「單閼之歲」注云：「單，盡」，則本讀爲「殫」，此讀「闡」之音，蓋後人旁增，非高注也。

覽冥訓：「田無立禾，路無莎薠，雜志云：「當作薠莎。」金積折廉，壁襲無理。」雜志云：「理，文子上禮篇作贏。贏，當作贏，與禾、莎、施爲韻。」案：疑「理」字，本作「蠡」。蠡有力底、力戈二音。此文與禾、莎、施爲韻，當讀力戈反，後人誤讀力底反，音近，誤爲「理」。然文子自作「贏」，故誤爲「贏」。若非文子，則無從悟此文「理」字爲「蠡」之誤矣。蠡，即贏也。

齊俗訓：「其兵戈銖而無刃。」雜志謂衍「戈」字，引文子「其兵鈍而無刃」爲證。案：高注云：「楚人謂刃頓爲銖。」字書、韻書無訓「銖」爲「頓」者，直是「鈍」字之譌。鈍，古通作「頓」。

「文以青黃，絹以綺繡。」案：說文：「絹，繒如麥稍色。」「絹以綺繡」，不辭。「絹」疑「縜」字之譌。說文：「縜，綱紐也。」謂以綺繡結之。

莊子養生主：「爲善無近名，爲惡無近刑。」兩「無」字，皆轉語辭，與無乃、將無、得無辭氣相近。在宥篇：「人大喜邪，毗於陽；大怒邪，毗於陰。」句法正相類。敬齋古今黈以爲「無爲善以取名，無爲惡以取刑」，顛倒其字，非漆園意。

文選洞簫賦注云：「大者長三尺四寸。」案：郭注爾雅「大簫長尺四寸」，周官小師疏引通卦驗、三禮圖、藝文類聚引通卦驗皆同，此云「三尺四寸」，「三」字蓋衍文。又子淵所賦，疑今單簫，有旁孔而無蠟底者，注以爲編簫，恐非。

長笛賦：「蒯聵能退敵，不占成節鄂。」案：襄二十五年左傳有「申蒯」，韓詩外傳作「荆蒯芮」，說苑作「邢蒯聵」，蓋本一人。又外傳有陳不占二人，皆死崔杼之難者，故連類及之。注既引外傳陳不占事，而於蒯聵，則以衛莊公當之，得一而遺一，何也？又賦文「退敵」二字，無謂，疑「赴敵」之誤。

李少卿答蘇武書：「胡笳互動。」善注引說文作「葭」。玉篇「葭」下引此文作「胡葭互動」，云：「今作笳。」案：今說文「葭」篆下，但云「葦之未秀者」，是有脱文也。

樂府詩集焦仲卿妻篇。案：此詩之作，人共知其序小吏伉儷之篤，夫義婦貞，固然。抑知有微意存焉。小吏之母苛細人也，蓋其待婦過嚴，而蘭芝者巧慧有餘，和婉不足，小吏則愛妻而不知勸誨，彼於爲姑、爲婦、爲夫之道，皆有闕焉。故一言激烈，便爾遣歸，怨讟之餘，成此事變。婦不能事姑，子不能事母，而姑之不能慈婦，更無論矣。作詩者，直陳其事，曲折詳盡，令人言下自見，而終之曰：「多謝後世人，戒之慎勿忘。」柰何讀者但賞其詩之奇麗，歎其情之慘烈，而不究作者命意所在邪？或者并此诗而訾之。是聞者不知戒，而以罪言者也。

南匯張歗山先生耆古博覽，不求聞達。仁壽耳其名，殆二十年，僻居家衖，末由奉手。同治丙寅春之金陵，舍于書局，迺獲與先生同研席。時方校刊太史公書，每遇疑義，輒鉤稽同異，往復商榷，先生所爲别纂札記者也。先生之學，於名物、訓詁、六書、音均、樂律、中西算術，靡不洞澈原流，所爲詩古文辭，空諸依傍，直抒所見，自無馳騁叫囂之習。所著如春秋朔閏考、古今樂律考，稿經寇亂散失，未遑整比。此隨筆六卷，乃筆於群書簡端者，暇日自録成袠，仁壽因寫臧其副。癸酉冬，先生以年老告歸，亟從臾其先授之梓。若詩古文辭，則編刊尚有待云。甲戌秋九月，海寧唐仁壽跋于冶城書閣。

舒蓺室續筆

舒藝室續筆

易損上九：「勿損，益之。」本義曰：「然居上而益下，有所謂惠而不費者，不待損己，然後可以益人也。」顧亭林曰：「有天下而欲厚民之生，正民之德，豈必自損以益人哉？」錢少詹曰：「惠而不費，則其惠可久，其惠亦可大，故曰『勿損，益之。』大得志也。」案：三説相同，而錢尤簡要。是故子貢問博施濟衆，而夫子曰：「堯舜猶病。」梁惠王哆然於移民移粟，而孟子「以爲以五十步笑百步」。子産以乘輿濟人，而孟子以爲「惠而不知爲政」。君子之利用厚生，自有其大者遠者，而姁姁爲仁乎哉！

禹以治水之功洽於四海，皋陶、益、稷同寅協恭，皆所推服。受禪易世，舜已開其先，宜其行所無事。舜起自側微，未有功績，九男斂衽，二女刑于非常授受，盈廷帖然。丹朱之傲，没齒無怨。其盛德所化，潛移默運，蓋不可以窺測。然始不見亮於頑、嚚、傲象，後不能式化於商均，知家庭之際，聖人亦有所窮。故曰：天地之大，人猶有憾。

丹朱之不肖，見於益稷之篇，曰：「惟慢遊是好，傲虐是作，罔晝夜頟頟，罔水行舟，朋淫于家。」其言甚簡，然史記殷本紀言紂之不善，曰：「知足以距諫，言足以飾非，矜人臣以能，高天下以聲，以爲皆出己之下。」非所謂傲虐乎？曰：「好酒淫樂，嬖於婦人。」非所謂慢遊是好乎？罔水行舟，某氏傳解爲陸地行舟，則又紂之材力過人，手格猛獸之類。鄙意「罔晝夜頟頟，罔水行舟」二「罔」字，讀爲妄。罔水行舟者，蓋即孟子所謂「流連荒亡」也。則使丹朱嗣位，一紂而已。堯之禪舜，蓋不得已也，然猶歷試諸艱，乃知堯讓許由，必無其事。

書序：「成湯既没，太甲元年。」文不成義，中間當有脱文。史記殷本紀：「湯崩，太子太丁未立而卒，於是迺立太丁之弟外丙。帝外丙即位三年，崩。伊訓正義及孟子疏兩引皆同，惟御覽八十三引「三」作「二」，與今孟子同。立外丙之弟中壬。帝中壬即位四年，崩，伊尹迺立太丁之子太甲。」與孟子合。某氏傳祇據僞伊訓云：「及湯没而太甲立，偁元年。」夫諒陰三年，高宗猶行之，豈開國之初，而阿衡若是其怱？即以後世而論，亦當踰年改元，蜀漢章武爲陳壽所譏，嗣是而晉惠之永熙、愍之建興、簡文之咸安，一家繼續，有同革命。僞古文萌牙於魏晉之間，安知非豎儒之迎合，又安知今本書序非其所刪？亦萬世之罪人也。孔沖遠乃謂夏后之世或不踰年，未知何據？又引顧氏云：「止可依經誥大典，不可用傳記小説。」人固有未讀孟子者邪？抑孟子之言固傳記小説類邪？

書序：「河亶甲居相，作河亶甲。祖乙圮于耿，作祖乙。」殷本紀皆失書。又：「成王既踐奄，將遷其君于蒲姑，周公告召公，作將蒲姑。」周本紀亦失書。又：「伊陟相大戊，亳有祥桑穀、共生于朝，伊陟贊于巫咸，作咸乂四篇。」殷本紀「咸乂」下有大戊篇，而書序無之。

尚書大傳：「文王受命，一年斷虞、芮之訟，二年伐邘，三年伐密須，四年伐犬戎，五年伐耆，六年伐崇，七年而崩。」史記周本紀惟二年伐犬戎，四年伐耆，五年伐邘爲異，餘皆同。又云：「詩人道西伯，蓋受命之年偁王，不足信，辨見鄙著周初歲朔考而斷虞、芮之訟。後十年而崩。」「十年」乃「七年」之誤。十與七，形近而譌。史表多有蓋與大傳及鄭康成說同。張守節乃云：「十當作九。」案：周本紀言：「九年，武王上祭于畢。東觀兵，至于盟津。爲文王木主，載以車，中軍。武王自偁太子發。」蓋亦以武王蒙受命年不改元，此九年即文王受命之九年。若如守節說，則是武王即於文王崩年觀兵於商也。蓋作僞古文者用劉歆說，文王受命九年而崩，再期在大祥而觀兵於商，十三年而伐紂，故於僞武成云：「惟九年，大統未集。」僞泰誓云：「惟十有三年春，大會於孟津。」守節遂據此以糾史公，不知兩説自不能彊合也。鄭康成本大傳，亦以文王受命七年而崩，十一年觀兵，十三年伐紂，蓋調停於史、漢間，以合多方「天惟五年，須夏之子孫」之文。然書序祇云：「惟十有一年，武王伐殷，一月戊午，師渡孟津，作泰誓三篇。」即如古說武王承受命年不改元，自七年至十一年，首尾亦五年矣，何不可以釋多方？蓋九年之會，乃諸侯好會，其時三分天下，周有其二，紂已偏安，故諸侯有請遂伐之者。然三仁猶在，故武王告以天命未可。而後人附會，遂以爲觀兵，此亦文王偁王及血流漂杵之類也。中庸言「壹戎衣而有天下」，孟子言「一怒而安天下之民」，伐殷無再舉，明矣。詳見周初歲朔考。

康誥：「殪戎殷。」段注說文謂不必與中庸之「壹戎衣」相牽，固亦可。毛詩民勞傳：「戎，大也。」方言同。「殪戎殷」，猶大明詩云：「肆伐大商」也。某氏傳解爲「殺兵殷」，大可發笑，而孔沖遠猶順文而疏之，何與？

劉器之元城語録引韓詩雨無極篇，首有「雨無其極，傷我稼穡」二句，然則北宋時韓詩猶存也。案：小序云：「雨無，正大夫刺幽王也。」雨無極即以首句名篇，「正大夫」三字連文，見於詩中。後人脱去首二句，而序中又脱「極」字，遂以「正」字上屬，甚無義理。讀詩記引董氏說：「韓詩作『雨無政』，正大夫刺幽王也。」蓋彼因其難通而强增「政」字，或亦記韓詩「雨無」下本有一字，而「正大夫」三字，本相屬，特失卻首二句，遂不復憶是「極」字耳。朱子謂首二章本皆十句，今遽增之，則長短不齊。夫韓詩既佚，自不得據孤文以增益，存其說可耳。若以長短爲嫌，則斯干首章六句，次章五句；生民首章十句，次章八句；瞻卬首章十句，次章八句；載見首章六句，次章二句；閔予小子首章六句，次章四句；良耜首章十句，次章七句；長發首章八句，次章四句，殊不嫌參差矣。

魯頌閟宮：「后稷之孫，實維大王，居岐之陽，實始翦商。」案：「周自不窋失官，竄於戎狄，歷數世至大王，又爲狄人所侵，去豳，内徙于岐，蓋商土也。翦、踐古通，見邵學士爾雅正義。此謂重踐中國之地。張平子西京賦：「昔者大帝説秦繆公而覲之，饗以鈞天廣樂，帝有醉焉，乃爲金策，錫用此土，而翦諸鶉首。」翦，亦讀爲「踐」。踐，猶履也，猶管仲言「賜我先君履」也。鄭箋釋「翦」爲「斷」，失之。毛傳訓「勤」，亦未瞭。

樂記：孔子問賓牟賈曰：「聲淫及商，何也？」對曰：「非武音也。」子曰：「若非武音，則何音也？」對曰：「有司失其傳也。若非有司失其傳，則武王之志荒矣。」蓋春秋時，去周初已遠，樂師相傳久失其義，故孔子復因其問而詔之。商，樂名也，疑即後子貢問樂章「肆直而慈愛者宜歌商」之商，彼云：「故商者，五帝之遺聲也。」又云：「明乎商之音者，臨事而屢斷。」又云：「臨事而屢斷，勇也。」正與此下文「發揚蹈厲」者，「大公之志也」義合。淫者，洋溢之意。聲淫及商，正是武音因其發揚蹈厲而疑非武音，又疑武王之志荒，賓牟賈失其解耳。然則篇末綴子貢問樂一章，正與此章相發。

「六成復綴以崇天子夾振而駟伐，盛威於中國也。」鄭注本於「崇」字絶句，云：「崇，充也。凡六奏以充武樂也。」「天子」二字屬下讀，文義詰籟。樂書以「天子」二字上屬爲句，集解引王肅曰：「以象尊崇天子也。」案：六成復綴以崇天子，蓋象功成報政於武王也。夾振之而駟伐，疑指滅國五十事。此注王肅爲優。

春秋昭二十年左傳：「齊侯疥，遂痁。」杜注：「痁，瘧疾。」案：周禮天官疾醫：「四時皆有癘疾：春時有痟，首疾；夏時有痒，疥疾；秋時有瘧，寒疾；冬時有嗽，上氣疾。」疑齊侯夏患疥未瘳，及秋而又患瘧，故云「疥，遂痁。」說文引亦作「疥」。梁元帝、顏之推輩欲易「疥」爲「痎」，段懋堂謂「無事自擾」，信矣。素問陰陽應象大論：「冬傷於寒，春必病温，春傷於風，夏生飧泄；夏傷於暑，秋必病瘧，秋傷於濕，冬生欬嗽。」與生氣通天論大同，不盡合於疾醫文者，彼是先時所伏，疾醫文所云，乃隨時所感也。痟，首注痟酸削也。首疾，頭痛也。說文：「痟，酸削，頭痛也。」素問金匱真言論亦云：「春氣者，病在頭。」

又二十四年左傳：「陽不克莫將積聚也。」杜注：「陽氣莫然不動。」釋文「陽不克莫」絕句。案：上文云：「日過分而陽猶不克。」此承上來，當於「克」字絶句。如杜、陸讀，則文不成義。莫字當屬下爲句。莫，疑辭，如論語「莫吾猶人也」之「莫」。述聞謂當作「其」，似不煩改字。

又二十五年左傳：「爲六畜、五牲、三犧，以奉五味。」五牲，杜注：「麋、鹿、麏、狼、兔。」正義云：「以上文已言六畜，則五牲非六畜，故必解之。」述聞云：「麋鹿之屬，可謂之獸，不可謂之牲。」案：獸與牲，對文則異。今上言六畜，則獸亦可言牲。桓四年公羊傳何注云：「已有三牲，必田狩者，孝子之意以爲己之所養，不如天地自然之牲。」然則獸可名牲矣。

論語弓治長篇：「宰予晝寢。」案：此蓋是内寢。檀弓：「夫晝居於内，問其疾可也；夜居於外，弔之可也。是故君子非有大故，不宿於外；非致齊也，非疾也，不晝夜居於内。」宰我居聖門而忘夫子之教，故深責之。若當晝而寢，恐不至是。

顧君尚之據詩「伴奐爾游矣，優游爾休矣」，書「惟時厥庶民于汝極，錫汝保極」，謂君臣可相爾汝，至孟子時，乃以爾汝爲輕賤之偁。予謂稷契篇「安汝止」，禹以偁帝；金縢篇則爾之偁且加於三王。孔子偁及門皆爾汝，門人偁之曰子。「子在，回何敢死」！「有是哉，子之迂也」。而子路且曰：「禱爾於上下神祇。」公明高偁長息，亦曰：「爾猶近古矣。」孟子於弟子則偁子，時世之遷流如此。

爾雅釋天：「疾雷爲霆霓。」郝蘭皋比部云：「霓字衍。」東都賦注：書鈔百五十二、類聚二、初學記一、御覽十三引，並無「霓」字。案：霓字蓋因下「雨霓爲霄雪」之「霓」字而誤衍。郭注及陸氏釋文皆無釋，知其誤在唐以後，然今俗本皆如此。廣東張刻單注本删去「霓」字，是矣，而改其文曰「疾雷謂之霆」，則不可。

「冬獵爲狩。」注云：「得獸取之無所擇。」邵氏正義以詩疏引李巡說證之，足矣。又引說文「狩，犬田也」，云：「冬日草枯，田犬便於逐利也。」案：田獵用犬，豈獨冬狩？「犬」乃「火」字之譌，段注已據韻會改正。「火田爲狩」即在下文，而依誤本說文爲說，何也？

釋地：「邑外謂之郊，郊外謂之牧，牧外謂之野，野外謂之林，林外謂之坰。」邵氏正義據魯頌毛傳、說文、周禮遂人注皆言「郊外曰野」，王氏述聞又引高注呂氏春秋、淮南子，韋注晉語證之，以爲毛、許、鄭、高、韋所見爾雅皆無「郊外謂之牧」文。蓋爾雅一書經後人增益，本各不同，引用隨其所見耳。素問靈蘭祕奥論王注引此文云：「邑外爲郊，郊外爲甸，甸外爲牧，牧外爲林，林外爲坰，坰外爲野。」不知所據又何本。

釋山：「山豄無所通，谿。」說文谷部：「谿，山瀆無所通者」；「豁，通谷也。」阜部：「隫，通溝以防水。」讀若洞。豄，古文隫。」然則通者爲「豁」，不通者爲「溪」，而「豄」其總名。若「隫」乃人力所爲，故在阜部，與防、隄相次。古文作「豄」，疑假借字。谿，不通水，故在釋山。若釋水之「水注川曰谿」，當即今之「溪」字。說文無「溪」字，而玉篇水部有之，云：「溪澗」。谷部「谿」云：「與溪通。」廣韻同。漢馮緄碑：「南征五溪。」「溪」字从水。山豄無所通之「谿」，疑亦假借字，本當作「蹊」。孟子：「山徑之蹊閒，介然用之而成路。」趙注：「山徑，山之嶺有微蹊。」微蹊，謂非常由之路，蓋即所謂窮豄也。

釋草：「拜，蔏藋。」案：以「拜」名草，無義，古今亦未聞有草名拜者。惟說文艸部：「藋，釐草也。一曰拜蔏藋。」於文義不順。夫「拜」字从手，自有正義，果有此草，當附於彼篆下，不當附於「藋」下。疑此文「拜」字，當爲「荓」，與馬帚同名，猶王彗、山莓同名「葥」也，字形相近，譌爲「拜」。淺人遂以補入說文而不知與說文引別解之例，實不合也。

釋蟲：「密肌，繼英。」郭注：「未詳。」錢少詹據赤犮氏注：「肌蛷之屬」，疑「密肌」即「肌蛷」，引說文「蟲，多足蟲」爲證。段注說文從之，引通俗文「務求謂之蚑蛷」；廣雅「蛷螋，蟱蛷也」；陶隱居陳藏器作「蠼螋」。案：説文「蟊」字从求，蓋象形兼聲，疑古但借「求」字爲之，後人加虫旁耳。又説文：「脙，齊謂癯脙也。」脙爲癯，猶蛷爲蠼矣。

釋獸：「時善乘領。」郭注：「好登山峰。」邢疏：「好登山峰之一獸也。」案：「時善乘領」當屬上「蜼，卬鼻而長尾」爲一節。時，猶是也，指是物也。善乘領者，「領」，古「嶺」字，與上「猶，如麂，善登木」，「猱蝯，善援」，「貜父，善顧」句法同。郭注似本連屬，疏本分爲兩節，遂似別爲一獸矣。

説文艸部：「茵，以艸補缺。从艸，㐁聲，讀若執。」段本作「讀若俠」，注云：「或作陸，誤字也。」案：谷部：「㐁，他念切。」又：「㐁讀若三年導服之導。一曰竹上皮，讀若沾。」導與「禫」同音，「茵」从㐁聲，與執音、陸音、俠音俱遠，疑段本當作「讀若陜」，㐁、沾、禫皆同部。然鉉音直，例亦不合。

「几，鳥之短羽飛几几也，市朱切。𠘩，新生羽而飛。从几、从彡，之忍切。」段云：「此與彡部㐱，音同形似而義殊。」案：彡部之「㐱」，从彡，人聲，故音之忍切。此「𠘩」字，从几，何爲亦之忍切邪？江寧楊君大琦説文重文考謂：「𠘩，从几聲，讀若殊。」引漢書禮樂志：「殊翠采，五色文。」殊，當爲此「𠘩」字。其説致碻。乃段氏既知「𠘩」與「㐱」異，而不悟「之忍切」之非，何與？羽部：「翏，高飛也。」當從羽𠘩，會意。

鳥部：「鷗鳩，鶻鵃也」；「鵻，祝鳩也」；「鶻，鶻鵃也」；「鵃，鶻鵃也」。段云：「鶻、鵃二篆宜蒙鷗篆類厠，乃中隔以祝鳩，豈轉寫倒易與？」案：段説是也。鍇本「鵻」下注「古滑反」，此正「鶻」字之音。蓋「鶻鵃」本承「鷗」後，俗人竄亂，以「鵻」篆中隔之，而以「鶻」字之音音「鵻」，謬甚。

乃部：「𠧪，驚聲也。从乃省，卤聲。籀文𠧪，不省。或曰𠧪，往也，讀若仍。」案：許書：「𠧧，鳥在巢上也。象形。」籀文作「卤」。𠧪，从卤，从乃，乃亦聲也。云驚聲者，鳥方𠧧而驚也。生民詩：「鳥乃去矣。」乃、𠧪古通，故云：「𠧪，往也。」讀若「仍」者，之蒸二部互轉也。淺人改爲卤聲，不合古音。段氏强爲之解，何與？籀文作「𠧪」，本無異形，何云不省？此五字衍。漢人寫「𠧪」作「迺」，蓋是隸變，繁陽令楊君碑作「𠧪」，尹宙碑作「廼」，宗俱碑作「卣」，皆不从「辶」。

木部：「校，木囚也。」漢書趙充國傳：「校聯不絕。」師古引説文已同。今本律以易之「屨校滅趾」、「荷校滅耳」，義自可通。自徐楚金好爲異説，遂滋疑義。唐本作「木田」，安知非誤？不必拘。

吕部：「躳，身也。从身，从吕。躬、躳，或从弓。」案：躳，从吕，身聲；躬，从身，弓聲。疑古有此二體。大雅文王篇：「無遏爾躬。」韻天，宜作「躳」。召閔：「不裁我躬。」韻弘，宜作「躬」。今本並作「躬」，蓋傳寫亂之。段氏改「或」字爲「俗」，許書乃存「俗」字乎？

老部：「孝，善事父母者。从老省。从子，承老也。」案：易蠱初六：「幹父之蠱，有子考，无咎。」傳曰：「幹父之蠱，意承考也。」許君以「孝」次「考」下，疑本从考省，亦轉注之例。「承老」之「老」，亦當作「考」，即用易傳義，後人傳寫，誤作「老」耳。文王有聲詩：「匪棘其欲，聿追來孝。」「考」聲在幽部，「欲」乃侯部之入，與「孝」不相諧。禮器引作「匪革其猶」，「猶」與「孝」同部，「欲」乃轉音也。

厂部：「屵，岸上見也。从厂，从之省。讀若躍。」段注謂當「从屮」，淺人改爲「㞢」。容或有之。此字今廣韻、集韻皆收入聲十八藥矣。玉篇厂部無此字。然讀如躍，不知其得聲之由，蓋象形爾。竊疑躍乃「脽」字之譌。漢書武紀：「立后土祠于汾陰脽上。」注如淳曰：「脽者，河之東岸特堆堀，長四五里，廣二里餘，高十餘丈」云云。正與説解「岸上見」之文合。師古云：「脽者，以其形高如尻脽，故以名云。」然則「脽」乃假借字，而「屵」其本字，故云「讀若脽」。又邶風：「新臺有洒。」毛傳：「洒，高峻也。」爾雅：「望厓洒而高，岸。」説文：「洒，滌也。」無高峻義。云「望厓洒而高」，亦與「岸上見」義同，疑亦「屵」之假借。「洒」與「脽」，聲亦相近。

犬部：「猌，犬張齗怒也。从犬，來聲。」段云：「此從犬來，會意，聲字衍。」案：段説是矣。然「從犬來，會意」，則似就人之意，故心部「憖」，从猌，而有肎與願之訓。此「怒」字亦衍文。

心部：「憖，問也，「問」字誤，當依玉篇及左傳釋文引字林作「閒」。謹敬也。从心，猌聲。一曰説也，一曰甘也。春秋傳曰：『昊天不𢘅。』又曰：『兩軍之士皆不憖。』」案：「説」與「甘」，義相近，小爾雅、國語注皆云：「憖，願也。」十月之交，正義引作「肎，從心也」。亦皆與「説」、與「甘」近。左傳注：「且也。」漢書五行志應劭注：「且辭也。」則與「閒」義近。文十二年左傳：「兩軍之士皆未憖。」蓋謂皆未肎相下。杜解「憖」爲缺意反晦，段注易「問」爲「肎」，易「甘」爲「且」，亦勇於改字矣。謹敬之訓，未知所本。國語：「敢歸諸下執政以憖御人。」以憖御人，猶云以問御人，蓋謙辭。

糸部：「絶，斷絲也。𢇍，古文絶。」「繼，續也。反𢇍爲㡭。」案：云「反𢇍爲繼」，則繼當从㡭，可知段本繼作𢇍，而下復出「㡭」篆，云：「𢇍，或作㡭，反𢇍爲㡭。」改篆增文，無事自擾。蓋見苑鎮碑、袁良碑有作「𢇍」者，故耳，然他碑並作「繼」。

顧南原隸辨去聲十一暮：「𢱢，唐扶頌：『夷粤𢱢搋。』抪，任伯嗣碑：『南蠻抪扈。』」引集韻云：「𢱢抪，不順理也。」又云：「抪扈，即𢱢抪，變布爲市。」案：𢱢，隸釋作「拚」，漢隸字原同。拚搋，即拔扈字，見後漢書梁冀傳，鄭箋以釋皇矣詩「畔援」。拔字从犮，隸變作「巿」，猶「茇」之爲「芾」矣。𢱢字，説文云：「捫持也。」古書未有與「扈」字連文者，誤以爲从布，收入暮韻，慎矣。然宋人集韻已然，不自南原始也。

益州太守碑：「𤢖㹮𤝵獫。」顧云：「疑即鬼方凶險，各加犬旁，未詳所出。」案：今案牘文字於盜賊名，輒增犬旁，及改易爲不祥字樣，蓋自古已然。

馬江碑：「終温淑慎，咸曰女師。」顧疑「慎」即「貞」字，加心於旁。案：此明用燕燕詩「終温且惠，淑慎其身」語，隸寫「慎」作「愼」，稍變其體，乃失之眉睫。

劉熊碑：「服骨睿聖。」顧云：「服骨，疑即服膺。玉篇亦作『膺』，省膺爲骨，殊不可從。」案：作「骨」疑爛文，繁陽令楊君碑正作「膺」。

逢盛碑：「才亞后褱，當爲師楷。」隸釋引趙廣漢傳「銗筩」之「銗」，音項，謂借「后」爲「銗」，又借「銗」爲「項」。案：洪説甚碻。東、侯二部，同入相轉，「后」自有「項」音，不待借「銗」爲「項」。顧不通古音，故不以洪説爲然。

無極山碑「臣顒愚憃。」隸釋云：「憃，即戇字。」顧云：「集韻顒，或作顒，非戇字。」案：顧説是也。顒字，唐公房碑作「顒」，史晨後碑作「顒」，則「憃」爲「顒」字，無疑。

費鳳碑：「白駒以遯隉。」隸釋云：「以遯爲逐。」顧云：「字書無遯字。」案：「遯」乃「遯」字也。玉篇豚，本作「豚」。説文作「㒸」，故寫「遯」作「遯」。

魯峻碑：「遐邇忉㤾。」顧云：「忉㤾，疑即忉惻。」案：「㤾」，乃「悼」之異文。詩：「倬彼甫田。」韓詩「倬」作「菿」。「到」與「卓」同部，故與虐邈、榷樂爲韻。此條翁覃溪閣學已言之。

陳君閣道碑：「此道本有杈閣二百餘丈。」案：「杈」，疑即「柢」字。城垻碑：「氐羌攻□。」書「氐」作「㕐」，頗類此「𠬝」旁。「柢」與「邸」，古通用。柢，閣蓋即邸閣。

斥彰長田君斷碑：「史見勞醽，芳馨馥芬。」案：「醽」，疑即「鎬」字。韓勑碑：「張普阠堅。」案：「阠」，疑即「仲」，字猶「仟佰」之爲「阡陌」。

婁壽碑：「糲糌蔬菜之食。」案：「糲」即「粗糲」之「糲」。「糌」即「荅」字。説文：「荅，小尗也。」廣雅云：「小豆。」

司農劉夫人碑：「國𧰼甄采。」案：「家」，乃「像」字，疑原碑剥落。柳敏碑作「像」。

孫根碑：「至于東叩，大虐戕仁。」隸釋云：「以戕爲殲，或爲戕也。」案：「戕」，疑即「陷阱」之「阱」，古井、阱同字。「戕仁」，即論語「井有仁焉」意。

武進趙惠甫郡丞烈文示予以其鄉張皋聞編修所著説文諧聲譜，分古韻爲中、僮、蕘、林、巖、筐、縈、蓁、詵、干、蔞、肄、揖、支、皮、絲、鳩、芼、蔞、岨，凡二十部。蓋即冬、東、蒸、侵、談、陽、耕、諄、真、寒、脂、祭、緝、支、歌、之、幽、宵、侯、魚，二十部。而以詩中先出字建首。其論入聲配部，謂以詩韻較其部，分得入聲不韻平聲之部二，平聲不韻入聲之部十一，四聲俱韻之部七。乃以説文校之，詩韻中僮、蕘、林、巖、筐、縈、蓁、詵、干、皮十一部，不韻入聲。説文十一部中，亦無一入聲字，肄、揖二部，不韻平上聲。説文二部，亦有去入而無平上，蔞、皮、絲、鳩、芼、蔞、岨七部，四聲俱韻。案之説文弟十一部中，八聲「㒸」字讀若非，入與平諧也。ネ聲有「殺」字，二聲有「垐」字，朮聲之「述」字，執聲之「熱」、「褻」字，必聲「壹聲，皆兼去入，是去入諧也。弟十四部中，是聲「提」、「題」平，「寔」、「湜」

入，辟聲「檗」、「騂」平，臂上「譬」、「嬖」去，益聲，易聲多去入通讀。弟十六部之聲有「特」字，平而諧入，異聲之「翼」、「選」去，而諧入，母聲之「坶」，上而諧入，偪聲之「富」，弋聲之「代」，則聲之「廁」，皆入而諧去。不聲則平入上三讀相兼。弟十七部，由聲之「軸」、「笛」，攸聲之「滌」、「儵」，包聲之「雹」、「靶」，敄聲之「婺」，翏聲之「戮」、「勠」，皆平而諧入。肅聲之「蕭」、「簫」，尗聲之「茮」，皆入而諧平。蚤聲「騷」平，而「鼜」入。九聲之「旭」及告聲、冒聲，皆去入通讀。弟十六部，喬聲之「蹻」，勞聲之「犖」，焦聲之「噍」，爻聲之「駁」，皆平而諧入。勺聲之「杓」入，而諧平。夭聲「枖」平，而「沃」入。小聲「宵」、「消」平而削入。暴聲、卓聲兼有去入。弟十九部，冓聲「篝」、「溝」平，「斠」入，㱿聲之「瞉」，朿聲之「敕」，谷聲之「裕」，族聲之「嗾」，豖聲之「冢」，具聲之「暈」，皆上去入諧。弟二十部，於聲之「閼」、「瘀」案：說文瘀，依據切，去聲，無入聲一讀。平而諧入。莫聲則「模」平，而「漠」、「寞」入；庶聲則「遮」平，而「蹠」入；甫聲之「薄」，固聲之「涸」，各聲之「輅」，亦聲之「夜」，昔聲、石聲、蒦聲、乍聲、亞聲、虖聲，皆去入兼讀。合之詩韻，不爽豪髮。凡此皆以今讀求之，古音雖未必如是，要其聲部各以類從，可以理揣。惟詩韻縈、干二部，不韻入聲，而說文弟七部，呈聲有「鐵」，㠯聲从冂，讀通汨。弟十部，旦聲有「怛」、「笪」，安聲有「頞」，匽聲有「揠」，鬳聲有「⿰木獻」，頗爲不同。蓋十部與十一部闕合，凡「怛」、「揠」等字皆後人誤讀，本不當爲入聲。案：匪風詩，怛與發、楬韻；甫田詩，怛與桀韻，皆讀入聲。「鐵」字，蓋十一部之合，「⿰木獻」字，蓋十四部之合，聲雖在此，字宜在彼，説文此類甚多，不足疑也。其論本音云：「求古本音，當以説文爲據。制字之始，從某聲者，其讀皆必如所从，從有長言短言之別，如「逢」字，不从夆聲，而必从峰省聲；「詐」字，不从乍聲，而必从作省聲。蓋其得聲，正如後世之反切，至嚴且密，此即古人之韻書也。古者六書之教，八歲入小學則受之，未有知詩而不知韻者。至聲音之轉，隨時變易，古人所作，亦必有依古而不諧者，亦必有以我而變古者，如孔子繫易，屈子作騷，微有變通，要其義類相傳，必無紊亂。字學既息，韻學亦亡，許氏説文出，學者乃有所依據。然其讀若云者漢人之音，不必與古合。許讀意在曉今，若其存古，自有本字，就其出入，次弟部分秩，如許氏之學，所以精也。以上二論，並極精塙，而古音論尤爲通徹，其餘所論四聲、正紐、反紐及論合韻，絲連繩貫之説，刻意求深，反近支離，未敢信也。其書部爲一卷，凡二十卷，每卷前列詩音，次易繫，次屈，次列説文，全文各以聲類相次。後編修子成孫復衍之爲五十卷，卷帙徒增，實不能出乃翁之範圍。二書俱未刊，惠甫意欲謀梓，予以爲宜刊原本，今亦未果，故識其大略於此。

婺源江氏慎修，分廣韻二百六部爲十三部：一東，冬、鍾、江，上聲董、腫、講，去聲、送、宋、用、絳。二支，脂、之微、齊、佳、皆、灰、咍，上聲旨、止、尾、薺、蟹、駭、萌、海，去聲寘、至、志、未、霽、祭、泰、卦、怪、夬、隊、代、廢。入聲麥、昔、錫、職、德、三魚、虞、模，上聲語、麌、姥，去聲御、遇、暮。入聲藥、鐸、陌，四真，諄、臻、文、欣、魂、痕，上聲軫、準、吻、隱、混、很，去聲震、稕、問、掀、慁、恨。入聲質、術、櫛、物、迄、没；五元，寒、桓、刪、山、先、仙，上聲阮、旱、緩、潸、産、銑、獮，去聲願、翰、換、諫、襉、霰、線。入聲月、曷、末、黠、鎋、屑、薛；六蕭，宵、肴、豪；上聲篠、小、巧、晧，去聲、嘯、笑、效、號。七歌，戈、麻；上聲哿、果、馬，去聲箇、過、禡。八陽，唐；上聲養、蕩，去聲漾、宕。九庚，耕、清、青；上聲梗、耿、静、迥，去聲映、諍、勁、徑。十蒸，登；上聲拯、等，去聲證、嶝。十一尤，侯、幽，上聲有、厚、黝，去聲宥、候、幼。入聲屋沃、燭、覺；十二侵，上聲寑，去聲沁。入聲緝；十三覃，談鹽、添、嚴、咸、銜、凡，上聲感、敢、琰、忝、广、豏、檻、范，去聲勘、闞、豔、㮇、釅、陷、鑑。入聲合、盍、葉、帖、洽、狎、業、乏。金壇段氏懋堂又分爲十七部，於江氏弟二部別出之、咍，上聲止、海，去聲志、代。入聲職、德爲一部；又別出支、佳，上聲紙、蟹，去聲寘、卦。入聲麥、昔、錫，弟三部入聲陌爲一部；於江氏弟四部，別出真、臻，上聲、軫，去聲、震。入聲質、櫛；弟五部別出先，上聲銑，去聲霰。入聲屑爲一部。休寧戴氏東原，又於江氏弟二部別出去聲祭、泰、夬、廢，弟五部入聲月、曷、末、鎋、薛，爲一部。此部無平、上二聲。高郵王氏懷祖，又於江氏弟二部別出去聲，至弟四部入聲質、櫛，弟五部入聲黠、屑爲一部；此部亦無平、上二聲。於江氏弟十二部，別出入聲緝爲一部；此部無平、上、去三聲。於江氏弟十三部，別出談一部；又別出入聲盍爲一部，此部亦無平、上、去三聲。是爲二十一部。王氏所分與張氏大同，但張氏分冬於東、鍾、江，而無至、盍二部，故較王氏少一部。

休寧戴氏創爲陰陽相配，同入互轉之論，曲阜孔顨軒氏、歸安嚴鐵橋氏皆祖述之，而各有同有異，詳於績谿胡春橋氏古韻論。竊謂戴以祭、泰、夬、廢配元，不若二家以歌配元之確，而疑祭、泰、夬、廢，古音皆入聲，當并入月、曷、末、黠、鎋、薛，以爲元、歌二部之入。段及二家以祭、泰、夬、廢、并入脂部去聲，非。餐从𣦼聲，𣦼从𣦵聲。冎，古瓦切。咼从冎聲，骨从冎，蓋亦聲泰滑也。段云以疊韻爲訓，蓋讀如澾。羍，从大聲，讀若達。瘵从祭聲，決从夬聲，廢从發聲。檜，禹貢作「栝」。不能悉數矣。廣韻以藥、鐸爲陽、唐之入聲，當以宵配陽，魚配唐，而徵之古韻，陽、唐二部牽連不可剖析，遂并以隸魚，戴以魚配歌，我友顧尚之氏從之。然歌亦陰聲，何能相配？而宵韻遂無相配之陽聲。孔以宵配侵；嚴以幽配侵，宵配談，又并冬於侵。胡又欲并幽於宵。紛紛更置，訖無碻論。張、王二家，但分各部，不言相配，殆亦難言之也。

段氏分質、櫛爲真、臻之入，以別於諄；王氏又分至以別於脂；顧君從之，以爲真部之陰聲，但有去入，無上聲。予謂王氏所分，止有从至从壹二聲，疑古皆讀作入聲，如祭、泰、夬、廢之例，非獨自爲去聲一部也。

史記夏本紀：「貢金三品。」集解引鄭玄曰：「銅三色也。」尚書正義引鄭同。案：「銅三色也」，文不成義。僞孔傳作金銀銅，平準書：「虞夏之幣，金爲三品。」索隱云：「黄金白銀赤銅也。」蓋鄭注「銅」上有脱字，自裴氏所見本已然。

殷本紀言紂材力過人，手格猛獸。秦本紀言惡來有力，蜚廉善走，父子俱以材力事紂。蓋同惡相濟也。而秦紀云：「周武王之伐紂，并殺惡來。是時蜚廉爲紂使北方，據今局校本。還，無所報，爲壇霍太山而報。句得石棺銘曰：『帝令處父，不與殷亂，賜爾石棺以華氏。』死，遂葬於霍太山。」與孟子云「周公相武王，驅飛廉於海隅而戮之」，不合。史公好奇，必非其實。而下文又云：「惡來革者，蜚廉子也，蚤死。」惡來既與蜚廉同事紂，殷紀云「惡來善毀讒，諸侯以此益疏」。似非蚤死。豈惡來革又一人邪？或言蚤死，猶言先蜚廉死，蓋惡來與紂同誅，其時蜚廉出使北方，故周公驅於海隅，始授首也。

殷本紀集解引皇覽：「漢哀帝建平元年，大司空御史長卿案行水災，因行湯冢。」索隱云：「長卿，諸本多作劫姓。按風俗通有御氏，爲漢司空御史，其名長卿，明劫非也。」洪氏頤煊讀書叢録云：「大司空下，不得言御史。此本作大司空史御長卿。水經汳水注引皇覽作「大司空史卻長卿。」卻，即御字之譌。」案：卻字，俗作「却」，因譌爲「劫」，疑「卻」字是。「御」，亦形近而譌。

周本紀：「九年，武王上祭于畢。」集解引馬融曰：「畢，文王墓地名也。」蓋是民間大誓注據孟子「文王生於岐周，卒於畢郢」也。然古無墦間之祭，不告於廟而告於墓，何也？且如此則，文王已葬，而伯夷列傳乃有「父死不葬，援及干戈」之言。索隱以其不可通，以爲畢星主兵，故師出而祭畢星也。案：天官書曰：「畢曰罕車，爲邊兵，主弋獵。」武王聲罪致討，豈自以爲邊兵？抑以紂爲邊兵而祭之，抑謙以比於弋獵乎？自古是禷是禡，未聞祭及畢星者，小司馬之說亦不可通。

秦本紀：「大費佐舜調馴鳥獸，是爲柏翳。索隱：尚書謂之伯益。賜姓嬴氏。生子二人，一曰大廉，實鳥俗氏；二曰若木，實費氏。其玄孫費昌，當夏桀之時，去夏歸商。大廉玄孫孟戲、中衍。帝大戊使御，遂世有功。其玄孫中潏，生蜚廉。蜚廉生惡來。父子俱以材力事紂。」案：柏翳與禹同時，據夏本紀，自禹至桀十七帝，歷十四世，則費昌非若木玄孫。况加湯至太戊，九帝五世，相去益遠，則中衍更非大廉玄孫矣。中衍既在太戊時，而商本紀大戊至紂二十二帝，凡十二世，蜚廉又安得爲中衍玄孫之子？蓋玄孫、曾孫，散文通稱。金縢周公告大王、王季、文王，而稱武王爲玄孫；哀二年左傳云「曾孫蒯聵敢告皇祖文王」、「烈祖康叔」，不以世數爲限，猶詩稱「文王孫子」、「曾孫之稼」矣。殷本紀紂用費中爲政。費中，當亦若木之裔。

「造父以善御幸於周繆王，得驥、温驪、驊駵、綠耳之駟。」集解徐廣曰：「温，一作盜。」索隱：「温，音盜。劉氏音義云：『盜驪，騧驪也。淺黄色。』」案：盜，猶竊也。盜驪，猶爾雅釋鳥「竊玄」、「竊藍」、「竊黄」、「竊丹」，釋獸「竊毛」之類。竊、淺聲相轉。温，乃誤字。玉篇又出「騴」字。小司馬遽音「温，爲盜」，可笑也。八駿名，列子作⿱艹嗣騮、綠耳、赤驥、白㶇、渠黄、踰輪、盜驪、山子，穆天子傳作赤驥、後又作「赤蘢」。盜驪、白義、後又作「白俄」。踰輪、索隱引作「騟輪」。山子、渠黄、華騮、後又作「⿱艹顖騮」。綠耳。索隱引作「騄耳」。案：騧字，籀文作「」，因譌爲「⿱艹嗣」、爲「⿱艹顖」。爾雅：「回毛在膺，宜乘。在肘後，減陽。」誤作「㶇」、作「俄」，又誤作「義」。餘皆傳寫異文。八駿事本出附會，周本紀絶不載，此其潔也。

秦本紀正義：「按年表穆王元年去楚文王元年三百十八年矣。」案：三代世表不著年，周本紀穆王在位五十五年，以下共、懿、孝、夷皆無年數，厲王三十七年出奔於彘後，自共和元年下距春秋魯莊公五年，即楚文王元年，首尾百五十三年，合上共二百四十五年。然則共、懿、孝、夷四王，共有七十三年。張氏何所據？所謂年表，果何表邪？

秦本紀：「寧公後記作「憲公」，見史記札記生子三人，長男武公爲太子。武公弟德公，同母魯姬子。生出子。」案此謂武公、德公同母也。魯姬子，蓋七子、八子之類。出子乃庶子也。正義云：「德公母號魯姬子。」失其句讀。紀又言：「寧公卒，庶長弗忌、威壘、三父廢太子而立出子爲君。出子六年，三父等復共令人賊殺出子。出子生五歲立，立六年卒。三父等乃復立故太子武公。武公三年，誅三父等而夷三族，以其殺出子也。」夫三父廢嫡立庶，以其幼耳。乃未幾而復賊殺之，其中蓋有不可明言者，而史氏略之。武公之誅，以殺出子爲名，實以其初廢太子而立出子之故。然吾又疑出子之被殺，實武公主謀，而嫁名三父也。

「出子二年，庶長改迎靈公之子獻公于河西而立之。」正義云：「西者，秦州西縣。」王氏雜志謂：「如正義則正文無『河』字。」吾友顧尚之云：「此正義誤也。呂氏春秋當賞篇說此事云：『秦公子連亡在魏，欲入。』時河西正屬魏，非秦州西縣也。且單稱西字，史記亦無例。」案：下文云：「秦以往者數易君，君臣乖亂，故晋復彊，奪秦河西地。」此正河西爲魏地之碻證，王氏偶未考耳。此條前亦采入札記，今以顧説參之，殆不然。

十二諸侯年表序：「前序周室之衰，諸侯力政，孔子明王道次春秋，左丘明作傳，鐸椒、虞卿、吕不韋、荀卿、孟子、公孫固、韓非之徒，及漢之張蒼、董仲舒，皆資之以著書，而己乃會聚諸家之説以作表。刊史記者，見首有「太史公曰」四字，此四字，乃總上而説以己意。遂提行別起，若紀傳之論贊者，致爲可笑。姚惜抱深於古文義法，其古文辭類纂乃亦因之，豈未檢覆與？其實紀傳論贊，亦不必提行，然承譌久矣。

六國表：「秦惠公十三年，『蜀取我南鄭』。」案：秦本紀：「惠公十三年，伐蜀，取南鄭。」表「伐」字譌作「我」，又倒在「取」下。

禮書：「郊疇乎天子，社至乎諸侯，函及士大夫。」函，鄒誕生，音啗，徒濫反。案：此大戴記文，「函」本作「導」。蓋「函」讀如「啗」，啗、導聲近相轉，猶「禫」之或爲「導」也。小司馬以爲「蹈」字爛文爲「㗖」，再誤爲「啗」。然則何爲音徒濫乎？函及，與禹貢之「覃懷」，蕩詩之「覃及」義同。

天官書：「曆斗之會，以定填星之位。」索隱引晋灼曰：「常以甲辰之元始建斗，歲鎮一宿。」案：淮南子天文訓作「甲寅元」。古曆皆託始甲寅，此作甲辰，疑誤。漢書天文志注亦同。

越世家：「越王乃葬吴王而誅太宰嚭。」越絶書、吴越春秋亦云「誅嚭及其妻子。」案：左傳哀公二十四年：「閏月，公如越，得大子適郢，將妻公而多與之地。季孫懼，使因大宰嚭而納賂焉。」然則吴亡之後，嚭復寵於越，范蠡之遯，文種之誅，或由此與。

「句踐卒，子王鼫與立。鼫與卒，子王不壽立。不壽卒，子王翁立。翁卒，子王翳立。翳卒，子王之侯立。之侯卒，子王無彊立。」自句踐至無彊，凡七君。越絶書：「句踐大霸偁王，徙瑯琊都也。「都」字當在瑯琊上。句踐子與夷時霸。與夷子子翁時霸。子翁子不揚時霸。不揚子無疆時霸，伐楚，威王滅無疆。威王上疑當重「楚」字。無疆子之侯，竊自立爲君長。之侯子尊時君長。尊子親，失衆，楚伐之，走南山。」親以上至句踐，凡八君，都瑯琊，二百四十歲。吴越春秋「與夷」作「興夷」，「之侯」作「玉」，餘並同。是無疆乃句踐五世孫。以索隱所引紀年考之，句踐子鹿郢即鼫與。立六年；子不壽，立十年見殺；子朱句立三十七年；子王翳立三十六年弑，明年，大夫寺區立無余之；十二年，寺區弟忠弑其君莽安，蓋即無余之。次無顓立，八年薨。後十年，楚伐徐州。案：楚伐徐州，即楚威王破越之年，然則是無彊十年也。據此知句踐至無彊實八君。鹿郢，蓋即左傳之「適郢」，與「鼫與」聲相轉。莊子讓王篇：「越人三世弑其君，王子搜患之，逃乎丹穴，越人薰之以艾，乘以王輿。」高誘注呂覽乃以「搜」爲「翳」。案：三世弑君，謂不壽、翳、莽安，若翳前止不壽耳。索隱引樂資以「搜」爲「無顓」，是也。越絶、吴越春秋以翁爲句踐孫，無不壽，紀年亦無翁，疑是一人。史誤分之。紀年「不壽」之後爲朱句，而二書並作「不揚」，疑取義於「我朱孔揚」，則亦一人也。無疆即無彊，而二書以之侯爲無疆子，史記反之。紀年王翳後有無余之、無顓，二書及史皆無之。樂資謂之侯即無余之，則尚未降爲君長。紀年言翳三十三年遷于吴，則無疆，前已不都瑯琊。諸書各不同，要以紀年爲可據，惜所紀止於無疆，而二書所云尊，親爲君長者，不可考矣。

萬石張叔列傳：「仁爲人陰重不泄，常衣敝布衣溺，袴期爲不絜清。」案：「陰重」是一事，「常衣」二句是一事。陰重不泄者，集解引服虔曰：「質重不泄人之陰謀。」是也。常衣云者，漢書注云：「故爲不絜清之事而敝敗其衣服。」是也。張晏云：「陰重不泄，下濕，故溺袴。」韋昭云：「陰重，如今帶下病泄利。」皆誤牽二事爲一事，師古已辨其非，索隱乃仍依違兩可，何也？師古云：「霍去病少言不泄，亦其類。」案：漢書孔光傳：「或問光：『温室省中樹皆何木也？』光嘿不應，更答以它語，其不泄如此。」亦一證。

昔校扁鵲倉公列傳，正義每引八十一難，又篇末附録正義八百餘字，不著所從出，蓋亦雜采難經、靈樞之文，局中無其書，不及檢對。夏間偶暇，重校補識於此。「扁鵲者」，正義：「黄帝八十一難序云。」此乃楊玄操序。凡所引注，亦楊注也。「夫以陽入陰中，動胃。」正義：「脈雖時沉滑而長。」此二十難文。今本作「浮滑而長」，楊注同。據下云「陰中伏陽」，疑「沉」字是。篇末附録正義。此文自胃大至肛門四百九十一字，見四十二難。其首百五十二字，亦見靈樞平人絶穀篇。横尺。「尺」字誤。靈樞、難經並作「屈」。回腸。注：「謂受穀而傳於大腸也。」「謂」當作「胃」，在「受」字下。此亦楊注。徑一寸半，長二丈一尺。靈樞作「徑一寸寸之少半，長二丈一尺。」難經亦作「二丈一尺」。徑二寸半。靈樞作「徑二寸寸之大半」。難經與此同。然下文「肛門」下亦作「二寸大半」，疑此脱「大」字。故腸胃凡長五丈八尺四寸。據上合五丈九尺四寸，今如此數，則回腸實當作長二丈一尺。合受水穀八斗七升六合八分合之一。靈樞作「九斗二升一合合之大半」，是。此腸胃長短受水穀之數也。注：「甲乙經『腸胃凡長丈六尺四寸四分。』」楊注本作「長六丈四寸四分」，此「丈六」二字誤倒。主藏神。注：「太始、南極老人、員光之身。」員光，楊注作「元先」，疑誤。主裏血。楊注「裏」作「裹」。主藏意。注：「在助氣，主化穀。楊注作「在胃之下」，此脱三字。其神云光玉女子母。」「云」字誤，楊注作「玄」。主藏魂魄。難經無「魂」字，此衍。注：「肺，孛也。言其氣孛，故短也，鬱也。」楊注「孛」作「勃」，云：「言其氣勃鬱也。」主藏志。注：「校尉、尉卿也。楊注作「廷尉」。胃重二斤十四兩。難經作「二斤二兩」。迴積十六曲。難經作「左迴疊積十六曲」。此脱「左」、「疊」二字。盛穀二斗四升，水六升三合合之大半。注：「言通暢胃氣，牽去穢也。楊注作「去滓穢也」，此「牽」字即「滓」字之誤而倒。大腸重三斤十二兩。難經作「二斤十二兩」。盛穀一斗水七升半。注：「其迴曲，因以名之。」楊注「其」上有「以」字，此脱。盛溺九升九合。注：「體短而又名胞。」楊注作「言其體短而橫廣」，此有脱字，文不成義。口廣二寸半。此下至「咽門」五十三字，亦見靈樞腸胃篇。大容五合也。「也」字衍，靈樞、難經皆無。至胃長一尺六寸。注：「又謂之咽。」此「咽」字誤，楊注作「嗌」。九節。注：「心，肺之系也。」楊注作「即肺之系也」，「心」字疑衍。而人多惑也。楊注「也」作「之」，是。受穀九升三合八分合之一。注：「又名瞋也。」「瞋」字誤，楊注作「䐜」，前

「廣陽」下，楊注亦作「⿰月直」。疑本作「直」，對上「回陽」而言。大小腸皆迴曲，廣腸獨直也。手三陽之脈。此下手足三陽三陰之脈，文見靈樞脈度篇，本作六陽六陰。亦見難經二十三難注，亦楊注也，分作三陽三陰。未知孰是。合三丈九尺。注：「厥陰至於項上。」楊注「項」作「頂」，此疑誤。督脈各長四尺五寸。脈度篇作「督脈、任脈各長四尺五寸」，難經同。此脫「任脈」二字。注：「督脈起於胲頭，上於面，至口齒縫。」楊注本作「督脈起於脊䐺，上於頭，下於面。」寸口，脈之大會。此下見難經一難及靈樞五十營篇、甲乙經。素問入正神明論王注引其注，亦楊玄操文。度爲一周也。此「度」字衍，難經無。故五度復會於手太陰寸口者。難經作「五十度」，此脫十字。故法於寸口也。難經「法」下有「取」字，此脫。注：「謂一旦夜。」楊注本作「一日一夜」，此誤合「日一」二字爲「旦」字。脈還得寸口，當更始也。」楊注本作「脈還寸口，當復更始也」。此「得」字，即「復」之譌文，錯在「還」字下。肺氣通於鼻。此下見三十七難。

大宛列傳：「于寘之西，水皆西流，其東水東流，注鹽澤。」正義引括地志云：「蒲昌海一名泑澤，一名鹽澤，亦名輔日海，亦名穿蘭，亦名臨海。」案：漢書西域傳：「其河有兩源：一出葱嶺山，一出于闐。于闐在南山下，其河北流，與葱嶺河合，東注蒲昌海。蒲昌海，一名鹽澤者也，去玉門、陽關三百餘里，廣袤三百里。其水亭居，冬夏不增減，皆以爲潛行地下，出於積石，爲中國河云。」水經河水注云：「俗謂是澤爲牢蘭海也。」釋氏西域記曰：「南河自于闐東迤北三千里，至鄯善入牢蘭海。」又引山海經曰：「敦薨之山，敦薨之水出焉，而西流注于泑澤。」又云：「河水東注于泑澤，即經所謂蒲昌海也。」案：「蒲昌海」，即今所謂羅布淖爾，又曰羅卜泊，沙渚中窪，不見傾注之跡，故其水亭居，不增不減，以爲中國河源矣。正義「牢蘭」誤爲「穿蘭」，各本皆同，今金陵局刻已改正。

太史公書百三十篇，其十篇有録無書，相傳爲褚先生所補。見集解。小司馬云：「景紀取班書，武紀專取封禪書，禮書取荀卿，樂書取樂記，兵書略述律而言兵，遂分曆述以次之。三王系家取其策文。日者不能記諸國之同異，而論司馬季主。龜策直太卜所得占龜兆雜説。今案諸先生在西漢宣帝時，何由豫襲班書？且其文絶不類，即將相表、傅勒列傳二篇亦在十篇中。亦與班書不同，并非後人取補，當别有所據。律書之謬，辨見札記，餘皆如小司馬所言。其效顰無謂者，始史公封禪書首云：「自古受命帝王，曷嘗不封禪？」此爲武帝解嘲耳，乃於日者列傳首云：「自古受命而王，王者之興何嘗不以卜筮決於天命哉！」龜策列傳又云：「自古聖王將建國受命，興動事業，何嘗不寶卜筮以助善！」一襲再襲，何哉？又平準書末，卜式言曰：「今宏羊令吏坐市列肆，販物求利，亨宏羊，天乃雨。」此以結桑宏羊罪案，乃樂書於汲黯諫天馬歌後亦云：「丞相公孫宏曰：『黯誹謗聖制，當族。』」隱以效封禪書，大可笑也。

同治丙寅，從獨山莫子偲大令借得游明本史記，首有董浦序，云：「平陽道參幕段君子成喜儲書，懇求到索隱善本，募工刻行。」末題「中統二年季春望日，校理董浦題。」蓋游刻以此爲藍本。中統二年，當宋理宗景定二年。或以此爲金本，金亡於理宗端平元年甲午，已二十八年矣。

錢少詹養新録云：「明嘉靖四年，莆田柯維熊校本，金臺汪諒刻。始合索隱、正義爲一書，前有費懋中序，偁陝西翻宋本無正義，江西白鹿本有正義。是柯本出于白鹿矣。」按同治辛未冬，予從湘鄉曾文正公借閲柯本史記，每半版十行，行十八字，注每行二十三字。首有嘉靖四年鉛山費懋中序，次目録，後題「明嘉靖四年乙酉金臺汪諒氏刊行」，次三皇本紀。其末册有索隱、後序及莆田柯維熊跋。據費序言：陝西本有正義，缺封禪、河渠、平準三卷；白鹿本無正義。與凌稚隆本凡例所云同。蓋少詹誤憶，凌則襲費序也。

漢書天文志：「孝成永始二年二月癸未夜，東方有赤色，大三四圍，長二三丈，索索如樹，南方有大四五圍，下行十餘丈，皆下至地滅。」案：「南方有」下，疑有脱字。成紀止云：「星隕如雨。」谷永傳同。五行志則云：「星隕如雨，長一二丈，繹繹未至地滅。」所紀不同。然彼文皆爲星隕，而此獨云赤色，一書之中不相掩覆，何也？

五行志：「武帝建元六年六月丁酉，遼東高廟災。」考異云：「紀作二月乙未。」案：下書「四月壬子，高園便殿火。」此書在四月前，則非六月可知。殷曆二月癸巳朔，乙未初三日，丁酉初五日，未知孰誤。

霍光傳：「謹與博士臣霸、臣雋舍。」師古曰：「雋音辭阮反，又音宇阮反。」案：雋不疑傳師古曰：「雋音字兖反，又辭兖反。」此「宇」字及兩「阮」字皆誤。

馮奉世傳：「子座嗣。」師古曰：「座音才戈反。」案：玉篇「座，才賀反。」無平聲。説文無「座」字。當作「痤」，春秋宋有世子痤，戰國魏有范痤，皆以痤爲名。穀梁傳「世子痤」亦誤爲「座」，蓋其壞文。

史丹傳東海郯之武彊聚，户千一百。」如淳曰：「聚，字喻反。」案：「聚」字習見，不必發音，蓋本作「冣」。

吴地記：「婁門本號疁門，東南秦時有古疁縣，至漢王莽改爲婁縣。」案：漢書地理志會稽郡：「婁，有南武城，闔閭所起以候越。」越絶書作「北武城，闔閭所以候外越。」莽曰「婁治」。絶無「疁縣」之説。越絶書：「吴北野禺櫟東所舍大疁者，吴王田也，去縣八十里。」又云：「吴北野胥主疁者，吴王女胥主田也，去縣八十里。」此與上條疑誤複。説文：「疁，燒穜也。漢律曰：『疁田茠草。』」玉篇「疁，田不耕燒種也。」廣韻同。皆不言縣名。吴郡志：「婁門，秦婁縣所置，又謂之疁，今謂之崑山。崑山縣東北三里許，有村落名婁，縣古治所寓也。」案：其地近古婁縣。婁、疁聲近，遂附會爲「疁」。此陸廣微之誤，而范志因之。

徐偉長中論今本止二十篇，昔校小萬卷樓叢書，當據群書治要補復三年喪、制役二篇，與晁公武郡齋讀書志所偁李獻民見本合。光緒丙子，定遠方子聽大令，示我元人放宋本，篇目與今本無異，則自宋相傳無足本矣。今附識其字句之不同者於此。舊序：「交援求名」，元本作「售」。

「以發疾疢」，元本「瘯疢」。「不以爲感」，當依元本作「戚」。「蓋百之一也」。元本「百」作「千」。上卷治學篇：「若指已効。」元本作「劾」法象篇：「夫以崩亡之困」，「崩亡」，元本作「彌留」。「多怨而寡非」。「怨」當從元本作「怨」。虛道篇：「遷善懼其不及，改惡恐其有餘。」元本「懼」、「恐」二字互易。貴驗篇：「君子恥其行之不如堯舜也。」元本「如」作「及」。貴言篇：「而不以爲弊也。」元本無「以」字。藝紀篇：「視民不佻。」元本作「恌」。覈辯篇：「執知其非乎。」「執」當從元本作「孰」。智行篇：「不若顏淵遠矣。」元本無「淵」字。「豈可無一哉！」「一」下元本有「言」字。爵祿篇：「芻豢之適於其口也。」元本無「之」字。下卷譴交篇：「或長幼而不歸。」元本「長幼」倒，疑皆有誤。曆數篇：「敬授民時。」元本「民」作「人」。「上觀前化」。「化」疑當作「代」，元本亦誤。夭壽篇：「此燒煮之類也。」元本「燒」「煮」倒。「寔舊勞於外」，元本「寔」作「時」。「而解以槌擊燒熏」，「燒熏」元本作「煮燒」。「固臣之節也。」元本「固」作「故」，古通用。務本篇：「而不能用也。」元本無「而」字。民數篇：「在事役均」，元本作「均事役」，下句同。「故民盡其力。」當從元本作「心」。

中論務本篇：「魯桓公容貌美麗，且多技藝，然而無君才大智，不能以禮防正其母，使與齊侯淫亂不絕，驅馳道路，故詩刺之曰：『倚嗟名兮，美目清兮，儀既成兮，終日射侯，不出正兮，展我甥兮。』」案：據此，乃指魯莊公，今云桓公，誤也。倚，詩作「猗」，古字假借。又亡國篇：「昔齊桓公立稷下之宮，設大夫之號，招致賢人而尊寵之，自孟軻之徒皆遊於齊。」所云齊桓公乃田午也，然孟子至齊則在宣王時，亦誤。

素問一書文義奧衍，復多舛亂，全元起本已有殘缺，王冰重爲詮次，未必盡得其意，林億校正，頗引全注，識其異同。往日金山錢錫之通守校訂此書，雖已寫定，欲求宋本印證，遲未付刊，至嗣子偉甫、子馨始登剞劂，顧君尚之復作校勘記附行之，然其中疑義，仍亦不少，姑記一二如左。外有數條，與俞蔭甫太史讀書叢録同者，不復及。

上古天真論：「以妄爲常。」王注：「寡於信也。」案：自「以酒爲漿」下五句，皆與上「飲食有節」，起居有常，不妄作勞」反對，此「妄」字，即上「不妄作勞」之「妄」，訓爲寡信，殊迂闊。

「夫上古聖人之教下也，皆謂之虚邪賊風，避之有時。」案：此三句，與上下文全不相涉。下四氣調神大論云：「賊風數至。」生氣通天論云：「雖有賊邪弗能害也。」又云：「故風者，百病之始也。」金匱真言論云：「八風發邪，以爲經風，觸五藏，邪氣乃發。」乃言風邪之理，或是彼篇錯簡，然文氣不接，恐尚有脱文。

「月事以時下。」注：「所以謂之月事者，平和之氣常以三旬而一見也。」案：此注仍未醒豁，當云「陰法月，月盈則虧，故月事以時下」。

「此其道生」。注：「惟至道生乃能如是。」案：經文四字，文不成義，當有缺誤，注乃强解。

生氣通天論：「因於寒，欲如運樞，起居如驚，神氣乃浮。」注：「言因天之寒，當深居周密，如樞紐之内動。」案：此下「因於寒」、「因於暑」、「因於濕」、「因於氣」，皆言病源「欲如運樞」云云，乃各項病狀，林億引全注本作「連樞」，云：「陽氣定如連樞者，動繫也。」蓋謂寒氣收斂，陽爲所束，故不能適意。則勞擾不安，而神氣不得静也。王本誤「連」爲「運」，而强爲之説，非經意也。「欲」字疑誤，詳全注，當是「動」字。

陰陽離合論：「陰陽𩅲𩅲。」注：「𩅲𩅲，言氣之往來也。」案：字書、韻書絶無「𩅲」字，據王注則即易咸九四「憧憧往來」之「憧」字也，从心，从童。京房作「憧憧」，音昌容反，故林引別本作「衝衝」，「衝」亦本作「衝」也。

陰陽別論：「陰陽結斜。」案：「斜」乃「糾」字誤。

移精變氣論：「外無伸宦之形。」「伸宦」，字不可解，或以爲「仕宦」之譌。案：林億引全本「伸」作「臾」，疑「臾」乃「貴」之爛文。

脈要精微論：「岐伯曰：『反四時者，有餘爲精，不足爲消，應太過，不足爲精。應不足，有餘爲消。陰陽不相應，病名曰關格。』」林云：「詳此『岐伯曰』前無問。」案：此三十九字突出，與上下文不接。下玉機真藏論篇論脈反四時，帝既再拜稽首，著之玉版，其文已畢，下五藏受氣云云，仍岐伯之言，而上無「岐伯曰」三字，疑此文即彼篇錯簡。

三部九候論：「上部天，兩額之動脈」九句，林云：「詳自上部天至此一段，舊在當篇之末，義不相接，今依皇甫謐甲乙經編次例，自篇末移置此也。」案：岐伯對帝先言下部，次中部，次上部，故下文亦先言「下部之天以候肝，地以候腎，人以候脾胃之氣」，次及中部，次及上部，次及五藏之敗，三部九候之失，次及可治之法，並無缺文，篇末九句複衍無義。林既悟其非，而漫移於此，亦蛇足矣，宜删。

通評虛實論：「岐伯曰：『脈氣上虛尺虛，是謂重虛。』」注：「言尺寸脈俱虛。」林按：「甲乙經作『脈虛氣虛尺虛』，此少一『虛』字，多一『上』字。」王注：「言尺寸俱虛，則不兼氣虛也。」案：下文明列「氣虛」、「尺虛」、「脈虛」三款，蓋此文脱誤，若如王注，則一「脈虛」而已。

「所謂氣虛者，言無常也。」注：「寸虛則脈動無常。」案：經文明云「言無常」，何得以脈動解之？林引楊上善云：「氣虛者，膻中氣不定也。」然則「言無常」謂言語不屬，正與下「行步恇然」相對。

「鍼手太陰各五，刺經太陽五，刺手少陰經絡傍者一，足陽明一，上踝五寸刺三鍼。」注：「經太陽，謂足太陽也。手太陰五，謂魚際穴，在手大指本節後内側散脈。」案：經文先言「手太陰」，次言「經太陽」；注乃先釋「經太陽」。又經祇「手太陰」、「經太陽」、「手少陰」、「足陽明」，注又增「手太陽」、「足少陽」。此節論「刺驚癇」、「刺霍亂」，則已注在前節，而此注末云「悉主霍亂」，疑傳寫錯亂。

刺熱篇：「太陽之脈，色榮顴骨，熱病也。」注：「顴骨，謂目下當外眥也。」案：榮顴者，色之見於面部者也，言顴不必言骨。林引楊上善「骨」字下屬，是。

大奇論：「并虛爲死。」注：「腎爲五藏之根，肝爲發生之主，二者不足，是生主俱微，故死。」「生生」當作「根主」。

脈解篇：「所謂耳鳴者，陽氣萬物盛上而躍。」案：「萬物」二字宜衍。上節云：「所謂强上引背者，陽氣大上而争。」是其例。

刺齊論：「黄帝問曰：『願聞刺淺深之分。』岐伯對曰：『刺骨者無傷筋。』」全篇案：上篇「刺皮無傷肉」云云，誡其太過，已言之矣，此又云「刺骨者無傷筋」，則恐刺深者誤傷其淺也。然文似有倒亂，當云「刺骨者無傷筋，刺筋者無傷脈，刺脈者無傷肉，刺肉者無傷皮」；下文當云「刺骨無傷筋者，鍼至骨而去，不及筋也。刺筋無傷脈者，至筋而去，不及脈也。刺脈無傷肉者，至脈而去，不及肉也。刺肉無傷皮者，至肉而去，不及皮也。」末節又解上篇之意，亦有脱誤，當云「所謂刺皮無傷肉者，病在皮中，鍼入皮中，無傷肉也。刺肉傷脈者，過肉中脈也。刺脈傷筋者，過脈中筋也。刺筋傷骨者，過筋中骨也。刺骨傷髓者，過骨中髓也。」「中脈」、「中筋」、「中骨」、「中髓」之「中」，當讀去聲，與下篇「刺中」之「中」同。此與上篇本當爲一篇，蓋後人妄分。

調經論：「洒淅起於豪毛。」注：「洒淅，寒貌也。」林引甲乙經「洒淅」作「悽厥」，太素作「泝泝」。楊上善云：「泝，毛孔也。逆流曰泝。謂邪氣入於腠理，如水逆流於泝。」案：「悽厥」亦寒貌，與洒淅」文異義同。「洫」與「洒」形近而譌，「泝」則「淅」之壞文。刺要論云：「泝泝然寒慄。」皮部論云：「邪之始入於皮也，泝然起毫毛，開腠理。」「泝」皆「淅」之誤。楊訓「洫」爲毛孔，未知所本，且如其說，則當作「泝洫」矣。

四時刺逆從論：「刺五藏，中心一日死。」案：自此至篇末，與上「帝曰善」三字不相蒙，當有脱文。

文選阮嗣宗詠懷詩：「西遊咸陽中，趙李相經過。」「趙李」，六臣皆無注，或據漢書何並傳有「陽翟輕俠趙季、李款多蓄賓客，以氣力漁食閭里」爲證。案：谷永傳：「又以掖庭獄大爲亂阱，搒箠瘠於炮格，絶滅人命，主爲趙、李報德。」疑即趙季、李款，然何並爲潁川守，而谷永所言是長安中事，於咸陽尤切。

舒蓺室餘筆

舒藝室餘筆卷一

詩周南葛覃序云：「后妃之本也。」次章傳云：「古者王后織玄紞，公侯夫人紘綖，卿之內子大帶，命婦成祭服，士妻朝服，庶士以下各衣其夫。」明是言婦人已嫁之事。故三章末云：「歸寧父母。」傳曰：「父母在，則有時歸寧耳。」箋云：「言嫁而得志，猶不忘孝。」其解本同，乃續序以爲「后妃在父母家，志在女功，躬儉節用，服澣濯之衣，尊敬師傅。」則以「言告言歸」爲于「歸」之「歸」，故其傳云：「婦人謂嫁曰歸。」夫女將于歸，必自告於師氏邪？然序又云：「則可以歸安父母。」則末句仍以「歸寧」連文。而陳氏奐傳疏則讀「可以歸」截句，於文義不順，未知果得傳意否？古經不詳家庭婦子相見之禮，歸寧無文，抑有而傳者佚之，故説經者以爲始自春秋。陳疏以「父母在則有時歸寧耳」七字爲箋文，誤入傳。

卷耳詩蓋文王入朝於殷，或奉命征伐，后妃念其行役之苦而作。金罍傳云：「人君黃金罍。」則我者，我文王也。若如續序，則后妃自我乎？我臣下乎？兔罝詩則墨子尚書篇所偁「文王舉閎夭，泰顛於罝網之中」，是已。而序又云：「后妃之化。」然則文王之求賢好德，皆賴後宮矣。

芣苡序云：「后妃之美也。」續序益之云：「和平則婦人樂有子矣。」有子之云，附會於逸周書王會解，彼文本云：「康民以桴苡。桴苡者，其實如李，食之宜子。」說文草部：「苡，芣苡，一名馬舄，其實如李，令人宜子。从草，以聲。周書所說。」陸璣義疏云：「馬舄，一名車前。」考本草，車前無宜子之說，亦不似李。黄公紹韻會改其文爲「如麥」，飾說耳。車前賤草，隨處有之。詩在文王時，而猶待王會時貢乎？段注云：「凡云一名者，皆後人所改。爾雅音義引作『芣苡，馬舄也』，可證。」竊謂此說是也。說解原文衹此三字，餘皆後人妄增，蓋爲續序所惑。

漢廣三章，「駒」與「蔞」韻。傳云：「五尺以上爲駒。」與隱元年公羊傳解詁合。陳風株林駒韻株，小雅皇皇者華駒韻濡、驅、諏，皆侯部字。小雅角弓駒韻後、饇、取，亦同。釋文於彼兩詩引别本作「驕」，說文亦云：「馬高六尺爲驕。」蓋所聞異也，而於韻不合，或遂欲據彼文，以定此章「駒」字亦爲「驕」，陳疏又謂大夫乘驕。株林傳：「大夫乘駒。」陳亦以「駒」爲「驕」之誤。漢廣「游女」非大夫，驕爲攝盛，然則次章之「秣馬」，攝諸侯與？何云：「諸侯乘馬。」高誘兩注淮南子「馬五尺以下爲駒」，與此傳上下字，不知孰誤。

汝墳序：「道化行也。」蓋商人遭紂之暴，慕文王之德而來歸耳。兩「君子」及「父母」皆指文王。續序乃云：「婦人能閔其君子，猶勉之以正。」三復詩言及毛傳全不相涉。

召南甘棠三章：「召伯所說。」傳：「說，舍也。」箋云：「說，猶舍息也。」案：天官掌舍鄭

注：「舍，行所解止之處。」説，蓋「税」之假借字。税有斂義，故云「舍息」，猶言税駕。

羔羊詩「素絲五紽」、「素絲五緎」、「素絲五總」，紽、緎、總，皆數也。本王氏述聞。江都汪氏中釋三九曰：「凡一二之所不能盡者，則約之三，以見其多。三之所不能盡者，則約之九，以見其極多。此言語之虛數也。」其説韙矣，而未盡也。一二三者，數之少；四五六者，數之中；七八九者，數之多。此三等之數，猶論語言「始有」、「少有」、「富有」也。此詩之「五紽」、「五緎」、「五總」，言五不變，而紽、緎、總不同。騶虞之「五豝」、「五豵」亦言五不變，而豝、豵各異，王風采葛之「三月」、「三秋」、「三歲」，言三不變，而月、秋、歲遞進。鄘風干旄之「良馬四之」、「良馬五之」、「良馬六之」，則舉三中數。摽有梅之「其實七」、「其實三」，則舉自多至少，兩數皆約略言之，非指實數。凡見於經傳者不勝舉，可以類推。

邶風柏舟序：「泛云仁而不遇也。」續序以爲衛頃公時，鄭譜從之，未知何據。列女傳謂衛寡夫人所作。潛夫論云：「貞女不二心以數變。」今以弟二章審之，疑衛之宗室諫於其君，被讒而退猶，不忘君也。曰「我心匪鑒，不可以茹」者，傳云：「鑒，所以察形也。茹，度也。」謂以鑒照物，一過即空，大雅烝民：「柔則茹之。」方言云：「茹，食也。」謂如食之下咽，與「度」義亦近。而我心不能恝置也。曰：「亦有兄弟，不可以據」者，宗室之親，豈伊一人，而已則孤立無助也。「威儀棣棣，不可選也。」襄三十一年左傳北宮文子引之以譏楚圍。毛傳訓「選」爲「數」，似詰鞫。説文：「選，遣也」；「遺，縱也」。蓋謂人之威儀，不可以或縱，乃己則自盡其道，而爲群小所嫉也。「日居月諸，胡迭而微。」說文：「迭，更代也。」微者，猶小雅十月之交云：「彼月而微」、「此日而微」也。鄭箋於此「微」字訓虧傷，於彼訓不明，其義同，蓋以君之過比日月之食也。曰「心之憂矣，如匪澣衣」者，日月之食，人皆見之。其更，人皆仰之，如衣污之宜澣，猶冀其君之改過也。曰「靜言思之，不能奮飛」，則即首章「以敖以遊」之意，蓋無可柰何之想也。嘗以離騷徵之：「我心匪鑒，不可以茹」，所謂「余固知謇謇之爲患兮，忍而不能舍」也。「薄言往愬，逢彼之怒」，所謂「荃不察余之中情兮，反信讒而齌怒」也。曰「慍于群小」，所謂「衆皆競進以貪婪兮，憑不猒乎求索。羌内恕己以量人兮，各興心而嫉妬」也。「心之憂矣，如匪澣衣」，所謂「怨靈修之浩蕩兮，終不察夫民心。閨中既邃遠兮，哲王又不悟」也。「靜言思之，不能奮飛」，則即「駟玉虬以椉鷖兮，溘埃風以上征」以下，至終篇云云也。屈子亦楚之同姓，故所言與詩人略同。而詩言甚簡，騷則曲折盡情，可以互證。或以爲莊姜作，亦近之。

燕燕二章：「之子于歸，遠于將之。」案：文十五年公羊傳解詁：「將，送也。」又見釋文。然則「遠于將之」，即上云「遠送于野」，下云「遠送于南」。毛傳：「將，行也。」義雖近，而不若訓「送」之直截，故集傳從之。

凱風序：「美孝子也。」蓋其母歉子之奉養，故七子作詩自責。而續序乃云：「衛之淫風流行，雖有七子之母，猶不能安其室。」則其詩雖云自責，實招其親之過，何云孝子？而孟子猶以爲親之過小乎！

匏有苦葉序：「刺衛宣公也。」蓋謂衛宣公時之詩耳。續序乃云：「公與夫人並爲淫亂。」竟如歇後語，則何以解後二章乎？今三復詩意，則疑當淫亂之時，獨有守禮自好之士不隨污俗，故詩人美之也。匏與瓠，一類而二種，匏苦瓠甘，瓠可食，匏不可食。碩人：「齒如瓠犀。」南有嘉魚：「甘瓠纍之。」瓠葉：「幡幡瓠葉，采之亨之。」豳風：「八月斷壺。」「壺」，乃「瓠」之借字。八月瓠老不可食，斷取以爲種。此謂瓠也。此云「匏有苦葉」，瓠甘，葉亦甘。匏苦，葉亦苦。公劉「酌之用匏」，則謂匏也。詩言匏、瓠迥別，而後世混其偁，故毛傳云：「匏謂之瓠。」瓠如瓜而長，俗亦謂之扁蒲。玉篇「㼜，白㼜瓜。」疑即此。匏圓而扁，小者徑不及二寸，大者如槃，有徑二三尺者。又有長而束腰者，俗統謂之壺盧。其小者用以爲酒器，如公劉詩所偁。郊特牲：「器用陶匏。」其大者可用以濟渡。莊子逍遥遊：「今子有五石之瓠，此匏也，而偁瓠，其相混久矣。何不慮以爲大樽，而浮乎江湖？」釋文引司馬云：「樽如酒器，縛之於身，浮於江湖，可以自渡。」魯語叔孫穆子曰：「豹之業，及「匏有苦葉」矣。此斷章取義，以示必濟。叔向曰：「夫匏不材於人，共濟而已。」韋注「佩匏可以渡水也。」論語：「吾豈匏瓜也哉？焉能繫而不食？」亦謂匏止可以備濟渡，而不可食也。匏，春種夏實，必經霜葉落，然後乾之以待用。說見宋嚴氏詩緝。今止云「匏有苦葉」，則未知爲葉之始生而未有實，抑葉之未落而不可用？蓋詩人見此而興起其感耳。深厲、淺揭，以徒涉言；濡軌，以車濟言。高郵王氏謂「不」，乃語辭。見經傳釋詞中「由輈以上爲軌」「軌」上脱「濡」字，皆甚塙。其謂「輈」乃「軸」字誤，見述聞則未必。然此「輈」字，正是入輿下四尺四寸之「輈」。考工記：「六尺有六寸之輪，軹崇三尺有三寸也，加軫與轐焉四尺也。」軹謂之軌，亦謂之車轊頭，蓋軸之兩端也。軸貫輪心，當半輪之高，軸上爲轐。兩轐在軸之中間，附軫以固軸。軫與轐共厚七寸，故加於三尺三寸之高爲四尺也。輈之入軫下者四尺四寸，當兩轐之間，轐謂之伏兔，故此云當兔。是輈在軸之上，即在軌之上，水至此則軌没於水，故云由輈以上爲濡軌也。輿之廣如輪之崇，記云：「輿人爲車，輪崇、車廣、衡長，參如一。」軸之任輿者亦如之，而其兩端出轂外，兩軌之間即兩輪之所踐，故轍跡亦謂之軌，其實一事也。若爲軌前十尺之輈，則豈特濡軌而已！傳言：「飛曰雌雄，走曰牝牡」，徵之爾雅，信然。然釋鳥：「鷯，鶉。其雄鶛，牝痺。」則亦有通用者。昔人舉南山之「雄狐」，牧誓之「牝雞」，顧氏日知録舉無羊之「以雌以雄」，又廣及左傳、莊子、焦氏易林、山海經，皆古書，以見其不可拘。予謂雉鳴求牡，亦止言女之自媒求匹，而佞毛者必謂以飛雌求走牡，則曲禮云「夫唯禽獸無禮，故父子聚麀。」説文云「駃騠，馬父驘子也」、「驘，驢父馬母也」，何以以人之偁，通於畜乎？古禮霜降逆女，冰泮殺止。見荀子。月令季秋之月，鴻鴈來，霜始降，故曰「雝雝鳴雁」，又曰「士如歸妻」，迨冰未泮，此昏娶之時也。男先乎女，無媒不交，無幣不相見，如乘舟者必待舟子，此昏娶之禮也。今求匹之女，既非其時，又無其禮，如無匏而厲涉，濡軌而亂流，此所謂自獻其身，守禮之君子所不受也。或言「濟」，即泉水「出宿于泲」之「泲」，二字古通。

谷風序：「夫婦失道也。衛人化其上淫，於新昏而棄其舊室，夫婦離絶，國俗傷敗焉。」此詩毛傳甚明，集傳意亦相近，惟辨説云「亦未見化其上之義」，則果矣。大序云：「國史明乎得失之跡，傷人倫之廢，吟咏性情以風其上，故凡風俗之善，則歸美於上。風俗之惡，則歸刺於上。」周南全詩，皆屬於文王之化后妃之德，邶鄘衛以下，多有民間之詩，而動曰刺某君、刺某君，蓋人君不能修德，則其下化之，故往往斥及其君。太王之時，内無怨女，外無曠夫，而孟子以爲由古公亶父之好色亦猶是也。衛自莊公寵其嬖妾而疏莊姜，民習其化淫，新昏而棄舊室，詩人傷焉，其義灼然，而云未有以見化其上之義，蓋決於駁小序耳。「黽勉同心，不宜有怒。采葑采菲，無以下體」。蓋始來之時相約如此。「德音莫違」，所謂言猶在耳也。「中心有違」，不忍去也。不忍去，故「行道遲遲」也。孔子之去魯，曰：「遲遲吾行也。」亦此意。畿，門内也者，不踰梱也。國語夫人送王不出門屏，孟子母之送女止於門，婦人之禮耳。丈夫之送賓，亦止於門，則薄矣。陳氏毛傳疏引白虎通出婦之義必送之，接以賓客之禮。蓋此時視之如荼，而昔日新昏之時甘如薺也。詩中三言「晏爾新昏」，二章、五章皆憶舊，三章則斥新人。涇，指新人；渭，指舊室。「涇以渭濁」，蓋新人必有以己之濁，誣其舊室者。「湜湜其沚」，猶古詩云「水清石自見」也。「晏爾新昏，不我屑以」，則淫昏者不能辨别耳。舊解皆以「涇」喻舊室，「渭」喻新昏，惟陳疏得之。葑、菲、荼、薺、梁、笱，皆據平日勤儉習苦者而言。莊二十七年公羊傳注婦人有三不去：嘗更三年喪，賤取貴，有所受無所歸。亦見大戴記本命及家語。今詳三、四、五章，則嘗與共貧賤矣，共患難矣，三年之喪，亦患難也。且云「既生既育」，則已育子矣，云「以我御窮」，則資以爲養矣，而「不念昔者」，武怒而遺之，則不仁實甚。李迂仲云：「所謂『將恐將懼，惟予與女。將安將樂，女轉棄予。』得此詩之旨矣。」

式微「中露」、「泥中」，毛傳皆云「衛邑」，於古未聞。集傳解「中露」爲「霑濡」「泥中」爲「陷溺」。案：「中露」，猶言露處，載馳序云：「國人分散，露於漕邑。」是也。或云「露」當爲「路」，孟子「率天下而路」。是也。泥中，李迂仲解爲泥塗。蓋衛雖處黎侯於東地，而待之不以禮，如齊景之於魯昭耳。

簡兮序：「刺不用賢也。」蓋旁觀之詞。惜其有材如此，屈於伶官，不得如兔罝之武夫，爲國干城，故末章思有君如文王者耳。集傳乃以爲賢者自言。夫自偁爲「碩人」，自狀爲「俣俣」，自詡「有力如虎」，豈東方生滑稽之流邪？惟舊作三章，章六句，集傳作三章，章四句，一章六句，則得之。

泉水二章，追憶之詞。三章，則設想也。嚴華谷云：「沸、禰以下，以『女子有行』言之，則爲嫁時宿餞之地。干、言以下，以『遄臻于衛』言之，則爲思歸而宿餞之地。」語簡而義塙。陳疏以

「還車」爲大夫反馬，殆非。

北風序：「刺虐也。衛國並爲威虐，百姓不親，莫不相攜持而去焉。」辨説云：「衛以淫亂亡國，未聞其有威虐之政，故集傳以爲北風、雨雪以比國家危亂將至，而氣象愁慘也。」案：三章云：「莫赤匪狐，莫黑匪烏。」赤者狐也，而以爲匪狐；黑者烏也，而以爲匪烏；亂政者小人也，而以爲匪小人，則朝廷之黑白亂矣。然則北風、雨雪凝陰之象，可知小人成群，賢者相率而退耳。「其虛其邪？既亟只且！」蓋設爲問答之詞，問曰「猶可以徐徐乎？」答曰：「去之惟恐不速爾！」

静女序：「刺時也。衛君無道，夫人無德。」集傳以爲淫奔期會之詩。案：蓋亦化其上耳。黄東發云：「静女其姝，乃奔者自相偁美之辭。」語類云：「静女者，猶無良而曰德音。」毛傳泥於定九年左傳之論，乃曰「女德貞静而有法度」，與序全不應。不知鄧析私造刑書，駟歂殺之，正義以爲殺之不爲此書。夫私造刑書，固有可殺之道已。而用其竹刑，故君子論之，謂既用其書，不當殺之，比之静女雖淫，而有取於三章之彤管，則不遺其詩。蓋斷章取義之意，故上云「苟有可以加於國家者，棄其邪可也」。曰邪，則不以此詩所云真爲静女可知。城隅，即桑中之期。貽我彤管、自牧歸荑，亦「貽我握椒」之類。李迂仲亦云。其取之者以「彤管」之言與宮中女史事偶涉耳，其實援引不倫，所論亦未塙。若因竹刑而殺，則其書不當用，若因他罪而殺則宜論其罪何如。苟罪有不可赦，則用其書之刑，刑之而已。

新臺詩刺衛宣瀆倫無恥，强爲偃仰以説婦人。籧篨，似斥言床笫。不鮮、不殄，皆謂其粗惡。譬喻之辭。殄字，鄭讀爲腆，是也。不殄，猶之不鮮，毛傳訓「絶」，非。

鄘風柏舟序言衛共伯蚤死，蓋得其實，史記衛世家之言不足信也。序偁其妻守義，父母欲奪而嫁之，則共伯未昏。然詩三言「兩髦」，共姜何以見之？曰：曾子問曰：「取女有吉日，而女死，如之何？」孔子曰：「壻齊衰而弔，既葬而除之。夫死亦如之。」蓋共伯雖未昏而已有吉日，共姜亦必如禮往弔，故得而見之也。既弔而歸，父母欲奪其志，故作詩自誓。天者，呼天而誓之。獨呼母者，婦女之常。毛傳訓「天」爲「父」不詞。

牆有茨：「言之長也。」長，謂委曲不可盡。集傳云：「託以語長難竟。」義亦同。毛傳云：「惡長也。」不成文義。陳疏云：「言君之惡長。」案：此自謂昭伯及宣姜，於惠公無涉，君指何人？

定之方中序：「文公徙居楚丘，始建城市而營宮室。」傳云：「定，營室也。方中，昏正四方。」箋云：「定昏中而正。」謂小雪時，其體與東辟連正四方。周語：「營室之中土功其始。」韋注云：「建亥小雪之中，定星昏正於午。」與毛、鄭合，皆言昏正，無異説。南海曾氏釗見所著毛鄭異同辨。據春秋僖公二年春王正月，諸侯城楚丘，謂徙居要在正月後，安得至小雪時？疑方中爲斥旦中，當爲夏時四月。其意謂方城時不及徙，又似疑毛、鄭所云當在是年夏正小雪節者，則惑之甚矣。夫春秋經書春王正月，乃周正建子之月，以三統術推之，是年天正月戊辰朔，年前十二月己亥朔，甲子小雪，則正月朔距小雪止五日，故陳疏以爲魯僖公元年十二月事。案：左傳：「二年春，諸侯城楚丘而封衛焉。不書所會，後也。」杜注：「諸侯既罷，而魯後至，諱不及期，故以獨城爲文。」蓋築城非一日之功，至是而已畢，且是時衛實露處。或不待其功畢而始徙也，此可釋曾氏之疑。

蝃蝀詩：「蝃蝀在東，莫之敢指」；「朝隮于西，崇朝其雨。」案：日乍出而虹見於西，則雨；日將落而虹見於東，則雨止。虹者，太空之氣與雲氣相雜，日射之而成影，如日射水中倒影於上，亦或成五色文也。禮記樂記：「地氣上齊。」鄭注：「齊讀爲躋。躋，升也。」釋文又作「隮」。案：史記樂書正作「隮」，其訓與毛傳合。樂記又云：「化不時則不升，男女無辨則亂升。」此詩所斥，其在此與。

衛風竹竿序：「衛女思歸也。適異國而不見答，思而能以禮者也。」辨説以爲未見不見答之意。嚴華谷云：「婦人以夫家爲歸者也。衛女既嫁異國，而反思衛之樂，蓋於異國不得其所，則思故鄉也。此雖不言其夫家之不見答，而觀其思歸之切如此，則其情不言可知。」旨哉斯言，真可謂能以意逆志者矣。

王風黍離序無可議。李迂仲謂與麥秀之歌同，誠然。然但自叙悲閔，而未斥及狡童，則尤爲忠厚，蓋所處之位異也。韓詩以爲伯封作，見御覽。新序又以爲衛宣公子壽作，岐之中又有岐。薛君章句亦見御覽。解云：「詩人憂懣，不識於物，視彼黍離離，反以爲稷之苗。」竊以爲凡誤識者，必先言誤識之物，然後諦審之，而知其爲此物。觸目而見，以爲彼黍之離離邪，諦審之，而知爲稷之苗也。二、三章同。此詩雖述憂思迷惘，而亦寓柳往雪來之感。蓋稷爲首種，而收獨後，見程瑶田九穀考。由苗而穗而實，已閱三時，見行役之久也。

君子于役序以爲大夫之思君子。集傳改爲室家之思夫，無可證也。詩中兩言「羊牛」，本無義例，埤雅造爲「羊性畏露，歸先於牛」之説，而集傳取之。然則易言「龍蛇」，而孟子言「蛇龍」，何邪？文選班彪北征賦注、謝靈運擬鄴中集詩注引毛詩並作「牛羊」。

君子陽陽序：「閔周也。君子遭亂，相招爲禄仕，全身遠害而已。」案：此則所謂全軀保妻子者也。文恬武嬉，自道其樂，漫相牽引，旁觀者嗤之。嗤之，正憂之也，故曰「閔周」。集傳乃以爲亦前篇婦人所作，宜爲陳長發所譏。見稽古編。

中谷有蓷：「暵其乾矣。」毛傳：「暵，菸貌。陸草生於谷中，傷於水。」案：暵，不當有「菸」義。説文水部：「灘，水濡而乾也。」詩曰：「灘其乾矣。」然則許見本作「灘」。許自言偁詩毛氏，是毛本如此。今作「暵」者，後人省借也。説文：「菸，鬱也。一曰婑也。」「婑，病也。」義與萎、痿近。

段解「菸」字云：「一物而濡之乾之，則菸也。」此於毛、許義兼得。首章云：「暵其乾矣。」雖未濡於水，而水氣及之，色已菸矣。次章云：「暵其脩矣。」則已及濡，而有時仍乾，故傳云：「脩且乾也。」史記倉公列傳：「流汗出⿰氵循。」王氏雜志云：「⿰氵循，當作滫。滫者，流汗出而乾也。」亦引此詩爲證。末章云：「暵其溼矣。」則全濡而不可爲矣。水濡以漸，由淺而深。蓋夫婦之誼，不能恝然便絶，始也因飢寒而交讁，繼也無所措而欲離，終至決然舍去。其情事如此。鄭箋「鵻之傷於水」，義亦同毛，乃云：「始則溼，中則脩，久則乾。」乃適相反，而於詩亦先後倒置，蓋「溼」字與「乾」字互誤耳。

采葛序「懼讒也」。豈亦如京房之不欲遠離左右邪？味一「彼」字，疑亦居者之思行者，與君子于役同義。

鄭風大叔于田首章譽其勇，又戒之；次章盛偁其射御；三章戒以勿馳騁，勿恣射，勸其釋掤，鬯弓以休息，愛之乎？抑危之也？蓋叔段之狂騃，莊公之陰險，克鄢之舉，固已燭照數計。

有女同車以下五詩序，皆云「刺忽」。集傳斷以爲淫奔，而極辨昭公之冤。無論聖人删詩，即彼編詩者何爲廣取淫辭乎？忽惡高渠彌，救齊辭昏，又以班後之怒爲郎之師，故傳言其有壯狡之志。辨説既偁其守正，又謂柔懦疏闊，又謂狡童序刺其不能與賢人圖事，權臣擅命，則是公猶在位，豈可遽以狡童目之？不知有女同車序刺忽以無大國之助，至於見逐，則此下諸詩，皆以事後追咎之辭，然則狡童之偁，同於麥秀之歌所謂「不與我言兮」、「不與我食兮」，亦與「不與我好兮」同意也。祭仲本勸昭公必取於齊，不見聽，又以宋人之逼，歸而立突。公羊傳美其有權，蓋即此序所謂權臣，穀梁傳亦曰：「權在祭仲也。」

山有扶蘇序「刺忽也。所美非美然。」然則狂且、狡童是忽所美也，而傳云：「狡童，昭公也。」則狂且亦昭公，而與序義岐出矣。狡童傳又云：「昭公有壯狡之志。」何以不釋於前，而釋於後？汪氏龍詩異義以「狡童昭公也」五字爲狡童傳之錯簡，然則此兩章之狡童，義不同邪？

蘀兮似刺忽疏於宗室。蘀，謂不殖將落。吹女、漂女，有敗之者矣。惟一本之誼，宜相助以自强。

揚之水：「終鮮兄弟，惟予與女。」又曰：「終鮮兄弟，惟予二人。」疑詩人代爲忽、突悔過之詞，故曰：「詩之教，温柔敦厚。」

出其東門：「有女如荼。」案：「有女如荼」，猶之首章「有女如雲」耳。傳云：「荼，英荼也，言皆喪服也。」則何以解『雖則如荼，匪我思且』乎？陳疏曲徇毛義，牽引匍匐救之，亦太迂矣。」

齊風雞鳴：「無庶予子憎。」僩君爲子，義不協。傳云：「無見惡於夫人。」亦不可通。陳疏云：「『子乃』『于』之誤。」引「比予于毒」、「寘予于懷」、「胡轉予于恤」爲證，如此則與傳文正相發，傳中「於」字，即經之「于」字也。案：此詩首章、次章上二句，皆夫人告君；下二句，皆君答夫人。三章上二句，君之言；下二句，則夫人之言，其意甚明。

南山序：「刺襄公也。」案：魯桓立三年而娶文姜，六年而子同生，十五年而齊襄立，十八年而與文姜如齊，此時文姜嫁已十六年，子同已十三歲，而有此淫行，不可解也。

甫田序：「刺襄公也。」末章：「婉兮孌兮，總角丱兮。未幾見兮，突而弁兮。」案：「齊襄乃文姜之兄，其立在文姜嫁後十三年，則非少主矣，此章所云，不合事理。疑此詩與猗嗟同意。突而弁兮，即「頎而長兮」之謂，失其次在前，故序以爲刺襄。

陟岵傳：「山無草木曰怙；山有草木曰屺。」爾雅釋山：「多草木，岵。無草木，峐。」釋文引三蒼、字林、聲類並云「峐」猶「屺」字，而它無異文。説文：「岵，山有草木也」，「屺，山無草木也。」釋名、玉篇、廣韻皆同。詩釋文引王肅亦從爾雅。孔沖遠以爲毛傳「傳寫誤」。案：山有草木其常也，多則别之曰「岵」，義與「怙」近似，雅訓爲優。然藝文類聚七引爾雅云：「多草木曰屺，無草木曰岵。」陳疏引唐語林施士丐説「山無草木曰岵」。則似唐本爾雅亦有作「無草木，岵」者。段注説文以毛詩所據爲長。並存之可也。首章：「猶來無止。」毛傳父尚義、陳疏以爲有戒勉意，勿止者勸以義也。此深得毛意。

秦風黄鳥序：「哀三良也。國人刺穆公以人從死而作是詩也。」案：以人從死，戎狄之惡俗。或謂穆於春秋尚爲賢主，何亦出此？夫穆之爲人，女晋文而媵以懷嬴，前盟口血未乾，而潛師襲鄭，豈知禮義者？其卒也，從死者百七十七人，仍戎狄耳。秦本紀正義引應劭云：「穆公與群臣飲酒酣，公曰「生共此樂，死共此哀。」於是奄息、仲行、鍼虎許諾。及薨，皆從死。漢書匡衡傳：「秦穆貴信，而士多從死。」其所謂信，匹夫匹婦之爲諒也。班孟堅叙傳偁田横義過黄鳥，蘇子瞻三良詩本此。夫田横自知不容於漢而自剄，二客及五百人從之，可謂之義士。若三良之死，果何爲哉？亦戎狄之俗而已矣。「臨穴惴慄」，蓋送者之言，集傳以爲康公迫而納之於壙，似非詩意。

晨風詩：「隰有六駮。」正義引陸璣義疏以駮爲梓榆，與苞櫟、苞棣、樹檖相配，集傳從之，塙不可易。毛傳云：「駮如馬，倨牙食虎豹。」不類。

無衣序：「刺用兵也。秦人刺其君好攻戰，亟用兵，而不與民同欲焉。」案：此序不著何世，續序與詩意亦不協，陳疏以爲亦刺康公，此時秦未僭王，而詩三偁「王于興師」，此何王邪？定四年傳：申包胥如秦乞師，哀公爲之賦無衣，則詩非刺用兵好戰可知。曰「同袍」、「同澤」、「同裳」，蓋即同仇之義，則亦非不與民同欲也。疑此爲周平王命襄公伐戎時所作，秉王命而興師，不啻從王師也。失其次，故羼列於康公時。

渭陽序：「康公念母也。」據列女傳重耳入秦，穆姬已死。及其還晋，而太子罃送之。是詩在穆公時作，亦失其次而列此。續序以爲康公即位，思而作是詩，豈情事邪？

陳風墓門：「刺陳佗也。」則「夫也不良」即斥佗，蓋佗之謀簒非一日，故曰「國人知之」，所謂司馬之心，行路皆知之也。曰「知而不已，誰昔然矣」，蓋有隱發其謀而不之省。「顛倒思予」，所謂它日請念也。續序以爲無良師傅，則當日傅之者或教猱與？

澤陂：「有美一人。」疑指憂國者。君臣淫亂，有心者傷之。續序止云「男女憂傷」，淺矣。

曹風蜉蝣：「蜉蝣掘閱。」毛傳：「掘閱，容閱也。」箋云：「掘地解閱。」正義引義疏云：「夏月陰雨時地中出。」本草綱目云：「蜣蜋蜉蝣腹育天牛，皆蠐螬蝨蝎所化。」案：掘，説文引作「堀」。堀，突也。蓋凡蟲出地時，必觸其土使鬆，乃隨而出。嘗見土蜂穿地，頻出頻入，悉發穴中泥於外，既而飛去，似銜物入者，後乃頻頻倒入穴，仍發其泥以自揜，悟所謂掘閱者如此。堀者，土鬆則突然高起也；閱者，頻頻也，箋所謂「解閱」也。傳云「容閱」，謂使土鬆處足以容身出入，義亦相近。大戴記曾子疾病篇：「魚鼈黿鼉以淵爲淺，而蹷穴其中。」阮注引王引之云：「蹷，讀爲撅，掘也。」彼文蹷穴，即此文掘閱。

豳風七月蓋公劉克篤前烈開國於豳，民樂其化而歌之，時在夏末，不可列於周南召南，亦不可列於雅，故别爲豳風。鴟鴞周公所自爲，東山以下皆士大夫作，宜列雅，而今亦附此，疑以此篇八章不成卷而足之。諸家紛紛辨論，未敢强作解人。序以七月爲周公作，亦未信。「女心傷悲，殆及公子同歸傳云傷悲感事苦也豳公子躬率其民同時出同時歸也。」所謂感事苦者，求桑采蘩多勞苦耳，乃中間增「春女悲」、「秋士悲」、「感其物化也」三句，農桑樸俗，雜以懷春，殊爲不類。又此所云豳公子自謂慶節，而陳疏以爲成王。夫自大王遷岐，以至武王有天下，去豳已四世，而猶偁成王爲豳公子邪？且成王又何以至豳，與其民同時出同時歸也？案：狼跋詩：「公孫碩膚。」傳云：「公孫，成王也。豳公之孫也。」蓋誤讀「孫」爲「如」字，故箋易之云：「公，周公也。」知傳義之不可通矣。乃毛以成王爲豳公之孫，陳疏又以成王爲豳公之子，總由附於豳風卷内刻畫一「豳」字耳。

鴟鴞：「既取我子，無毁我室。」傳云：「寧亡我二，子不可以毁我室。」是以二子爲管、蔡。下文：「恩斯勤，斯鬻子之閔斯。」傳云：「稚子成王也。」一簡之中兩「子」字，異訓，且經云「我子」，不云「二子」也。竊謂玉篇「取」有「資」義，室者子之所資，既恩勤斯子，則宜保此室也。

小雅伐木：「伐木丁丁，鳥鳴嚶嚶。」爾雅釋詁：「嚶嚶，音聲和也。」蓋伐木以相助爲義，鳥鳴以相和爲義，毛傳牽連爲説，故云：「嚶嚶，驚懼聲也。」若鳥因伐木而驚懼，則當下喬木而入幽谷矣。陳疏知其不可通，而又强爲迴護，門户之見耳。

六月詩：「張仲孝友。」箋云：「張仲，吉甫之友，其性孝友。」蓋謂飲至之時有此人，以爲吉甫重也。傳云：「使文武之臣征伐，與孝友之臣處内。」已覺稍迂，然猶可通。李巡注爾雅乃云：「張姓，仲字，其人孝，故偁孝友。」以「友」爲朋友之「友」，不辭。

吉日：「吉日維牡。」傳：「維牡，順類乘牡也。」「吉日庚午」。傳：「外事以剛日。」案：戊與庚，皆剛日，則傳文「外事以剛日」五字，當屬首章「維戊」下。午爲馬，故云「順類而剛棄之」，則「順類棄馬」四字，當屬次章「庚午」，下疑互誤。

鴻雁末章句：「維彼愚人，謂我宣驕。」似臣下奉使安集黎民，而中被謗議。宣驕，謂自鳴其功也。襄十三年傳：「穆叔見范宣子賦此詩，止取『爰及矜人，哀此鰥寡』及『哀鳴嗸嗸』義，而孔疏謂以譏晉有驕慢之意，則以辭害志矣。」

沔水序：「規宣王也。」三章曰：「我友敬矣，讒言其興。」疑即所謂「謂我宣驕」也。宣王不終其德，晚歲信讒，故臣僚相戒如此。

白駒：「皎皎白駒。」以白駒比賢者耳。傳云：「賢者棄白駒而去。」則「來朝走馬」後，又一騎馬之證矣。

黄鳥序：「刺宣王也。」蓋宣王始勤終怠，無復勞來安集之舉，薄俗化之，相投者惘然以去。「不我肯穀」。不能通有無也；「不可與明」，不可與述困苦也；「不可與居」，并不能與居處矣。傳以室家爲言，故訓「明」爲「明夫婦之道」，又云「婦人有歸宗之義」，陳疏亦多方以解。

我行其野與黄鳥同意。戴岷隱云：「刺衰世俗薄，更甚於黄鳥。」信然。見續讀詩記。

沔水以下六篇，皆在宣王晚年失政之時，而斯干、無羊則在其前，今本疑失次。

節南山：「駕彼四牡，四牡項領。我瞻四方，蹙蹙靡所騁。」箋云：「四牡者，人君所乘駕，今但養大其領，不肎爲用，喻大臣自恣，上不能使。」案：後漢書宦者傳吕强疏：「群邪項領。」意謂不可駕御，與鄭箋同。陳疏歷引潛夫論、中論、新序、費鳳碑、抱朴子，以爲謂賢者懷材莫用，靡所馳騁。箋義非傳意，然傳文止云項大也、騁極也，未知毛與鄭同異。古人引詩斷章取義，不必盡合作詩之旨也。「式訛爾心」，陳疏云：「訛，當作吪。破斧傳：「吪，化也。」案：無羊傳：「訛，動也。」字从化聲，亦引申其義从言从口，古字多通。動則變，變則化，其義相因，不煩改字。

正月：「父母生我。」傳：「父母，謂文武也。」案：呼天地、呼父母，告哀之常，傳訓似迂。「燎之方揚，寧或滅之。」傳云：「滅之以水也。」案：滅之以水者，猶淖博士所謂此禍水也，滅火必矣，故下云：「赫赫宗周，褒氏烕之」也。陳疏以「燎之方揚」爲惡萌易滋，非傳意。

雨無正，名篇之義不可解。前卷據元城語録引韓詩多兩句，聊備一説耳。至讀詩記所引董氏説，作「正大夫刺幽王」，則與詩中「正大夫離居，莫知我勩」語氣不合。且「正」即「政」字，何煩增改。我友烏程汪謝城曰：「楨以爲不足信。」是也。「淪胥以鋪」。傳：「淪，率也。」案：「淪胥以鋪」，即「載胥及溺」之意。漢書叙傳晋灼引齊、韓、魯詩「淪」作「薰」，後漢書蔡邕傳李賢注引作「勳」，皆訓爲「帥」。薰、勳、率、帥，古皆通用。淪，从水；薰，勳从火，意義相同。孟子以虐民比水火，是已。述聞謂「鋪」，當如李賢引作「痡」。又史記酷吏列傳：「舞文巧詆下户之猾，以君大豪。」索隱本「君」作「熏」。炙之是熏，又通作焄。豳風七月：「穹窒熏鼠。」熏義亦同。

小旻：「我龜既厭，不我告猶。」猶，西伯戡黎所謂「格人元龜，罔敢知吉」也。「不敢暴虎，不敢馮河，人知其一，莫知其他。」稽古編曰：「前五章皆刺時之語，末一章獨爲自警之詞。」蓋先言小人謀議不臧，譏王誤聽，因又自言當明哲保身，不可攖小人之怒。陳疏引荀子臣道篇、昭元年左傳、高注淮南子本經篇、呂覽安死篇爲證。案：戾太子之事，所謂暴虎馮河也。郭子儀之辟盧杞，所謂敬小人也。孟子曰：「獨孤臣孽子，其操心也危，其慮患也深。」此之謂矣。

小宛序：「大夫刺幽王也。」案：以首章、四章觀之，疑亦周之宗室所作。「教誨爾子，式穀似之」，譏幽王愛伯服而不教也。此二句毛傳無文，本不連上，楊雄誤讀，造爲類我之説，於是鸜鵒猩猩外，又有一能言之蟲。

何人斯序：「蘇公刺暴公也。」「伯氏吹壎，仲氏吹篪」，猶吹笙鼓簧，唱予和女之意，謂同官爲僚，誼當如此也。世本遂云：「暴辛公作塤，蘇成公作篪。」古書可盡信乎？

大東後三章，雜舉天象以泄其忿。退之三星行、玉川子月食詩所祖。

四月：「先祖匪人。」猶言在天之靈耳。陳疏讀「匪」爲「彼」，仍詰籀。

北山：「溥天之下，莫非王土」，縱言之；「率土之濱，莫非王臣」，衡言之。

小明序：「大夫悔仕于亂世也。」案：疑此亦居者之思勞人。前三章首八句，皆代爲勞人之言，我者我其勞人也；末四句，則詩人念之之詞，彼者彼其勞人也。共，即後所謂「靖共爾位」者也。後二章，則又勉而慰之。

楚茨：「楚楚者茨，言抽其棘。自昔何爲？我蓺黍稷。」謂今之蕪穢而生茨棘者，實昔之蓺黍稷而祀先祖者也。抽者，「搯」之或體，説文云：「引也。」

頍弁：「如彼雨雪，先集維霰。」傳云：「霰，暴雪也。」箋云：「雨雪，始必微温，雪自上下，遇温氣而摶，謂之霰。久而寒勝，則大雪矣。」此鄭申毛義，然則暴雪猶初雪也。謂初曰「暴」，今俗亦有此言。案：説文暴，古文作「⿱麃日」。⿱麃日，疑即角弓「雨雪麃麃」之「麃」字。麃，暴音近。麃麃，暴雪皃。説文：「霰，稷雪也。」段注：「稷雪，雪之如稷者。」似得其解。今俗謂雪珠。爾雅釋天：「雨霓爲霄雪。」郭注：「霰，冰雪雜下者，故謂之消雪。」夫雪已是冰，何云冰雪？疑「冰」乃「雨」字之誤。雨雪雜下，俗謂雨夾雪。每雨而作雪，則先霰，謝惠連雪賦：「霰淅瀝以先集。」或遇日光照之，則霰隨止而不成雪。説文霓，霰之重文。霄、消蓋通用。霰，从散，與「消」義近。霓，从見，謂乍見也，蓋亦暴雪之意，抑亦有取於「見晛曰消」也。頍弁詩慮其成雪，角弓詩斥其易消，義相因而意各有在。

菀柳：「上帝甚蹈，無自暱焉。」蹈字，傳訓「動」，箋讀爲「悼」，似皆迂遠，蓋以上帝指幽王，故多窒礙耳。竊謂此與「天之方蹶，無然泄泄」意義相近。吕氏春秋知化篇：「子胥高蹶而出於廷」，高誘注：「蹶，蹈也。」傳曰「魯人之皋，使我高蹈。」瞋怒貌。述聞引之，以釋哀二十一年傳。

蹶、蹈古義通。上帝，即天也。舊説未可從。

采緑序：「刺怨曠也。幽王之時，多怨曠者。」陳氏啓源云：「征役過時，王政之失。刺怨曠者，正刺幽王。」此説是也。「五日爲期，六日不詹。」毛傳云：「婦人五日一御。」不特不當引諸侯之禮，此箋説。且亦鄙倍可笑。鄭以爲五月之日，六月之日。集傳謂「五日」爲去時之約，六日爲期而不至，皆勝毛。竊謂五日、六日皆虛數，止是言歸期無定日。末二章，陳疏以爲婦人設想之謂，亦本集傳，而謂悔不從夫，則又牽於箋疏矣。或以爲追想平日，義亦通。

白華序：「周人刺幽后也。幽王取申女以爲后，又得褒姒而黜申后，故下國化之，以妾爲妻，以孽代宗，而王弗能治，周人爲之作是詩也。」案：此刺褒姒，實爲申后作也。白華、白茅、葑、菲之意。我者，我申后也。豐水而流于滮池，桑薪而烘于煁，喻申后之見遠於王也。碩人，皆指申后。宮中之事，孰疏孰親，外人不得聞，然而聞之，猶鼓鍾矣。王之愛憎失常，有心人爲之憂矣。

何草不黄序：「下國刺幽王也。四夷交侵，中國背叛，用兵不息，視民如禽獸，君子憂之，故作是詩也。」案：四夷交侵，中國背叛，用兵不息，行役苦之。以兕虎比寇盜，以狐比征夫，詩意曉然。箋云：「兕虎比戰士。」乃謂視民如禽獸，恐非詩人之旨。史記孔子世家引「非兕非虎，率彼曠野」，正以兕虎比陳蔡之徒衆，而集解引王肅義同毛，特以與鄭樹敵耳。説文：「芃，草盛貌。」有芃者狐，蓋言其毛蒙茸。傳云：「芃，小獸貌。」望文生義。集傳：「尾長貌，以比有棧之車。」義可通。

大雅文王：「文王受命作周也。」案：此詩首章曰：「文王受命，於昭于天。」又曰：「文王陟降，在帝左右。」三章曰：「商之孫子，其麗不億。上帝既命，侯于周服。」四章曰：「殷士膚敏，祼將于京。」五章曰：「殷之未喪師，克配上帝。」其爲武王有天下後追叙之詞甚明。蓋在文王時，實未偁王也。史記周本紀：「公季卒，子昌立，是爲西伯。西伯曰文王。」此叙明「西伯」即文王耳。下文皆偁西伯，不偁文王，至武王嗣位後，乃云：「詩人道西伯，蓋受命之年偁王。」其詩蓋即此篇。詩人本追叙，而説詩者以爲文王在位時作，史公不信也，故於下文著之云：「謚爲文王。」謂武王所追王也。下云：「改法度，制正朔矣。追尊古公爲太王，公季爲王季。」則周公制禮時事，與中庸合。禮記大傳云：「牧之野，武王成大事而退，追王太王、王季歷、文王昌。」則約略言之耳。若文王遽自偁王，何解於畔援、歆羨，而尚云「以服事殷」也？前四章歷叙文王作周受命之盛，忽入「殷之未喪師」云云，亦頌不忘規之意。

皇矣：「維此王季。」昭二十八年左傳引作「唯此文王」。正義引詩王肅注及韓詩皆作「文王」。稽古編及段氏小箋、陳疏据以爲宜作「文王」。案：此句毛傳無文，鄭箋止云王季之德比于文王，不云此句「文王」當作「王季」，是鄭所見毛詩亦同。今本文選干令升晉紀總論云：「以至于王季能貊其德音。」善注引詩無異文。孔沖遠亦云毛詩作「唯此王季」，故解比于文王，言王季之德，可以比于文王也。據左傳，魏舒爲政，以其庶子魏戊爲梗陽大夫，恐人議其黨，故問於成鱄，成鱄引此詩，以王季擬舒，以文王擬戊。釋詩所偁度、莫、明、類、長、君、順、比，合之文王之「文」，爲九德。其釋「克順克比」之比，爲「擇善而從」，杜注：「比方善事，使相從也。」是「比例」之比。其「比于文王」之比，當訓爲「比及」之「比」，謂及于文王，能兼上八德而爲九，故曰「經緯天地」，毛傳本比。其德彌盛而無所缺失也。此雖成鱄之詇辭，然疑詩義本如此，左傳本偶誤作「文王」，韓詩沿之，王肅遂挾之以與鄭立異，奉毛者又據之以爲毛本亦同韓，毛公聞之，當壺盧地下也。「畔援」、「歆羨」對文，義當從鄭説，見隨筆。「誕先登于岸」，猶伊尹所謂「先知先覺」，承上「克明克類，克長克君」來。毛訓「岸」爲「高岸」，鄭云「獄訟」，陳長發皆以爲迂。集傳云：「道之極至處，即大學『道盛德至善』義。」而長發以内典彼岸之説黜之，然則何以解「西方美人」爲佛邪？「密人不恭」、「侵阮徂共」，傳以爲阮、共二國爲密人所侵，箋以爲阮、徂、共三國黨密犯周，故文王侵之。正義引張融云本魯詩，又引帝王世紀如鄭説。案：以經文證之，傳説是也。經先言「侵阮徂共」，次言「王赫斯怒」，若如魯詩，則二語當倒置矣。且下章「侵自阮疆」，即此侵阮事，若以爲文王侵自阮疆，則下「無矢我陵」四句義不可通。集傳雖强解之，殊詰籀。史記周本紀文王所伐五國，止有犬戎，即綿詩混夷。密須、即此密。耆邘、崇，尚書大傳亦同，無所謂「阮、徂、共」者。裴駰集解引徐廣曰：「耆，一作阢。」正義云：「耆，即黎國。」是即西伯戡黎之黎。耆、阢、黎，音近相借，柯淩本徑改「阢」作「阮」，豈亦惑於魯詩與？長發於毛、鄭二說不能決。陳疏力主毛義，是也。

下武序：「繼文也。」此「武」字，乃「步武」之武，故鄭訓「下」爲「後」。弟五章云：「繩其祖武。」詩人已自釋之。毛公於「祖武」訓「跡」，與生民同。而於「下武」訓「繼」，實一義之引申。後人泥於「武王」之武，乃紛紛立異，集傳引或說，欲改爲「文武」，何不求之古義也！

生民：「誕置之隘巷，牛羊腓字之；誕置之平林，會伐平林；誕置之寒冰，鳥覆翼之。」大祀高禖，無子而求子也。求子而得子，得子而擯棄暴露之，人情乎？以其不及月乎？則「誕彌厥月」矣。以其難産乎？則「先生如達」矣，「不坼不副」矣，「無菑無害」矣。毛傳以爲「天生后稷，異之於人，欲以顯其靈。帝不順天，是不明也，故承天意而異之於天下。」此真兒戲之言，鄒叔績。漢勛。著有讀書偶識。謂彌月爲過月，不遲爲大遲，姜嫄於高辛氏帝崩之月而妊，崩後十二月而生，故帝摯謡椓之，不以姜嫄爲康大，於禋祀爲天所右，而以爲徒然生子，非高辛氏之帝嗣，故棄之。迨至靈異顯見，但畏天威而不敢殺稷，而姜嫄猶然攜稷以大歸於郃。設想入微，然古事既遠，略無佐證，備解頤而已。此詩自后稷始生，至以稼穡開基，以成周室，而終之曰「庶無罪悔，以迄于今」，意思深長。陳長發徒偁其章法之工，陋矣。

既醉：「釐爾女士。」案：女曰女，男曰士。此承上「家室」而言。陳疏以「爾女」連文。引孟子「人能充無受爾女之實」爲證。不知孟子所謂「爾女」乃或偁「爾」，或偁「女」，非以「爾女」相連。且「爾」即「女」，「女」即「爾」也，如此詩曰「釐爾爾士，釐女女士」，可通乎？毛公無文，鄭讀如字，而陳以爲毛讀「汝」，何以見之？鳧鷖序：「守成也。太平之君子能持盈守成，神祇祖考安樂之也。」末章：「無有後艱。」傳云：「言不敢多祈也。」「多祈」者，對上四章「福禄」而言，蓋不能持盈守成，則飲食晏樂或以開奢侈之風。陳疏引生民「庶無罪悔，以迄于今」爲解，深合毛義。

民勞序：「召穆公刺厲王也。」案：篇中三偁「王」，曰「以定我王」，曰「以爲王休」，曰「王欲玉女」。疑當時有以不善教王者，故召穆公勖之。末章復託爲王意，亦所以諷王也。「戎雖小子」，傳訓「戎」爲「大」，「大雖小子」，「而式弘大」，文不成義。此「戎」字，當訓爲「汝」。曰「無棄爾勞」，曰「戎雖小子」，曰「王欲玉女」，「爾」、「戎」、「女」皆斥其人。板之詩曰：「及爾同寮。」亦此意。

板之次章曰：「辭之輯矣，民之洽矣；辭之懌矣，民之莫矣。」正對上章：「出話不然，爲猶不遠」言，陳疏引説苑，子貢語釋之，是也。

蕩序：「召穆公傷周室大壞也。」案：厲王暴虐，召穆公不敢直數其惡，故首偁上帝，以明天道無親之意。爾雅釋詁：「諶，信也、誠也。」説文：「諶，誠諦也。詩曰：『天難諶斯。』」案：史記伯夷列傳：「大道無親，常與善人。」管子牧民篇：「如地如天，何私何親。」韓非子楊灈篇：「若地若天，孰疏孰親？」親與信，義相近。曰「蕩蕩」者，此上帝也；「疾威」者，亦此上帝也。「蕩蕩」則無所不容，「疾威」則隨感即應，蓋天之於人，隨所爲而福之禍之，無一定也。「靡不有初，鮮克有終」，可就一人言之，亦可就一家一國言之。其下七章，乃託於文王之數紂，以使之自反。末云：「殷鑒不遠，在夏后之世。」則周亦宜鑒于殷矣。「蕩」之義，見於論語。續序附會序中「周室大壞」之語，以爲「蕩蕩無綱紀」，傳、箋因之，以上帝爲指厲王，不特失詩意，并失序意矣。

抑序：「衛武公刺厲王，亦以自警也。」案：衛武公入相於平王之初，其卒在平王十三年，即云年百歲，則入相時已八十餘矣，身當宣、幽之世，而舍近徵遠以追刺厲王，豈宣、幽之事無足以爲鑒戒乎？説詩者囿於序文，必欲屬之厲王，以厲之暴詩無一言，而但云「迷亂于政，顛覆厥德，荒耽于酒」，此正斥幽王耳。「天方艱難，曰喪厥國」，則并在西周失國之後。其自言曰：「借曰未知，亦聿既耄。」曲禮「八十九十曰耄」，説文「九十曰薹」，即今「耄」字。則此詩作於入相之後，追述既往，以戒其嗣，亦以諷平王也。首章曰：「抑抑威儀」，次章曰「謹慎威儀」，五章曰「敬爾威儀」，八章曰「不愆于儀」，此全詩宗旨。荒於酒色，則罔顧威儀矣。賓之初筵曰：「其未醉止，威儀反反；曰既醉止，威儀幡幡。」曰「其未醉止，威儀抑抑；曰既醉止，威儀怭怭。」其意正同。「彼童而角，實虹小子」，其即賓筵所云「由醉之言，俾出童羖」者乎？然則虢石父輩之佞巧善諛以迷亂幽王，幾於指鹿爲馬矣。

桑柔：「好是稼穡，力民代食。稼穡維寶，代食維好。」傳以「代」爲「替代」之「代」，云：「民代無功者食天禄。」殊不安。疑「代」猶「世」也，謂「好是稼穡之，力民乃世食此禄。維其以稼穡爲寶，故世世好之。」曰「朋友已譖，不胥以穀」；曰「嗟爾朋友，予豈不知而作」，蓋亦被譖而告誡其同列之詞。

舒蓺室餘筆卷二

周禮天官敘官疏云：「周禮之内府史，大例皆府少而史多，唯有天府一官，府多於史，以其所藏物重也。」述聞云：「天官掌次，春官鬱人、司尊彝、司几筵、司服，磬師典庸器，皆府多於史，而賈氏曰『唯有天府一官』，則其餘皆否，疑今本掌次等官，皆上下互譌。」案：鄭注，府掌藏，史掌書，則府如今掌庫，史如今文案，自當史多於府。敘官中，史有倍於府、幾倍於府者，然亦有府、史相同者。而天官之内小臣、夏采；地官之充人、閭師、司諫、司救、調人、媒氏、胥師、稍人、草人、誦訓、山虞、中山、小山、林衡、川衡、跡人、掌炭、司稼；春官之雞人、華氏、占夢、眡祲；夏官之小子、羊人、司險、掌疆、候人、環人、挈壺氏、掌畜、旅賁氏、弁師、廋人、匡人、撢人；秋官之司厲、掌戮、掌殺戮、禁暴氏、脩閭氏、環人、掌察、掌貨賄，有史無府，豈皆無所藏？與掌炭與掌茶、掌蜃同官，彼皆府一人、史一人，此僅有史二人，則何以云「掌灰物炭物之徵令，以時入之，以權量受之，以共邦國之用？」又如角人、羽人、囿人，且有府無史。蓋傳本淆亂，轉寫脱失，皆所不免。

春官典同：「掌六律六同之和。」注鄭司農云：「陽律以竹爲管，陰律以銅爲管。」案：竹則皆竹，銅則皆銅，陰陽分用，於古無徵。後鄭云：「皆以銅爲之。」殆嶰谷之竹，未易求與？儀禮士冠禮注：「所卦者，所以畫地記爻。」疏云：「筮法依七八九六之爻而記之，但古用木畫地，今則用錢」云云。案：疏釋蓍法，何必濫及錢卜？且揲蓍以求九六七八，用錢以求重交單坼，若木則藉以記其所得之畫，錢與蓍對，不與木對，不得云古用木、今用錢也。今錢卜亦或以板記之。「用木畫地」，蓋本少牢饋食禮注，亦非，說見後。

「水在洗東。」注：「洗，承盥洗者，棄水器也。」案：此注殊未析。少牢饋食禮：「司宮設罍水于洗東，有枓。」注云：「枓，㪺水器也。說文：「匜，似羹魁，柄中有道，可以注水。」僖二十三年左傳：「奉匜沃盥。」釋文：疏引說文同。是枓即匜也。凡設水用罍，沃盥用枓，禮在此也」。疏云：「禮在此也者，凡揔儀禮一部內，用水者皆須罍盛之，沃盥水者皆用枓爲之。」是此經文有不具。士昏、鄉飲酒、特牲同。然洗正所以爲沃盥，不得釋爲棄水器。罍以儲水，枓以㪺水，則棄水當別有器，亦不得以枓爲沃盥。疑兩注皆有脫誤。

昏禮：「壻御婦車授綏，姆辭不受。」案：注、疏，釋經皆合。嘉慶間陽城張刻本乃作「壻以几，姆加景，乃驅不受。」蓋因下節而誤。此本據序偁依顧千里校本，云：「小小轉寫之譌，不欲用意見更易。」今此文各本皆同，嚴州本亦不誤。而此本獨誤，不得謂之小小，即改正之，亦不爲用意見更易矣。其它舛誤亦復不少，仍之以待讀者。校讎固昭其慎，而自謂袪數百年來承譌襲舛，以還唐宋相傳之舊，則恐未也。

「冠之日，主人紒而迎賓。」案：紒而迎賓，則主人即將冠者矣。上云：「若孤子，則父兄戒宿。」是當以父兄爲主人，此注云：「冠主，冠者親父若親兄也。」既云「孤子」，則當云親伯父、叔父若親兄，何云親父？經文、注文皆有脱誤，疏無申論，是所見本已然，而隨文敷衍，忽不加察，何故？

「冠者母不在，則使人受脯于西階下。」疏云：「母死，則不得使人受脯，今言不在者，或歸寧，或疾病也。」案：子有冠期，母不當以此時歸寧；母疾病，則子當侍疾，亦不得適以其時冠，於人情皆不合。

士昏禮：「贊洗爵酌，酳主人。」注：「酳，漱也。酳之言，演也，安也。漱所以絜口，且演安其所食。」案：酳，説文作酌，云：「少少飲也。」玉篇：酌，重文酳。士虞禮、少牢禮注皆云「古文酳作酌」，特牲禮注「今段云「古」之誤。文皆爲酌。」段注：「「酌」字皆「酌」之誤，是也。鄭注「酳之言演也，安也」，與許「少少飲」之説合，乃又解爲絜口之漱，殊岐出。説文欠部：「軟，吮也。」口部：「吮，軟也」段引通俗文「含吸曰軟」，亦與「少少飲」合。至水部之漱，云：「蕩口也。」則鄭所云「絜口」者是，而與「軟」異義，不知何以并爲一辭。曲禮：「主人未辨，客不虚口。」注：「虚口，謂酳也。」疏引公食禮「三飲」注：「三漱漿也。」是亦以「酳」爲漱口。

「嚌肝，皆實于菹豆」：「注飲酒宜有肴以安之。」案：此亦飲以養陽，食以養陰之意。安，後世謂之「案酒」是也。

大射禮：「公樂作而後就物，稍屬不以樂志。」案：此言人君不與臣下争技能，猶上言「中離維綱，楊觸梱復，公則釋獲，衆則不與」是也。

喪禮：「新盆、槃、瓶、廢敦、重鬲，皆濯造于西階下。」案：「濯」下絶句，謂此五器，皆當滌濯以新之。造，讀爲竈，土竈也。上文「甸人掘坎于階間，少西，爲垼于西牆下。」注云：「垼，塊竈。」説文「垼」作「坄」，云：「匋竈窗也」。匋，即今之「窑」字，詩所云「陶復陶穴」。竈必有窗，以通火氣。垼，乃竈窗。造，即其竈，説見隨筆四，鄭釋爲「至」，殆非。

特牲饋食禮：「宗人執畢先八。」注：畢，狀如叉，爲其似畢星取名焉。」案：説文：「畢，田网也。从𠦒，象形。畢宿八星，形似畢，故名之爲畢。」今云畢似星而得名，康成鉅儒，乃不免于從俗。

少牢饋食禮：「日用丁己。」注：「内事用柔日。必丁己者，取其令，名自丁寧自變改。」案：説文：「己，象萬物辟藏詘形也。」改，更也，从攴，己聲。蓋物之變化，必先辟藏詘形，如蠶之化蛾、蠋之化蜨，它凡蟲之變化皆然。可見，故「己」有改義。改之从己，非徒諧聲。易革之彖曰：「己日乃乎。」義亦取此。

「史朝服，左執筮，右抽上韇，兼與筮執之。」案：漢書司馬遷傳：「文史星曆，近乎卜祝之間。」所謂史者，即此。

「卦者在左坐，卦以木卒筮，乃書卦于木。」案：坐卦以木者，謂備板以待畫奇偶也。書卦于木者，謂視板上之畫合爲何卦，而書之於首曰某卦，或曰某之某卦也。木，即板也。注云「六爻備書於板」，是已。乃云「每一爻畫地以識之」，冠禮注亦云：「畫地識爻」，夫筮者求得一爻，卦者識之於板，及六爻全，而筮者題之曰某卦，以示主人可矣，何取於先畫地而後登於板哉？經亦無此文。

禮記曲禮：「敖不可長。」疏：「敖者，矜慢在心之名。長者，行敖著跡之偁。」案：幾微矜慢在心，既而見諸色矣，既而見諸言語矣，既而見諸行事矣，又既而無事不然矣。此所謂長也。疏但云「著跡」，辭不達意。

「樂不可極。」樂字，釋文音「洛」，而引皇侃音「岳」。案：疏云：「樂者，天子宮縣以下皆得有樂。」是孔與皇音同。然經文敖、欲、志、樂四字，皆就人心而言，當從陸音。

「在醜夷不争。」案：此句特出，與上文不相類，疑當在「夫爲人子」節末，錯簡於此。

「大夫士出入君門由闑右。」注：「臣統於君。」疏云：「門以向堂爲正，右在東。」述聞云：

「門雖向堂，仍以東爲左。下文「主人入門而右，客入門而左」，謂人之左右，非謂門之左右也。闑之在右，當與門同，「由闑右」，當爲由闑左。案：堂上之拜，主於北面，故東爲阼階，西爲賓階。主人由東，賓客由西，出入皆同，不以門向堂，故而門并不以向堂爲正也。經云「由闑右」，注云「臣統於君」，蓋臣不敢當賓禮，若從君而由闑右然。玉藻：「公事自闑西，私事自闑東。」由闑右也者，猶言入門右也，無煩改字。主東賓西乃定位，出入皆同。如主人送客，降阼階而出門東，客則降賓階而出門西，不以出門而變其左右。見張編修惠言儀禮圖。可知門以向堂爲正之非。

「授立不跪，授坐不立。」注：「爲煩尊者俛仰受之。」案：跪而授立，則受者必俛；立而授坐，則受者必仰，故云「爲煩尊者俛仰受之」。注甚明顯，釋文乃引「授坐，本又作俛仰」，此蓋淺人不解注中「俛仰」二字，分頂二句，而妄以注文改經文也。洪氏叢録獨出「授坐不立」句，以「又本」爲是。云「俛仰不立」，其義云何？

「離坐離立，毋往參焉。離立者不出中間。」注：「爲干人私也。離，兩也。」案：此「離」字，當讀爲儷。儀禮聘禮注：「儷，猶兩也。」又士冠禮注：「儷皮，兩鹿皮也。」玉篇：「儷，偶也。又見左傳杜注。呂詣切。」古離、麗、儷三字通用，故鄭注直訓爲兩，而釋文無音。

「故君子戒慎，不失色於人。」案：此謂中有所忽，外必失其儀容，蓋總上四事而言。注云：「色厲而内荏」，則止據介胄一事而言。又云：「貌恭心很」，則義不相承。

「前有塵埃，則載鳴鳶。前有車騎，則載飛鴻。」案：據經文，「鳴鳶」、「飛鴻」，則知其爲畫象，而非舉死鳥於旌首。述聞於「青旌」條辨鄭説之非，信矣，乃因此疏中説中無「飛」字，適與爾雅注引經合，遂謂經中「飛」字涉注而衍？何也？夫鳶鳴而風生，鴻之行列以飛而見，故畫鳶必開口，畫鴻必作飛勢。「鳴鳶」、「飛鴻」兩文相對，注云「鴻取飛有行列」，不直云「飛鴻」，何由涉注而衍，唐石經明有「飛」字，疏首引經文仍有「飛」字，王氏自舉宣十二年左傳疏類聚鳥部上、通典禮三十六、白帖五十八引，皆有「飛」字，而決以無「飛」字者爲是，有「飛」字者爲後人所增，無它，過信鈔本北堂書鈔耳。

「君大夫之子，不敢自偁曰余小子。」注：「辟天子之子未除喪之名。君大夫，天子大夫有土地者。」案：湯誓：「非台小子敢行偁亂。」論語：「予小子履。」「台」即「余」；「余」即「予」。湯非天子之子，亦非未除喪時。鄭注雖本經文，似不必泥。天子大夫有土地者曰君大夫，它處無徵。此篇屢舉「國君大夫士」，疑此亦作「國君」，脱「國」字，又牽於下文「大夫士之子」，遂衍「大夫」二字。簡策相傳，其來已久，鄭强爲之説耳。

「男女相答拜也。」注：「嫌遠别，不相答拜以明之。」釋文云：「相答拜，一本作不相答拜，皇云：『後人加「不」字耳。』」案：上文「大夫於其臣，雖賤必答拜之」，此句文勢相承，宜有「不」字。據鄭注「嫌遠别」，「嫌」字疑當在末，謂遠别嫌疑也。不相答拜者，謂不相拜。「拜」，亦不相答也。孔所見本亦與陸同，故以有「不」字者爲俗本，蓋於經文、注文俱未尋審，洪君已糾之。

明堂位：「婦人之摯，椇、榛、脯、脩、棗、栗。」注：「椇，枳也，有實，今邳、郯之東食之。」案：「俎，殷以椇。」注：「椇之言枳椇也。」疏云：「枳椇之樹其枝多曲撓故陸機草木疏云椇曲來巢案陸說本宋玉風賦，彼言「枳句來巢」。」枳句，即椇曲也。以與此注相證，則鄭所謂枳者即今之枳椇，枳椇以枝句曲名，而其實可食，故又著其有實。今俗名「金鉤子」。而疏云：「椇，即今之白石李也，形如珊瑚，味甜美。」疑即今麥李。李之名椇，於古未聞。孔不從鄭注，而別舉一物，又不著辨，非疏例。

檀弓：「喪事欲其縱縱爾。」注：「趨事貌。縱，讀如揔領之揔。」是鄭讀縱如總也。案：說文：「總，聚束也。」蓋物多宜有所聚束，勿使散亂。喪事悤遽，宜有條理以束之，下文所謂「雖遽不陵節」是也。

王制：「古者以周尺八尺爲步，今以周尺六尺四寸爲步。古者百步，當今東田百四十六畝三十步。古者百里，當今百二十一里六十步四尺二寸二分。」注：「周尺之數未詳聞也。按禮制，周猶以十寸爲尺，蓋六國時多變亂法度，或言周尺八寸，則步更爲八八六十四寸，以此計之，古者百畝，當今百五十六畝二十五步；古者百里，當今百二十五里。」案：八尺爲步，步積六十四尺，畝積六千四百尺，百畝則六十四萬尺也。六尺四寸爲步，步積四十尺九十六寸，畝積四千九十六尺，百畝則四十萬九千六百尺也。今以四十尺九十六寸，除六十四萬尺，正得百五十六畝二十五步。又八尺爲步，三百步則二十四萬尺也，今以六尺四寸除之，得三萬七千五百步，爲百二十五里，與鄭注合。經文里數、畝數，皆不相中，故鄭以爲六國時變亂法度，然安知非簡策脱誤？孔檢討據考工記「車人爲耒」文，謂此記本作六尺六寸爲步，因篆文兒「兒相似，因譌爲四。見所著禮學卮言。依其説求之，得古田百畝，當今東田百四十六畝九十二步不盡；古百里，當今百二十一里六十三步不盡，亦未能與經密合也。孔疏繁蕪無當，五經算術用約分求之，頗簡捷，然非所以釋經。憶顧尚之算草中曾議此，而忘其術意。惜此卷爲人竊去，不可得矣，姑記於此。

「以別貴賤等給之度。」案：「給」，當作「級」。釋文無説，是所見本亦作「級」，非假「給」爲「級」也。

「季秋之月，命諸侯制百縣，爲來歲受朔日。」注：「秦以建亥之月爲歲首，於是歲終，使諸侯及鄉遂之官受此法焉。」述聞據史記秦本紀昭襄王四十八年文，先言十月，後言正月，謂當時已用十月爲歲首不始於始皇。案：昭襄王四十二年，先言十月，後言九月，亦猶是也。昔校史記六國表，昭王即昭襄王。十九年十月爲帝，疑秦正託始於此。然自四十八年以後復用夏正，故正月之後書其十月。四十九年先書正月，後書其十月。而始皇本紀十二年，先書正月，後書十月，其時猶未并天下也。略見史記札記。述聞又云：「秦以十月爲歲首，今月令始於孟春者，此用顓頊曆也。案：五勝家以顓頊爲黑帝，以配冬三月，夏尚黑，爲同色，而秦以水德王，故用夏正爲曆元，蓋亦取其合辰也。然立春非中氣，何以起曆？顧君尚之謂雖起立春，而以小雪必在十月爲準，亶其然乎？

禮器：「如竹箭之有筠也，如松柏之有心也，二者居天下之大端矣。」注：「端，本也。」案：説文無「筠」字。乃鼎臣新坿疏引鄭顧命「敷重筍席」注：「筍，析竹青皮也。」禮記『如竹箭之有筠。』」是鄭以「筠」即「筍」字。案：爾雅：「筍，竹萌。」説文：「筍，竹胎也。」義通。筍從竹根出，乃竹之本；松柏由其心而外長，亦其本也，二者皆如人之以禮爲本，故以爲喻。「筠」字，疑當作「葑」説文艸部荄、葑、茇三字相連：「荄，草根也」；「葑，茇也，茅根也」；「茇，草根也。」三字蓋意義相通。今人呼菰根曰茭茇，亦曰茭筍，是「茇」與「筍」義亦近也。淺人依竹箭字，改「葑」从竹，猶僞古文改「蔑」爲「篾」耳。从艸从竹之字，俗多相亂。然説文「莧」字下引周書「布重莧席」云：「讀與蔑同。」蔑字，从苜，不从艸，而今本从竹作「篾」，説見王光禄尚書後案。又案：顧命「敷重篾席」，疏引鄭注：「篾，析竹之次青者。」下文「敷重筍席」，則以筍爲析竹青皮。統言之，則竹席以別於蒲席耳。説文：「筡，析竹笢也」；「篙，筡也」；「笢，竹膚也。」又士喪禮：「繫用靲。」注：「靲，竹蔤也。」篙、笢、蔤、莧、蔑，皆一聲之轉。

「設於地財。」述聞云：「廣雅『設，合也。』設於地財者，謂合於地理之宜也。」案：如王説，則「財」當讀爲「材」。

「内則」：「芝栭、蔆、椇、棗、栗、榛、柹、瓜、桃、李、梅、杏、楂、梨、薑、桂。」注：「蔆，芰也。椇，枳椇也，椇梨之不臧者。自牛脩至此，三十一物。」案：鄭以「牛脩」至「薑桂」爲三十一物，則「芝栭」非二物，如疏説矣。爾雅：「栵，栭。」郭注：「樹似槲樕而痺小，子如細栗，可食。今江東亦呼爲栭栗。」據此則似今俗謂珠栗者。珠、芝一聲之轉耳。椇，枳椇也，與曲禮注合，乃又云「椇梨之不臧」者。「椇」與「梨」非一類，且上已云「椇」，此又重題「椇」，何也？蓋此乃「楂」字之誤。楂，爾雅作「櫨」，云：「櫨梨曰鑽之。」郭注：「櫨似梨而酢澀。」説文：「櫨，果似梨而酢。」櫨，或省作柤，與「椇」形似，又涉上而譌，而下文又從俗作「楂」，孔氏不能辨，故疏中亦兩作「椇」，蓋直以此爲「椇」字，乃悟前曲禮疏之所云「石州李，形如珊瑚」以當「椇」者即「櫨」也。此似今山櫨，亦非櫨梨。段注説文引此經鄭注作「柤」，不誤。下文正作「柤」。

明堂位：「君臣未嘗相弑也。」注：「春秋時，魯三君弑。」疏引羽父弑隱公，慶父弑子般，閔公以釋之，蓋就春秋時而言，而襄仲之殺子惡及視，猶弗與焉。其前則有濆之弑幽公，伯御之弑懿公，且不止於三而已，鄭云「近誣」，誠不能爲之回護也。

少儀：「臣爲君喪，納貨貝於君，則曰納甸於有司。」注：「甸，謂田野之物。」疏云：「甸，田也，言入此物是自田野之所出，合獻入之於君有司也。」案：貨貝非田野之物，納田野之所出於有司，文不成義。甸、田古通用，説文「田，陳也」。疑當讀陳襄之「陳」。

「執箕膺擖。」注：「擖」，舌也。釋文：「擖，以涉反。舌也。徐音葉。」管子弟子職作「執箕膺揲」，尹注：「揲，舌也。」案：說文：「揲，閱持也。食折切」；「擖，刮也。口八切。」此二字音義絶遠，而皆無「舌」訓。蓋弟子職之「揲」本是「葉」字，下文以「葉適己」即「膺葉」之謂，誤从手作「揲」，因又誤作「擖」。鄭釋「擖」、尹釋「揲」皆爲「舌」，蓋當時所見本皆未誤。箕之葉如舌，故史記天官書「箕」爲「口舌」，以其形似而牽合之也。曲禮：「凡爲長者糞之禮，必加帚於箕上。」注引弟子職曰：「執箕膺擖，厥中有帚。」釋文無「擖」字，而有「葉如字箕舌」五字，是陸所見本作「葉」不作「擖」，而少儀已爲後人所改。然陸音「以涉反」，徐音「葉」，則音俱未誤也。

學記：「大學之教也，時教必有正業，退息必有居學。」案：「時教」二句相對爲文。「時」，即後所謂「當其可之爲時」也；正業，即下「樂、弦即樂。詩、禮」三者；「居學」，即下「學操縵、學博依、學雜服」也。操縵，謂調弦轉軫，如今琴家審聽仙翁泛音及平當達理定之類。博依，謂博涉義類，求其比切。雜服，謂冠服制度及其所用。此三者皆「藝」也，而道在其中，能安之則樂之矣。今本於「居」字絶句，「學」字下屬，則文義詰籥。樂學之「樂」，當慮各切。釋文無音，皆失之。

「今之教者，呻其佔畢，多其訊言及于數進而不顧其安。」案：此節正與上相反。「多其訊言及于數進」，當如吴氏纂言於「言」下、「進」下絶句，其解當如述聞讀「佔」爲「笘」。亦畢類。「訊」爲「誶」，告夫也。多其誶告，而不待學者之悟，汲汲求進，而不顧其安，是教者不以時，而學者不能安其所業矣。教者不能竭誠以教，學者亦不能自竭其材，所施者無其方，是謂悖；所求者不以序，是謂佛，「拂」同不得謂之善教矣。隱其學者，掩覆其所不知而不以問；疾其師者，不信其師而有所腹誹，與安其學而親其師者異矣。雖終其業，去之必速，與雖離師傅而不反者異矣。鄭訓「隱」爲「不偁揚」，王訓爲「病」，皆非。

樂記：「聲相應，故生變。」注：「樂之器，彈其宫則衆宫應，然不足樂，是以變之使雜也。」案：鄭説恐非經意。竊謂十二律旋相爲宫，亦旋相爲商、角、徵、羽，取其相應者各爲一均而遞還焉，所謂變也。

「故聖人曰『禮樂云』。」案：樂書作「故聖人曰：『禮云樂云。』」此蓋節引論語文也。經脱一「云」字，鄭注無説，是所見本未脱。

「受者宜歌商，温良而能斷者宜歌齊。夫歌者，直己而陳德也，動己而天地應焉，四時和焉，星辰理焉，萬物育焉。故商者，五帝之遺聲也。」案：此五十一字係錯簡，當在「肆直而慈」下，鄭注已云「换簡失其次」，則由來久矣。孔疏依史記、樂書之次爲解，足正其誤。然史記文亦微有不同：經「正直而静廉而謙者」，史作「正直清廉而謙者」；經「陳德」下有「也」字，史無；經兩「識」字，史皆作「志」；經兩「音」字，史皆作「詩」；經「見利而讓」下，史有「也」字；經「倨」字，史作「居」；經「纍纍」，史作「累累」；經「端」字，史作「殷」；經「蹈之也」，史無「也」字；而經「肆直而慈」下衍一「愛」字，「商人識之」上衍「商之遺聲也」五字。微史記則雖疑其誤，而無從是正矣。樂記一篇，史記全載其文，而次序頗參錯。史記自首節至弟二十五節「皆以禮終」，與經同。其下接「樂也者，施也」，至「然后可以有制於天下也」，凡六節，下接「樂者，聖人之所樂也」，連下八節至「生民之道，樂爲大焉」，下接「君子曰：禮樂不可以斯須去身」，至「可謂盛矣」，凡十一節，下接魏文侯，賓牟賈、師乙三章。案：孔疏及張守節所引鄭目録十一篇，有樂本、樂論、樂施、樂言、樂禮、樂情、樂化、樂象、賓牟賈、師乙、魏文侯諸目，史記惟魏文侯次賓牟賈前，爲不合耳。經以魏文侯、賓牟賈躋於樂情之後樂化之前，尤爲鶩亂，而鄭注無文，則簡策流傳，不敢擬議，兩存之而已。至其字句異同，或多或少，固有所不暇論也。

祭義：「君子曰：禮樂不可斯須去身。」案：此節二百八十八字，已見樂記，此篇專記祭祀、齋戒、薦羞之義，發明人子孝養之心，末乃推及於養老，羼入此節，似乎不類，蓋錯簡重出也。

經解：「喪祭之禮廢，則臣子之恩薄，而背死忘生者衆矣。」案：「生」字誤，述聞據漢書禮樂志、論衡薄葬篇，謂當作「先」，是矣。竊疑「臣」字亦非也。漢書作「骨肉之恩薄」，則此文宜作「父子」，因涉下文「則君臣之位失」，遂誤作「臣」。論衡亦作「臣」者，後人據誤本經文改之。

仲尼燕居：「子曰：師爾過，而商也不及。子産猶衆人之母也，能食之，不能教也。」子貢越席而對曰：「將何以爲此中者也？」案：子貢之問，緊承夫子過不及之語，而求其中。「子産」十五字，横亘其間，兩不相應。下孔子閒居篇論民之父母文，頗相涉，疑錯簡在此。蓋以子産能食不能教，可謂衆人之母，而未足以爲民之父母也。彼篇未能言天之施化，地之生物，無非教者。又及湯、文、武、大王之德教，皆非子産所能及也。

表記：「道有至，義有考，至道以王，義道以霸，考道以爲無失。」注：「此讀當言：道有至、有義、有考字，脱一『有耳』。案：注當云脱一『有』字耳」，今「字」字誤倒在「脱」上。上文云「道者義也」，此復云「道有義」，不辭。疑此「義」字，當讀爲「儀」，古儀、義多通用。見述聞「道有至」，所謂堯舜性之也；「有義」，所謂五霸假之也；「有考」，則僅自守於無過而已。

春秋桓六年左傳：「公之未昏於齊也，齊侯欲以文姜妻鄭太子忽，太子忽辭。及其敗戎師也，齊侯又請妻之，注：「欲以佗女妻之。」固辭。又見十一年傳。案：桓之娶文姜在三年，而隱八年傳四月甲辰，鄭公子忽如陳逆女；辛亥，以嬀氏歸；甲寅，入於鄭，配而後祖，爲陳鍼子所譏。則十年之前，忽已娶陳女矣，何以齊侯復有此請？疑請妻本一事，而傳者誤岐爲二，抑此時陳女已死，而請爲之繼室邪？

桓十一年經：「夏五月癸未，鄭伯寤生卒。秋七月，葬鄭莊公。九月，宋人執鄭祭仲。突歸于鄭。鄭忽出奔衛。」是鄭忽之立，未及五閱月也。是時東方之國齊爲大，齊僖小霸，鄭實與國，故國人以辭昏一節咎忽，失大國之援，而豔魯桓之得娶文姜，有女同車之詩所爲作也。迨十五年五月，歸而復立，至十七年冬被弑，首尾三年。既平日稔知高渠彌之惡，何不速殺？且祭仲能殺雍糾，何以不能殺渠彌？安知非朋比爲姦，制於權臣而不能尊賢親親？且當日配而後祖，未必不溺於妃色，出奔復反而忘艱危。山有扶蘇以下四詩所刺，蓋可思也。

僖二十一年傳：「夏，大旱。公欲焚巫尪。」杜注：「巫尪，女巫也。」又云：「或以尪非巫也。瘠病之人，其面上鄉，俗謂天哀其病，恐雨入其鼻，故爲之旱。」案：或説甚鄙，然禮記檀弓注已用其説矣。據此，似尪即巫之名。楚有潘尪。據檀弓巫尪分言，則截然爲二。今人言瘠人死爲僵，玉篇居良、居亮二切，死不朽也。屍能遏雨，是即雲漢詩之所云「旱魃」者，亦流俗相傳之謬説也。臧文仲言：「巫尪何爲？天欲殺之，則如勿生。若能爲旱，殺之滋甚。」則又似別有一物，如山海經言黄帝所下女妭以殺蚩尤者，殆不可究詰矣。

襄十九年傳：「齊侯疾，崔杼微逆光，疾病而立之。」案：説文：「疾，病也」；「病，疾加也。」疾雖通訓病，而病爲疾甚。段注引苞咸注論語曰：「疾甚曰病。」蓋散文則通，對文則異。崔杼私於太子光，故於齊侯有疾即微逆之，至其疾甚，則不待其死而遂立之也。

三十一年傳：「繕完葺牆。」李涪以「完」爲「宇」字之譌。段氏若膺以「宇」字爲添設，述聞從段。然究屬累辭。疑「完」爲「垣」字，音近而誤。垣，雨元切；桓，胡官切，皆從亘聲。垣，或亦讀「桓」。上文本云「盡毁其館之垣而納車馬焉」，又云「厚其牆垣」；下文云「修垣而行」，牆、垣並舉，古人自有複語耳，此則非添設矣。説文「垸」字别義「補牆也」，段注引此傳爲證，意似以「垸」當「完宇」。

「我實不德，而以隸人之垣以贏諸侯。」杜注：「贏，受也。」疏云：「賈、服、王、杜皆讀爲贏。」洪氏叢録云：「贏，露也。」案：贏無「露」義，此襲昭元年傳而誤也。彼傳云：「勿使有所壅閉湫底以露其體。」注云：「露，羸也。」羸與贏，字形相近，而音義絶遠。羸、露雙聲，述聞已論之，洪意欲移「露」字之義，以解此文，而不知「露」可以解「羸」，而不可以解「贏」也。

昭二十年傳：「鄭國多盜，取人於萑蒲之澤。」杜注：「於澤中劫人。」述聞云：「劫人而取其財，不得謂之取人。取，當讀爲聚。」引文選注、類聚、白帖、御覽並作「聚人」，韓子内儲説作「鄭少年相率爲盜，處於萑澤」爲證，其説信矣。竊謂既云多盜，則不必言「聚人」。疑「取人」二字，即「聚」字誤分爲二，觀韓子但云「處於萑澤」可證。

昭七年傳：「叔父陟恪，在我先王之左右。」述聞云：「恪，讀爲格。」案：陟恪、陟格，它處未見，惟「陟降」二字，周頌屢見。大雅「文王陟降，在帝左右」，正是此文確證。諱改字之名，而詰鞫以回護之，仍不免改字，何益哉！

昭十三年傳：「子産歸，未至，聞子皮卒，哭，且曰：『吾已無爲爲善矣。』」疏云：「子皮既卒，無人知我之善，故云無爲更須爲善矣。」案：疏説，文不成義。爲，猶與也。「無爲爲善」，猶無與爲善。經傳釋詞引管子戒篇：「自妄之身之不爲人持接也。」尹注：「爲，猶與也。」

十九年傳：「札瘥夭昏。」杜注：「大死曰札，小疫曰瘥。」案：大疫、小疫對文，「死」字疑誤。疏中題注「大死至曰昏」，「死」字後人依誤本傳文而改。「是札大疫死也」，「死」字亦後人妄增。

定四年傳：「我必復楚國。」杜注：「復，報也。」案：復，讀爲覆，敗也。下文申包胥曰：「子能復之，我必能興之。」興與覆，正相對。易泰上六：「城復于隍。」亦作「復」。

哀五年傳：「諸子鬻姒之子荼嬖。」案：史記秦本紀：「尊唐八子爲唐太后。」集解引徐廣曰：「八子者，妾媵之號。」漢書外戚傳：「八子視千石，比中更。七子視八百石，比右庶長。」蓋此制沿於春秋時。此諸子，亦謂七子、八子之類。夏小正：「三月，妾子始蠶。」傳曰：「先妾而後子，何也？事有漸也，言自卑事者始也。」蓋子卑於妾，則子之偁舊矣。又見隨筆六。杜注以爲庶公子，恐非。齊策：「齊王夫人死，有七孺子皆近。」注：「孺子，幼艾美女也。」亦此類。

六年傳：「惟彼陶唐，帥彼天常，有此冀方。今失其行，亂其紀綱，乃滅而亡。」杜注：「逸書。」案：此文今僞古文尚書襲以爲五子之歌，删去「帥彼天常」一句，「其行」改「厥道」，末句作「乃底滅亡」。雖古書相傳容有同異，然孔子美楚昭王能知天道，故引此書主意，正在「天常」句，而僞古文故缺此，若示人以非出自左傳者，其用心良苦矣。

論語學而篇：「有子曰：『其爲人也孝弟，而好犯上者，鮮矣；不好犯上，而好作亂者，未之有也。』」曰「鮮矣」，曰「未之有也」，語有抑揚耳，非謂孝弟之人，或有犯上也，猶下章「巧言令色，鮮矣仁。」聖人語氣和緩，不爲決絶之言，非謂巧言令色之人，猶有幾微仁心也。朱注：「少好犯上，似有語病。」次章：「其爲仁之本與！」仁人古通用，兩「其爲人」，正相應孝弟百行之本，豈特爲仁？讀仁字過泥？遂有孝弟中未有「仁」字之説。

述而篇：「子之燕居，申申如也，夭夭如也。」集解引馬曰：「申申、夭夭，和舒之貌。」朱注：「申申，其容舒也。夭夭，其色愉也。」即馬注而分言之。案：和舒者，不爲色莊。鄉黨篇云「居不容」，是也。

憲問篇：「子擊磬於衛，有荷蕢而過孔氏之門者，曰：『有心哉，擊磬乎！』既而曰：『鄙哉，硜硜乎！莫已知也，斯已而已矣。深則厲，淺則揭。』」史記孔子世家書此事於佛肸召之後，次書學琴師襄事，次書孔子既不得用於衛，將西見趙簡子，至於河而聞竇鳴犢、舜華之死，臨河而歎曰：「美哉，洋洋乎！丘之不得濟此，命也夫！」荷蕢引詩，正與匏瓜之歎相因，亦與叔孫豹舉匏有苦葉同意。蓋以衛不能用，勸孔子欲濟則速濟，無爲淹留。「果哉！末之難矣。」殆亦即臨河之歎也哉。

微子篇：「楚狂接輿歌而過孔子。」此謂楚狂接孔子之輿歌而過之也。後世不知其名，遂名以接輿，故楚詞涉江亦有「接輿髡首」之語。觀下文云：「孔子下，欲與之言。趨而避之。」其爲孔子在輿中而欲下與明甚。莊子誤以爲遊其門，淺人遂以接輿爲接予、爲捷子，謂楚狂之真名，列仙傳又以爲陸通，荒謬不足論。馬氏繹史反詆解論語者之非，無它，好奇衒博耳。

孟子公孫丑上：「必有事焉而勿正，心勿忘，勿助長也。」文義可疑。東原戴氏謂「正心」二字，即「忘」字誤分，當重「勿忘」二字。案：儀禮士昏記：「必有正焉，若衣若笄。」蓋戒女勿忘，即參前倚衡之意。疑此文本亦作「必有正焉」，「正」誤爲「事」，反誤在下耳。古「忘」字或作「亡」，亦與「正」相似。

公孫丑下：「孟子致爲臣而歸。王就見孟子」數語，及其語「時子」云云。詩曰：「彼求我則，如不我得；執我仇仇，亦不吾力。」孟子曰：「説賢而不能舉，又不能養也。」此之謂矣。「王庶幾改之，予日望之。」又曰：「王如改諸，則必反予。」此孟子因諫不行而去齊也。然則所諫者何事？竊以爲即伐燕一事也。宣王好戰殃民，欲闢土地，朝秦楚，涖中國，撫四夷，詳於「問齊桓晉文」一章。伐燕之舉，以萬乘之國伐萬乘之國，五旬而舉之，尤自謂千載一時。乃伐之先，知孟子迂闊必阻，故不親就教，而命沈同以私問，（齊人遂有孟子勸齊伐燕之説，見燕策。）遂貿貿然伐之。及燕人既潰，始以取不取問，自鳴其得意，立意固在取之。孟子開以兩端，而仍明告以爲燕伐燕，則亦深切著明矣。不聽而毅然取之，以致諸侯之謀，然後急而求策，孟子教以反其旄倪，止其重器，謀燕衆而置君，此補救之至計，猶遷延觀望以待燕人之畔，始甚慚於孟子，然亦幾於悔過矣。而陳賈復巧言以爲之文飾，此孟子所歎息痛恨而面斥，以豈徒順之，又重爲之辭也？於是遂致爲臣而歸矣。萬章下篇末答問異姓之卿，曰：「君有過則諫，諫而不聽則去。」蓋亦在其時。曰「甚慚於孟子」，所謂王猶足用爲善也。便佞之口，如壅君何！

滕文公上：「墨者夷之因徐辟而求見孟子。孟子曰：『吾固願見，今吾尚病，病愈，吾且往見。』」案：儀禮：「某子命某見，吾子有辱，請吾子之就家也，某將走見。」蓋古士相見之禮如此，特辭疾爲不同爾。

陳仲子避兄離母，徙居於陵。歙淩氏廷堪論之，謂仲子本田齊之族，不義田和之篡齊，故逃禄不居。見校禮堂文集案：孟子曰：「仲子所居之室，伯夷之所築與？抑亦盜跖之所築與？所食之粟伯夷之所樹與？抑亦盜跖之所樹與？是未可知也。」蓋譏其雖絶人逃世，不能如夷、齊之餓於首陽。以此證之，淩説似得其情。匡章因已不得於父，引以自況，則非其類，故孟子辨之。孟子雖泰山巖巖氣象，而論事平易，不爲偏激，故於齊宣王之好勇、好貨、好色，皆委曲誘掖，以爲猶足用爲善，曰：「爲政不難，不得罪於巨室。」於萬章論今之諸侯，曰：「子以爲有王者作，將比今之諸侯而誅之乎？抑教之不改而後誅之乎？」於匡章之通國皆偁不孝，則原其不得已，與之遊，而且禮貌之。故其論伯夷以爲聖人，而又以爲隘也。

離婁上：「是以惟仁者宜在高位」以下五節，與上五節迥異，疑是它章錯簡。案：下章「欲爲君，盡君道；欲爲臣，盡臣道」，此下五節，皆分頂君臣，而首節仁不仁，又與所引孔子言相應，或當是一章。

離婁下：「舜明於庶物，察於人倫，由仁義行，非行仁義也。」與上節絶不相蒙，疑亦錯簡也。言性章云：「天下之言性者，則故而已矣。故者以利爲本。」則，法也。故，故跡也。利者，和也，順也。由仁義行，行其所無事也。疑「舜明於庶物」四句，當在「如智者亦行其所無事」節下，蓋以舜之行仁義，比禹之治水。

爾雅釋言：「隱，占也。」郭注：「隱度。」案：公羊隱四年傳：「吾爲子口隱矣，隱曰：『吾不反也。』」解詁云：「口，猶口語相發動也。」述聞云：「注意讀口爲叩。叩，發動也。」案：「口隱」，謂叩其隱衷，猶言餂也。叩，亦占也。而彼疏以爲隱公，隱公豈生謚乎？正由誤解「隱」字，遂又於「曰」上妄加之。

釋器附耳外謂之釴。」郭注：「鼎耳在表。」史記楚世家：「吞三翮六翼。」索隱云：「六翼即六耳，翼近耳旁，事具小爾雅。」今小爾雅無此文，胡氏承珙曰：「疑廣器章文，而今本失之。」翼、釴字通，書多士：「敢弋殷命。」馬、鄭、王本皆作「翼」。墨子耕柱篇「三棘六異」，疑爲「三翮六翼」之異文。」案：胡説是也。翮，亦作「䩍」，或作「革」。荀子：「反而定三革，偃五兵。」革，亦與「棘」同。大雅，「如鳥斯革。」傳云：「革，翼也。」韓詩作「䩍」，云「翅也」。説文「䩍」，解同。大雅：「匪棘其欲。」禮器引作「革」，蓋同音假借。

說文革部：「革䩯，急也。」案：大射儀：「朱極三。」注：「極，猶放也。所以韜指利放也。」疑「極」即「䩯」之借字。此「䩯」上鞬、韇，皆韜弓矢之具，故類聚之从亟。亟，本訓急。利放，亦有急義。韋部：「韘，射決也。」決、放義近，決亦有急義。段以「䩯」下連鞭，疑此作鞭急也，殆不然。

木部：「相，省視也。易曰：『地可觀者，莫可觀於本。』」經無此文，然其卦固从坤、从巽，巽爲木也。禹貢：「隨山刊木。」史記五帝本紀：「行山表木。」索隱云：「表木，謂刊木立爲表記。」漢書地理志師古云：「言禹隨行山之形狀而刊其木，以爲表記。」是人所觀也。周語：「道無列樹。」韋注：「古者列樹以表道。」相字，从木、从目，蓋會意。

舒藝室餘筆卷三

漢書高紀：「項梁盡召別將。」案：上文「項梁益沛公卒五千人，五大夫將十人」，至是沛公「攻豐，拔之。雍齒奔魏。」故項梁收回其五大夫將十人也。師古云：「別將，謂小將別在他所者。」則著此句無謂矣。「漢王問：『魏大將誰也？』對曰：『柏直。』王曰：『是口尚乳臭，不能當韓信。騎將誰也？』曰：『馮敬。』曰：『是秦將馮無擇子也，雖賢，不能當灌嬰。步將誰也？』曰：『項它。』曰：『是不能當曹參。吾無憂矣。』」案：漢高之於諸將，知彼知己如此。韓信曰：「陛下不能將兵，而善將將。」非面諛矣。

文紀：元年六月，「故常山丞相蔡兼爲樊侯。」錢氏考異云：「丞字衍。」案：百官公卿表：「景帝中五年令諸侯王不得復治國，改丞相曰相。景紀同。令尚在後三十五年，此「丞」字非衍，史記亦有。

元紀：初元三年「四月乙未晦。」考異云：「四月乙酉朔，乙未十一日，『晦』字衍。翼奉傳白鶴館災，不云晦。」案：錢說是也，五行志亦無「晦」字。

古今人表：「秦女妨。」考異云：「妨，史記作防。」案：此疑傳寫誤，後文亦作「防」。

食貨志：「秦兼天下，幣爲二等。黄金以溢爲名。」師古曰：「改周一斤之制，更以溢爲金之名數也。」案：孟子書言「萬鎰」、「千鎰」、「百鎰」、「五十鎰」，「鎰」即「溢」字，則不始於秦并天下後。

五行志：「禹治洪水，賜雒書，法而陳之，洪範是也。」案：以洪範牽合雒書，始於劉歆，與以先天圖牽合周易，皆治經一大蔀障也。

京房傳：「分六十四卦，更直日用事，以風雨寒温爲候。」注：孟康曰：「分卦直日之法，一爻主一日，六十四卦爲三百六十日。餘四卦，震、離、兑、坎，爲方伯監司之官。」案：爻主一日，則六十卦爲三百六十日，故下文云「餘四卦」也。注中「六十四卦」，「四」字衍。

魏相丙吉傳：「願陛下與昌平侯案昌平宜倒注不誤。」

宣元六王傳：「建初二年。」案：「二」字誤。水經汶水注引作「三年」，與哀紀合，廣本正作「三」。

儒林傳：「繇是有翟、孟、白之學。」依次當作「白、翟」，「孟」字疑衍。

匈奴傳。「每漢兵入匈奴。」案：「兵」當爲「使」。

外戚傳：「後客子、偏。」案：「偏」即王遍也。上文作「遍」。「數禱祠解」。案：此當爲「禳解」之「解」，師古音「懈」，非。

王莽傳：「功能爲忠臣宗。」廣本「能」作「德」，是。

管子牧民篇：「務在四時。」案：下文屢言「四維」，此「時」亦「維」字之誤。「明鬼神，祇山川」。祇，當作「祗」。祗，敬也。下云：「不祇山川，則威令不聞。」「恭祖舊」，祖，當作「故」尹注非，下同。「滅不可復錯也」。我友楊峴云：「錯，置也，非衍。」「不蔽惡，則行自全」。「全」，疑當作「正」。

形勢篇：「不行其野，不違其馬。」案：韓非子：「管仲、隰朋從於桓公而伐孤竹，春往冬返，迷惑失道。管仲曰：『老馬之智可用也。』乃放老馬而隨之，遂得道。」案：此即「不行其野，不違其馬」之的注。「不」字當依注作「未」無疑。「失天之度，雖滿必涸」。後解云：「寺大國富，民衆兵强，此盛滿之國也。雖已盛滿，無德厚以安，無度數以治之，則國非其國，而民無其民也。」案：此即上文所云「曙戒勿怠，後穉逢殃，朝忘其事，夕失其功」也。

乘馬篇：「地者政之本也，是故地可以正政也。地不平均和調，則政不可正也。」案：孟子言：「夫仁政，必自經界始。經界不正，井地不均，穀禄不平。」與此同意。「樊棘雜處」。王云：「木無名樊者，樊當作楚。」案：小雅青蠅：「止于樊。」毛傳：「樊，藩也。」樊，从爻林，取交積材之義。雖非草木，而亦近草木。下二章「止于棘」、「止于榛」，比類而及，安知非草木名？「五尺見水不大旱。」案：上言「十仞」，下言「十一仞」，「五尺」間在中，相去太遠，疑「尺」字亦當作「仞」，涉下「比之於山五尺見水」而誤。孟子：「掘井九仞而不及泉。」則「十仞」、「十一仞」爲極深矣。故曰：「今日不爲，明日忘貨。」「忘」，當作「亡」，此即形勢篇所謂「朝忘其事，夕失其功」。亡，即失也。「爲」與「貨」韻。

幼官篇：「春政」、「秋政」皆九十六日，「夏政」、「冬政」皆八十四日，合爲三百六十日，然則其五日四分之一歸之中央乎？

五輔篇：「上下交引而不和同。」丁君謂「引」當爲「弗」，是也；謂「交」爲「狡」之借字，非也。上下交弗，猶孟子言「上下交征利」。

宙合篇：「扶撥以爲正。」案：「撥」，傾也，與「正」反對。大雅：「枝葉未有害，本實先撥。」列女傳孽嬖篇引「撥」作「敗」。傾，亦敗也。

「適善，備也僊也。」丁云：「僊，與遷同。」是也。竊謂「備遷」連文，「也」字衍。「故微子不與於紂之難，而封於宋。」案：此管夷吾自解不死召忽之難也。後「鳥飛準繩」、意南意北之喻，亦然。

八觀篇：「氓家無積而衣服脩。」案：脩，疑當作「備」。「民毋遺積者，其禁不必止。」案：「不必」疑當倒。下六句同。「宮垣不脩」。戴云：「脩當爲備。」案：下文正作「備」。「大城不可以不完，郭周不可以外通」。案：「大」字疑衍，或「夫」字之譌。後人見上句作「大城」，遂亦於「郭」下增「周」字，亦衍也。「入朝廷，觀左右，求朝之臣」。雜志云：「求，即本字之誤衍。」案：王説是也。「本朝」對下「外勢」而言。

大匡篇：「使彭生乘魯侯脅之。」案：脅之，謂搚其脅也。楊子雲法言效之，云：「卒眼之。」遂爲員興宗所譏。見辯言。「公子彭生安敢見」！案：「公子」二字，涉上而衍。「或曰：明年。」尹注：「襄公立之明年。」案：據下入國之文，則非襄公立之明年矣，蓋異問之誤。觀後叙宋夫人事，可知其謬。「亂乎尚可以待。」案：此「待」字，亦當解爲「禦」，見雜志。「好邇而訓於禮。」案：「邇」，當如戴説作「遜」訓，當讀爲「馴」。「無國勞，毋專予禄。」案：二語相對，國字疑亦作「專」。專勞者，詩所謂「大夫不均，我從事獨賢」。賢，亦勞也。「士庶人毋專棄妻。」案：「專」下疑脱「妾」字，上云「諸侯毋專立妾以爲妻。」「不聞敬老國良。」戴云：「國疑圖字誤。」案：戴説是也。書盤庚上云：「亦惟圖任舊人共政。」「而違老治危。」案：「危」乃「詭」之借字。

小匡篇：「比耒耜穀芨。」「穀」，宋本作「殺」。「穀芨」，齊語作「耞芟」，韋注：「耞，拂也，所以擊草。芟，大鎌，所以芟草也。」案：説文：「柫，擊禾連枷也。」古从木从手之字，每相亂。耞，从耒，亦俗作。尹注：「芨音揷。」義與「篳」近，疑所見本作『篳』，亦擊禾之義。然則管子本文蓋作「耒耜篳芟」，而國語注「擊草」亦當作「擊禾」也。「罷女無家。」案：此即諸葛武侯所謂「棄女不入門」也。

霸形篇：「宋伐杞，狄伐邢、衛，而君之不救也，臣請以慶。」案：「之不」疑倒。慶，蓋「憂」之誤，與上桓公言樂相對，尹注云：「以不救爲慶。」非也。然聞其伐而不救，至其危而始謀，此其所以爲霸術也。

霸言篇：「德共者不取也，道同者不王也。」案：「取」疑「霸」字之誤，以上下文證之自見。「彊國衆，合彊以攻弱，以圖霸；彊國少，合小以攻大，以圖王。彊國衆，而言王勢者，愚人之智也；彊國少，而施霸道者，敗事之謀也。」案：此兩節，正相承以「彊國衆」、「彊國少」爲文，彊國衆，宜圖霸；彊國少，宜圖王。相反，則皆病。據此益可證宋本首節作「弱國衆」之誤，而戴暱宋本之非。「伐過不伐及」。「及」上疑脱「不」字。「其失之也以離彊。」案：此孟子所謂「小國師大國而恥受命焉」者也。

君臣篇上：「百姓之力也，胥令而動者也。」案：上「也」字疑衍。「不言於聰明。」「於」字衍，句法與上「不言智巧」一例。而「無道之君，既已設法，則舍法而行者也。」案：「既已設法」四字疑衍。「下有五横。」案：「横」當作「衡」，注亦同。下文云：「朝有定度衡儀，以尊主位。」「從順獨逆，從正獨辟。」尹注「從」作「衆」，是。「量實義美」。「義」，讀爲儀，與「量」字對，亦通作「議」。「非兹是無以理人，非兹是無以生財。」「兹是」二字，皆當衍其一，蓋或作「兹」，或作「是」，校者兩存之。「先王善牧之於民者也。」案：「牧」疑「收」字之譌，故下文云：「夫民別而聽之則愚，合而聽之則聖。」「信以繼信，善以傳善。」案：「傳」猶「繼」也。戴君謂「傳」當爲「傅」，非。

君臣篇下：「是故以人役上，以力役明，以刑役心。」案：「刑」當爲「形」。「心道進退，而刑道滔趧。」案：此「刑」字亦當作「形」。尹注：「滔，充也；趧，謂逡巡曲也。」疑「趧」當作「迂」。下文云：「故民迂則流之，民流通則迂之。」「刑罰亟近也。」案：「亟近」謂速斷，後文云：「故正名稽疑，刑殺亟近，則內足矣。」

小稱篇：「嘗試多怨争利，相爲不遜，則不得其身。」丁云：「嘗試二字，涉下而衍。」是也。又云：「古音之，真對轉，遜與利、身爲韻。」案：之、真古不通轉，利亦非之部，去聲「遜」與「身」亦不同部。「則不得其身」與上「則不失於人矣」爲對，「身」下疑脱「矣」字。「不謗其君，不毀其辭。」宋本「毀」作「諱」，是。「不諱其辭」，謂讜言也。

侈靡篇：「而死民不服。」案：當作「而民死不服。」「必從是囂亡乎。」尹注：「囂，即臭字也。」案：字書無「囂」字，亦無「臭」字，疑「器」字之譌。器，有迫義，危迫也。「中寢諸子。」案：戒篇作「中婦諸子」。「婦」字與「寢」字形相似，疑「寢」字是。

心術篇上：「大道可安而不可説。」尹注：「夫道者，無形無聲者也，體神而安之，則有理存焉。如欲説之，則無緒可言。」案：依注，則「安」乃「案」之借字。「大」字，疑本作「夫」。「不虛則仵於物矣。」「仵」，即上「迕」字。

白心篇：「爲善乎？毋提提；爲不善乎？將陷於刑。」案：此即莊生所謂「爲善毋近名，爲惡毋近刑」也。尹注：「提提，謂有所揚舉也。」是矣。乃又曰：「欲爲善乎？則人以我謙退無。」所舉則自相矛盾。「持而盈之，乃其殆也。名滿於天下，不若其已也。名進而身退，天之道也。」案：此即老子所謂「持而盈之，不如其已」，「功成名遂身退，天之道」也。管子一書多襲道家言，史公以老莊申韓同傳，有以也。

水地篇：「是以水集於玉。」案：此「集」字，亦當爲「準」。

四時篇：「其德淳越温怒周密。」案：「温怒」不辭。尹注云：「雖復陰怒，當節之以温。」殊詰籲，「温」，疑「韞」之誤。

勢篇：「既成其功，順守其從，人不能代。」朱本「代」作「伐」。案：尹注「從，順也。功成矣，則以順理守之，所謂逆取順守者也，則人何能代之乎？」紬其義，則注亦作「伐」，今本皆誤。

治國篇：「四民交能易作，終歲之利，無道相過也。」案：小匡篇言士農工商各恒其業，此篇專論務農重粟，所謂四民交能易作，亦各事其事耳。無道相過，猶言不相爲謀，尹注乃云：「雖士亦善於農工，雖農亦通於士業。」失之遠矣。如此，則下文何云「民作一」乎？「是以民作一而得均。民作一，則田墾，姦巧不生。田墾，則粟多。粟多，則國富，姦巧不生，則民治富而治，此王之道也。」案：此文蟬聯而下，管、商、韓非多有此文法，戴校引吴説，謂：「當作『得均則姦巧不生。』」非。

内業篇：「不可止以力。」案：「止」，猶遏也。尹注謂：「力止之，氣愈去。」非。「折折乎如在於側。」「折」字，當讀如檀弓「吉事欲其折折爾」之「折」鄭注：「折折，安舒貌。」詩云：『好人提提。』」釋文：「折，大兮反。」是也，繹上下文自見。尹注「折折，明貌」。丁説即「晢晢」之借，殆不然。

小問篇：「小以吾不識。」尹注：「能博聞多見，齊其所不識。」疑「小」乃「齊」字之誤。「口開而不闔，是言莒也。」案：「莒」，本闔口音，「開」、「闔」二字，疑當互易。

度地篇：「五者不可害，則君之法犯矣。」「犯」，疑「治」字之誤，上文云：「五害已除，人乃可治。」

地員篇：「凡將起五音，凡首先主一而三之，四開以合九九。」尹注：「一而三之，即四也。」此説殊謬。先主一者，謂全弦也。三之者，三因之，蓋分其全弦之度爲三分也，於是又三因之，則三其三分而爲九，又三因之，則三其二十七而爲八十一。蓋自始至此，其爲三因者四次矣，故曰「四開以合九九」也。四開，猶云四三之。漢書律曆志：「九三之以爲法，十一三之以爲實。」「祀陜」。「祀」字，不知何字之誤。「其民夷姤」。不辭。尹訓「姤」爲「好」，亦未知所出。

離騷曰：「勉陞降以上下兮，求榘矱之所同。湯、禹嚴而求合兮，摯、咎繇而能調。」「同」、「調」爲韻。或謂本于小雅之車攻，未知其果有意否？然古人文辭，固不免於薰染，如宋玉神女賦「惆悵涕泣，求之至曙」，本於「悲回風涕泣交而淒淒兮，思不眠以至曙」。陸士衡辨亡論全摹賈生過秦論；李習之知鳳說本於韓退之獲麟解，送馮定序後段本於送董召南序；蘇子瞻後赤壁賦結語，本於李習之解江靈，未暇悉數也。

九歌大司命：「吾與君兮齊速，導帝之兮九阬。」案：玉藻：「君子之容舒遲，見所尊者齊遬。」注：「謙慤貌也。遬，猶蹙蹙也。」述聞云：「爾雅：『齊，疾也。』舒遲，與齊遬對文。齊、遬，皆疾也。」蓋楚詞之「齊速」即玉藻之「齊遬」，故戴東原氏屈原賦注訓「齊」爲「疾」，王叔師乃訓「戒」，俗本遂誤爲「齋」。洪興祖補注云：「齋戒以自敕。」失古義矣。或問：如此，則「與君」何義？曰：此即上所云「踰空桑兮從女」也。又少司命云：「與女沐兮咸池。」河伯云：「與女遊兮九河」；「與女遊兮河之渚。」涉江云：「吾與重華遊兮瑶之圃。」意略相同。今案「齊」，亦升也。見卷一。

注杜詩者，世偁錢箋。然未爲盡善，循覽所及，輒識之。

奉贈韋左丞丈：「韋以先世之誼，呼之爲丈。貌爲好賢，實不能薦達，徒誦佳句。蓋不如李邕、王翰之知人，彈冠之喜，虛願耳，怏怏以去，終南之外，無所戀也。殘杯冷炙，一飯之德，不可無以爲謝，故作是詩，非猶有望於韋也。」它本異同，可兩存者，自宜注，然如「甫昔少年日」之「少」，一作「妙」。「王翰願卜鄰」之「卜」，陳作「爲」。「自謂頗挺出」之「出」，一作「生」。「白鷗没浩蕩」之「没」，一作「波」，皆謬誤而猶存之，何也？全書此類甚多，姑舉其例，後不復出。

今夕行：「馮陵大呌呼五白。」注引「三白三黑爲犍。」案：摴蒲止五木，安得有「三白三黑」？李習之五木經：「白三、元二曰撅，白二元三曰梟。」此云「犍」，蓋即彼經所謂「牛三白二」之犢也，今俗本誤作「牛三白三」，程大昌既承其誤，又誤爲「三白三黑」。李集非僻書，漫不加考爾。

白絲行：「春天衣著」四語，形容盡致，筆墨俱飛，其實從「萬草千花」句來，此謂「裁縫滅盡針線跡」也。

同諸公登慈恩寺塔：「一結不復迴顧」，正是對此「茫茫百端交集」，承第四句來，全篇主意在此。淺人瞽説紛紛，徒令杜公一笑。

示從孫濟：首四句寫出殘杯冷炙，到處悲辛形景，無論外人，即同姓亦不免。

曲江三章：著筆無多而氣象縱逸，尺幅有千里之勢，微杜公，誰能爲之！

麗人行：「楊花」四句。案：古樂府雞鳴篇末：「桃生露井上，李樹生桃旁，蟲來齧桃根，李樹代桃僵。」與上絶不相關；而末二句云：「樹木身相代，兄弟還相忘。」則不接之接，蓋隱語别有所指。此詩似從彼出。

樂遊園歌：此應酬詩也。木瓢以爲雅，鞍馬以爲豪，如此而已。若憐杜公，若傲杜公，杜公視之，亦殘杯冷炙類耳。獨立蒼茫，何足與語哉！

渼陂行：前路一平一險，兩兩相間；中間合成一片；末路蓋是燈光，水光上下交映，作者讀者，心目皆搖。咫尺雷雨，天作陣雲，乃實境。昨夜遊秦淮，因悟此。

渼陂西南臺：效康樂而本色自不可掩。

奉同郭給事湯東靈湫作：「坡陀金蝦蟆」六句，亦麗人行筆意，錢箋得之。

沙苑行：末四句是杜老獨造之境，無弟二手可到。

哀王孫：參差錯落，看似語言無次，而一種悲涼感歎，滿眼淚痕，自在意言之外，此謂天地間至文。

大雲寺贊公房：絲履、氈巾，蓋贊公以人所施者贈公，故歎其交情之如新，然而公之窮可知矣。「晤語契深心，那能總鉗口。」蓋世事艱難，不欲置吻，傷心之極，而贊公之言有深相契者，不能不一傾吐也。

蘇端薛復筵簡薛華醉歌：前段屑屑文章名譽，至後一概抹殺，所謂身後千載名，不如生前一杯酒，而其滿腔懊恨，即已從「垂死」四句中伏根，非真曠達也。

徒步歸行：「須公櫪上追風驃。」案：後漢書列女傳：「蔡文姬請追赦董祀，曰：『公廄馬萬匹』，虎士成林，何惜疾足一騎，而不濟垂死之命乎！」此用其意。

病後遇王倚飲贈歌：「老馬爲駒信不虛。」案：角弓詩：「老馬反爲駒，不顧其後。」言其老而貪得。舊注謂反如駒之健啖，與杜意合。錢詆其撥棄傳箋，迂矣。

新婚別：邶風擊鼓之三章曰：「死生契闊，與子成説。執子之手，與子偕老。」其四章曰：「于嗟闊兮，不我活兮。于嗟洵兮，不我信兮。」王肅以爲從軍者與其家室訣別之詩，此篇深得其意。

遣興五首：弟四首即承上章所云「蕭京兆」而言。

後出塞：封氏聞見記：「權皋爲范陽節度使掌書記，禄山男慶和尚主，皋在京親疑「視」之誤。禮會畢，知禄山有異謀。出，路託疾詐死，家人載喪以歸。上京復，肅宗發詔褒美，拜起居郎，辭疾不赴。皋以崎嶇喪亂，脱身虎口，遂無宦情。在江外七年，卒。」此末章所云，疑即皋。

述古三首：鳳皇，蓋指李鄴侯。「邪嬴」之邪，讀爲餘。餘、嬴同義。張平子西京賦：「邪嬴優而足恃。」五臣注：「邪，僞也。」又云：「欺僞之利，自饒足恃也。」讀「邪」爲似嗟切，而善無言。苕溪漁隱遂引之以説杜詩，大謬。

又觀打魚：打魚常事耳，而寫來如史公書楚漢争衡，范史書昆陽之戰，筆力肆横極矣，卻又不費浮煙浪墨。「日暮」二句，正如顏魯公書，力透紙背，又接「干戈」二句，真到二十四分。當觀其胸次如何，勿徒賞其筆力。

桃竹杖引：「杖兮杖兮」云云，所以戒章仇也。此老口中總無閒言語。

韋諷録事宅觀曹將軍畫馬圖：此皆二句，跳出題外。末段亦然。自杜公開此法門，後世頗有效顰者，神氣去而萬里，無其胸次故也。

丹青引每下一筆，必有異樣光采，細思之，亦在人意中。不知何以他人寫不到，而先生獨能之？杜詩全部皆然，不獨此篇也。

三絶句：作者自題爲絶句，而編詩者以爲古詩，可笑。

柴門：起云「迴首望兩崖」，末云「迴首猶暮霞」，恐有誤。

觀公孫大娘弟子舞劍器行：序云：「觀公孫氏舞劍器渾脱。」案：宋史樂志教坊所奏十八調，中呂宮曲，黄鍾宮曲皆有劍器一調。又中呂宮曲，因舊曲造新聲者五十八調，亦有劍器一調。然則劍器是宫調曲名，歌者歌，而舞者舞也。據注所引明皇雜録、歷代名畫記，並以「劍器渾脱」連舉，疑「渾脱」亦舞曲名。觀詩中「絳脣珠袖」及「玳筵急管」句，顯是兼歌舞。據沈存中筆談，劍器非劍，别是一物。

夜歸：「堂前把燭嗔兩炬。」注：「嗔」，一作「喚」。嗔、喚皆不可解，疑「焕」之譌。

遺遇：「自喜遂生理，花時甘緼袍。」「甘」下注刊作「貰」。「貰」，疑「質」之譌。

過津口：「物微限通塞，惻隱仁者心此。」即解憂篇「減米散同舟」意。

冬日洛城北謁玄元皇帝廟：「禁禦。」注：「一作籞。」錢引羽獵賦「禁禦所營」，應劭曰：「禦，止也。謂禁止往來。」案：作「籞」是也。說文作「篽」，漢書作「籞」，見宣帝紀。蘇林曰：「折竹以繩綿連禁籞，使人不得往來，律名爲籞。」禁籞，與上「元都」對。作「禦」者，爛文。錢說非。

贈特進汝陽王：「寸長堪繾綣。」謂薄技寸長，皆蒙拂拭也。謬本「長」作「腸」，可發笑。此等亦注之，直不辨黑白。

送許八拾遺歸江寧覲省，甫昔時常客遊此縣，於許生處乞瓦棺寺維摩圖樣，志諸篇末：杜公遊江寧，年譜不著。惟壯遊詩有「東下姑蘇臺」句，譜繫之開元十九年，年二十三，疑在其時。「壽酒樂城隍」。注：「一作『幾日賽城隍』。」案：易泰上九：「城復于隍。」說文：「隍，城池也。有水曰池，無水曰隍。」玉篇云：「隍，城下坑也。」城隍固宜有神焉司之，然不得即謂其神曰城隍。而俗偁城隍神之廟曰「城隍廟」，觀此詩，則唐時已然。

寄岳州賈司馬六丈、巴州嚴八使君兩閣下：末句「志在必騰騫」。案：「騰騫」之「騫」在元韻，此詩通篇押先、仙，湲字，元、仙兩收。惟此字出韻。張騫之騫，在仙韻，上已押。

梅雨：「南京西浦道。」注：「西，一作犀。」苕溪漁隱云：「犀浦，在成都府二十五里。」案：唐之犀浦，今爲郫縣。

漫成二首：「讀書難字過。」謂遇疑難之字，不復研究也，即不求甚解之意。

江上值水如海勢聊短述：「老去詩篇渾漫興。」案：「興」字本作「與」，昔人曾言之。與，讀爲預。「漫與」，謂隨手作之，承上起二句而來，言今老矣，不能作佳句也。姜堯章清波引：「新詩漫與。」與字押韻正用杜詩，蓋所見本猶未誤。又前齊天樂：「豳詩謾與。」漫作謾，蓋亦同此。

戲爲六絶句：「才力應難誇數公。」「誇」，疑當「跨」。

江頭五詠麗春：此詩前二韻去聲，後二韻轉平聲，不當編入近體。蓋作者因寄所適，信筆直書，忘其爲古爲律，編詩者牽於同時五詠，不能分隸耳。弟一首丁香用去聲，亦此例。又案：卷二早秋苦熱堆案相仍，卷五光禄坂、閬山、閬水，卷七秋風二首，皆在古、律之間，此非分體編詩者所知。

贈崔十三評事公輔：「飄飄西極馬，來自渥洼池。颯飄定山桂，低徊風雨枝。」案：此用隔句對雙起，變體也。對句作「颯飄」，則首句當從吳本作「飄颻」，而蒙叟不覺。隔句對雙起，白集遂爲格詩。

示獠奴阿段：陶侃胡奴事，見太平廣記，當作「陶峴」，在僞坡注前。

課小豎鉏斫舍北果林枝蔓荒穢净訖移床三首：「山雉防求敵。」「敵」，疑「匹」字之誤。然「防」字仍不可通，疑當作妨。

峽隘：「水有遠湖樹，人今何處船。」「今」字，疑當作「來」，或云「吟」字爛文。

秋興八首：「每依南斗望京華。」「南」，注：「一作北。」案：長安在夔州之北，故云北斗。月三首之二云：「故園當北斗，直指照先秦。」不啻自下注腳矣。末二句，承首句來，言自日落至夜深也。「一日江樓坐翠微。」一日，猶言盡日也。釋山：「山脊，岡。未及上，翠微。」郭注：「近上旁陂。」意謂近山脊也，與山顛相連而不可到者。既云江樓，則非身在翠微，「坐」字疑當作「望」，草書形近。姚惜抱以坐字不通，改爲「江頭」，截趾適屨。「幾迴青瑣照朝班。」照，注：「一作點。」案：「點」字是也。點與「玷」通。今譌爲「照」，不知蒙叟作何解？「白頭吟望苦低垂。」吟字，毛西河謂當與上句「昔」字對，姚惜抱今體詩選從之，是也。

秋日夔府詠懷：「常時弟子傳。」「常」，疑「當」字之譌。

詠懷古跡五首：「古廟松杉巢鸛鶴。」上云「野寺」，此不當復云「古廟」，疑「古樹」之誤。

諸將五首：「朝廷衮職雖多預。」注云：「一作誰争補。」案：雖多預，雖似率誰争補，則小兒語矣。

復愁十二首：「人煙生處僻。」「處僻」，注云：「一云遠處。」案：據此，則「處僻」二字當倒，與下「新蹄」對。

冬深：「早霞隨類影。」「隨類」，謂隨物象形也。一本作「隨淚」，則不可解，且與下「淚」字複。

熱三首：「被褐味空頻。」「褐」，注：「一作暍。」案：作「暍」，是也。謂中暑氣，故食皆無味。若作「褐」，則患瘧而寒矣。

朝二首：「蒲帆晨初發。」「帆」字，去聲，使風也。今與下「扉」字對，且連「蒲」字，則借實義。

憶鄭南玭：玭，蓋僧名，而詩似祇言伏毒寺所在。

戲作俳諧體遣悶二首：夢溪筆談據士人劉克寬案夔州圖經，偁峽中人以鸕鷀捕魚，謂之烏鬼。然則養烏鬼，謂養鸕鷀也。錢箋繁偁博引，證爲「巫鬼」之「鬼」，何以解「養」字？「舊識能爲態，新知已暗疏」。寫薄俗微而顯。

過客相尋：「客至罷琴書。」見無客之時，惟以琴書自遣耳。

黄魚：「脂膏兼飼犬，長大不容身。」此鱘鰉魚也。前俳體詩「處處食黄魚」，即此。當有所指。

舟出江陵南浦奉寄鄭少尹：「雨洗平沙静。」「静」，當爲「浄」字之譌。

哭李尚書之芳：苕溪漁隱叢話據舊唐書，廣德元年，遣李之芳等使于吐蕃，爲虜所留，二年乃得歸，故云「奉使失張騫」。

贈韋七贊善：「洞庭春色悲公子，蝦菜忘歸范蠡船。」錢箋云：「此謂楚之洞庭也。陶朱中男殺人，因於楚。張華曰：『陶朱公冢，在南郡華容縣西。』故知非吴之洞庭也。」案：上句「南遊」云云，固未知其爲吴爲楚。此所云「范蠡船」，不過用五湖事耳，何必實以中男殺人及陶朱冢。然則蒙叟之於詩，果矣夫！

奉酬寇十侍御錫見寄四韻復寄寇：「黄帽待君偏。」箋引師古曰：「刺船之郎皆著黄帽，因號曰黄頭郎也。」案：「黄帽」，猶言黄冠。發劉郎浦詩云：「黄帽青鞋歸去來。」此杜自謂，引鄧通傳注，殊覺不倫。

曝書亭集寄查德尹編修書：「富平李天生論少陵七言近體，一三五七句，用上去入三聲，必隔别之，莫有疊出者。蒙聞是言，與李十九武曾共宿京師逆旅，誦少陵七律，惟八首與武曾言不符。鄭駙馬宅宴洞中云：「春酒杯濃琥珀薄」；「誤疑茅堂過江麓」；「自是秦樓厭鄭谷」。疊三入聲。江村云：「老妻畫紙爲棋局」；「多病所須惟藥物」。疊二入聲。秋興云：「織女機絲虚夜月」；「波漂菰米沉雲黑。」疊二入聲。江上值水云：「爲人性僻耽佳句」；「老去詩篇惟漫興」；「新添水檻供垂釣」。疊三去聲。題鄭縣亭子云：「雲斷嶽蓮臨大路」；「巢邊野雀群欺燕」。疊二去聲。至日遣興云：「欲知趨走傷心地」；「無路從容陪語笑」。疊二去聲。卜居云：「已知出郭少塵事」；「無數蜻蜓齊上下」；「東行萬里堪乘興」。疊三去聲。秋盡云：「籬邊老卻陶潛菊」；「雪嶺獨看西日落」；「不辭萬里長爲客」。疊三入聲。久而睹宋元舊雕本暨文苑英華證之，則「過江麓」作「出江底」，「多病」句作「賴有故人分祿米」；「夜月」作「月夜」；「漫興」作「漫與」；「大路」作「大道」；「語笑」作「笑語」；「上下」作「下上」；「西日落」作「西日下」。由是推之，「七月六日苦炎熱」第三句用「蠍」字作「苦炎蒸」者是；「謝安不倦登臨賞」第七句用「府」字作「登臨費」者是。循此說以勘五言，雖長律百韻，諸本字義之異，可審擇而正之。

案：竹垞之言如此。今以推之五言，如登兖州城樓：疊日、嶽二入聲，嶽，一本作「岱」，是也。重過何氏其五：疊宿、色二入聲，色，一本作「鬢」，是也。奉留贈集賢院崔于二學士：疊雜、闊二入聲，一本「猶契闊」作「連湏洞」，是也。崔氏東山草堂：疊靜、響二上聲，靜，疑當作「淨」。月夜憶舍弟：疊散、避二去聲，避字，樊作「達」，是也。歸燕：疊序、訪二上聲，訪，一本作「誤」，是也。惡樹：疊有、者二上聲，者，一本作「木」，是也。赴青城縣出成都寄陶王二少尹：疊笑、縣二去聲，一本首句作「老被樊籠役」，是也。卜居：疊海、左二上聲，一本「左」作「北」，是也。此外，或有兩收之聲可以通用，然二疊三疊者不少，未必盡拘要，不可不知，故附於此。

姜堯章白石道人歌曲六卷：卷一皇朝鐃歌鼓吹曲十四首，琴曲一首；卷二越九歌十首；卷三令三十二首；卷四慢二十首；卷五自度曲十首；卷六自製曲四首。又別集一卷，十八首。

乾隆己巳，我郡張弈樞所刊自序言：壬子春，客都門，與周子耕餘過澹慮汪君，見陶南邨手抄本，爲樓觀察敬思所珍藏者，因録副焉。戊午秋，耕餘以抄本見屬，質之黄宫允唐堂、厲孝廉樊榭、陸大令恬浦，重加點勘，而與姚徵士鱸香商定付梓。全編字畫放宋，頗端秀，琴曲旁著指法，越九歌旁著律吕。卷三鬲溪梅令、杏花天影、醉吟商小品、玉梅令、卷四霓裳中序弟一，卷五自度曲，卷六秋宵吟、淒涼犯、翠樓吟，皆著譜字。凡著旁譜者，皆著宫調名。此板後入南蕩張氏書三味樓，飽白蟻矣。同時又有揚州鉅商陸鍾徽刻本，亦云出自樓敬思，大略相同，而歌曲之外，增輯白石詩三卷，詩説一卷，大樂議一卷，當時唱酬詩一卷，亦放宋板，而其譜式以意改竄，每失故步。此板後入江鶴亭奉宸家，再歸阮文達公，道光癸卯燬於火。揚州別有知足知不足齋刊本，字形較寬，止有歌曲。又有戴氏長庚所著律話，全載姜詞，旁譜易以正字。歲乙巳，文達以陸本寄示，屬刊入指海，乃合各本校之，覺總不如張刻之善。然張刻亦不能無舛誤，聞世間尚有宋嘉泰刻本，欲求得一校，因循未遂，逃難出走，書没賊中。壬戌夏，夏君貫甫今得此本於滬市以見詒，猶張刻也，攜之行篋。憶前所見隨手録記，不忍捐置，姑存之。

卷二聖宋鐃歌吹曲：聖宋，目作「皇朝」。「吹」上脱「鼓」字，當依目補。

「因事製辭，曰導引曲、十二時、六州歌頭，皆用羽調，音節悲促。」案：宋史樂志：「自天聖以來，帝郊祀、躬耕籍田，皇太后恭謝宗廟悉用正宫導引、六州、十二時，凡四曲。」「其後袷享太廟亦用之。大享明堂用黃鍾宮。凡山陵導引靈駕，獻、章懿皇后用正平調，仁宗用黃鍾羽；神主還宮，用大石調。凡迎奉祖宗御容赴宮觀、寺院并神主祔廟，悉用正宮，惟神宗御容赴景靈宮改用道調。」「熙寧中，親祠南郊，曲五奏，正宮導引、奉禋、降仙臺；祠明堂，曲四奏，黃鍾宮導引、合宮歌，皆以六州、十二時。」然則導引、十二時、六州不皆用羽調，與姜此序不合。

「上帝命，十世之後，乃復其天。」案：高宗養孝宗於宮中，爲太祖七世孫，此云「十世」，疑字形相近而譌。

「淮海濁。」案：歌云：「淮海濁，老將戾。」「濁」字不誤，宋志作「淮海清」，誤。

「皇威暢，百萬愁鱗濯春水。」「濯」，疑「躍」字之譌。

琴曲側商調：「乃以慢角轉弦，取變宮變徵散聲。」案：琴正宮調以一弦爲倍徵，二弦爲倍羽，三弦爲宮，四弦爲商，五弦爲角，六弦爲少徵，七弦爲少羽，乃變之遞緊。五二七、四一六各弦至弟四變，而六弦皆緊，惟弟三弦未緊。謂之慢角調者，琴家蓋以弟三弦爲角弦故也。慢四一暉，取二弦十一暉應。慢六一暉，取四弦十暉應。琴家以四弦爲黃鍾正徵林鍾，今慢一暉，則退位爲黃鍾變宮應鍾也。側商即二十八調之大石調，乃黃鍾一均之商調，而云側商之調久亡，蓋據琴曲而言，故自不同。

[illegible]。案：左上角「六」字，乃左手指法，當作「大」，今作「六」者，字形相近而譌。凡譜中[illegible]、[illegible]、

⿱六止、⿱六毛、⿱六凶、⿱六皿、⿱亠益、⿱六壬、⿱六㔾、⿱六大、⿱六㕣、⿱六大、⿱八毛、⿱八凶、⿱八勾、⿱艹勾、⿱八益、⿱六毛諸字，左上角「六」字，皆依此論。「下令」

案：此疑當作「⿱六令」，乃索鈴也。本或作「⿱二令」，律話以爲「一下八吟」，恐非。

「⿰豆登」。此字誤。當作「从豆，再作」，乃從頭再作也。案：此下有泛聲一段，所記字大略與首段同，但取浮音耳，蓋即此所謂從頭再作。陸本誤以此字對首段末「顧」字，謬甚。

「芡」。案：此字上有「正」字，則泛聲已止。此字既用散聲，則非泛聲當移對下段「世」字，而下段「世」字所對「葵」字以下，皆當降一格。今因「芡」字誤入泛聲之末，下段遂遞佔上一字，而末段「歡」字所對「⿱六凶」，又移對「素」字，「歡」旁譜字遂空，重校刊者宜移正。

「右帝舜。楚調。」案：此章旁譜用黃、太、姑、蕤、林、南、應七律，依後諸歌例，題下當有「黃鍾宮」三字，於二十八調爲正宮。

「屈⿱穴乇在。」文選靈光殿賦：「窋⿱穴乇垂珠。」善注：「説文：『窋，物在穴中貌。』⿱穴乇，亦窋也。」案：「窋⿱穴乇」蓋連語，説文無「⿱穴乇」字，疑祇作「吒」，因「窋」而加「穴」。今「窋」又因「⿱穴乇」而增「口」矣。

「右王禹。吴調。夾鍾宮。」案：此調用夾、仲、林、南、無、黃、太七律，於二十八調爲中吕宮。

「壺觴有酹槃有魚。」「酹」當作「酎」。

「右越王。越調。無射商。」案：此用無、黄、太、姑、仲林、南七律，於二十八調爲越調。

「太、南載南。」此「載」字，誤。近番禺陳氏聲律通考作「應」，是。

「右越相。側商調。黄鍾商。」案：此調用律與帝舜章同，於二十八調爲大石調。

「有項王。古平調。無射宫。」案：此調與越王章同，於二十八調爲黄鍾宫。

「白馬駃兮素繆舞。」「駃」當作「駛」，陳本不誤。

「汩予從天兮南逝。」「汩」當作「汨」。

「右濤之神。雙調。」案：此調用夾、仲、林、南、無、黄、太七律，題下當有「夾鍾商」三字，於二十八調爲雙調。

「右曹娥。蜀側調。夷則羽。」案：此用夷、無、黄、太、夾、仲、林七律，於二十八調爲仙呂調。

「右龐將軍。高平調。林鍾羽。」案：此當用林、南、應、大、太、姑、蕤七律，而譜無「大」字，是去變徵聲也。沈存中筆談記林鍾均四調，亦不及大呂，而有下五，則有清變徵。陳本於弟二句「躍」旁「太」字作「大」，豈别有所考邪？此於二十八調爲高平調。

「右旌忠。中管商調。南呂商。」案：中管商調者，以南呂一均爲夷則之中管也，當用南、應、大、夾、姑、蕤、夷七律，而譜有太清，疑誤。

「予青衿兮父爲史。」「予」當作「子」，陳本不誤。

「右蔡孝子。中管般瞻調、大吕羽。」「般瞻」，隋志作「般贍」，即般涉調也。曰中管般瞻調者，案張叔夏詞源列八十四調，以大吕一均爲高宫，而太蔟一均爲其中管。堯章大樂議則以大吕一均爲黄鍾均之中管，故此調用大、夾、仲、林、夷、無、黄七律，則太蔟一均轉爲高宫，其實一也。

「古今譜法。」案：旁譜諸字，「合」作「厶」，詞源同。疑本作「亼」，乃「合」之半字也。「下四、四」並作「マ」，詞源「下四」作「⊗㋮」，四作「メマ」。「下、一」並作「一」，詞源「下」作「㊀」，一作「一」。「上」作「么」，亦或作「ㄣ」，詞源作「ㄣ」，疑本作「ㄝ」，乃上字草書也。「勾」作「㇄」，詞源同。案：此字當時樂工以配蕤賓律者，以其介於「ㄣ」、「∧」之間，故合其字形以爲記號。然姜詞有旁譜者，惟高平調之玉梅令及角招皆用蕤賓。「勾」字餘譜中有「㇄」者，皆形近而譌，如ㄣ、∧、㇆、マ、厶，皆易混也。「尺」作「∧」，詞源同。「下工」、「工」作「工」，詞源「下工」作「㋆」，「工」作「工」。「下凡」、「凡」作「川」，詞源「下凡」作「⑪」，「凡」作「川」。「六」作「夂」，亦或作「六」，詞源作「幺」，疑本作「ㄟ」，「六」草書也。「下五、五」並作「ゐ」，詞源「下五」作「㋭」，「五」作「ゕ」。「五」高五也，即緊五。作「ゐ」，詞源作「ゐ」。又案：詞源管色應指譜有狀大住力小住リ掣ㄣ折リ打諸記號，此旁譜亦有ㄓ、ㄦ、リ、ㄣ、ゐ、ㄌ、フ、ノ等記，與凡五工等諸字相亂，不能悉正，以待知音。

「篪笛有折字。」「篪」譌「篪」。

鶯聲繞紅樓：「近前舞絲絲。」案：「近」有上、去二音，無平聲，此音疑誤。

鬲溪梅令，仙吕調。案：仙吕調乃夷則一均之羽，與越九歌曹娥章同，用⿱下工⿱下凡ㄩ合四⿱不一上尺六五⿱下五。
「好旁」么ㄌ。案：「么」乃本調殺聲，「リ」乃拍號，非「川」字。凡旁譜有沓字者，放此。
「緑」旁ㄣ。此即一字折，後放此。
鷓鴣天：「一昨天階預賞時。」「階」，疑「街」。
杏花天影。案：此詞不注宫調，以其所用字及殺聲推之，則中吕調也，是爲夾鍾一均之羽，用⿱不一上尺工⿱下凡合四六五⿱下五。
「風」旁亣。疑當如後段「歸」旁作「ㄎ」。
「舞旁ㄠㄨ。」無此式，疑當作「ㄙ卜」。
醉吟商小品。案：此詞亦不注宫調，據其名偁及序云「雙聲」，則雙調也。與越九歌濤之神同，是爲夾鍾一均之商，用字與杏花天同。
吴坰五總志：「馬氏南平王時，有王姓者善琵琶，忽夢異人傳之數曲，仙家紫雲之流亞也。」又云：「此譜請元昆刊石于甲寅之方，與人世異者有獨指泛清商、醉吟商、鳳鳴羽、應聖羽之類。」案：如姜序不過舊譜失傳，偶得之於老樂工耳。吴説近於妖妄。
玉梅令，高平調。此與越九歌龐將軍章同，爲林鍾一均之羽，用尺工⿱雨复⿱不四一勾⿱下五五。

「香」旁厶。案：林鍾均不用合，疑當如後段「花」旁作「人」。

「梅」旁ㄋ。案：林鍾均不用五，疑誤。

「日」旁么。案：林鍾均不用上，疑誤。

浣溪沙弟二「呼之不出」。我友汪曰楨云：「不，當作共。」

又弟五「臘花」。「蠟」譌「臘」。

霓裳中序弟一。據序偁商調，蓋夷則一均之商也，用下工下凡合四下一上尺六五五。叶韻處多脱拍字，譜亦多淆亂，無可整理。

齊天樂：「侯館吟秋。」「候」譌「侯」。

「滿江紅舊詞用仄韻，多不協。如末句云『無心撲』，歌者將『心』字融入去聲，方諧音律。予欲以平韻爲之。」案：「心」字融入去聲，則「撲」字不能不轉爲平矣。又案：此詞前結「佩」字固去聲，而後結「影」字乃上聲，然則叶平韻可不拘邪？「風與筆俱駃。」「駛」譌「駃」。

一萼紅：「想垂楊還裊萬絲金。」「楊」，一本作「柳」，與前段「語」字合。

月下笛：「多情須倩梁上燕。」趙聞禮陽春白雪本「上」作「間」，與前段「萬」字合。

清波引：「新詩漫與。」案：「與」字叶韻與起、處同，前齊天樂「漫」作「謾」。見杜詩下。

琵琶仙：「吴都賦云：『户藏煙浦，家具畫船。』」顧千里云：「此李庾西都賦，見唐文粹。」

玲瓏四犯：「漫嬴得天涯羈旅。」「嬴」譌「贏」。下探春慢、摸魚兒兩闋同誤。

解連環：「小喬妙移箏。」案：「移」乃「搊」字之譌。

喜遷鶯慢：「列仙更教誰。」此與前段「秦淮貴人宅第」句同，而缺一字。或移下句首「做」字輳韻，不知此句本不須韻，文義又不通，而下句仍缺一字。雖宋人亦有六字句者，而與本詞前後又不合。

揚州慢。中呂宮。案：此與越九歌王禹章同，是爲夾鍾一均之宮，用一上尺工凡合四六五五。

「窺」旁ス。疑「夂」字爛文。

前後兩結么𠀀么𠀀。此「𠀀」疑非「五」字，蓋「一」下拍，後長亭怨慢兩結皆同。又凡旁譜上下沓兩字者，放此。

淡黃柳。正平調近。案：此爲仲呂一均之羽，用上尺工凡合四一六五。

石湖仙越調。此與越九歌越王章同，爲無射一均之商，用下凡合四一上尺工六五。

暗香仙呂宮。此與下疏影皆夷則一均之宮，用下工下凡合四一上尺六五五。

惜紅衣，無射宮。案：此即黃鍾宮也，與越九歌項王章同，爲無射一均之宮，用字與石湖仙同。

角招。黄鍾角。案：二十八調之七角，乃借用變宫，此則黄鍾之正角，用合四一勾尺工凡六五。宋仁宗樂髓新經及詞源所列八十四調有之。

「呧香薄人。」案：史晨後碑「吹」作「尒」，故譌爲「吹」。然疑「吹」乃「泠」字誤也。

「吟洞簫」。此「吟」當爲「吹」。

「何堪更繞西湖盡是垂柳」。汪曰楨云：「『西』字衍，校者誤以旁譜各升一字，柳旁遂缺譜。趙虚齋此句作『苔枝上，翦成萬點冰蕚』，止作九字，可證也。」

徵招。案：此亦黄鍾正徵，不在二十八調中，用字與角招同。

「黄鍾徵雖不用母聲，亦不可多用變徵蕤賓、變宫應鍾聲。」案：此詞八用合字，七用凡字，五用勾字，不爲少矣。

「然無清聲，只可施之琴瑟。」此詞又屢用六五。

蔡絛鐵圍山叢談：「時燕樂告備，因作徵招、角招，有曲名黄河清、壽香明者極韶美。次膺作一詞。」云云。案：此即丁仙現所譏落韻者也。晁端禮黄河清詞今見彼集，與此詞句調亦略近，然則姜雖自度曲，實藍本舊腔耳，今附於此：晴景初升風細細，雲疏天淡如洗。檻外鳳皇雙闕，葱葱佳氣。朝罷香煙滿袖，近臣報，天顔有喜。夜來連得封章，奏天河澈底清泚。君王壽與天齊，馨香動上穹，頻降嘉瑞。大晟奏功，六樂初調角徵。風乍轉，萬花覆，千官盡醉。内家傳敕，重開宴，未央宫裏。

自製曲。案：「自製曲」與「自度曲」何所異，必分二卷？若如卷末湘月，則仍舊調過腔，非特撰也。

秋霄吟。越調。「霄」當作「宵」。越調見前。案：此詞乃雙拽頭，自「古簾空」至「箭壺催曉」爲一疊，自「引涼颸」至「暮帆煙草」爲一疊，旁譜皆同。我友蔣敦復説同。

淒涼犯：「如道調宫上字住，雙調亦上字住，所住字同，故道調曲中犯雙調，或於霎調曲中犯道調。」案：「霎」字誤。所謂「道調曲中犯雙調」，或於雙調曲中犯道調者。「雙調」是夾鍾之商，「道調」是仲吕之宫。夾鍾用一上尺工下凡合四六五五，仲吕用上尺工凡合四一六五，而皆住聲於上字。所不同者，惟「凡」與「下凡」耳，故可相犯。

「亦曰瑞鶴仙影。」此與瑞鶴仙句調亦大同小異。

翠樓吟。霎調。「霎」當爲「雙」。雙調見前。「情」旁當如前段「樓」旁作「ㄌ」。「味」下脱拍，當移「仗」旁「フ」補之。厶マ∧各當移上一格，對「仗酒祓」三字。「愁」旁「约」，誤合二字爲一，當移「厶」對清，「与」對「愁」與前「看檻曲縈紅」五字同。案：凡前後遍，除换頭外多相同，或脱落，或錯互，致不可辨耳，姑發凡於此。

「湘月即念奴嬌之鬲指聲也。於雙調中吹之。」案：雙調者，夾鍾之商，住聲於「上」字。大食調者黃鍾之商，住聲於「四」字。今云「鬲指聲」者，方成培云：「上、四之間鬲一字也。」見所著詞麈。案：卷四目録玲瓏四犯注云：「此曲雙調，世別有大石一調。」今卷内玲瓏四犯下無此注，而説與此序相合，蓋當在此調傳者誤耳。又案：碧雞漫志：念奴嬌又轉道調宫高宫。

「鬲指亦謂之過腔，見晁無咎集。」案：晁無咎琴趣外篇消息注：自過腔即越調永遇樂。不知度入何調過腔？蓋即曲家翻調。

「嘉泰壬辰至日，刻于東巖之讀書堂。雲間錢希武。」案：宋寧宗嘉泰元年辛酉，四年甲子。其明年改元開禧，凡三年。又明年改元嘉定，以迄十七年甲申，無壬辰。豈壬戌之誤邪？錢希武，雲間志無考。張奕樞亦我雲間人，陶南邨樓敬思皆曾作寓公。此本之流傳，蓋有因也。

卜算子七：「拆得冰鬚碧蘚花。」「折」譌「拆」。

宋人詞集存於今者，惟張子野、柳耆卿分著宫調。其有旁譜者，惟堯章此集耳。據張叔夏詞源言：其父斗南名樞。有寄閒集，亦旁綴音譜，今已不傳。則此集實吉光之片羽矣。其中雖錯亂脱落，就其可辨處尋之，猶稍能領其音節，安得好事者重刊之，庶不與寄閒集同歸泯滅乎？

宋人歌詞，以合下四四下一一上勾尺下工工下凡凡配十二律，以六下五五緊五配四清聲，凡十六聲。今人度曲，以上尺工六五配五聲，以乙凡配二變，而各有低聲高聲，凡二十一聲，然皆不能盡用也，以之配字，各有條理，故即依旁譜歌堯章詞，必不能相合也。

趙彦肅所傳開元鄉飲酒十二詩譜，皆一字一聲，朱子譏之，然堯章旁譜亦復如是。今之水磨腔則有一字數聲者，取其曲折盡致意，即宋人所云纏聲。然則朱子所謂疊字散聲者，當時蓋亦有之，殆以其近於繁手淫聲，故不取與？

今樂七字，不知始於何時，或舉大招四上競氣極聲變只，謂即宮逐羽音之意。然競氣自屬吹唱，宮逐羽音，見段安節琵琶録，則爲弦音，恐非同義。案：隋志蘇祇婆論琵琶七聲，六曰「般贍」，華言五聲，即羽聲也。「般贍」即「般涉」，五即四之高聲，於次弟六，則以五配羽，此其一證。

舒蓺室雜存

牧篴餘聲

南商調黄鶯兒 茌平題壁四闋。

其一

南北路迢迢，況嚴冬，冰雪交，愁中忽見桃花笑。眉兒黛描，臉兒粉調，半彎紅袖琵琶抱。髻雙挑，婷婷嫋嫋，一箇箇翠苗條。

其二

含笑入簾來，坐斜簽，一字排，四條絃上聲聲嗳。訴風情，幾回勸，村沽幾杯，行雲流水卿休怪。猛徘徊，蒼生此輩淪落盡堪哀。

其三

幼小識春風，問何曾，習女工，貪財薄俗錢刀重。巫山者峰，巫山那峰，郵亭驛館年華送。太匆匆，紅顔似夢，轉瞬又縫窮。

其四

旅館太無聊，喜征車，暫息勞，酒星入坐花星照。高歌恁高，豪情恁豪，花香入酒寒威掃。醉酕醄，繩床一覺明日馬蹄遥。

前調 和黄小田五闋。

其一

狂煞癩蟾蜍，猛當天，一搭烏眼迷離，嚇走了長生兔。嫦娥淚枯，吴剛勢孤，桂花枝怎架得清虚府，倩。雖呼當年，后羿長矢挽天弧。月蝕。

其二

白露望香來，到秋分，呆答孩，金樽明月空耽待。花兒又不開，株兒又不材，山林廊廟都難配，只應該，析薪炊爨，那得及蘆灰。時久雨罯桂花。

其三

肺疾近如何，病源頭，省得麽？爲高談忒煞喉嚨大。忠言太多，譏評太苛，問青天，厮喊得聲音破。要他瘥陶琴挂壁，一笑起沉疴。肺疾聲啞。

其四

塵緒滿心頭，恨茅柴，不埽愁。亨千金竟是誰家帚，風沙乍休，風沙又留，眼前乾浄争能彀。没兜收耙兒要弄，此手幾時丢。俗語丢卻埽就弄耙。埽地。

其五

人静夜方中，向階前，唧唧噥。剛趁著涼宵，好月偏胡閧。你藏著身争甚雄，守著雌發甚鬆。不管人心煩耳厭，難成夢可憐。蟲嚴霜一降，看你過殘冬。俗語蚱蜢身輕難過冬。蟋蟀。

北仙吕寄生草 題擔樵圖二闋。

其一

瞥眼看朝日，回頭見暮霞。莽紅塵擔子，天來大腰環，背僂難支架。更林深月黑前途怕，一任你，肩頭脚底盡磨穿，只落得拖枝帶葉多牽挂。

其二

甚處神仙宅，何方隱士家。有一箇爛柯人，冷笑重巖下。半生了卻婚和嫁，樵蘇不管春秋夏。俺把者溪雲嶺月一肩挑，但憑恁，芒鞋赤脚千山跨。

北正宫端正好 題錢湛園俟命居圖。

醉鄉邊，愁城左，中間有，安樂行窩。把是非門户牢關，鎖高枕先生卧。

滚繡球

夢魂安誰唤我起，來時紅日趖向南窗。三杯白墮，醉來時，老眼摩挲。興來時，一曲歌。渴來時，苦茗多。折脚鐺石泉活火，便玉堂金馬都無分。倘陋室窮廬，又怎麼受用些呵。

叨叨令

眼看他榮的貴的賣風華，昂昂藏藏使盡了殺潑也。有那窮的困的弄虚頭，腌腌臢臢歷盡了折挫。驀忽地争的攘的鬼聰明，悤悤忙忙做盡了，噪聒也，未見呆的弱的一堆兒，挨挨擠擠，都受了飢餓。你省的也麽哥，你省的也麽哥。又何須，死的活的掙頭皮，煎煎熬熬，白作盡了罪過。

倘秀才

俺可也，螢窗打摩。俺可也，文場荷戈。俺可也，心豔霓裳，羨大羅。俺可也，研蠹簡學風魔苦心思索。

白鶴子

因循衡似夢，日月竟如梭。幾載病沉痾，四十平頭過。

借般涉魔合羅

悶葫蘆，今日都參破。廝拗天公，不過前生萬事早安排。今生只索，由他輕抽篙子，牢拏柁半。批篷兒緩渡河，人間世，兜頭險阻，瞥眼風波。

借般涉煞

千卷書，負郭田，不嫌塵俗無憂餓。吾廬吾愛行乎素。人喜人憎，莫管他者的是，眼前樂境世外盤渦。

正宫尾

百般難强求，營謀空計左。消除煩惱隨緣過，任天天那答兒發付我。

南商調梧桐樹 題錢湛園小隱書窩圖。

詩書楊子亭，松菊陶潛徑。酒地詩天，闢箇瑯嬛境。鴻文擁百城，鶴俸支千頃。自署頭銜勾管，林泉勝莽，書生也不下封侯命。

東甌令

毛錐子，楮先生。招隱王孫舊結盟，小山叢桂饒秋景。且共漁樵訂向。清風明月把古今評，何處著功名。

大聖樂

折時花自共瓷瓶洗，塵埃窗几浄。牙籤、甲乙標題，整删、酒譜，訂茶經。此鄉合、與、温柔等，判萬軸、青箱老，此生佳名誰領。便堯夫安樂也難厮並。

解三醒

也不望南山應聘，也不學北海箋經，也不羨梅花繞塔。林和靖也不從賣藥。韓生也不想名山業。就垂家乘也不願，高士圖中記姓名。疏慵性冷笑殺金門，大隱何補昇平。

尾聲

鑽研蠹簡争風影，卻不道，自借芸編寄性情。向者些萬古酸丁，喚他癡夢醒。

廋辭偶存

月。四書一句。　明日遂行。

一。常語一句。　道三不著兩。

魯欲使樂正子爲政。漢人名。　孟喜。

聊假日以消憂。戰國人名。　樓望。

誰得其皮與其骨。漢人名。　杜詩。

唐燕樂二十八調。中庸二字。　無徵。

幼而無父。果名。　瓜子。

淴然汗出。漢人名。　霍去病。

戈。左傳一句。　戍人去矣。

斗建指卯。古詩一句。　明明如月。

通候書。圖書一句。　庸言之信。

辰在斗柄。四書一句。　莫春者。
先生坐何至於此。四書一句。　師也過。
所謂大順也。四書一句。　是不同。
紅袴小兒。易經一句。　二與四。
各。易經一句。　不見其人無咎。
排空御氣奔如電。易經二句。　初登于天後入于地。
師嚴易經一句。　天子凶
鴉片煙。易經一句。　以此毒天下而民從之。
聾者善聽。易經一句。　聰不明也。
無幾不可以爲説。易經一句。　家道窮必乖。
訕其良人。左傳一句。　非夫也。
劉家牡丹。藥名。　黑丑。
無人乎子思之側。藥名。　白及。
大火中。藥名二。　半夏。　南天燭。
憑君傳語報平安。唐宦官名。　馬上言。見通鑑二百二十一。

滿朝朱紫貴盡是讀書人。古人名。　由吾道榮。見北魏藝術傳　又唐詩一句。　同學少年多不賤。

不偏不倚無過不及。唐宦官名。　但中庸。見夢溪筆談。

一舉成名天下聞。古人名。　暴顯。

貴妃瘦損坐匡床。古人名。　瘠環。

不賜金莖露一杯。古人名。　司馬消難。

上床夫妻下床君子。漢書四句。　情欲之感無介乎儀。容燕私之意不形乎動静。

窮鬼先出頭。古文八句。　陳涉甕牖繩樞之子，甿隸之人，而遷徙之徒也。才能不及中人，非有仲尼、墨翟之賢，陶朱、猗頓之富，躡足行伍之間，而倔起什伯之中。

女四書二句。　不知其仁焉用佞。

如何如何。四書一句。　不知其人可乎。

摧枯拉朽。四書一句。　是不難。

佳人難再得。唐詩一句。　漢皇重色思傾國。

錢可通神。古文一句　青雲得路。

河東凶。唐詩一句。　巫山巫峽氣蕭森。

稿砧今何在山上復有山。四書一句。　良人出。

吹葭六管動飛灰。四書一句。至於日至之時。未會牽牛意若何。四書二句。對曰將以釁鐘。奚自。唐詩一句　笑問客從何處來。冬之夜。唐詩一句。卧後清宵細細長。

心肝脾肺腎問也無人問。心肝脾肺賢賺得好銅錢四書四句兩排。道之不行也我知之矣。道之不。明我知之矣。

既有肥羜以速諸父，寧適不來，微我弗顧。既有肥牡以速諸舅，寧適不來，微我有咎。左傳一句。

盡客氣也。

使之主祭而百神享之。古人名。卜天與。

張子房圯上受書。四書一句。是爲王者師也。

嚴搜夾帶。四書一句。不可以有挾也。

晋侯使韓穿來言汶陽之田，歸之於齊。常語一句。慷他人之慨滅自己之威。

種牛痘。俗語一句。好肉上做瘡。

一之爲甚其可再乎。四書一句。不待三。

油然作雲。四書一句。由反手也。

今日俸錢過十萬，與君營殿復營齋。四書一句。夫微之顯。

俗語集對

猱師狗。三脚貓。牽頭皮。

豬婆龍。四眼狗。搔脚底。

露水夫妻。踏梯望月。借花獻佛。偷糞老鼠。

酒肉兄弟。坐井觀天。撒豆成兵。偵食野貓。

順水撐船。嫁狗隨狗。横七豎八。一佛出世。

畚雪填井。騎驢覓驢。接二連三。兩子送終。

一相情願。好貓勿叫。直脚野人。鈍光菩薩。

兩不喫虧。苯鳥先飛。平頭百姓。苦惱天尊。

對牛彈琴。牽牛下井。黄婆駡雞。猢猻上樹。

捉豬上凳。調虎離山。張公養鳥。老鼠搬薑。

紙糊老虎。出路有路。老虎頭頸。有錢施主。

線牽猢猻。　過橋拔橋。　小雞肚腸。　無業游民。
眼飢肚皮飽。　滚湯潑老鼠。　手頭乾灼灼。
嘴硬骨頭鬆。　點火捉蜻蜓。　肚腸白條條。
觀音齋羅漢。　油炒枇杷核。　落難吕純陽。
小鬼跌金剛。　風吹楊柳頭。　游春豬八戒。
描金石卵子。　闞老爺賣馬。　石灰撬麪店。
黑漆皮燈籠。　姜太公釣魚。　麻皮落坑缸。
坑缸頭土地。　老鼠放貓債。　借囡駡媳婦。
糖擔上聖人。　白狗趕羊陶俗呼群聚也，無字可指證。　强耶勝祖宗。
床底下放鷂子。　裝一齣像一齣。　吕純陽被狗咬。
雲端裏出批頭。　幫三年學三年。　張天師遭鬼迷。
先進山門一月大。　長了舌頭短了嘴。
新箍馬桶三日香。　落脱下巴爛脱須。
一番生活兩番做。　有了七托做八托。
十年田稻九年荒。　省卻一錢是兩錢。

臂膊上跑得馬過。拳頭上立得人起。
眉毛裏捉出蝨來。太陽裏噴出火來。
羊去喫草鵞去趕。三兩黃金三兩福。
雞來討債鴨來愁。一朝天子一朝人。
一福二命三風水。囫圇豬頭囫圇賣。
百響千尊萬聖人。鄉下獅子鄉下跳。
有錢能使鬼推磨。
無牛只好狗拖犂。
三人道好三人道醜。靠山喫山靠水喫水。
一犬吠影百犬吠聲。思食得食思衣得衣。
到岸要錢落水要命。風吹一半雨落全空。
上天無路入地無門。日看增祥夜觀無忌。

記夢四則

咸豐六年夏，夢黄昏微月散步郊坰。茆屋數家，熒熒燈火，有男婦操作聲。俄見西北天黑，雲如飛向東，若車騎兵卒絡驛不絶。予驫曰：「此潰軍氣也，柰何？」旋聞茆屋中人啼哭，散亂奔進，予亦倀倀走。遂寤。未幾而有欽差大臣向軍門退屯丹陽之報。

咸豐十一年秋，予自張堰避寇，挈家回周浦，暫居市西姜氏宅。稍東即城隍廟也。九月初，夢至廟中見大殿上繫馬二匹。予顰蹙曰：「神殿何得繫馬？」忽殿後宅門啓，神送客出，貌肥而黑，微鬚，約四十許，服本朝公服，頗威嚴。予因避至旁三茅殿，見殿西南隅側廂前檐倚旗纛軍械，若有統領居内者。逡巡而寤。其明日遂聞上海令劉公郇膏奉中丞命，統德勇撫軍親兵也。赴南橋防堵，過鎮暫宿廟中。瞯之一一，如夢所見。比公至南橋，勇潰反戈，失公所在。方謂公當爲此廟神，已而知遇救得免。回滬不二三年，由海防同知歷升蘇藩，署巡撫事。丁艱回籍，遽卒。公令上海設法嚴防，賊頗忌之，詳上海新志。然則公乃城隍神所送之客，非即城隍神也。

同治四年十二月十一日晨，夢張魯生司馬自何處拜客回。同治二、三年在安慶縣，君與予同居内軍械所。

謂予曰：「有夷務奏摺曾見否？」予曰：「未也。」曰：「在夷人新聞紙。」因檢示予。然無所謂夷務奏摺者。卻有一條新聞云：「東北有一種非鳥非獸非鱗非蟲，其名曰耑。」予曰：「耑即專字，未聞有物名耑者。」遂檢字書視之，注云：「耑者，從弱出者也。」臨證指南有蟲證條云：「溼俱脾胃失調。」下注：「小腸蟲從溺竅而出。」屠人杰傷寒經解膀胱有下竅，無上竅。糟粕從胃中由小腸至迴腸分別清濁，注於膀胱而滲入故，溺常清而無渣滓相雜。人溺之紅黃致澤，濁者，皆係膀胱内蘊蒸所變，其蟲必是溼熱醞釀所生，其狀如□而小，長三四寸，雖出復生。方疑訝間，聞陳卓人太守來，呼往有松園啜茗而寤。及至園，李小涵刑部、劉伯山明經同在坐，予述此夢，皆大噱。越十三年春，而有日本國剏伐臺灣生番事。日本，東洋强國，近爲英吉利所服。又娶西洋女，盡變國中衣服制度，從之。又燒燬其國及中國書籍幾盡，識者危之。光緒四年戊寅七月，魯生到廣東人何如璋使日本。

同治五年十月二十三日三更，夢讀史記某列傳，云：「某初得一犬，甚壯偉，名之曰顬顬注音殺。後復得一犬瘦而黠，常以鈴繫其頸。後有一犬自來，亦壯偉，名之日又曰。某故好射獵常射殺一虎。它日一虎伺於涂，若將復讎者，又射殺之。它日又一虎伺於門，射殺之如前。它日又一虎排牆入，猛不可禦，方呰而顬迎其首，鈴犬攻其尾，又顬擊其中，虎不勝而走，三犬共逐而斃之，食其腸胃。」一笑而寤。思之歷歷如在目，乃記而録之。然覺史文甚簡，不如是之繁。史固無此女，惟趙世家簡子夢之。帝所射熊羆事差近之。集韻上聲四十一迴有顬字，乃挺切，頂顛也，無殺音。玉篇顬，奴頂切，頂顬也。與集韻同。

記姬人夢

光緒四年九月朔夜午，倪姬若從夢驚醒者，述夢見五六舊女伴。中一人出詩一本，云已一月習之，而能因教以數句，僅記一句云。同治以來，功已見，姬識字不多，未通文理。即所夢女平日亦不識字，其人尚在也。兒子錫卣，以同治元年病疫，死不半月遺腹生女，擇今年冬贅壻，豈謂此邪。

州判銜侯選訓導張先生行狀

先生姓張氏，諱文虎，字孟彪，又字嘯山，南匯之周浦人。幼穎異，出就外傅，誦讀倍常兒。見插架書輒自翻閱，信筆評其是非，師禁止之而心重焉，因以語先生父紹庭公。公家故貧，從先生所好，遂勉令讀書。道光癸未，年十六，丁祖母暨紹庭公憂，力營喪葬，皆如禮。然困甚，慮無以奉母。明年爲里中王氏童子師，稍獲脩脯，以供甘旨。先生雅不喜帖括，頗肆力於詩古文辭，又以家業維艱，不欲應童子試。業師惺齋姚先生煒琥。力持之。丙戌，補邑諸生。丁亥，丁母憂，力益窘。客授南塘張氏，既而讀元和惠氏、歙江氏、海陽戴氏、嘉定錢氏諸家書，慨然歎爲學自有原本，馳騖枝葉無益也。則取九經漢唐宋人注疏，若説經諸書由形聲以通其字，由訓詁以會其義，由度數名物，以辨其制作，由言語事蹟以窺古聖賢精義所存。旁及諸子史，是非得失，源流異同，以參古今風會之變，益無志於科舉。壬辰大比，戚友强之行，試卷墨汁，題詩號舍而出。自是不復應試。金山錢雪枝通守熙祚。輯守山閣叢書，以屬顧尚之先生。觀光。顧先生治醫術，不能專力，舉先生自代。先後館錢氏三十年，所校書若守山閣叢書、指海、珠護別録及鼎卿學博熙輔。續輯藝海珠塵壬、癸集，夢華少尹培名。輯小萬卷樓叢書，無慮數百種，一時考據家稱爲善本。嘗三詣杭州，文瀾閣縱，觀四庫書，手自校録。績溪胡竹邨、培翬。元和陳碩甫奂。兩先生亦以窺中秘書同寓西湖。胡先生方爲儀禮正義，陳先生簒詩毛傳疏，過從商榷甚歡。中間西游天目，南登會稽，尤愛天目之勝，因自號曰天目山樵。先生客於外有二弟，又皆就賈子如也。乙未年二十八，始就婚於金山姚氏。越四年舉一子曰錫卣。姚孺人有賢能稱，以是無内顧憂。癸卯偕錢通守游京師，通守卒於邸，先生爲經紀其喪，載其柩南還。道過維揚，以通守所輯書質證於阮文達公，公由是深契，書函往復無間。時通守輯指海未竟，其嗣偉甫、培杰。子馨培蓀。兩司馬請先生畢其車，先生力任不辭。海寧李壬叔先生善蘭。與先生談算契合。咸豐初李先生從英吉利士人艾約瑟、偉烈亞力新譯重學及幾何原本後九卷，婁韓緣卿中書應陛。任刊幾何，鼎卿學博刊重學，皆先生爲之參訂。而艾約瑟輩並深明算理、格致之學者，聞先生名，數數造訪，質疑問難，咸大折服，歎爲彼國專家勿能及。丙辰移家張涇堰，蓋贅於姚二十有二年，至是始有家也。粤匪之亂，避難回里，又轉徙於奉賢、上海間。同治壬戌，錫卣病没，抑鬱不自，聊乃就曾文正公聘。後初，郡守湘潭袁公芳瑛。淹雅好古，折節交先生，屢欲延致之，而先生以錢氏叢書之役不能應。袁公數稱先生於曾文正公，文正公心儀之。安慶克復，長江輪船通行，遂具書介李壬叔先生來招，屬以内軍械所事。而今制軍威毅伯曾公方刊其鄉先輩王船山先生書，庀局皖垣即延先生及儀徵劉伯山先生毓崧。分任校讎。甲子大軍克江寧，文正公移節之任，先生與偕以書局自隨。乙丑，船山遺書刊竣，仍留幕府，喟然歎曩所校錢氏諸書俱燬於寇，而幾何、重學二書尤切於當世之用，請於文正公重鋟以行。是年秋，今傅相肅毅伯李公繼督兩江，議開書局刻經史各書，烏程周縵雲侍御學濬。總其事，仍延先生校理。因商定條例，以呈李公，公亟稱善。所刻如四書、十一經、史記、前後漢書、三國志、文選、王氏讀書雜志、漁洋山人古詩選皆先生手校，而於史記集解索隱正義一書考索尤深。己巳，晋撫開縣李公宗羲。以書招先生。書達，制軍馬端敏公公欲留先生書局，徑爲書謝之，而後以告。庚午，文正公再回任，逾年公薨，先生感知己凋謝，自顧衰老，屢辭書局，而歷任制軍若香山何公、璟。合肥張公樹聲。及開縣李公皆慰留甚堅。今傅相李公總督直隸，聞先生欲辭席，特寄言留行。而制軍李公詒書言己學問固遠不及曾、李，而欽佩之心未敢稽異，如不以爲不可共事務，請勉留。癸酉冬，先生歸志益切，以老固請，始得旋里。而川督盱眙吴公棠。新建尊經書院，及設書局於成都，以學使今粵督南皮張公之洞。言，介制軍李公來聘先生，爲書懇辭。方將謝絕一切，頤養精神，又值蘇撫固始吴公元炳。檄下各縣修輯志乘邑，令秀水金公福曾。造門敦請，迫於桑梓之誼，勉應之。光緒初，奉賢令蕭山韓公、佩金。華亭令襄陽楊公開第。亦相繼以志事來聘，及門錢子馨司馬議輯先世書目，留先生於郡城復園。丙子秋，子馨没，遺孤尚幼，爲處分其喪事而適聞姚孺人之訃，悲傷不能已，自是神氣稍衰矣。丁丑，子馨家屬遷回金山，以復園邀先生居，遂遷家焉。癸未，今學使少司馬瑞安黄公體芳。創建南菁書院於江陰。夏四月，按臨松江躬，延先生主講席。時先生足痿，艱於行，再三辭不獲。秋七月，赴江陰。冬十一月，旋里。足疾加甚，乃具者請退，不復出。甲申，長至痰火驟作，類中風，醫治少瘳。乙酉正月，復作，卒於復園。先生於書無所不覽，過目輒記，尤長於比勘，過疑義必反覆窮究，廣證旁引，以匯於通。往往發前人所未發，都碻不可易，具詳所著各書。今其已刊者，曰校刊史記集解索隱正義札記五卷，舒藝室隨筆六卷、續筆一卷、餘筆三卷，雜著甲編二卷、乙編二卷，賸稿一卷，詩存七卷，索笑詞二卷。其未刊而藏稿於家者，曰風縷餘蔬一卷，詩續存一卷，尺牘偶存一卷，湖樓校書記、雜記續記、蓮龕尋夢記、夢因録各一卷。其曰懷舊雜録者，具稿而未經編定者也。又嘗以漢魏以來古樂失傳，而古書之存於今者祇，滋後人聚訟。近世若王氏坦、凌氏廷堪、戴氏煦多所發明，然猶不免有所牽合。乃因端以考其器，數審其聲氣，以究古今之變異。作古今樂律考一書，顧尚之先生作殷曆考，所以申鄭氏一家之言。先生證之經傳，謂鄭氏誤執緯書及大傳之文，致召誥注破經從曆，而獨歆又損夏益周，移前五十七算，以求密合經文。爲作周初歲朔考以疏通之。二書經寇亂散佚，未及整比。復以世人論古文輒曰唐宋八家，不知唐之與宋，原委既殊，門户自別，豈可概論？乃選録元道州以下十八家之文爲唐十八家文録若干卷，以破唐宋八家之説之□願。蓋先生之學博大弘達，既以經學、小學曆算、樂曆立其本，泛濫以及其他，莫不洞悉源流，燭見幽隱，實事求是，由博以返約，勿肯苟於著述，亦勿囿於門户，溯以顧、江、戴、錢諸家而後，可謂集大成也。已然先生豐於學而嗇於境，少時疊遭大故，家屢空殆，人所難堪。自是客游日多，垂白歸來，又恒抱伯道之戚而先生不以是廢學，盤根錯節，厲志愈專，手一卷外無他嗜好，老而彌篤。此雖先生天性好學而百折不回，亦由養之者深也。先生體貌厚重，性端嚴沉默，寡言語，然接之極謙和。曾文正公謂爲有儒者氣象。嘗詒以楹帖，有多聞寡欲之語，實録也。江寧歸後，痛季弟文龍先卒，乃招其仲弟同居。白頭兄弟，一室怡然。於朋友傾城相款，有困乏者倒槖周助勿吝。苟有過直，言無隱。或疑其甚，則曰：「此吾所以酬知己也。」後進以文字質者，必指其涂徑，期之甚厚。其敦篤類如此，尤喜闡揚潛隱，見有纂述，可傳無論。識與不識，必竭蹶以謀之。婦翁姚堅香先生，前機。與其兄古然先生前樞。以詩詞名，而江陰繆少薇先生徵甲。者，詩友也。没後後人無力傳其稿，先生並爲刊之。顧尚之先生爲先生石交，著作等身，莫能任剞劂。先生爲謀於上海令，獨山莫公祥芝。俾爲刊布。顧先生算學獨絶今古，而名未及遠，及書出而顧先生之學遂大顯於天下。婁朱虞卿先生大韶。邃於經術，亦有遺書藏於家。會瀏陽李勉林觀察興鋭。屬先生刊有用書，先生選録其經義若干精校付梓人，於是承學之士乃知吾郡經師有朱先生。今學使黃公且以二先生書上之史館，將列傳儒林，亦藉先生表彰之力也。又顧先生嘗爲錢氏校刊素問、靈樞，復爲作校勘記二卷，板亦遭燬。是書自道藏本及明以來所刻率瞀亂，莫可究詰。顧先生覃績研思，續正其舛譌者數百條，先生歎爲精善。歸自江陰，取顧先生校本覆按之，又補正百餘條。思爲刊傳而卷帙繁重，未能舉。當病作時，猶手是書不置，此則先生未竟之志也。曩從文正公軍營於江寧，克復得保舉，以訓導選用。光緒初援例加州判銜。生於嘉慶戊辰五月二十九日，卒於光緒乙酉正月二十日，年七十有八。自姚孺人没，納妾倪，無出。二弟皆不娶。錫卣遺腹有一女，贅同邑附貢生王保如，生外曾孫孝曾，歸爲先生後。孝曾前殤，於是保如承先生意，復以慰曾來歸。二月二十七日，先生弟文豹扶先生柩歸葬於南匯長人鄉十七保二區十圖天字圩甲山庚。向先生自營之生壙。保如謂先生一生劬學，宜有碑表誄傳垂信於後。以萃祥習知先生行跡，屬爲狀，將以求作者。萃祥自甲戌春拜見於復園，客次，先生不以爲不可教時，誘掖之。迨遷居復園，朝夕走謁，奉教尤數。或旬日未至，輒手柬來呼，故於跡爲冣親。烏乎！先生已矣，萃祥質性駑下，於先生學行曾不能仰窺萬一，烏足以發先生之蘊？僅就平日所熟聞於先生者，竭其蕪淺，粗記梗概，冀備大人先生采擇焉。門人閔萃祥謹狀。

壬午春，世丈歔山先生以余集刻各家零種，出牧溪餘聲、庾辭偶存、俗語集對三種見授。頻年牽率人事，未克付梓，深抱歉懷。仿仲穀内姪來滬，述及搜羅先生遺稿，將以次剞劂，擬將此三種并閔君頤生録存記夢四則彙刊以行。此雖先生游戲之筆，非所經意，然亦手澤所留遺，不可以没。余嘉仲穀之志，爰誌其顛末如此。光緒十三年丁亥壯月當塗黄安謹識。

鼠壤餘蔬

鼠壤餘蔬一卷

五龍六甲説

説文：「戊，中宫也，象六甲，五龍相拘絞也。」段注：「六甲者，日有六甲是也。五龍者，五行也。」水經注引遁甲開山圖曰：「五龍見教，天皇被跡。」榮氏注云：「五龍治在五方，爲五行神。」惠氏讀説文記曰：「五龍，當是五子龍，辰也。辰有五子，故云。五龍又云五六，天地之中，故云六甲。」五龍相拘絞，按段、惠二家之説相同，然皆引而不發。今以其意推之，蓋即六十甲子也。以十干乘十二支，陰陽各從其偶，而干皆得六，支皆得五，故云拘絞，謂如索之兩股互絞也。五龍者，甲辰爲青龍，丙辰爲赤龍，戊辰爲黄龍，庚辰爲白龍，壬辰爲黑龍。戊在其中，故曰中宫。今術家有五虎、遁五鼠遁，謂年上起月，日上起時。蓋月起，寅日起子也。春秋繁露求雨法：「春起甲乙，用青龍；夏起丙丁，用赤龍；季夏起戊己，用黄龍；秋起庚辛，用白龍；冬起壬癸，用黑龍。」正與此合。許用術家之説以釋戊字之形，蓋亦坿會。六甲起甲子，其辰直戊故隸戊下。

答李邦黻

手復誦悉，仍教讀兼書記，猶以餘工事校訂，足見好學不倦。檀弓篇：「不知其墓。」鄭注絕句，以爲殯者是母。江慎修氏禮記訓義擇言謂宜連下爲十字句，則是父殯之所，未知孫氏何所承？竊意檀弓序事簡古明達，獨此但云「不知其墓」，於兩說皆勉彊，恐有脱誤，不敢妄斷。至先聖生年，公、穀皆係魯襄二十一年十月，下云：「庚子，孔子生。」陸氏公羊釋文云：「一本作十一月。」蓋所據本無此三字，而小司馬索隱於史記世家引公羊亦用其文，於是今本皆承之。其實當從穀梁傳衍此三字。是年九月庚戌朔，十月庚辰朔。經兩書日有食之，以授時術推之，九月朔入食限，十月朔不入食限，蓋比食皆誤也。庚辰朔則二十一日庚子矣。自此年下至哀十六年四月己丑孔子卒，正七十四年，江説是也。世家謂孔子生於襄二十二年，故每少一歲。索隱已言之。杜氏長術四月戊申朔，無己丑，以三統術推之，乃戊寅朔，則十二日己丑矣。凡春秋紀月，皆周正。十月二十一爲今八月二十一，四月十二爲今二月十二，其可考者如此。代逮年煙，好爲異説者，言人人殊特，特曆術以徵之，所謂孔庭摘要，名不雅馴，未知何人著述，所據何術也。升官之説，錢氏具矣。

送朱進士入都補殿試序

士櫜筆學爲時文，應童子試爲學官弟子，歷歲科校，領鄉薦以至成進士，皆不離時文。由是而内陟翰林部曹，外試郡縣吏，則無所事此矣。故論者以爲所習非所用，所用非所習。烏乎！豈其然哉？五經四子，皆聖賢之言，其所考辨皆聖賢之制度。凡時文所發揮，皆秉聖賢之理。昔見之於文，今施之於政，舉而措之耳。舍是焉有治道哉？蓋自積久敝生，人心苟且，於是有葺爲夾帶者，有擬題備豫以求倖獲者，此其所爲已岐言與行而二之矣。主試者乃設爲偏側，枯寂虚縮，搭截之題以杜其敝。而應試者則亦相尋於鼷鼠之角，而人心風俗，不可問矣。所習非所用，所用非所習，豈當時設立制藝之意哉？且國家功令，時文之外，又參以對策、試帖、律賦，究其敝亦無異時文。蓋選舉之無善法，自古如此，苟其知言行之不可背馳，即我平日所言行之於事，則時文即治譜耳。孟子曰：「行之而不著焉，習矣而不察焉，終身由之而不知其道者，衆也。」然則徒爲兒似雖誦堯之言，服堯之服，亦俳優耳。習於何有？用於何有哉？朱進士紫綬將入都門，補殿試，瀕行求言，予惟昌黎之告陳密曰：「子誦其文，則思其義。習其儀，則行其道。進士之於時文，老矣。其於聖賢之理，孰矣。盍亦出而試之？」故與昌黎之言以爲贈。光緒九年仲春之月。

琴律細草序

自來琴家每以首弦爲宫，此據慢角調而言也。我聖祖仁皇帝御製律吕正義始辨正之。以首弦爲倍徵，次倍羽，三弦爲宫，四商，五角，六正徵，七正羽。通州王坦著琴旨，反覆申明之，而寧國淩仲子猶曰是惟正宫調然。然則琴不當以正宫調爲主邪？無錫鄒敬甫先生精究琴理，著琴律細草一書，首揭七音清濁二數次，微分相距數，次七弦綸數，次弦度相生數，次弦度微分表，次泛音表，大端本琴旨，而剖析豪釐，推極其致。其謂三弦之三徽，十一徽，王氏以爲半半角出之遷就，聲究不相應。夫半半以下，其分愈密，辨之愈難。先生之神於聽可，知先生博綜群書，著述甚盛。遭寇散佚，僅此編存。華文學若谿欲梓之，以爲吉光片羽，因識其概。南匯張文虎。

徐古春耆舊詩存序

昔先外舅姚堅香先生嘗持論以交道，比詩謂交以見性，詩以言情，一言以蔽之，曰：「真交以真而久，詩以真而傳。」見所作熊露甦海棠巢詩序。誠哉是言也！蒙尤謂選詩與擇交無二致，蓋人之才質學問與其境地，吾既不能使之皆同，其見之詩，又豈能縣一格以相限？要之讀其人之詩，即若與其人聚處一室，言談議論，則詩之真可知也。不寧惟是。登山臨水則若與之共游歷也。升沉榮瘁則若與之共憂樂也。險阻艱難，則若與之共坎坷也。目擊心傷，拔劍起舞，則若與之共仰天。嗚嗚！感慨欲絶也。詩非一格，人非一境，而性情之流露，蓋有不自覺。其同歸一轍者，知此則可以論交，可以論詩已。予識徐君古春幾三十年矣。始君外姑陳孺人以苦節撫孤女，長成得君爲壻。君嗚大吏，請旌又述其事，邀當世題詠，因與君交。繼以寇亂，散處四方，蓋不相見者幾二十年。今予頹然衰老，君亦鬢髮斑矣。出其所輯耆舊詩存四十二卷，凡自少壯至老，足跡所至，其賢士大夫氣誼相厚者，胥具於是。曰：「吾非敢言選詩也。吾以存吾交道也。」視其目若熊丈雲客、顧丈偉人。及張筱峰、賈雲階、王菽畦、張夢龍諸君，皆相契有素。徐雪廬前輩則雲客筱峰所師事，平日言論每述之。徐芸峴、林雪巖、王韻甫則僅識一面，其餘雖未覿，然多有聞名者。今得一一讀其詩，亦如見其性情境地焉。蓋古春□爽肝膽，輪困其鍼刺名江湖間，而所至流連詩酒，篤於友誼，不徒以術著。此編之輯，以存友之真，亦以自存。讀者既見諸君之詩，則古春之爲人與其所以擇交者，亦可想也。今子孟夏古春將乘輪艘入都，寄此編屬序，倚裝以待。憶先外舅言，姑書之以復君。光緒八年正陽之月朔日丙辰，南匯愚弟張文虎拜撰。

南滙城魁星閣記

光緒辛巳秋，邑城重建魁星閣成，司事者曰：「是閣凡三遷矣，不可以無記。」大令新興顧侯，儒者也，尤勤勤於文教，謂文虎曰：「世人皆以魁爲文星，而其字從鬼斗，何與？」文虎曰：「説文斗部：『魁，羹斗也。從斗，鬼聲。』蓋魁者，盛羹之勺而爲之柄，以行斟北斗七星，以形似而得名。司馬貞引春秋緯云：『弟一至四爲魁，弟五至七爲標，合而爲斗。』標即杓也。後世復析七星，各異其名，蓋出道家玉篇。至移魁字於鬼部，以聲爲形，而魁字之本義遂失，疑非希馮之舊也。」曰：「戴匡之名見於史，後人崇祀文昌，遂象魁於文昌之上。議者以爲文昌六星，無與於文事。魁當爲奎，信乎？」曰：「此以奎壁相連。晋、隋兩志皆以壁爲文章之府，而類及之。宋林靈素遂謂蘇文忠爲奎星，然天官書云：『奎爲溝瀆。』晋隋志以奎爲天之武庫，則亦無與於文事。彼術士之言，又何足究哉？」然則魁閣之舉爲無施乎？曰：「斗之爲形，固兼魁與杓而言者也。天官書言斗爲帝車，運於中央，臨制四鄉。分陰陽，建四時，均五行，移節度，定諸紀，皆繫於斗。然則高高在上，爲衆星之綱維，而下士之所屬目昭昭矣。夫神必依形而立，目之所注，心亦至焉。心之所至，神亦在焉。今夫文章之切於人也，黼黻朝廷裁制，萬物奔走，天下馳騁，古今以爲風會之首。蓋人心精華之所發，上應於天象，則亦與北斗同，其樞機而安得無神，焉以依之？夫斗以時歷十二辰，惟其所指，此亦志文教者所宜效法也。」曰：「今象舉斗而曳其一，足固符七星矣。顧必狰獰其貌，何也？」曰：「道家之爲符籙也，或依其字，或放其形，蓋近於指事會意。魁之字，以聲配形，而今反之，亦猶是也。昔庖羲氏畫八卦，以象天地。雷、風、水、火、山、澤，述易者承之，蓋通其意，不必拘其形。譬立木而題爲主，各從乎人心之所存而已。」侯曰：「善哉！盍書之以爲記。」辭不獲命，乃序其問答如此。閣舊在惠南書院左，嘉慶間遷水東，道光間再遷思樂橋北，燬於粤寇。有欲改建城上者，侯命還建水東舊址云。里人張文虎記。

張氏祠堂記

古人之言曰：「遺子以金，不如積德。」夫德莫如孝，孝莫先於敬祖，敬祖莫先於祭祀。古者自大夫以迄官司皆有祖廟。廟數不同，其制繁重。後世易之以祠堂，視古爲簡，然貧者力不能舉，富者或又以它故牽率。噫！孝子不匱，其何以云？去邑治西北六十餘里，當邑二十保二十四啚有張氏，父曰廷華，子曰蘭臺，並早世。嫠皆沈氏，姑守節六十年，媳止六年。蘭臺子曰百純，既長，始欲規地建宗祠。無何，又以病没，而婦周復以節著學使者，旌其廬曰「節萃一門」，遠近偁之。周母念夫志未遂，日夜籌所以成之，矢勤矢儉，銖積寸絫。亦以勉其子洪欽曰：「毋忘汝父之志也。」洪欽以士庶無家廟之制稟於母，援籌餉例，由職銜請三代五品封典，於是經始於光緒六年十一月。越半載而竣，事奉高曾祖禰栗主入祠。母命議具祠規祭産，以垂永久。烏乎！張氏起寒族，不幸三世皆不得中壽。而其婦以節名，周母又竭蹶以成夫志，俾世世子孫，仰維祖德，不愆不忘，此其所遺，豈不遠且大哉！張氏三世，俱見於邑志矣。洪欽求記，建祠緣起，將以勒石爲識之如此。光緒九年孟夏之月張文虎撰。

南菁書院記

江陰踞江蘇各府州縣適中之地，督學使者駐節於此，舊有暨陽書院。餘姚盧學士召弓、武進李大令申耆先後主講席，流風餘韻，上下百年。今以吴季子故封，改曰「禮延」。然自寇亂以後，士族解散，兹雖規復制藝，以外匙治舊業。光緒七年，瑞安黄公來提督學政，喟然曰：「豈盧李兩先生之教澤止於斯乎？」既而科試一周，牽旨留任，乃集邑廉陳君，張、吴兩學師，紳士曹君而言曰：「士爲四民首，教民自士始，教士自讀書始。夫有士而不能教，官其地者之責也。上海亦一邑耳，而龍門書院獨放浙江詁經精舍，制士得在院肄業。經、史、古學、天文、算法，惟所習盍亦謀之僉。」曰：「唯唯。是宜先籌經費。」公曰：「我當爲倡矣。」於是群情喜悅，以次解囊。曹君慨任其事，然費猶不支，乃求助於侯相左公。左公如所請，遂卜地於城之中街，經始壬午之冬，落成癸未之秋，不數月間煥然畢備，請額。公曰：「南菁取『菁菁者莪』之意也。」是役也，自始至終，曹君實一人經理之，犂明抵工，嚮晦而去；一炊爨不需。公不告勞，不謝病，三月辛巳朔，天乃雨粟，在工之人競拾以相告。噫嘻！此何祥哉！蓋公之精誠與曹君之專壹，相爲感召，而此間之士習民風將日以轉也。予因是爲諸生勖矣。夫德行粟菽也，經訓菑畬也，百家諸子所以善此粟菽者也。俗好則稂莠耳。苟盡力於粟菽，以要於成，而勿爲稂莠所奪。他時爲豐年玉，爲凶年穀，是天所以雨粟之意，而公之所以期多士也。虎老悖，承公諄命，尸師席，謹記其略如此。光緒九年八月。

南菁書院崇祀漢高密鄭氏宋新安朱子粟主記

南菁書院既成，黄公以爲士多枵腹，既責以讀書，而使之自備，微特寒士不能也。乃檄江左右、浙江、湖南北、山東諸書局，彙所刻書藏之中樓，而秩祀漢高密鄭氏、宋新安朱子粟主焉。或曰：「漢儒之學，訓詁名物；宋儒之學，性命義理。且兩朝之儒亦衆矣，何獨祀兩賢？」曰：「賢者著書，啓迪後人，各從其詣。力所至不能，以己徇人，亦不能彊人從己。且漢宋兩朝，著述之多，孰有如二賢者？今各路所調書，咸備於是，有出於訓詁、名物、性命義理者乎？夫高密博極群書，無論已。新安於百家雜説無不究其指歸，晚年定儀禮經傳通解，一以高密爲主，然則其學已匯於同，而訩訩者猶彊辨之，多見其不知量矣。」公於是以七月之吉，率在事諸人安位於藏書之樓而釋奠焉。華亭閔萃祥爲之文曰：

通天地人，是曰大儒。自漢及宋，惟鄭與朱。以言載道，聖經斯作。有經以來，説者紛錯。曰若二公，大道之宗。距千百年，一以貫通。鄭公雍雍，深思獨運。奉道而東，諸經作訓。闡幽抉隱，典禮備陳。非惟經師，實經之神。訓詁何明，明夫義理。推而廣之，吾朱夫子。遐哉鹿洞，遺教炳如。至道之藴，乃泄無餘。二公之學，增冰積。水睫見若，殊心傳一。撰降及後世，學者涂歧。曰漢曰宋，甚相詆娸。門户之見，遂成枘鑿。夫豈二公，道心所度。語曰君子，和而不同。二公有焉，日月齊功。上下千古，縱横八極。光暉所燭，無間陋仄。惟我暨陽，僻處海壖。遺風可溯，季子之鄉。卜地惟靈，講堂聿立。南國之薑，群焉薈集。於鑠二公，尚其來臨。粟主煌煌，奠厥樓岑。清酌載申，馨香既薦。公靈髣髴，牖我邦彦。

記樗棗

説文：「樗，棗也。」文選子虛賦：「樝梨樗栗。」善注引説文曰：「樗，棗，似柹而小。名曰樗。」南都賦：「樗棗若榴。」注用説文曰：「樗棗似楔。」段注据之以補説解，而謂即爾雅釋木之遵羊棗。又云：「曾見其樹葉似柹而不似棗，其實似柹而小，如指頭。」郝注爾雅説亦同。案予昔居張涇堰時，有遺予盆樹者，其木灌生，葉似棗，花似柹，而微香。俗名玉浄瓶，取其花形略似耳。然未見結實。比居復園東齋，前有此樹，歲歲作花，凡六度矣。今忽結實五枚，似枸杞子，稍大，其蒂、其膚、其核、其氣味儼然柹也，豈即樗棗邪？然其葉絶不類柹，與段所見不合。郭景純謂羊棗，實紫黑色，今亦不然，則亦非遵。又兩賦注同引説文，而一云名曰「楔」，一云似楔，未知孰是？然樗楔如同物異名，則當云「一名楔」，不當云「名曰楔」，疑南都賦爲近，然則樗特似楔，非即楔也。

朱伯泉大令家傳

公諱大源，字義卿，伯泉其自號也。世籍婁縣。曾祖諱秀文，廣西柳州州判；祖諱履吉，貴州施秉縣知縣，崇祀雲間孝悌祠；父諱光綸，字檢齋，候選州吏目。公少好學，應童子試，三冠軍，爲博士弟子，中嘉慶戊寅恩科順天舉人。大挑以知縣分發陝西，值回逆張格爾滋事，奉檄奔命，朝夕不遑。事平，署富平縣，調署佛坪廳，再調長武，兼署白沙。長武有田姓婦，刲肝啖姑，中大憲旌其閭，常周恤之。白沙俗多溺女，諄諭止之。所至寬猛並濟民，相勸。道光十二年題補麟遊，丁繼母沈艱服，除補安塞。安塞山城如斗，衙署八九間，民戶蕭索，無市肆。徒步抵任，問民疾苦，曰：「邑患豺虎，然莫如水厄之甚。城圍萬山中，如在井底，九月下雪，三月乃消。值大雨，奔騰而下，不可禦。健者跳山顛幸免，遲則胥漂没矣。或五六年，或七八年，必一遇，故民率不願城居。膺是選者輒以策遷任去。」公聞之惻然，乃周歷山谷間，揆度形勢。東北一帶多土阜，鳩工疏鑿，引水分泄。明年五月大雨，水四出旁注，免於厄。又捐貲增築城垣，俾之高厚，堅其門闕，環以叢竹，豺虎之患亦息。民喜而還聚，漸以成市。於是修葺黌宫，旁增齋廡，令士子居以講習，五日爲期，朔望則督同學官恭講聖諭，民風丕變。上游重之，鄰邑安定，亦瘠缺也。同郡殷瑞，誤接虧空，以憂死。府委公代理，爲之彌補官銀，而護其喪出山。適奉調闈，差安定令劉君攝安塞，覺民情大遠於安定，訪之父老，乃知公治之善，曰：「是吾師也。」遂與公定交。公任安塞三年，將遷蒲城，民哭泣挽留者千餘人，壯者或至百里外。公曰：「勤爾孝悌，力田是即，不忘我矣。徒遠送何爲邪？」蒲城多盜，盜案輒歷數十年未結，謂之「刀匪」。其首曰王敢鳴，聚衆，屯井家堡，堡界蒲城、富平、臨潼、渭南四邑間。井族中落多房舍，匪强佔之，圍以堅牆，備火器，外掘濠溝。大吏嘗飭四邑會捕，不得近。大户皆與匪往來以自保。巡撫議移兵以剿，公言於布政使陶公廷杰曰：「民受刀匪累久，用剿則更塗炭，請寬以圖之。」公出見帶刀者二人，於道呵之，不遜命，勇縛之。供爲刀匪，鞫以諸案，反覆屢變乃置之獄。廉得其母，賞之酒肉，命勸子實指匪首所在。不肯言，母密告其處。公僕韓確者多力而沉摯，乃授以方略。僞販玉器者往投之，漸相狎。時十月城中某集敢鳴方踞刀，噉麥餅，呼確旁坐。確解呈所佩小刀，亦請觀其刀問價。方談笑間，出不意削其臏。敢鳴躍起相搏，當是時，觀者千百人，敢鳴攫一人以揮衆，衆辟易。確又乘間創其臂，營兵坌集，公亦帶徒役至，匪黨不敢救，遂擒以歸。民歡呼額慶，曰：「此方可安枕矣。」敢鳴自知必死，所犯皆承公，諭匪黨亟解散，納兵器，悔罪自新，否則稟大府請兵殲之。翌日，下鄉迎者絡驛於道，曰：「小民受害二十餘年，今得見天日，公之賜也。」公曰：「匪徒盡乎？」曰：「皆散去，願爲良民。」公曰：「然則限十日内各完本年地漕銀無缺，歷年所負，當爲爾請上游緩徵之。」民崩角叩首，皆如約事上。憲司請以王敢鳴當地斬，猶以案重疊命解省會。而敢鳴傷處蛆生，晝夜叫號，治以藥水，乃益甚，筋肉且盡，首及四肢皆自脱落，人以爲天誅也。乃尸市一日，埋之。邑有賣餅兒，年十五，以索餅錢爲十三歲女子刀傷死。前任諭抵公察其情，有可原請緩之。後遇赦得免。其爲政慈祥公溥，事無大小，必坐大堂，任民觀聽，民呼朱大堂。王文格公方居憂，聞而賢之，命子弟來問業。邑文士請列門牆者二十餘人。

治蒲三載，調寶雞，未幾復回蒲。上游方議保商州，而聞檢齋公訃，一慟幾絶，亟禀府請代。時道光二十三年也。離家五千里，囊橐蕭然，富民争相賻贈，無所受。惟及門則弗卻。然貧乏者反遺之。隆冬沍寒，正月大雪，祖道者前後相屬，伏謝之而已。四月抵清江，已病矣。徒步奔里門，哭不成聲。繼以血曰爲貧，而仕仍無以養，何以生爲？將從吾父於地下耳。淹忽至八月，醫者曰：「哀感傷中，殆不可爲。」竟卒。蓋公除沈孺人喪，即欲告終養。檢齋公弗許，勉赴陜，凡十三年，不遂其志。而公弟虞欽公先一年卒，至是適期痛父之没。又痛其弟哀，不期毁而至於毁，豈非天哉？嗣星衡虞飲，公長子。

朱虞欽學博家傳

學博，伯泉大令母弟也，諱大韶，字仲鈞，别號虞欽。七歲誦大學，五日而畢，塾師陸君明睿奇之。十四應童子試，即前列。遭母金喪，哀毁骨立。師陸君老父檢齋公自課之，與兄同入學。時家已中落，客授於外，日莫歸讀，必半夜，寒暑無間。逾年以優行貢成均館，京師資脩脯以養親。嘉慶己卯北闈，舉經魁。族人漕督爲弼延課其子，兼助校閲所拔士，衆論翕然，競執贄門下。兩試禮部，滿薦仍遺，乃棄制舉業，研究經訓。道光六年，大挑，銓懷遠教諭，任半載，以繼母沈喪歸。懷遠紳士請主真儒書院，整飭規條，務敦實學。濠泗聞化焉。陶公廷杰本鄉試房師也，延課子弟，意甚摯勉。就之。比二年，陶升甘泉，遂以親老辭。是時公年未五十，而鬚髮盡白，慨然決意以著書終老。會績谿胡户部培翬、涇縣朱贊善珔皆以經學鳴東南，主雲間、紫陽講席，相與往還論議，然各自以爲弗如。二十四年，銓補江寧教諭，未抵任，以病卒，年五十四。子星衡，國學生，嗣大令後；星龍，府學，廩膳生。公性端厚，好奬借人材，有片善口之，不置爲文。淵懿鴻博，意在兩漢。間治經，宗高郵王氏，以形聲、訓詁、引申、假借，通古人所闕。尤孰精三禮，凡大小典禮，古今傳譌者，爲之反覆辨證，不苟同，不苟異，務要於至塙。名其所居曰「實事求是之齋」，知公者以爲克副其偁。撰述既繁，費重尟能謀剞劂者。粵寇竄松，播遷散佚。比肅清後彙所存，僅得題經説者，周易一卷、尚書二卷、毛詩三卷、春秋左氏傳三卷；題講義者，尚書二卷、毛詩一卷、禮記二卷、春秋禮徵十卷、經字釋春秋左氏傳各一卷，皆多塗抹改竄，或重複錯見，殘脱斷爛，惟題經義者八卷最爲完善，似經寫定，蓋總攬精華而歸一編，凡辨證典禮者均萃焉。其弟五卷猶有别出，大同小異，今夫著書立説，豈無疑義？非一時所能定，必積以歲月，廣徵往籍，旁質通人，或纍易稿而後得乎？心之所安，職是故也，而成書之後，齎志没地，不幸遇刀兵水火之厄，或存或亡，或雖存而殘闕，出以問世，冥然無所惜，以爲無當於利禄。哀哉！公没後四十年，星衡以公遺書示南匯張文虎，文虎寫其辨證典禮者四十五篇，會長沙李觀察興鋭求刊有用書，因請授之梓，而其餘仍藏於家。

黄小園先生傳

小園先生，江寧人也。兄弟三人，先生其季，幼與伯仲相友愛，伯早故。先生喜讀書，工詩，通岐黄家言。以術養親，親先後没，喪葬盡禮。咸豐三年，粤賊竄江寧，挈全家避難句曲山，恃醫爲活。既而賊又至，乃復奔逃，展轉千里，止上海。遠近聞其善醫，争就之，無貧富饋遺不與較，來延者必往赴，日夜未嘗息。尤耽吟好客，客至則張飲，飲必盡醉，縱談今古，輒記以詩。嘗曰：「醫術吾未之敢信，有誚吾詩者，吾必與辨論之。」然卒未有誚者。先生又善書畫，求書畫者與求診者恒雜沓於坐，不以爲忤。每然燭夜作以應之。同治三年，伯嫂仲兄及婦洪相繼没，連舉三殯，心力頗瘁。而粤賊久據金陵，故鄉戚友播遷告匱者不時至，恒力助之，撫諸從子女，以養以教以婚嫁，務令得所。有姊偕壻老矣，奉養如兄。及其没殯斂不苟。有二故人子，窮無所歸，假之館，導之醫，數年成業。其奬厲後進，娓娓不倦。先生處己以約，而襟懷曠達，雖其門如市，而不名一錢。光緒四年年，五十有六，正月十二日以疾卒，弔者無不墮淚，道路間亦多悼歎者。先生姓黄，諱鐸，字子宣，小園其别自號也。子文琛，諸生；文珪，傳其醫。

于充甫家傳

吾里于氏，蓋出浙江明少保忠肅公之族。世讀書好善，具郡邑志。予友充甫，諱爾大，一字沖甫，兼園公之孫，恬齋先生子也。始能言，父書字教之，輒識不忘。年十七，入邑庠，旋食餼。歲科試，每冠軍，文譽騰一郡，長者皆曰：「是不可量。」君益自奮厲，而棘闈屢屈，僅以道光癸卯優行叙貢。有司三舉孝廉方正，皆力辭。君用心鋭自制藝以外，詩賦、文詞、八法、篆刻必凝思極其致，以是善病。恬齋先生兄弟相繼没，又以寇亂毁家播遷中落，遂絶意進取，閉門不與聞外事。然君性忳摯，遇義不可卻者。苟諾之必殫其心力。當道光二十九年水災議振，坐小舟遍各鄉核飢口，泥塗往返，餘兩月，未嘗言苦。咸豐三年，憲行民團，夜必巡視，執大旗繞一鎮。身素弱，或請代，弗許，曰：「吾恤吾勞，誰當勞者？」會匪盧大和擾鄉里，其戚某素不坿盧，有仇誣之曰：「盧贜皆在某家。」官捕某，君曰：「某果黨盧，吾不能救，不黨盧，官不能殺。盍視其家贜惡在邪？」某卒賴以免。同治間，當事議修邑志，屬君分纂水利、田賦、户口。君據欽志、胡志、陸學淵副志及今成案鉤稽勘合，忘昏旦，有所疑逢人輒詢。而於水利尤精審，支港分合，必求其起止方向，今昔同異，及其所經之橋梁，舟楫所至，登岸聯其題字，訪問鄉人及行路者以證所見聞。

嚴寒雨雪弗爲意，勞倍於采訪。迨書成，而論者以爲君所纂於全書爲冣密，其於讀書行己皆審慎不苟如此。君既多病，未廷試，以優貢生卒，年六十一，遺命以敝衣斂，誡諸靡費。子某，孫某。

張文虎曰：予與充甫聞名越四十年，比始相接，以志事同在局，商搉問答，每服其詳慎。然予之重君不獨此。君爲人端而和，廉而不劌，不以己所能陵人，不以人所不能恕己，庶幾益友。孰謂其遽忽忽以逝邪？君從子㦤方從事爾雅、説文之學，立志甚高，於君之没悲感靡已。予知其必能效君之爲人也已。

錢賓之傳

錢君諱培名，賓之其字，别號夢花。先世由奉賢遷金山，其所居在秦山之西南，爲邑鉅族，以好善名鄉里。父熙經，尤醇謹，諸生候選訓導。君少勤讀，爲制舉文，能守先正矩矱。俗尚譁囂，弗屑也。中歲父没，遂屏棄舊業，發家藏書讀之。先是，族父熙祚校刊守山閣叢書及指海，訓導嘗佐搜求，謂古今書宜刊者尚多，欲繼爲之。病不果，以勖君。君以質之同里顧觀光、南匯張文虎，乃輯爲小萬卷樓叢書，不以時代門户限，務歸於實用。書尾輒跋其著書條理，及得書始末，以識緣起。或札記其失誤，猶熙祚書體例也。會粵寇内竄，據金陵，且南侵。土匪乘釁竊發，不得安其居，事遂寢。就所刊成者編之，僅得十七種。萬卷樓者，舊藏書之所，時君以祖居隘，人衆不能容，遷居張涇堰，故自别曰「小」云。訓導初娶張氏生君；繼娶雷，舅雷户部文瑋，從軍熱河，得君書以爲能，承先志盛偁之。君既以寇難蕩析離居。及歸，書板無復存，每咄咄不樂數年。文虎自金陵書局返，亟商之而重刊焉。曰：「吾幾無可以告吾父，今則免矣。」是時君居松隱，多病且老，命其子重葺張涇堰屋，曰：「亟遷之。」遷不日而没，年六十有五。援例候補縣丞，晋四品銜，诰封中憲大夫。娶張，先没；子銘庚，光禄寺署正銜候選詹事府主簿；孫二：潤邕，潤卣。

何子青廣文述

昔屈大夫懷抱忠潔，爲上官所讒，不能自申，遂作懷沙賦，自沉於汨羅，以死。論者謂不若柳下惠，不以袒裼裸裎爲浼，援而止之而止。蓋柳下不恭近於狂，而屈子不屑，不潔，其狷者與？往我友楊長年示我以其鄉何君自溺事，乃喟然歎曰：「此與屈子事雖不同，而其立志豈異也哉？」何君諱忠萬，字蜀州，號子青，世上元人。少有至性，母胡病篤，刲股和藥以進，遂瘳。

人曰「孝感」。讀書嗜楚辭，每聲淚俱下，異代相契，則已鍾於性矣。咸豐九年中順天舉人，父以翰林臺科外任陜安兵備道，方以捻匪擾，練兵集餉，簿書填委。君侍左右，口授筆書，無所滯。巡撫劉蓉器異之。會父没，歸服闋，大挑以知縣用，請改教職，選宿遷。嚴於義利之辨，而待人以恕。餉生者素任書院，事廉潔不私。而爲人所齮齕。君爲雪之。振荒必親歷窮檐，使無虚澤。整飭學規，以求實效。總督沈文肅公、學、使林天麟入告，賜國子監學正，學録銜。於是忌者中以鄙事萋菲迴遹，使若無故，然而顛倒其際。俗吏又持之久不得白，君憤甚，恒鬱鬱，乃請咨會試。既報罷，乘輪艘歸至吴淞，夜自沉。光緒六年五月也。烏乎！懷沙之賦云：「冤結紆軫兮，離慜之長鞠。」此君之所與屈子同其憂者也。而能以皓皓之白，受世俗之温蠖乎？夫死生亦大矣。或輕於鴻毛，或重於泰山，惟有志之士則以爲人之泰山，我之鴻毛，人之鴻毛，我之泰山。蓋其立志有出於死生之外者，彼悠悠之是非，不敵蒯首之一吷矣。君少喜楚辭，卒同其趣，同人哀其志，私祀於屈子祠，從而歌詠其事。楊君之詩曰：「世間澒涊忘羞恥，正坐可死可無死。惟有一死輕如毛，其重乃與泰山比。」烏乎！其真能知君哉！君生三子，俱殤。以兄子澤宗嗣。

皇清勅贈儒林郎翰林院庶吉士加二級前翰林院庶吉士山西靈石縣知縣顧公墓表

公姓顧氏，諱夔，初名恒，字荃士，號卿裳，陳黄門侍郎希馮公後也。世居華亭，明有吉安州學正諱汝紳者爲公八世祖；祖諱鳳池；考諱上林，皆勅贈文林郎。祖妣儲氏、王氏，妣許氏、姚氏、范氏，皆贈孺人。公年十六，補諸生。嘉慶癸酉，舉鄉薦。明年考取咸安宫教習，期滿以教職用，選授安徽宣城縣教諭。道光丙戌，成進士，改翰林院庶吉士。當嘉慶間，長洲王惕甫教諭方以詩文提唱風雅，郡城諸名士結爲泖東詩社。公年冣少，□焉。教諭驚其才，謂當繼青浦王侍郎。癸未會試，額溢，見遺。總裁湯文端公招致門下，至是衆望之屬，益於公厚而。己丑散館，授山西靈石縣，皆以爲戚。座師蔣相國、王文恪公亦深惜之。後乃聞公政聲大起，則相顧曰：「賢者信不可測邪？」公之治靈石也，邑民好訟，公清釐積案，多爲解散，風日以厚。有訟弟欺己者，公諭之曰：「汝年逾六十，尚有兄幸也。吾兩兄早世，一弟隔三千里，欲暫見不可得。汝兄弟朝夕面，吾甚羨，汝柰何棄之？令弟前呼兄。」初不應，久之弟，雨泣，呼不成聲，兄亦涕出，各叩頭謝去。或訟叔逋多金，察之非逋，而有隱情焉。金則實昔所許，而後靳之。訟久不決，乃斷以半。不承而浼人進五百金，公怒，斥之而以金予訟者。瓜田農夜被殺，得屍於井，讞之其人，無妻子而有族子三。公視其一有異色，鞫之不服，乃訹以好語，則叩頭曰：「祖父本有隙，宿不相能。是夜往貸，叔不應而罵，繼相搏，復取鐮刀斫，因奪刀殺叔，而棄屍於井也。」是役也，不刑而得囚，僉以爲神。邑並汾河右，山水猝發，護城石堤壞，田廬漂没。公捐廉，倡築隄，復完餘資，授商收息爲續修費，民稱顧公隄。楊威將軍出塞，有悍卒强索民物不與，毆民瀕死。公聞馳馬擒之，白統領扣留懲治，自是過境兵無敢譁者。邑舊無書院，課生徒於署，飲食教誨之，翕然信從。貢生杜某，願出千金創建書院，公喜，益募勸，已籍萬金，幾成矣，而以調省不果。蓋道光十三年大旱，關北尤甚。邑不産米，上流遏糴，市價騰涌，公首割俸銀爲富民倡捐，擇廉能者買米洪洞，分路平糶，極貧者振之。州牧議欲設粥廠，公力陳山民散處，艱於就食，拂其意。牒大府，詰責令繳所捐。公言山縣無米，遏糴致貴之，由以邑人救邑荒，官未嘗收其捐，安所得繳？且繳於何所？反覆千言，大府無辭而怒滋甚，遂檄撤任赴省。公堅請歸養，不許。在省困甚，民争饋銀米以濟。會河東道之任過靈石，民羅跪遮道求還賢令，閱四月回任，歡迎者相次，有九旬老農獻卮酒爲壽，嘻然如稚子之投慈母也。是歲九月，奉范太孺人諱抵家，哀毁骨立，力疾營葬。於是誓墓不復出，課徒自給，絶跡公庭垂十七年。自以早年失怙，諱日輒流涕。既遠宦晋省，不克迎母，常鬱鬱。兩兄皆諸生，卌無子，爲立後。心乾貧甚，以其少子爲嗣，各爲其子女治婚嫁。

力搆祖塋丙舍，修葺宗祠，或至質貸，篤於故舊，不以死生間。主講金山大觀書院，授掖寒畯，士論肅然。道光二十九年，大水，饑，當事設振局。邑令數造請，責以鄉誼，不得已任事。核實汰浮，不私豪髮。先有某紳者在局，至是託疾去。明年春新令至，某紳復出，公亦辭振事而專任鹿盧轉運。鹿盧轉運者，增價和糴而減糶之也。於是市價漸平，民無乏食。有不獲與事者，布譨言，請追折價。公忿甚，詣省治自陳，得疾歸，卒年六十有一。烏乎！公以高才降心吏治，跡其爲政，亦可謂學道愛人矣。退居里門，始末自守，君子哉！自古救荒無善策，在得其人。施粥祇宜城市，然攙夾和水，百敝叢出。山鄉散僻，更非所逮。若夫不肖鄉士以有事爲利藪，一人盡瘁，衆目覬覦，滔滔皆是。公之入仕與其居鄉，兩厄於救荒，世事之不足爲如此。公娶吴孺人、張孺人，皆無所出。嗣子元文，早卒。其後王孺人生子蓮，自課之。十歲而公没。蓮，光緒庚辰進士，翰林院庶吉士，加二級，請贈公如其官。孫某。公所著有城北草堂詩詞稿。光緒九年七月南匯張文虎頓首撰。

皇清誥封中議大夫甘肅候補知府階州直隸州知州加三級竹齋顧公墓表

周禮大司徒以六行興賢曰孝友睦姻任恤，此即中庸所謂庸行也，而君子之道，不外乎是。

孟子曰：「一鄉之善士，斯友一鄉之善士。」夫論士於一鄉，隘矣，而使一鄉之人從而化之，由是以及一國天下，不已遠乎？鄉飲酒記曰：「君子尊讓則不争，絜敬則不慢。不慢不争，則遠於鬥辨矣。不鬥辨則無暴亂之禍矣。」民入孝出弟，尊長養老，而後成教。教成而後國可安也。故孔子曰：「吾觀於鄉，而知王道之易易也。」今古禮不行，争慢成俗，君子恒以爲世道憂。雖然，非無人焉，特上之人無以興行耳。距郡城東五里而近地屬華亭曰華陽橋，市肆所集也。有顧氏者多讀書好善，其先蓋自南匯之大團遷於此，遂籍華亭，至是六傳矣。曰竹齋公者，諱岱，字景堃；祖宗海公，貤贈中議大夫；考岐鳴公，贈中議大夫。以耿直負氣得疾卒，公年僅十五，慟甚，欲以身殉。母贈淑人馮諭之，乃銜痛終喪。於是棄儒治生，馮淑人以勤儉佐之。凡三十餘年，家漸以充而馮淑人没。公每述淑人苦節告諸子，而格於例不得請旌，未嘗不痛哭也。公雖無意仕進而好聚書，篝燈讀史，輒深夜不寐。與人談歷代故事，纍纍如指掌。尤好岐黄家言，遇通醫，質疑問難，講論丹丸，君臣佐使，修合施病者，每有奇效，遠近賴之。任里黨公事必力。濬鹽鐵塘，所治獨深，而工且速，人咸偁善。歲饑，倡振，無向隅者。族戚貧者，有事必曲成之。朋友素識告貸，靡弗應。烏乎！視古所謂孝友睦姻任恤者何如乎？昔孔子射於矍相之圃，使公罔之，裘揚觶而語曰：「幼壯孝弟，耆耋好禮，修身以俟死者在此位。」又使序點揚觶而語曰：「好學不倦，好禮不變，旄期偁道，不亂者在此位。」於是堵牆之衆，勵有存者，公於斯時庶幾其選矣。

公性嗜酒，然慎持之，未嘗過量。體素健，遭粵匪之亂，往來遷徙以病没，同治元年正月二十四日也。其生以嘉慶十一年閏六月十四日，年五十有八。時寇氛猶熾，即以二十六日祔葬於邑三十七保一區呂九啚。昃字圩，宗海公之穆位，公以子超貴，覃恩誥封中讓大夫、甘肅候補知府，階州直隸州知州，加三級。配許氏、周氏，皆誥贈淑人，莊氏誥封太淑人，同祔葬焉。子超，甘肅候補知府，階州直隸州、知州，加三級，許出；錫藩議，叙八品銜瀛，華亭附貢生，分省補用鹽大使，周出，錫用幼殤；潮，藍瓴，指分浙江候補知州。女二，長適同知銜侯增杰，次適婁學生嚴曾禧，俱莊出。孫二，爾福，六品銜，藍瓴候補鹽大使，超出；爾承，潮出；孫女三，曾孫一，奎文曾孫女一，俱幼。公以長者偁於鄉而不逢興賢之舉，又不得期頤之壽，人以爲缺望，於法宜銘，而葬且久。超以狀來辭，不獲命，爲之表其墓以示來者。

誥封朝議大夫晉封通奉大夫顧公墓誌銘

按狀：顧公諱鍾秀，字惠松，别號筠庭，世籍松江，華亭人。祖銓臣，贈儒林郎，議叙布政司、經歷，配周氏，贈安人；父鴻，贈通奉大夫，配陳氏，側室倪氏，並贈夫人。公幼沉静勤學，八歲遭生母倪夫人喪，哀痛如成人。父以得子遲，且喪優，恤之。每侯父卧，復起默誦。應邑試冠軍，而父又没，陳太夫人命治家事，遂廢舉業。生無它嗜好，好讀書，樂善不倦，睦姻任恤，不以有無爲辭。族有争公産者，公推己所宜得以均分之。訟以息，有司嘉其義。里黨公事，必竭心力。城東北鄧涇河爲出浦江諸水要渠，疏濬不如法，每易淤塞。公與同志任其費，躬蚤晚視工，力祛宿獘，役者踊躍，工速竣而善。河有圮冢，當孔道，衆議去之。公曰：「惡乎！可自購木築固而廣河左岸曲繞之，舟行無礙。」夜夢古衣冠人來謝。凡公之施於鄉里者如此。研究易理，因推之於火珠林三式，堪輿五行，叢辰建除之類，而能觀其會通。當咸豐間，陳太夫人高年病没，喪禮畢，汲汲治葬，俗以爲速。已而有粵匪之亂，公曰：「庶幾免乎命。」全家遷避中渡橋以東，果無患。同治初，丁夫人没，公擇地以葬，遂營生壙。或曰：「盍求三元不敗之地？」公曰：「地理即天道也，吾無德，不足以及此。苟免於水泉地風螻蟻幸矣。」自古選擇之家龐雜淆亂，惟欽定協紀辨方能折衷一是，而俗人不解其意，仍多拘泥。公爲之批卻導窾，糾正其謬，成選擇正宗一書，風行於世，蠲吉者便之。此公之神明於術，而不爲其所蔽也。公患瘋二十餘年，忽痊可，方以爲喜，而飲食驟減，食則必嘔。醫曰：「脾胃大傷，慮不可治。」時翰在部曹璜恐甚，公曰：「無益也。吾正月三日筮得鼎之旅，吾限不能過六月，其爲吾治後事，吾親檢視之。」如是十餘日，仍呼翰子爾梅講解四子書，勖以爲人之道，如平時。既而謂璜曰：「吾素不信佛事，於聖賢書雖不能力行，亦不敢背。六十年如一日，無待誦經懺悔，惟禮言無故不役，則不特節費，且以養福。盍移此二端以振饑饉，其勉之。」言訖，起坐呼茗，飲一杯遂逝。其於死生之際，從容如此，蓋有得於易理，而非出入於二氏之説可知矣。公生於嘉慶二十年十月二十八日，卒於光緒五年五月二十八日，年六十有五，議叙布政司經歷。以子翰璜官誥封朝議大夫，晋封通奉大夫。配丁氏，誥封恭人，晋贈夫人。子翰，五品銜户部雲南司主事，加一級。次錫，三幼殤。次璜，浙江補用同知，加五級。孫爾梅。以光緒六年十一月初八日葬公於華邑，三十七保一區吕六圖冬字圩新吁，其地與日皆公所自擇也。光緒初，文虎嘗一見公，知公議論行事。後又與翰、璜交，今以狀來求銘，辭不獲命，謹序其概而銘之曰：

惟天道，即地理，人事乘除孰綱紀。能知之一而已，持家保身以永祀，治易之功有如此。

陳曾夔墓碣

寶山陳同甫有令子曾夔，未冠而殤，以狀求誌，意甚哀，乃誌之曰：曾夔甫學語，即能認字，積四月得五千餘。四歲誦四子書即上口。五歲病瘧，幾殆，母亡恃父，顧復弱不好弄，獨端坐視群兒嬉。出語輒中理。十歲入塾，師授以唐人詩，每解悟，篝燈夜讀忘睡。稍長，讀通鑑，録其文異者爲日記。顧家日益落，常代父憂。年十七，項生核潰比，斂而病愈。深脾泄鼻衄間作，恐傷父心，猶自諱背。輒啼泣，蓋自知不起矣。臨危屬其姊弟以善侍父，含淚而没。生同治四年正月二十七日，卒光緒八年九月十九日，年十有八。同甫曰：「兒於群從兄弟和而敬，事余十餘年，寒不先衣，飢不先食。將没，火其平生所作，若不欲余之增悲者。」烏乎！慘矣！

湖樓校書記

湖樓校書記

西湖孤山之麓有法駕行宫，其左爲文瀾閣，儲欽定四庫全書。乾隆四十九年奉上諭，如有願讀中秘書者，許其陸續領出，廣爲傳寫，蓋高宗純皇帝嘉惠士林之意至深厚也。道光乙未，錢雪枝通守以校刊叢書，約同人游西泠，同行者顧尚之、李蘭垞及予與雪枝、鱸香昆季凡五人。十月初四日。午刻，由秦山解維。戌刻至平湖，泊舟東湖，霜露既零，寒飈刺骨，星光萬點，蕩漾波中，遥望鸚䳇洲等處，糢糊不可辨，視惟聞櫓聲人語而已。　初五日，寅刻，放舟過新豐，巳初過九里亭。午刻抵嘉興，髡柳摇秋，平波映日，過鴛湖，不俄頃耳。申刻過斗門，亥刻泊石門灣。　初六日。寅刻，放舟。卯刻，過石門。未刻，至增栖鎮，屬仁和縣，其水舊通錢塘江，蓋南江之下流也。酉刻，抵北新關，宿舟關外。　初七日。辰刻，入關，泊錢塘門外。尚之以足疾不能行，予偕雪枝等訪，即山寓所於湖隄之高柳莊。時即山與休寧，周翁同寓。午刻，同人呼舟至湧金門入城，由吴山出清波門，游净慈寺。時值皇太后千秋節，陳設甚盛，游人蟻聚，殊覺喧囂，仍刺船回復，偕即山鱸香、蘭垞、周翁游昭慶寺，再入錢塘門，歷滿洲駐防營，南出湧金門歸。夜飯回船宿。　初八日。辰刻，至即山寓，飯後與同人入城，覓寓不定。申刻，偕即山、鱸香、周翁沿白隄而西過斷橋，歷錦帶橋，晴波萬頃，秋煙渺然。緑樹青山，左右圍繞，不啻身在畫圖。由聖因寺過西泠橋至栖霞嶺，下拜岳忠武墓。墓東即廟，扇巍顯翼，規模弘肅。日暮回仍宿舟中。

初九日。辰刻，偕蘭坨由羊角埂至即山寓。雪枝定寓於即山寓之北，不數武門前即西子湖。隄邊楊柳數樹頗高大，想見緑陰無祭。時與煙波競媚其上，爲樓與斷橋斜對，北望寶石、葛嶺諸山，西望五雲、南屏，南望鳳皇山山圍，樹複隱隱相接，啓窗憑眺，湖山真在尊俎間寓中。自同舟五人外，添即山及周翁共七人。午刻，偕鱸香游大佛寺。鑿石爲佛，僅半身，高二丈許，故寺以大佛名，山亦隨之。佛身右有泉曰「沁雪」。由寺而西訪瑪瑙寺，廢井積垣，僅存故址。遂沿葛嶺復西登棲霞嶺，歷香山洞，洞有香山泉，從石竇滴瀝而下。進訪紫雲洞，洞在嶺巔，嵌空玲瓏，蓋天工而佐以人巧者。啜茗坐片刻，循山徑而右訪棲霞洞，洞殊淺狹，不足觀，遜紫雲多矣。下山沿湖隄訪蘇小墓，墓在西泠橋側。過橋沿白隄，訪六一泉，殘甃荒涼，落葉滿水面，爲之歎息。入詁經精舍，敬禮許、鄭二先儒木主，井石刻高密像。而退取道登孤山，訪放鶴亭，背山面湖，人跡罕至，四圍梅樹數百株，皆後人補植，縱横繚繞，惜不遇著花時也。酉刻，歸新寓宿。　初十日。午刻，入錢塘門。申刻，出城。　十一日。午刻，入城。申刻，歸。　十二日。午刻，偕鱸香入錢塘門，由清河坊登吴山，憩觀潮亭。天陰欲雨，風葉滿山，望錢塘江煙濤漫天，殊可駭愕。

下山出鳳山門，南至萬松嶺下。夕陽欲落，山風颼飀，不及登。沿南屏山麓至淨慈寺，覓度不得，由清波門至湧金門。天漸昏黑，叢林古墓，絶無行人，惟聞山鳥驚噪。足力告疲，倍值呼渡而歸。　十三日。午刻，偕鱸香沿葛嶺下游鳳林寺，供設香花，纖塵不染，真清修道場也。還過西泠橋，由孤山背復游放鶴亭，謁林處士祠。祠上爲集居閣，處士居息處也。祠南即處士墓，梅花繞塔，想見當日風流。過小石橋，仍沿山徑而東，謁白公祠。出訪故水仙王廟，廟今名蓮池庵。平池古樹，結構頗雅。日晚遂歸。是夕，夢至孤山，恍惚得一絶云：「放鶴亭西小閣東，平橋流水夕陽紅。梅花萬樹失歸路，獨立亂山寒翠中。」　十四日。偕同人至文瀾閣。假山雜樹，進徑幽奇。閣凡三層，各五間，冣下層中置圖書集成，左右皆經部。次上層周圍而凹，其南爲史部。冣上層則子部、集部。其書函以香楠，首刻籤題。經飾以緑，史以朱子，以藍，集以淺絳。每册之護葉如之。閣之後爲宫園，樓臺亭榭，碧瓦朱甍，與山林相倚。登四照亭，湖光山色，都在眉睫。下舟復拜岳忠武墳，又南游金沙港、放生池諸勝，薄暮歸。同人分校諸書，予校宋鄧名世古今姓氏書辨證六卷。　十五日。校古今姓氏書辨證十二卷。仁和孫詒堂來襄理校書。　十六日。偕同人呼舟至靈隱山，由茅家埠登陸，凡二里許。松杉夾徑，左右脩篁，山路屈曲，彌望皆危峰。皎嶺黛色，參天松鼬，上下聞拍手聲，倏忽驚竄。有怪峰倒懸，面面都刻佛像，即飛來峰也。百竅玲瓏，神斤鬼斧，是爲龍泓洞。出洞而北過石橋山，光飛舞秀，挹眉宇有二亭，東曰「來瀑」，西即「泠泉亭」，正對飛來峰。中隔一澗，泉聲淙淙，從峰腰涓滴入澗，潺湲不絶。佇聽片時，心骨都冷。入雲林寺，寺僧導游補梅軒、守山樓及靈隱書藏。藏額爲今相國儀徵阮宫保所書。宫保撫浙時，嘗捨書於此，後人踵之，書積漸多，然大抵近人著撰耳。寺之後即北高峰，其西爲天竺山，而去韜光尤近，惜日暮不及往，出山登舟，微雨初霽，晚煙滿湖，回寓已上燈矣。燈下校古今姓氏書辨證三卷。　十七日。校古今姓氏書辨證十一卷。　十八日。偕同人由石塔頭訪德生庵，庵即宋放生池遺址。西登葛嶺，訪葛仙庵，庵在嶺巔，寮房曲折，頗極幽勝。庵外有煉丹井，問初陽臺，僅故址耳。坐抱樸山房，啜茗小憩而歸。　十九日。偕同人至文瀾閣，出拜朱文公祠。歸燈下校胡渭易圖明辨五卷。　二十日。校易圖明辨五卷、明何良臣陣紀四卷、明陳士元易象鉤解四卷、唐段安節樂府雜録一卷。　二十一日。校吴陸璣草木蟲魚疏二卷、宋鄭克折獄龜鑑十卷、唐李涪資暇集三卷、宋黄朝英靖康緗素雜記十卷、宋趙善易説二卷、周尉繚子五卷。　二十二日。校易説二卷、明戚繼光練兵實紀十五卷、元李翀日聞録一卷。　二十三日。校宋孔平仲珩璜新論四卷、元黄溍日損齋筆記一卷、宋朱彧萍洲可談二卷、元熊朋來瑟譜一卷。　二十四日。校瑟譜五卷。覆校練兵實紀九卷。　二十五日。校元魯明善農桑撮要二卷、宋蕭常續後漢書十二卷。　二十六日。校續後漢書十七卷。是日雪枝偕即山解維先歸。　二十七日。校續後漢書五卷。是日得小疾，累日不快。　二十八日。校續後漢書七卷。二十九日。校續後漢書五卷，又音義四卷。三十日。校江永儀禮釋宫增注一卷，儀禮釋例一卷，數學補論、歲實消長，辨恒氣注歷辨各一卷。十一月初一日。校江永中西合法擬草一卷、算賸一卷、正弧三角疏論一卷、紀容舒唐韻考二卷。詒堂有吴門之行。初二日。校唐韻考三卷、宋朱子參同契考異一卷，即託名空同道士鄒訢者。初三日。校唐翟曇悉達開元占經六卷。初四日。偕鱸香蘭坨入城，由湧金門歷吴山沿城至靈芝寺。寺爲錢武肅王所創，其右爲柳浪聞鶯，其左即表忠觀。殿宇宏肅，東廡有蘇文忠碑，碑共四石，已泐數字。其貯西廡者八石，乃明人重刻，失故步矣。由祠而北過古聽水亭，稍東拜柳洲二賢祠。二賢者，端木氏、及仲氏也。由祠北經蓮覺寺歸。校開元占經十卷。初五日。偕鱸香、蘭坨、周翁晨起，由北山路西南經九里松凡十五里重游飛來峰。復西南至天竺山，約三里。冣下者曰法淨寺，次曰法忍寺；冣上者曰法喜寺，所謂三天竺者也。法喜據山之半，衆峰環抱，寮房以百計，武林香火此爲極盛。大殿右爲如意池，泉曰夢泉寺，後奇峰古樹互相虧蔽。下山已向午矣。遂由迴龍亭登郎當嶺，嶺高數百丈，徑絶險狹，人跡所不至。同人鼓勇直上，數步輒坐，憩萬山雜沓，四無炊煙。下臨絶澗，俯視膽慄，攀陟五里，餘始至其巔。有望仙亭，老僧揖客，啜茶相顧，皆汗流足胝。坐半晌，由亭折而東里，餘曰碧松亭。又東三里許竹樹森然，曰天門。自此下山五六里，一路泉聲，隨人曲折。東望五雲，蔚然森秀，緣以長林。山半有樵夫荷擔而下，細路侵雲，頗形彳亍。經梅家塢而東南，曰三聚亭，蓋北至天竺，南至梵村，東至雲棲，拔名三聚云。于是日在虞淵，四山煙合，徑東趨雲棲，夾道修篁。間以雜樹，鶯簧幽胞，恍惚暮春。半里許由洗心亭投寺，寺在回曜峰下，香花法雨，山色泉聲，恐俗僧未必能領略耳。寺左有蓮池塔院，蓋其開山祖。同人瞻禮片刻。是夕即宿寺中。初六日。晨起，偕同人登五雲山。山高數百丈，多竹樹，橡栗滿地，且行且拾，幾忘路之遠近。朝暾初上，煙霧迷茫，約五里至真際寺。寺在山頂，爲伏虎禪師所創，由寺稍下折，而東南半里爲伏虎亭，望長江在足下矣。五六里許至錢塘江，微風不動，江波如鏡。江中諸山秀挹襟袖。沿江口而東北去六和塔，不及三里耳。又東北歷九溪十八澗，清泉夾路，渡以亂石。松杉繞徑，翠陰叢密，仰望懸厓，漆蘿交絡。左顧五雲，右挹大慈，沿山皆茶，高僅二尺許。白花碧葉，高下掩映，彌望無際。凡四五里至理安寺，箬庵大師所創也。有法雨泉，從石罅涓滴而下，清可鑑髮。由丈室而上，㝡上層爲松巔閣，群山朝拱，一一可數。坐片刻，出寺東北二三里，循楊梅嶺至清脩寺，訪煙霞洞。洞窈而深，石作花蕊，狀復有下垂若鍾乳者，其上即煙霞嶺也。洞之外有象鼻巖，以形似得名。由寺而下，其東爲南高峰。寺之下稍西爲水樂洞，流泉淙淙，泠然可聽，顧昏黑不能深入。由洞而東三四里，曰石屋嶺，嶺下曰石屋洞。洞之右有小洞，明孫雪居分□刻「虛谷」二字，其上復有一洞，頗寬廓，可容數百石。洞左有淳熙六年，陳襄、蘇頌等四人題名。其左亦有一小洞，題曰「石別院」。出洞東三四里，又西謁于忠肅公祠。及墓其旁即法相寺，日暮不及往。徑趨蘇隄，循六橋，取道孤山路而歸。初七日。偕鱸香等入城，即歸校宋何博士備論一卷、開元占經五卷。初八日。校開元占經五卷。申刻。偕鱸香由寶石山後陟山巔，游寶叔寺。寺久廢，僅存一隅耳。然隨山結搆，殿閣高低，長林蓊翳，叢竹扶疏。時有一片湖光蕩漾，于几席之上坐久聞急雨颼颼，則風葉聲也。寺後爲寶叔塔，塔西舊有來鳳亭，今毁。有落星石爲錢武肅王所封，見五代史吴越世家。賛山名寶石，以此其西有四巨石，互相倚合，刻曰「合壁石」。旁有峭壁，下臨深澗，竹樹森翠，時起炊煙仙境也。路絶不可通，遂止下山歸寓。是夕，校宋程公説春秋分記三卷。初九日。校春秋分記十四卷。初十日。秦山舟至，鱸香以事先歸。申刻，偕蘭垞，周翁送鱸香至松木場。登舟歸游棋盤山，山有峭壁。峭壁下有方池，緑蘋鋪水，境頗幽勝，惜少樹木耳。回寓，與蘭垞周竹所散步湖上，入壚頭，小飲歸。二君沉醉，予亦半醺矣。十一日。校春秋分記二十九卷。十二日。校春秋分記十六卷、宋陳舜俞廬山記三卷、釋慧遠廬山記略一卷、明鄧玉函奇器圖説三卷、王徵諸器圖説一卷。十三日。校春秋分記三卷、黄中松詩疑辨證一卷、無名氏越史略三卷。十四日。校春秋分記六卷、元馮福京大德昌國州志七卷、紀容舒玉臺新詠考異七卷。十五日。校玉臺新詠考異三卷、唐道士李沖昭南嶽小録一卷、朱余允文尊孟辨續辨别録六卷、宋陳叔方潁川語小二卷、吴玉搢别雅一卷。詒堂自吴門歸至寓。十六日。微雪即止。校别雅三卷、春秋分記三卷。十七日。大雪，一白無邊，衆山若失，全湖形勝都在空濛窅靄中。有二人策騎登斷橋，馬蹄蹇滯，良久始過。湖水盧奴迥異。向日孤篷載雪，屹若不動，過午稍止。紅樓翠閣，高下粲然，葛嶺諸山，隱見樵路。千林霧淞，朗似列眉，唯孤山以外渺不可辨。回望寶石，則翠堵波如玉樹臨風矣。校任啓運宫室考二卷、梅文鼎中西經星同異考一卷、明姚虞嶺海輿圖一卷、宋無名氏京口耆舊傳五卷。十八日。殘雪半消，暎日增耀，遠峰迭出，恍如玉山。校京口耆舊傳四卷、春秋分記七卷、王坦琴旨一卷。朔風頗厲，寒氣森峭，同伴皆生歸思。十九日。校正坦琴旨一卷、春秋分記一卷、王懋竑朱子年譜三卷。湖上本寒，樓居尤甚，呵凍舐墨，十指如椎。是日所抄書皆集。二十日。天陰微雪，寒煙彌望，於是湖水皆凍矣。行船打冰硿窿不絶，校春秋分記八卷，徐庭垣春秋管窺十二卷，校書事竣。二十一日。校宋孔平仲續世説，此書凡十二卷，未經四庫收録，見於阮儀徵華經室外集。世無刊本，傳寫多譌，無從是正。閣本曾慥類説第三十一卷，甄録續世説凡四十五條，以校今本，多所訂補。其「江南李景造高樓」一節，應入箴規類。今本脱去，藉以補入，曾在南宋時類説所引，今多散佚，惜不能一一取校，亦一憾云。

二十二日繳清閣本。未刻，秦山船至。申刻偕周翁入城，戌刻偕詒堂回寓。二十三日。辰刻，偕竹所、詒堂、蘭垞等入城。巳刻，偕蘭垞出湧金門，回寓。甲刻，偕竹所、尚之、蘭垞湖上小飲。酉刻，獨循湖隄散步，由昭慶寺後登寶石山。夕照半殷，林煙闇靄。下山遇蘭垞，偕回。戌刻，偕同人至松木場，登舟。　二十四日。辰刻，解維。巳刻，過關。酉刻，至塘西，宿舟。　二十五日。宿石門灣。孤篷聽雨，殊不勝懷。　二十六日。午刻，至嘉興。天雨泥濘，不能登岸。戌刻，過平湖。是夜泊廣成塘。　二十七日。申刻，抵秦山。此行客西湖者幾二月，湖山勝概，略見一班，惟韜光、龍井、虎跑諸處未及。一游倉卒，回舟不無怏怏，後期可踐。定，不食盟，山靈有知，當亦首肯。

餘記

湖樓在白隄之東，大閘口南數步，舊爲文昌宫，供奉文星。後賣爲民房，上下八間，面湖背街，前樓中間爲校書處，點筆之餘頗適憑眺。

湖樓最近者爲寶石、寶稷、葛嶺諸山，次則孤山，又次則南屏山，其餘以次斷遠，望之無極。起東北至西南，勾環相接，竟無罅隙。而渟然一碧萬頃，圍其中者西湖也。每當曉霧半收，朝旭初上，晴翠絢焕，瀲波映之，若美人臨鏡，膏沐未施，尚餘睡態，其嫵媚殆不可名。樓故而西，夕照尤妙。萬山欲暝，游船漸歸，金輪如盤，半切峰項。朱霞映水滿湖，皆作濃赭色，而雷峰塔亭亭獨立，宛塗丹雘。少則晚煙隱隱，天漸昏黑，數星燈火尸閃湖中，蒼茫之景，爲之一變。

湖煙四合，密雨跳珠。西望孤山，煙樹模糊，僅堪約略。餘山漸遠，漸不可辨至南北。二高峰如天末微雲，慘淡欲滅。襄陽潑墨，恐難妙肖。近攬寶石嶙峋如故，□寶叔塔半入煙霧中，若隱若現，若滅若藏，隨晦明爲變態。雨湖之景，梗概可知。

月湖必泛舟方可領略，顧畏風露，未及一游。然當銀蟾照水，寒煙滿湖，群山渺茫，欸乃間起，一星鐙火，蕩漾無際，輒神往於瓜皮艇子間。

湖多野鶩，群浮水面，動以百計，人船近輒拍拍驚起。若乃殘宵夢覺，疏雨敲窗，咿軋數聲，離懷縹緲，瀟湘間鴈倣佛似之。

湖上諸山，率多松竹雜樹。若得丹楓烏臼點綴於斷橋殘雪間，當令荆關撫掌。

湖水清可見底，財二尺許。湖船率高篷平底，頗不便利，以水淺故耳。外湖自湧金至錢塘，半多淤塞，後湖亦有涸成平陸者。内湖則葑草連天，僅通舟楫耳。然六橋以東，一泓清淺，盛夏不竭，沿湖居民類以食息。忽有錢某者，倡議濬湖，開閘放水，漁船數十漂泊湖中，命曰「打撈泥草」，幾市月矣。湖流日淺，湖水日濁，曾無埤益，而飲食兹濁者已受其累。紈袴兒强作解事，真可齒冷。顧問之居人，則云：「向來濬湖成例如此。」坡老有知，當爲水仙扼腕。

杭人佞佛，無論老少，往往持數珠奉齋，朝夕喃喃誦佛號。至有華冠盛服，燕釵蟬鬢，膜拜於髠奴之前者，有平日錙銖必較，而獨願作水陸，廣施捨以供諸髠奴浪費者。而諸髠奴巧飾故事，衒人耳目，如法喜之蒙泉鑿石爲龍頭，謂投錢入其口，可卜吉凶；浄慈之運水井置椿井中，謂爲顛僧遺跡。此類不一而足。又如天竺禮佛，謂心不專則不能上山。鄉愚受其蠱惑，士大夫亦從而坿會之。嗚呼！所謂眼前地獄者，此其是矣。

道濟不知果有其人否？淨慈寺有其肉身，高不滿二尺，漆而供之，欲視者輸錢數文。嗚呼！其假邪？固不足辨其真邪？骨肉不歸于土，而遺骸遭漆身之苦，以爲奸僧牌販夷狄之教也，成佛作祖之道也。

俗禮祭埽率，在清明。杭人則以三月十月兩舉，冥鏹食榼，纍纍於道，頗見其敦本之意。又杭俗樸實，男女服飾大都雅素，一切器物，亦不甚精巧，此二端大勝蘇松。

名勝之處，輒作奉佛道場最可恨者。鷲峰靈秀，由於諸山，乃面面劖刻佛像，幾無完石。煙霞洞深邃奥峭，而自洞口至底悉刻千官塔、十八阿羅漢及吕洞賓像，其他石罅無一處無佛像者。一片佳山水，遭此塗毒，可勝歎息。

西湖爲游人聚集之所，或埽墓，或禮佛，或清游。自春徂秋，殆無虚日，至冬則寥落無人矣。校書之役，適以斯時。至樓下抄胥日三十餘人，予等居樓中，坐對湖山，日事鉛槧，夜則燈火熒然。波誦之聲，半夜未輟，信爲此湖别開生面，質之山靈，當亦歎得未曾有。

四庫全書乾隆間諸儒臣編纂，校訂精審，與外間行本迥異。然文瀾閣本字經再寫，間多譌脱，又有數事與提要不合者。如程大昌禹貢論，通志堂本闕山川、地理圖三十一。提要云：「今據永樂大典補其二十八。」而今祇有論五卷，後論一卷，仍無圖。梅文鼎大統曆志，提要本十七卷，而今祇四卷。利瑪竇乾坤體義，提要本二卷，云：「下卷乃論邊線面積、平圜楕圓互相容較之法。」而今有上中下三卷，上中二卷與提要所言上卷同，下卷則全録李之藻圜容較義，一字不易。應劭風俗通義十卷之外，提要云：「依永樂大典補氏姓篇一卷坿後。」而今衹十卷。顔之推還冤志據提要係三卷，云：「始自周宣王杜伯。」而今衹一卷，亦無杜伯事。文子二卷，提要云：「凡十二篇。」而今分二十餘篇。紀容舒玉臺新詠考異，提要有「據永樂大典校正」案語，而今本並無。又如無名氏昭忠録單鍔吴中水利書等，皆與提要相違。此予所見者，其他正恐不少不知何故。

任啓運宫室考，簡明目録十三卷，閣本二卷，蓋目録之訛。又江永儀禮釋例一卷，本入存目，今坿儀禮釋宫增注之後，而提要絶不言及。知閣本與簡提要均不能一一相符。

陳應潤周易爻變義藴，簡明目録四卷，提要亦同，今閣本八卷，「義藴」作「易藴」，然篇目相同，頗不可解。

南懷仁坤輿圖説二卷，與艾儒略職方外紀大半相同，惟下卷物産諸圖爲外紀所無。據上卷首篇當有地球總圖，今本無有，不知是四庫原本如此否？

是役也，校書者五人，顧尚之、錢即山、鱸香、孫詒堂及予；繪圖一人李蘭垞；計字一人周翁司；收發二人錢塘周竹所、休寧孫某；抄胥在寓者三十餘人，在外者十餘人，凡四十餘人。除就校書八十餘種外，凡抄書六十一種：

周易爻變易藴八卷元陳慶潤。
尚書注考一卷明陳泰交。
三家詩拾遺十卷范家相。
詩疑辨證六卷黄中松。
儀禮釋宫譜增注一卷江永。
儀禮釋例一卷同上。
宫室考二卷任啓運。
春秋分記九十卷宋程公説。
左氏釋二卷明馮時可。
春秋管窺十二卷徐庭垣。
春秋長曆十卷陳厚程。
導孟辨三卷續録二卷别録一卷宋余允文。
律吕新論二卷江永。
琴旨二卷王坦。
别雅五卷吴玉搢。

説文繫傳考異四卷汪憲。

唐韻考五卷紀容舒。

革除逸史二卷明朱睦㮮。

左史諫草一卷宋吕午。

朱子年譜四卷，考異四卷，坿録二卷王懋竑。

京口耆舊傳九卷不著撰人名氏。

越史略三卷同上。

大德昌國州圖志七卷元馮祠京。

嶺海輿圖一卷明姚虞。

河防通議二卷元沙克什。

浙西水利書三卷明姚文灝。

南嶽小録一卷唐道士李沖昭。

廬山記三卷，坿廬山紀略一卷宋陳聖俞。

河朔訪古記二卷元納新。

島夷志略一卷元汪大淵。

坤輿圖説二卷西洋南懷仁。
七國考十四卷明董説。
金石林時地考二卷明趙均。
求古録一卷顧炎武。
來齋金石考三卷林侗。
嵩陽石刻集記二卷葉封。
辨惑編四卷元謝應芳。
何博士備論一卷宋何去非。
衛濟寶書二卷東軒居士。
脈訣刊誤二卷，坿録一卷元戴啓宗。
天步真原一卷薛鳳祚譯。
天學會通一卷同上。
中西經星同異考一卷梅文鼏。
算學八卷，續一卷江永。
數學九章十八卷宋秦九韶。

唐開元占經一百二十卷唐瞿曇悉達。

書訣一卷明豐坊。

繪事微言三卷明唐志契。

近事會元五卷宋李上交。

坦齋通編一卷宋邢凱。

潁川語小二卷宋陳助。

愛日齋叢鈔五卷不著撰人名氏。

樵香小記二卷何琇。

研山齋雜記二卷不著撰人名氏。

大唐傳載一卷同上。

賈氏談録一卷宋張洎。

陰符經考異一卷宋朱子。

參同契考異一卷同上。

玉臺新詠考異十卷紀容舒。

觀林詩話一卷宋吴聿。

脩詞鑒衡二卷宋王構。

右凡四百二十六卷，別抄二種。

鄧析子一卷周鄧析。

新儀象法要五卷宋蘇頌。

右凡六卷，通上計四百三十二卷，始十月二十日，止十一月十九日。

西泠續記

西泠續記

己亥春，鱸香擬續西泠之游。且渡江謁禹陵，訪蘭亭，西登富春山，游七里瀧而還，邀同往會。予以事不果。秋八月，始定行。鱸香挈周翁及一僕阿喜凡四人。六日午刻發船，經廊下村。予回井眉居，整行裝。時外舅堅香先生客松陵，久不得書，作詩寄詢。遂登舟。申刻，過明珠庵，夕陽漸低初月乍上，暝煙壓水，平波淼然。兩岸豆棚瓜蔓，間以桑林，較東鄉又一風景。戌刻，泊東湖。

寄堅香先生客松陵

白蘋紅蓼滿鶯湖，高會聯吟似舊無。丙申秋，先生客松陵，移歸吴。莅岑諸君飲餞于鶯湖，頗極文酒之興。杖履平安詩骨健，尺書珍重鴈程孤。登樓極目愁王粲，蠟屐狂游羡阮孚。計日樵風趁歸櫂，平波臺畔唤提壺。

七日。曉發。午刻，過新豐。未刻，抵嘉興。四更泊雙橋。八日。黎明放舟。辰刻至石門灣登岸，小步市北，有關壯繆廟，僧房繚曲，鴨腳一樹，劇蒼古回舟。未刻，過石門，自禾興而西，桑柘稠密，人民樸野，頗近古風。惟漸染杭俗，男婦佞佛，扁舟結伴，絡繹湖中，口誦佛號，持麥稿一束，數而記之云，以渡亡鬼，甚可怪也。午刻，抵塘栖。九日。卯發，微風徐送，朝日半升。湖上諸山，參差雜出，若立若坐，若凝思若含笑，當訝，似曾相識也。巳刻，進北新關。午刻，抵棕木場，由羊角埂至昭慶寺。時值省試，湖邊更無隙地，容閒人賃居。寺僧爲定廡於緑野精舍。按西湖游覽志稱：「宋錢惟演別墅有緑野堂，後并入昭慶寺。」即此地也。久別西湖，殆如飢渴，急循白隄過段家橋，柳陰如幄，披拂多情，爲前游所未及。望湖亭故十景之一，歲久湮廢丁酉重脩，復拓其東爲帥公祠，氣象一新。殘荷數朵，掩暎於朱闌碧檻中，有數人高坐論詩，一末坐者云：「西湖詩無可作，因誦坡公『水光山色』二句」云。只此已盡。後來者儘可閣筆一座，皆唯唯。予竊以爲知言。出至聖因寺，卻返。入壚頭，小飲，食物殊劣。山水窟中未免清苦，豈可與虎阜平山堂平等視邪？ 十日。入錢塘門，至貢院。前值應試者出場，肩輿雜沓，不得前小憩。積書堂書肆得影宋抄銅壺漏箭圖及準齋心製几漏式二種，合一册，皆未經四庫全書收録。近惟昭文張氏愛日精廬藏書志著其目，儀器之製，至今日已極精巧，然存此亦足備好古者參考，固可與蘇子容新儀象法要並傳，不得以其筌蹄而忽之也。緣街而南至吴山，坐觀潮亭啜茗。南登第一峰，萬家闤闠如紋在掌。江波不動，環帶其外，北望龕赭，若斷若續；南望隔江諸山，迤邐而平，人煙蔀屋，隱隱可見湖水一泓，暎照其西。群山起伏，若星羅棋布，俛視則長林絶壑，一緑無際。武林形勝，皆在指顧間。山頂横石作坎卦，形蓋以厭火德者，俗謂八卦石。西北稍下，即大觀臺，僅存基址。西趨七寶山，由三茅觀前西南過雲居寺，巖岫竹木，並極幽秀。經洗心閣北出清波門，沿湖行有周元公祠，前後蒔菡萏清氣，掃人襟袂。經南屏山麓入慧日禪師塔院。禪師，唐人僧，俗相傳爲阿彌陀佛後身。西人浄慈寺前殿，石香爐高三尺許，古質可愛。欵有「至正」年號，或云即法雲寺辟塵鑪。大繆大殿前雙井猶存，冣後爲宗敬堂，即供濟師肉身處。堂後則慧日峰矣。出寺，登雷峰，憩黄妃塔下，天風四來，砭人肌骨。下山過藕花書院，荒穢不可入。西百步，訪小有天園，破屋數楹，荆榛蘩雜。稍進，過小石橋，廢井頹垣，游屐所不至，而松篁蔥翠，巖竇玲瓏，實南山勝地，司馬温公摩厓碑、米元章琴臺皆在其處。惜蒿萊晻翳，石磴僝絶，途窮而返。山半有幽居洞，解衣捫石，匍匐而入，上覆片石，如檐洞，寬二尺許，長不及丈。右尖如螺，左有徑可通山頂。出洞西折，而下爲汪壑庵祠，自圜而西北循蘇公隄，兩岸栽桑，間以雜樹，内湖幾平陸矣。遍六橋道、葛嶺、寶雲諸山麓回寓。　十一日。船回，寄家書一通。巳刻，由白隄至聖因寺，前周竹所邀詣。

文瀾閣晤績溪胡竹村農部培翬。小敘，出徑孤山背，游魚潑剌，荷風送香，憇放鶴亭，謁林處士祠。欲登巢居閣，則爲濬湖工人住宿。晝常下鑰，冤哉！處士祠南爲宋徐忠節祠，祠西稍下有石壁，即歲寒巖。尋東坡題字，莓苔駁蝕，半不可辨。東穿楳花嶼，樹石蒼翠，孤山之景，當以斯地爲冣。出復繞湖隄而西，經西泠橋弔蘇小墓。西而南過玉帶橋，至金沙港，殘荷寥落，藥桂未花，興盡而返。北謁岳忠武廟及墓，遇毛林，居三人，皆會稽應試者。結伴登棲霞嶺，道烏石峰，下沿桃溪，歷香山洞至紫雲洞，固舊游地也。同人坐閣上，遍誨紹興諸勝，不甚了了，一笑而罷。再進爲雲岫庵，庵後絶壑，脩篁萬个，高下無際。予戲名之曰「竹海」。其上鶴林道，院壁嵌「飛來野鶴」四字，左行筆意飛舞，傳是呂仙降乩。書院後即金鼓洞，出院數武四山，若盂窪然而虛其中。壞屋荆扉，藤蘿環遶，三客以寓遠辭歸，予與鱸香傴僂入，有兩道士，老且瘠若病鶴。相與問答，語不可解，以筆談知地爲嬾雲窩。循窩而東南，螺旋百折，行亂山中，森林蓁竹，幾於迷路。卻東北行，趨埽帚塢，訪護國禪寺，坐居士堂，壁間有覺阿上人，書舊作三絶句。覺公久無耗，讀此如見故人。自塢而東，躡葛嶺、寶石諸山背而回，月出東南矣。十二日。至武林門十間園訪王丈，不遇。還出錢塘門，沿北山路閒步，綠波青嶂，不計路之遠近。登寶石山，入彌勒院，院在大佛寺右，蓋宋十三間樓舊地。東坡守杭日，每治事於此樓，久廢。近郡人瞿世瑛重葺，凡三楹，雜樹當窗，面臨後湖，與孤山斜對。院後即寶叔寺，時聞平湖陳東塘錦。暨胡蓮江乙照。寓院倩住，僧心源上人導候。及見，則陳乃東塘從子少筠以清。也。蓮江亦在關中，止晤其尊甫、貢材二君，皆素未識面，略談而別。晚偕鱸香湖隄步月，煙霧蒙朧，群峰隱約，絶無游船而頗饒冷趣，爲佇立久之。　十三日。呼舟至放生池，所謂三潭印月也。自德生堂至飛泳亭，紅闌屈曲，半已圮壞，較乙未來時似更寥落。據西湖游覽志，放生亭在寶石山麓，有德生堂、飛泳亭。今德生庵是其遺址，此則非故步也。移舟抵小麥嶺，訪花港觀魚，西經三台嶺謁于忠肅祠。又西至穎秀塢，草木幽妍，進徑繚曲，入法相寺。寺僧軼三頗知詩，善談論，導游宗慧堂。又曰竹閣，蓋火燬重建，混二爲一。閣之左曰補竹軒，軒側大悲閣，閣前皆竹，緑陰入户，好山當窗真清涼世界。山頂有定光庵，爲長耳禪師成佛處。由庵左旋有錫丈泉，僅一綫出石間，大旱不竭。迤邐下山，則與筲箕泉合。寺僧及村民食用皆恃此。午後由錢糧司嶺而南，又三里爲三間屋，又名隱涼庵。又三里至虎跑寺，衆峰環抱，兩行杉木皆數尋，澗聲泠泠，自樹根曲折而下，倚山一亭曰含暉，陰森獨絶。過石橋，有萬年藤二株，半死半生，奇古不可名狀。入前殿，而右有亭，亭後峭壁，奇樹倒懸，蒙密不見天日。松鼠跳□，窸窣不絶，水從壁罅出，涓滴成潭。亭下即虎跑泉井，瀹茗試之，清洌而甘，固當爲諸泉冠。滿泛一甌，能浮出甌，而分餘不溢。水性之厚可知。出寺而南，歷樵歌嶺，襲慶寺，在其下有真珠泉，故俗呼真珠寺，今寺傾毁，泉亦以石甃，殊未見異。夕陽欲下，秋□□□，暮山蒼蒼。流泉送客，尋亦山埠而出。　十四日。移寓彌勒院，下榻十三間樓之側，日晦。偕計蒼厓游寶叔寺，西至智果寺，寺既圮廢。尋所謂參寥泉者，殊濁不中飲。遂登葛嶺，憇葛仙庵。庵本屬智果寺，寺廢後庵乃以仙名。西稍下爲赤壁庵，庵前石壁下有池，蓄金魚數十頭，殘葉偶墮，則群聚而唼。下山之昭慶寺，男婦執香，頂禮佛、菩薩、阿羅漢諸天聖。衆前蹲踞前後殿，喃喃念「阿彌陀佛」幾數百人，遠者通夕不去。婦人翦紅紙作裙，書姓氏，伺香燭紙錁焚寺前。橋上云造陰福，蓋歲以爲常習俗可笑如此。

移寓彌勒院十三間樓

一席蓮龕許暫同，置身真在畫圖中。十三間廢今陳跡，七百年前此寓公。無恙湖光仍瀲灩，有情山色自空濛。開窗看放孤山鶴，萬古逋仙共髯翁。

十五日。朗鑑上人偕沿北山隄，游小輞川，爲王氏別墅。據西湖志，小輞川在葛嶺下，爲少詹事邵遠年別墅，玆特襲其名耳。西爲毓秀庵，屋小如舟，而頗精潔。又西至閑地庵，瀕湖爲静觀堂，堂上有樓，正對放鶴亭，敞朗足資吟眺。其右爲梁薌林，相國丙舍曰「葛林園」，即古招賢寺也。寺前有池曰蒙泉。又西由延祥觀西折而北，至鳳林寺，爲烏窠禪師道場，遺像猶存。後有君子泉，味清而薄，較彌勒院之佛足泉則勝矣。

十六日。階陳少筠詣文瀾閣，復晤胡竹村農部，始知爲浚仲子先生高弟，世習三禮，於儀禮尤稽，著補疏以糾賈公彦之訛略。口講指畫，娓娓不倦，意氣甚相得日晡，鄭重而別。是夕，心源上人招同鱸香、少筠、蓮江飲十三間樓。十七日。訪胡竹村於惜閒小築，汪小米内翰之別墅也。時長洲陳碩甫奂。與竹村同寓水北樓，相見恨晚，抵掌談經，不覺席之屢前。竹村示研六室文集，大都説經之文，於禮器車服制度考覈尤詳確。碩甫傳金壇段氏之學，熟於形聲訓故，著詩毛傳疏，謂漢儒傳注存於今者，惟詩傳㝡古，傳文簡奥，一字一句，或括數義，孔氏正義不盡通其説，往往略傳而詳箋，故別爲之疏。專主毛氏，融貫經傳疏通證明，用功凡三十年，今始脱稿。向午微雨，沿仙姑山至雲林寺，游人如市。冷泉亭側幾炙手可熱，亭下石門澗浚深六尺許，澗西築壩，東作閘，水聲隆隆，然大異昔日。寺僧爲設伊蒲饌訖，由妙應閣前北折而上，幽篁聚竹，流泉淙淙，冰雪著胸，心眼如滌。一里許至韜光庵，秋雲靉靉，微雨時滴，峰巒迴合，□篠迷離。殿旁一室，諸城劉文清公扁曰：「韜晄觀海」，結構謹嚴，氣體雄勁，傑作也。坐胡床，試苦艼，風生兩腋，怡然曠然。寺東北隅爲韜光泉，斲石爲龍首泉，從口出，殊失本來面目。由巢構塢迂迴而上，登煉丹臺有光圓洞，供呂仙像，嵐光四合，鬚眉盡緑。興盡下山，憇冷泉亭，擬登翠微亭。大雨路滑而止。偕竺堂上人訪呼猨洞，草樹蒙茸，不再入，還宿補雲軒。十八日。循青龍山，登北高峰，石磴盤曲，三十六灣。朝陽初升，正射江面，如琉璃一點，光彩煥發。頂有華光寺，俱妙吉祥如來。寺後平坡方丈餘，舊有大觀亭，今存基址，連山洄洑，萬象在下。江湖映帶，天風浴然，蜿蜒而下，及半山亭折而右，再由韶光庵回雲林。午後偕竺堂上人至青芝塢，游靈峰寺，故石晉開運間伏虎禪師所居，久圮，近邑人胡常導重創莊嚴清浄，與閑地庵相若。寺之背即青漣寺，寺有撫掌泉，今所謂玉泉是也。蓄五色異魚，大者二三尺，小不及指許，約數百頭。泳游波面，見人不避。投以餅餌，則聚而争食，潑剌有聲，與水相忠，與世相狎，而猶不免于貪嗔。如此佛子何薄？暮仍宿補雲軒。十九日。偕竺堂上人三至韶光庵，僧融三出示韶光觀海圖。圖凡二，前爲長白夢禪居士寶瑛。所寫，後則姚伯昂侍郎元之。作也。筆意並蒼莽入古，名流題詠殆遍。小坐下山，雲林僧勝三出梵書貝葉經四十三筴，首有「咸平三年七月進」七字，今藏妙應閣。又有天聖二年中書門下勅靈隱寺牒一道，字跡頗劣，然斷非僞造，今藏方丈。二物皆可寶貴也。午後由靈鷲後山三里至上竺，深篁古樹，赤日成陰。已而入法鏡寺，後尋三生石，遂緣蓮花峰訪賈似道及至元間張□等題名，上登飛來峰頂，攀藤坿葛，徑路愈仄，石勢愈奇。仰者、俯者、横者、側者、倚伏如波濤者、蹲踞若怪獸者、如雲倒垂者、如口吟呀者，百態並呈，可喜可愕。其東南爲神尼舍利塔，由塔左螺旋而下，爲射旭洞，又云玉乳洞。嵌空無底，有徑可陟山頂，日云暮矣。溯茅家埠而還，至履泰山前，晤胡竹村，亦從雲林回，知昨曾至彌勒院。見訪言，明早，擬歸績溪，期以獻歲。發春禽於松郡，時方主講雲間，故云。二十日。侵曉，竹村遺使惠令祖樸齋明經匡衷義禮釋官二册，以周官所紀皆王朝之官，其列國官名兒，於春秋左氏傳者，半皆東遷後僭設，故獨括蕪射諸篇以明侯國官制，參證群經，鉤稽采説，於鄭賈注疏時有糾覈。此書皇清經解删去卷首自序及末卷侯國職官表，殊失善書本旨，當以家刻本爲正。午後陳少筠暨胡丈父子東回，寄家信一緘，海寧應六莊迪吉。來會。二十一日。院大悲閣上梁，同郡沈子羽鹾尹璇。來會，心源上人招飲十三間樓。二十二日。訪陳碩甫，出示所作詩疏，引伸觸類，統貫全經，固非一知半解，枝枝節節而爲之者。又示其友經胡墨莊觀察承珙。毛詩後箋，亦專主毛義，然以經證經，不泥執傳文，與碩甫所疏相輔而行。毛傳之學無遺藴矣。午後唤舟由南屏至潁秀塢，宿法相寺。二十三日。軼三上人出示李國甫白描十八阿羅漢卷，諸相具足，神氣奕奕。又出查二瞻歲寒三友圖，筆意疏古，入雲林之室。偕出寺東北，訪陶莊故址，僅存廢甃。西至留餘山，訪龍翔洞，鑿空無頂，石法玲瓏，可與觀音山三台洞伯仲。然志書既遺其勝，游人亦無過，而問者棄諸蒿蔓，良可歎也。入躡雲庵，小憩而返。午後由三台山下，越小麥嶺，過飲馬橋，至靈石塢，弔張伯雨墓。道雞籠山，隮風篁嶺數十級，過溪亭在焉。折而上爲龍井寺，宫闕亭臺廢爲瓦礫，惟石甃一泓，波瀾不起。撥榛□，□片雲石，老僧瀹泉試茗，話南巡盛典，歷歷如在目前。復踰翁家山，民皆翁姓，有井當路，一村日用皆需，此所謂葛翁井也。沿山而東，至煙霞嶺，觀象鼻巖，曳而下垂，渾然象鼻中□，嵌空片片，相倚如出。刻鏤，近望滿，覺瓏遠，數貴人、白鶴諸峰，宛相朝拱，江光湖影，不啻襟帶。入煙霞洞少息，還循風篁嶺訪心庵異柏。柏高幾四丈，中已空矣。有石楠一樹，寄其腹長與柏等，枝葉漊娑，不知何代物。出庵折而上，爲鉢池庵，庵前石高二尺許，有池如鉢，泉名玉腋。又折而南，登南高峰，峰半有無門洞，洞凡三，下洞有水一潭，黝然而黑。上洞唅呀如口中，爲連池大師趺坐處。其左又一洞，枵然若屋，深廣容百人。峰顛有鎮魔石，如鼓，高三四丈，大百圍，即仙照壇也。上有殘塔，云賈似道所建。至極頂，長江迴薄，巖翠欲飛，俛視西湖，直如杯水。有華光廟，正對北峰，盤旋而下，羊腸詰屈，以手相挽而行，大抵南峰之高遜于北峰，而長林怪石則北峰所不及。是夕仍宿法相。二十四日。偕軼三上人尋蝙蝠洞。洞在赤山左，石筍數枝，離立如柱。洞口僅尺餘，内寬數十丈，有石案、石座，是多蝙蝠，其深不可測。游六通寺而返。午後重游虎跑寺，南沿江至開化寺，登六和塔。江波濱漾，帆檣彌望，此地爲大潮所不至，故水淺碧色，彷佛西湖。西六里爲徐村，村有三大人廟，祀越女曹娥露筋。又六里爲梵村，又四里許爲七佛林，即古栖真寺。竹漸密，徑漸幽，行緑陰中，三里則三聚亭矣。韜光竹徑，以參錯勝，雲棲以整齊勝，而幽秀實相埒。嵐光欲暝，翠煙霏微，堂柳詩境，得之象外。入寺，宿左院，即乙未下編處也。二十五日。由梵村至徐村三夫人廟，左折而北，赤日如焚，揮汗成雨。秋分後如此酷熱，亦異事也。約六里至理安，維樹蒙茸，泉聲斷續。坐清涼亭，陰森若在深谷，向來煩躁一洗而空。良久入寺，登松□閣，迴溯前游，瞬息忽已五載，光陰彈指，如是如是，安得屏除俗事？一瓢一笠，讀書此中，南面王不足道也。出寺，循九溪十八澗至風篁嶺，訪所謂老龍井者，在指雲庵即古方□庵背，倚獅子峰，野崖數間，井在其後，作半月形，色濁而味清。好事者以峰名坿禽，爲繡球泉。坐憩片時，復至龍井寺，啜茗循小麥嶺歸法相寺宿。　二十六日。沿赤山之陰訪筲箕泉，爲黄子久葺茅處，今其地多黄姓，皆畄裔云。上山有鐵窗櫺洞，傅子久所作，以鎮蛟龍者。又南至石屋嶺，荆榛蔽路，攀手而登。里許至一洞，方廣丈餘，森然而陰。入數步俯視，深潭萬丈，暗不可測。石乳倒懸，蝙蝠撲撲，飛起深數十里，不知所極。燃爆竹擲其中，隆然如萬斛，鐘響振天地，良久乃息。云洞有水通筲箕泉，疑即惠因澗也。由洞而南至法雲寺，亦云高麗寺，即古惠因寺也。舊有辟塵爐，今已無存。殿宇荒蕪，僧房闃寂，并無坐處。午後别軼三上人，沿玉岑山而東，由太子灣至南屏入方家峪，過張宣公祠，歷慈照亭，登慈雲嶺，訪觀音洞。石屋架空中，供大士像，秦少游所謂普陀風景，頗相似者也。下嶺復自亭而西，訪蓮花洞，住僧他出門，扃不得入，然仰望撑空突兀，芙蓉千瓣，層見錯出，實雕□所不及。出至浄慈寺，前呼渡回彌勒院，知二十二日碩甫來訪。　二十七日。入錢塘門。酉刻，出城，心源上人爲言天目之勝，定議西游。　二十八日。白隄閒步游蓮池庵。丙申重修，氣象一變。訪陳碩甫，問江鐵君沅。著述，知所作説文韻譜猶未付梓。又言其友沈狎鷗學博欽培。精步算之學，嘗從李四香鋭。焦里堂循。游，著有四元玉鑑濱草。　二十九日。陰。北隄散步，過西泠橋，出孤山背，繞白隄而回。日晡微雨，陳碩甫來，極言西溪之勝，訂往觀蘆又言曾游泰山，自踵至頂凡六十里，罡風甚寒，雲至其處化而爲雪，四月披重裘不覺其煖云。

九月一日。雨。倚窗坐眺，秋煙滿湖，山容隱見，倏忽變態。隄上肩輿冒雨，纍纍不絶，皆往天竺燒香者也。閱儀禮釋官一過。　二日。雨。偕計蒼厓喚舟游湖心亭阮公墩，回至聖因寺。登岸，雨甚，入飲肆，其樓曰雨奇晴好之樓，空濛杳靄，借湖山煙景作侑酒物，坡公有知，亦當憶老子當年。薄醉出循湖，至望湖亭回寓。碩甫送柿至，略談，去塘西馮腴生尚謙。來會。　三日。晴。入湧金門。申刻，出城。　四日。陰，微雨。午刻，由棕木場換舟北略秦亭，山折而西，過古井庵出西溪埠，凡五十里。薄暮抵餘杭東門，自此以上不通舟楫，撑以竹筏，蓋苕水所經淺不容刀，往來者率捨舟登陸云。夕宿斑竹庵，野菜連根，破衾擁絮清游之苦，幾於寢食俱廢。　五日。陰。催肩輿出餘杭西門二十里，至青山，入臨安界矣。鑿山爲路，村店寥寥，地形漸高，群山圍繞，乍開乍合，溪流涓涓，溪邊皆斑竹，錯以桑林。又十里爲錢王里，其北有墓，俗謂八角嶺。水邊有石馬，相傳從墓逃來。又十里至五泉山，山前有東獄廟。又五里抵上湖墩宿永慈庵。庵背師子山，面玲瓏、九州諸山，惜日暮不及登。庵中荒苦更甚，斑竹遽集，於此可謂一場小劫。　六日。陰。辰，發上湖墩，西折而北，見兩。天目巀嶪，天半白雲，縈繞無異赤城之霞，五里過石塢嶺，俗名三跳嶺，怪石盤盤突起。路側下臨大溪，聲若鼎沸，輿夫力舁而上邪？許相應，揮汗雨下。又八里度護龍嶺，又名葫蘆嶺，嶺下蒼松林立，嶺上皆竹高峻，過于石塢。乃步行下嶺，萬山環疊，有若屏障。回顧後來者如猱援橦，一綫而下。三里許至虎巖，俗謂之橋東，有溪澗四五丈，架大木橋，綆以鐵索，恐水盛則橋漂也。五里過郜溪橋，又十里至荷花蕩，入湧蓮庵，小歇，微雨淅瀝。五里至青嶺，又五里過南莊，居人多蒔淡巴。菰葉如油薹而莖長，開淡紅花，五瓣長蒂，冬深下子，二月分種，培以糞，九月而葩。采其葉，夾竹簿上晾乾，灑以香油，剉細即今所吸菸也，黄白黑惟所造。五里至門嶺，爲西目門户，俗呼滿嶺，是爲於潛界。過嶺有普照寺，自此至雙清莊，群山拱抱，重重鉤鎖，地勢益峻，水聲益急。又三里過板橋，爲溪西。又二里許至鳩鴨塢，又二里爲朱陀嶺，山田高下，雜樹青葱，雲氣冥濛，飛泉倒瀉。嶺上有格思亭，亭畔爲龍池，懸厓瀑布，如曳匹練。由嶺屈折而下，奇峰雜沓，若繫若墮。長松夾道，黛逼眉宇。松盡則緑杉成林，殆以千計。一亭巍然，膀曰「第卅四洞天」，即雨華亭也。亭跨蟠龍橋，橋下大澗，砰雷濺雪，幾眩耳目。自朱陀嶺至此凡五里，抵禪源寺，即古雙清莊地。寺僧邀隨喜諸殿宇，留宿宫客堂樓，翦燈聽雨，寒氣逼人，四更未絶。已聞衆香客恟恟争先上殿，拜韋馱矣。　七日。雨甚，是夕杭州地震。不能出，侍者玉輝話寺中韋馱尊天靈異，遠近敬信，香火極盛，富陽分水人尤多，九、十月宿山者至千人。枯坐無聊，望樓前後諸峰，白雲瀰漫，林木漸隱。少頃，山半以上並没雲中，則急雨如注。午後會方丈清海談禪，半晌出晤道衡上人。五年前曾識於雲棲，近以習静來此班，荆話舊藉遣悵觸。　八日。雨間，步至雨華亭，松杉蔭蔽嵐翠撲人，雲煙蓊然。起於襟袖，流泉四合，曲躍奔注。唐人云：「山中一夜雨，樹杪百重泉。」於此始歎其妙。由亭左折有數巨石離立，山僧云即七星石也。回寺，從方丈借閱西天目祖山志。志首尾十卷，詳於寺而略於山，卷首形勝但標位置，不繪山圖。卷一稽古，雜舉諸書，頗多舛誤。卷六、七、八紛紛名目，漫無體裁，蓋本明末寺僧廣賓舊稿，而嘉慶間住持際界增訂，意固在彼不在此云。　九日。辰起，啓窗一望，群山盡遯，雲氣苒苒，從窗際入。鱸香曰：「雨尚未艾，如天目何？」予曰：「否，今日何日？壯游之興，因雨而阻，未免山靈笑人，且安知非天之借此雲景幻爲奇觀以飫我輩眼福邪？勇猛精進，路在腳下，當令雨師辟舍。」鱸香撫掌稱快。午後出寺後山門，過伏龍橋，行雜樹中，仰不見天。數十步至獨樂亭，溪聲竹色，眉宇欲飛。由亭右折而北上，瀑泉如雷，盤渦轉轂。度仰止橋，又上爲仰止亭，有斜坡橫瀾數丈，水自群峰瀉下，平流石面，跳珠濺沫，潺潺不絶。二里至如斯亭，亭西爲半山亭，迴顧煙霧，冥冥不辨。來路稍上至一峰雲外庵，山僧手茗獻客，少息片時。時履襪透溼，鼓勇復行，有兩巨石相距約半里，爲上下觀音巖。又上二里至獅子巖，氣象雄悍，儼如蹲獅。巖下張公洞有重雲塔，高峰禪師葬處也。塔前飛雲閣，下臨千丈厓，壁立斗削，俯而心悸。自閣而外，茫茫雲海上下莫辨，幾疑大地平沉。院僧楞舟指示象鼻峰，近在咫尺，渺不可睹。又西折而上，松杉雜出，大者數抱，次亦六七圍，枝皆向下，拏攫如龍。根幹青苔斑剝，若古銅，若怪石。半里餘有奇峰突出，蓬鬆如帚，高數百尺，俗謂獅子尾，與獅子巖遥相倚扶。又半里爲普同塔，其上爲中峰國師法雲塔。左折而北又里許，即開山老殿，舊爲師子正宗禪寺。自雙清莊至此凡十里，適當西目之半，其西爲雲深塔，斷厓祖師入涅盤處。出殿後左折而下，山石犖确，恃杖而行，間道崎嶇，狹不容趾。至元通巖兩壁對列，中有石巷，僅廣尺許。自巷而出可通眠牛亭。巖前危厓峻削，突兀淩空。有西方庵，矗立其上，雖斗室三間而眺見千里。惜爲雲霧所掩，惟浩然一白而已。庵前石龕高數丈，紅葉一株，横枝特出。空山寂寞，不可少此點綴。回老殿洗足，易履襪，遂下榻。僧樓此游，艱苦爲生平所未有，然山景奇絶，頗不負登高佳節云。　十日。密雨如絲，寒不可忍。相與圍鑪而坐，老僧言此地高寒，氣候與下方絶異，九月即雪，盛夏須絮被。詢以仙頂諸勝，云此上尚有十里，深林重密，道茀難行，晴天猶須牽挽，況於連雨。爲之嗒然。午後冒雨由殿後訪剔燈庵，爲晦石禪師塔院。出再至西方庵，少坐，卻返。循老殿東折而南下，巖壁森陗，澗聲四起，忽左忽右。從雲霧中行道，上觀音巖。折而左徑路幽邃，飛泉合沓，如海上潮來。過板橋曲折，度小澗，一路皆竹。至東塢坪，坪有庵，爲玉琳國師塔院。由庵屢折，出如斯亭，右過邸止橋，而西南有小嶺，萬樹參天，枝皆南向。謂應茲山龍脈，或有是理。踰嶺則幽篁森秀，異境朋開。訪太子庵，庵左塑昭明像，像前有井，俗言洗眼則光明。出庵仍由伏龍橋回禪源寺，宿。　十一日。稍霽，別寺僧，出山三十五里抵郜溪橋，宿佛慶庵。庵當臨安東峰下，對大雄、白洋諸山。　十二日。晴。辰發部溪，四十六里至青山。又東五里至坎頭，蘇詩范注：「洞霄宫自院坎龔度，谿行十數里，有山回環云云。」疑即坎頭也。折而南過虎溪，渡行森林中，徑路湫隘，幾不容肩輿。七里至石泉，蓋村以寺名。又六里有九峰，拱翠坊，入坊即九鎖山，巖岫鉤連，流泉宛轉，重垣疊嶂，如環無端。人家多造紙爲業，水碓砰磕，運輪若飛。村民熙皞見肩輿至，争相指語，桃源風景，恍惚遇之。下轎行二里許，漫山翠竹，忽無前路。竹之盛無踰此者。韜光、雲棲並當卻步。至洞霄宫，投宿道士心皓導。至大滌洞天洞口僅容一夫，秉炬而入，乃覺漸寛上平如砥，兩畔廣頭，玲瓏奇詭，萬狀石質，微黑題名頗衆。進凡四折，則有孤峰倒垂，不可復入，謂之隔。凡石昔人曾令童子自石巔小穴中薄而窺之，下爲深潭，黝不見底。旁有隙道，可通人行，然探奇之士卒無敢津逮者。壁間有天生洞，仙像宛然背立，殆出神斤。洞前曰天柱峰，丹泉出焉，色微紅，下山漸白，迤邐而注于苕溪，則與天目之水合回。宿一庵中，供東坡像。德清蔡學博載□。以蘇詩有「青山九鎖不易到，及一庵閒處且相留。」句，集爲楹聯，云「青山不易到，閒處且相留。」頗爲穩切。道士遠峰爲言宫之背爲青苕山，其對爲青檀山，有湧翠石壁奇秀甲諸峰。宫左名大滌山，有棲真洞，其後爲歸雲洞，皆茲山勝處。因偕閱鄧牧洞霄圖志，燈前僂指，奇跡尚多。將計明日暢游，既而風葉敲窗雨聲繼至，徹夜瀟瀟，悵然不寐。天公妬清福，豈壯游亦造物所忌邪？十三日。大雨，料不能遂游志，謹謁三賢祠致敬而退。三賢者，宋李忠定、朱文公、明黄忠端也。乃出山徑法雨庵，緣南湖而行。雖以湖名，實成平野，間有勺水，亦蹄涔耳。十五里由餘杭南門，至斑竹庵，雨小，歇，登文昌閣。最上層望東西目，白雲明滅，疑海上三山。返宿庵中。事終上人爲言：「西目向多猴，近厭其擾，始僱人捕，盡止存一二。」又後山有虎，深夜則出，月率一二三次，從未傷人。十四日。陰買舟回杭。至寶石山，晤魏塘、程魚石，偕顧墨庵。王韻樓同至彌勒院叙話，知寓湖上石函橋西，遂拉至寓中小飲。十五日。陰，偕鱸香墨庵魚石韻樓入錢塘門訪何叔明，夢華先生次君也。出觀所刊錢叔美杜。松壺畫贊，詩筆雋逸，古體尤佳，與繪事當爲雙絶。苦雨連綿，資□且謁，嚴紹之游遂寢。十六日。陰，魚石來訪。申刻，過魚石寓，晤墨庵閒話。歸，碩甫來訪，詢天目游興，申西溪觀蘆之約。十七日。微雨，校明陸粲春秋胡氏傳辨疑二卷，批郤導窾，頗中安定之失。以趙盾許止之弑爲據實直書，與予意合。其論吴季札及墮費諸條，尤精確。又校元王鶚汝南遺事四卷。十八日。微雨，校宋胡知柔象臺首末五卷，編次失倫，復多訛脱，因人存書則可矣。下午過陳碩甫，出示臨海金誠齋鶚。求古齋禮説三卷，大都考据典章制度，以經文爲主，不屑屑。傳生頭甫，爲言金君係汪瑟庵尚書得意弟子，古貌古心，樸學無緣，飾。所著求古録約二十卷，説經鏗鏗，尤長于纜不，在金輔之下。又示江艮庭聲。恒星説及獨抱廬新刊華嚴經音義，並借以歸。十九日。微雨，校明周怡訥溪奏議一卷閱恒星説以西法恒星東行差數上推堯典中星數衍成文，殊無歸宿。末坿李尚之所演四率更覺無謂江君不通算術，遂致圖窮而匕首見。通篇篆書，蓋與尚書古今文人注，音疏皆其手寫。散步至鳳林寺，遇雨而返。燈下閱華嚴經音義，亦二卷本，剞劂甚精，似勝徐刻，然訛脱處仍未補正。　二十日。分校六藝綱目下卷，元舒天民所撰而其子恭爲之注。雖爲童蒙而作，然考覈頗詳。下午雨，是夕心源上人招同魚石墨庵、韻樓，飲十三間樓。　二十一日。雨，西溪之行，亦不能踐約矣。久客湖上，歸思頓興。閲求古齋禮説，中有迂晦處，有武斷處，然大致通達，從全經貫串而出。碩甫來，夜談更餘去。　二十二日。微雨，過陳碩甫話别，商搉毛傳疏數事。又示管子補注，云昔王懷祖觀察念孫。作讀書雜志，囑以宋板分校，因隨筆記。此彙而成卷，凡雜志所已見者，皆汰之矣。鉤抉疑義，校訂異同，精核處甚多，屬其少加整頓，當慫恿雪枝通守梓入叢書中。碩甫云：「我在西湖，竹村以外無過而問我者。邂逅兩君，樂數晨夕，今並舍我而去，誰堪此寂寞？予亦將歸耳。」明春，當俟君于十三間樓，予曰：「諾。」薄暮繞湖隄，登段家橋，小坐而回。二十三日。偕良如上人游富春山莊。午刻，至棕木場，登舟，疏雨零星，東南風甚急。二十里抵王莊，已昏黑矣。　二十四日。陰，曉發王莊，風急，不能前，幾如退飛之鷁。舟中閲寶應劉端臨台拱。經傳小記，嫌多肊説惟儀禮數十條多有可取。晚宿石門。　二十五日。發石門，而東沿隄皆烏桕，青紅間雜，數里不斷，遲之十月後則大觀也。閲九章算術劉徽注，簡質近古，然大義已了。李淳風補釋繁而寡要，太半可删。夕泊嘉興。　二十六日。申刻，抵平湖，偕計蒼厓壚頭小飲，更餘回船。　二十七日。曉發。申刻，抵廊下村，予回井眉居，鱸香别去。

蓮龕尋夢記

蓮龕尋夢記

庚子春，雪枝、鱸香復訂西泠之游。既而雪枝丁母艱中止，鱸香亦須後期。是夏，英吉利滋事，沿海戒嚴，不暇作壯游計矣。秋八月，海氛稍靖，西成告穰。鱸香復理前約，雪枝以病仍不果偕。予曰：「然則天台道上只許劉阮同行耳。」乃定擬以重九前赴杭。九月四日，鱸香偕梅里魏東溪魁森。冒雨至廊，予以婦病未決。外舅堅香先生曰：「瘧疾第無慮，醫藥吾自任也。宜早歸耳。」遂襆被行。孤篷聽雨，殊不勝懷，幸鱸香、東溪竟日談笑，稍破愁寂。二更泊東湖。五日。陰。申刻，抵嘉興東溪，買舟回梅里。六日。晴。晚泊石門縣。七日。晴。上燈後進北新關，泊舟。時欽差黃樹齋爵滋。少寇赴浙查辦事宜，同時入關。八日。微雨。放舟至棕木場，偕鱸香徑投彌勒院，仍定寓十三間樓。同寓者有德清□醒香丈，悼。練達世事，宗浄兼通，有古君子風。院大悲閣已於去冬告竣，莊嚴清浄，真清脩道場也。午後散步湖隄，秋色依然，前游歷歷。至望湖亭，疏雨淅瀝，殘荷葉上，萬點秋聲，坐憇久之，循隄過西泠橋，回寓。馮丈令嗣腴生尚謙。省親至院，班荆道故，不覺燭跋。九日。晴。船回，寄家書一通。仁和趙次閑布衣、之琛。徐問籧文學、林。葉古潭文學、龍光。梁春塍別駕來院，作登高之會。午刻，訪陳碩甫。緣季父喪回蘇，不值。予以肺疾不能游。鱸香挈僕入城，薄暮而回。是夕，古潭宿院中。古潭工書，佞佛，方手寫華嚴經。十日。海寧應補瑕來會，即六莊尊甫也。午後偕鱸香游小輞川，由閑地庵出登錢武肅王看經樓。坡詩所云「望湖樓下水如天」者也。自聖因寺至平湖秋月，游人如蟻。畫船歌舫，于于而來，真西湖最繁勝處。入蓮池庵，一雛尼應客，酬對頗慧。回至斷橋，晤醒香丈，暨心源上人同坐石闌。晚煙斜照，與山水相映。發踰石佛山回寓，過晚鐘矣。院僧道生空静。自焦山回，言七月十一夜山崩，自觀音巖至方丈皆坼。十五夜金山亦崩數處，此目擊者。十一日。鱸香入城，訪朱石樵，不晤。回偕游昭慶寺，值某家，作水陸道場，兼呼伶演劇，人聲鬨然。俗物既以佛地爲戲場。髡奴復以戲場爲佛地不知菩薩現身作平等觀否歸從馮丈借讀吴江，江大紳石室偶存一洗，宗浄兩家之弊。十二日。入城，訪周竹所。鱸香欲游吴山，予辭疾先歸。十三日。謁蘇文忠祠，由梅花嶼至放鶴亭，予以熱甚先歸。十四日。擬游西溪，因雨不果。讀石室偶存，埽室禪障，是取心肝劊子手。十五日。晴。馮腴生寅生尚鼎。至院省親。十六日。偕醒香丈、鱸香、心源上人至棕木場，喚舟由秦亭山過古蕩里，泊恭壽亭下。與醒香丈約會於梅溪庵，予與鱸香、心源上人步行一里許至天齊廟，村姑里嫗香煙殊盛。面法華山背至開化禪院，尋徑入花塢，行深篁中，仰不見日。泉聲泠泠，縈繞左右。山深林密，信幽隱地也。入定慧庵，僧豈能獻茗？訖出過倚齋齋之西，爲在見庵，復西爲九松居。又進爲休庵，又進爲梅溪庵。入庵醒，香丈已待久矣。僧梅隱設伊蒲饌訖，踰澗游，冐庵西溪諸浄室，皆明末遺民遁跡之所。二百年來漸就荒廢，然存者猶十之六七。住僧率止一二，衆游人既不甚至，香火寥寥，衣食頗苦。此中或有清脩梵行者，惜一日之游，不能遍訪耳。尋故道仍由開化院行八里許，至何家塢登舟，泛西溪，抵秋雪庵。約數里皆蘆花，秋水蒼葭，溯洄宛在。心源上人曰：「幸遲一月，則飛綿滚絮，尤爲大觀。」回舟至交蘆庵，庵額爲董香光所書，墨跡猶在。後有水閣，吾郡張文敏題「流泉是命」，筆法瘦勁。可喜庵中藏古今人名跡頗夥，以主僧他出不得觀，悵然返櫂。覆閲石室偶存一過。　十七日偕鱸香散步至望湖亭晤趙次閑立談半晌入聖因寺晤朱石樵回憩德生庵俗僧無可語一笑而出。　十八日。有湖南魏默深孝廉源。由紹興至杭，偶游十三間樓，述會稽吼山之勝，咄咄不置。魏君博學，治經精於説詩，爲江鐵君所傾倒，聞之覺阿上人云。

十九日。肺疾稍瘳，繼以腹瀉，頗不勝步履。是夕腴生以省親來宿院中。　二十日。偕鱸香、周竹所至官巷闕氏，觀所藏書。回步湖上，游王氏山莊，雖小結搆而步步引人入勝，當爲北山諸莊之冠。　二十一日。循寶石、葛嶺至栖霞，拜岳忠武廟。鱸香欲訪紫雲、黄龍諸洞，予以足力告疲，先回。　二十二日。靈隱方丈僧治川來拜，值寧波周松厓、伯維。仁和孫萍橋至院，午飯去。塘西勞鷗嶼延。來，同寓。薄暮微雨，徐問蘧丈暨其友胡士宜投院宿。徐丈博學，嗜金石，工詩能書，坦率自如，爲杭士所推服。　二十三日。晴。靈隱僧勝三來拜，偕艫香，呼渡至湧金門，登吳山，憇紫雲軒，下清和坊，出錢塘門回寓。腴生宿院。　二十四日。沿堤由望湖亭至孤山，入西泠祠，祠塑林處士爲西泠財神，題曰靖安明王，已可駭怪。復以「妻梅」一語塑女像於右，題曰「梅隱夫人」，則羅浮女郎不得不恨林逋饒舌矣。艫香撫掌大噱跪拜求福者，皆倆目視，予拉之出殿。入敬一書院，内祀滇南趙玉峰撫軍士錢。像，旁祀劉金門學使鳳翥。覆主壁間嵌石刻邑人錢溥。守株圖，詩畫雙絶。下山過西泠橋，憇鳳林寺，回謁洪恩宣祠，入智果寺，啜參寥泉。寺昔在孤山後，移葛嶺，西湖一鉅刹也，今幾□矣。滄桑之劫，佛亦難逃，爲之一歎。　二十五日。訪陳碩甫，猶未至。時予腹瀉已愈，心源上人暨艫香訂游浙東，期以明晨渡江。　二十六日。卯刻，起，早餐。竟偕艫香、心源上人乘肩輿進錢塘門，歷駐防營，出望江門，□江口，漫天大霧，江山城郭都不可辨。渡江至中流，日漸高，霧稍霽。巳刻，抵西興，泊靖江亭，入聖京門。僱烏篷船。十里至蕭山城，在山上登岸，飲古便飲亭。民富而樸，頗有古風。解維。五十里抵移風鎮，入智度寺。老僧大曉上人暨徒普文、昌緣肅。客至，方丈設伊蒲饌，宿清涼閣之南偏。　二十七日。隨喜諸殿大悲閣塔院。既偕艫香，及普文、昌緣兩僧泛舟，至安昌。地隘俗陋，無可寓目。入安康寺，坐延齡軒。軒前壘石爲山，下鑿小池，頗玲瓏可觀。後院一古樟，大與法相所見相埒。午後，復攜同心源上人游，烏風山。山去安昌東三里許，亦名龜山，又曰白洋山，其東北即龕山也。其南有上方山，及旗鼓二山。烏風頂有真武廟，殊荒落。山下爲青峰禪院，院左偏有「瑞啓香林」、「溪山清福」兩額，皆墓朱文公書，雖失邯鄲故步，而蒼健之氣猶可想見。日暮仍回宿智度。二十八日。微雨。辰刻，登舟歷安昌而東南過東浦。又南過西余山，又名西扆山。又東南歷牛口山，凡七十里。薄暮抵紹興，入北門，泊蕺山下。游戒珠寺，寺本晉王右軍別業，後捨爲寺，今寺門祀右軍爲伽藍神云。其左即蕺山書院，拾級登山，過聶公斜儀。祠，有篆竹亭，四望則萬山離合，煙雲滃然。右稍上謁劉忠端祠，復上爲文星閣，稍西即王公祠。壁嵌重撫，趙子固所藏落水本蘭亭，筆意渾厚，迥異俗本。末坿姜白石及翁覃溪學士三跋。祠前有洗硯池，久涸矣，蓋好事者坿會爲之。祠後有塔，不及登。寺左數十步，爲忠端故里。風微人往，猶令過者肅然。頑廉懦立，於斯可信。回舟風雨兼作，竟夕不能成寐。二十九日。晴。樂甚，放舟出東角門二十里，泊赤□山。下登岸，即大禹廟，凡三進廊廡，殊荒落。最後大殿中塑禹像，旁列八神。其四神皆弁冕執笏，餘則戎裝□戈戟而立。按呂氏春秋云：「得陶化益，真窺橫革之交。五人佐禹。」荀子詐得益皋陶，□革直成爲輔。」立廟時或取此意。配祀餘疑即童律烏木田庚辰諸佐耳。殿左稍下爲□石亭，石辰等身，圍六尺許，形橢圓，下豐上殺，微扁。首有穿腰，有斷痕，古釋黝然。是數千年物，題名頗衆，悉漫漶，惟儀徵相國一載了了可辨。廟前立岣嶁碑，係明嘉靖間摹本。廟左即禹陵，萬山拱抱，氣象肅穆。旁有禹穴碑，然不知史公所探者果何在也？陵南有禹寺，寺前有禹池，方僅三尺許，亦世俗□會耳。禹廟後有土穀神祠，祀后稷像，其地多姒姓，云夏后氏之後。自赤堇山而西南，會稽、宛委、玉笥諸山，犬牙相錯，緑波青嶂，碧樹丹楓，略無間隙。鄉村斷續，皆住叢竹中。行五里許，有坊題曰「天南第一鎮」。入坊數武，有長松數株，夭矯若虬龍，森然攫人，即南鎮之廟。廟右角門額曰第十一洞天，中殿仍祀禹及八佐，旁祀永興公，後爲妃宮。兩廡塑諸夢神，每歲冬至，俗例宿廟，祈夢至者紛紛，男女混雜。近邑宰有示禁止。廟之南陟山約數里，爲香鑪峰，其陰即茅峴。童山無可游，遂舍之。欲訪陽明洞天，道險風烈，自厓而返。回舟入南門，登寶林山，亦名龜山，即越絶書所云怪山也。入清涼寺，寺有晋許元度像。寺後有應天塔，故俗呼山爲塔山。下山過小雲，栖道旌德，觀而西登府山，惟荆榛瓦礫耳。歸復放舟出城，徑亭山而西，南約二十里抵婁家塢，俗呼婁公，現進即蘭渚矣。溪水淺不容刀，惟通竹筏，遂泊舟。是夕，夢見所謂蘭亭者，亭在山椒下，當大溪，溪聲如巨雷。跨溪爲橋，四山圍合，雲煙窅冥。有古衣冠數人，杖策自遠至，方擬訪冬青穴唐義士瘞陵骨處。忽矍然而寤，以語鱸香。鱸香曰：「此夢中之蘭亭耳。真蘭亭奇景詭觀，當不止是。」心源上人笑曰：「雞聲催曙，當驗真蘭亭。」

十月一日。辰，起沿山西南里許，過白鶴亭。又二里爲七眼橋，有大悲亭。又里許爲積慶橋，稍西南爲蝴蜨灣。又西南不一里有石橋，跨溪上半圯矣。過溪即蘭亭，遥望似無足異者。

及登亭四顧，則好山環遶，竹樹局遮，皆合形效伎于茲亭之前。亭下壘石爲坡，環以曲沼，蓋好事者所作以爲流觴之所。亭顛既傾，瓦礫滿地，沼亦久涸。亭後御碑亭，聖祖仁皇帝御書蘭亭序在焉。其西北隅有逸少書堂，祀右軍爲當境土穀之神。壁間嵌石，琢堂廉訪□玉。所集天一閣神龍本蘭亭楷法仿蘭亭序一篇，筆意飛舞，與定武本又別。堂前有墨池及養鵝池遺跡，亦坿會也。御碑亭右有精舍數楹，石池問之意。當時游觀之地，惜並荒落。鱸香曰：「境地固佳，然昔日之蘭亭，恐不如是。」予曰：「然則昔日之蘭亭，而斷非今日之蘭亭，安知予夢中之蘭亭非昔日之蘭亭邪？」心源上人曰：「又安知今日之蘭亭非夢中之蘭亭也？」鱸香笑曰：「作如是說。」予指西北一帶，四篁叢竹，峰迴路轉，當有勝處。遂相與共尋之。行深箐中良久，途盡忽露石亭，過亭則古天章寺也。入殿稍憩，登大悲閣巖巒攉，翠撲眉宇。閣藏有梵本大藏經，惜俗髡不知寶貴，飽老蠹矣。寺後即蘭渚，木客等山，流泉雜樹，不亞净慈、法相諸剎。出寺覓路，仍由蝴蜨灣入柴庵，少坐回舟，循西北出菱塘。湖波光山色，紅樹參差出没，晚煙，殘照間真令人應接不暇。五十里至柯橋，登岸游融光寺，殿宇恢廓，是莊嚴净土。俗僧不肖，借爲梵士流寓之地。惜哉！鎮西南隅爲重華禪院，院左爲放生庵，庵左爲土穀神祠，補西南隅爲古柯亭，祀蔡中郎像。重軒臨水頗豁吟眺，鎮以此得名。解維而行，四更抵蕭山。　二日。卯，初抵西興，自柯橋至此凡九十里。易肩輿，渡江，江波浩渺，群山如睡。輕雲一截，横束其下，漸升而高少焉。旭日朦朧，相暎成彩，微風吹送，不覺登彼岸矣。已初抵彌勒院，鷗嶼於兩日前回塘栖。馮丈猶在寓。薄暮偕馮丈、鱸香至崇文書院，道遇古潭，□生遂不果往。坐地藏庵前，小憩，相與循湖隄，流連晚□，及暝而返。

三日。晨。微雨即止。偕鱸香登寶石山，由寶叔塔下訪落星石及來鳳亭故址。有秦僧結茅中子峰石室中，苦修梵行，然視其貌不似具慧根者。下山歸院。午後雨甚，湖山樹木都在霧中，從徐問遽丈皆閱徐君青有壬。務民義齋算學，凡四種：一測圜密率三卷，卷一用杜德美圜徑求周法，推之於周徑，面積相求，及求諸圜形體積與圜内容方；卷二弧矢弦相求，截球鼓諸形，求積及圜内外各等邊形相求；卷三大小弧互求。一橢圜正術，一弧三角拾遺；一表算日食三差，各一卷。又謝穀堂家禾。算學三種：一衍元要義，以四元正負相消、互隱通分諸法，大致原于方程。方程者，即通分之義。方程不明，由正負無定例，加減無定行，故以衍元之法正方程之義，綜通分方程而論列之，坿以連枝同體之分等法。一弧田問率以徼率依李尚之弧矢算術細草立弧矢、弦徑積相求諸法；一直積回求四元玉鑑直積與相較回求之法，多立地元。謝謂有不必用二元者，蓋句弦較與句弦和相乘爲股冪，股弦和與股弦較相乘篇句冪，而直積自乘即句冪股冪相乘出。如以句弦較乘股弦較，羣除直積，冪即爲句弦和乘股弦和冪夾。句弦相乘股弦和，冪即弦冪，和冪共内少半、箇黄方冪也。蓋相乘冪内去一弦冪，所餘爲句股相乘者。一句弦相乘者，一股弦相乘者，一此三冪，合成和冪則少一半黄方冪。半黄方冪即句弦較股弦較相乘冪也。加一半黄方冪，即爲弦冪和冪共矣。加二直積即二和冪，減六直積即二較冪也。又句弦和乘股弦較，冪爲句冪，内少箇句股較。乘股弦較，冪股弦和。乘句弦較，冪爲股冪，内多箇句股較。乘句弦較，冪也減一。句股較。乘股弦較，冪尚餘一句股較冪矣。固以直積與句股弦相較，輾轉相求，設問答以爲此書。三書並以立天元一術入之。燈下抄橢圜正術一卷。四日。陰。馮醒香丈回塘栖。抄表算日食三差一卷。　五日。晴。抄弧三角拾遺一卷。游興既闌，鱸香亦腹瀉作矣。　六日。晴。暖甚。偕鱸香閒步葛嶺下，回至斷橋，往復西湖，頗不忍捨去，不覺久坐。海寧僧倚松靈巖至院中。僧年甫二十餘，工畫，翎毛花卉俱妙，山水尤佳，畫法亦娟秀。　七日。暖甚，陰。陳碩甫以薄暮抵杭，先命結嗣至院達意。是夕五更，雷雨大風。

八日。微雨。束裝竟。碩甫來院，道契闊，知所著毛詩疏開工寫樣。胡竹村農部以初秋回涇矣。話久，雨甚，不能步行，乃别碩甫，僱肩輿至棕木揚，登舟。戌刻，泊塘栖。　九日。舟行百里，東北風急，頗蹇滯。二更，泊錢店雨甚。　十日。申刻，抵嘉興。薄暮解維。三更泊東湖。十一日。偕鱸香入城，至淩雲閣，晤計蒼厓，因知錢葆叔熙哲。以就醫寓嚴雪亭家。往訪之，遂偕游茂脩園。出，葆叔辭去，偕鱸香、蒼厓訪高藏庵三祖。錢夢廬丈。天樹。錢丈出示王仲瞿曇。折枝桃花，筆意生動，迥絶俗工。又王惕甫芑孫。暨其配曹墨琴夫人法書合璧一册。申刻，解維。更餘至廣陳。三更過新倉。四更泊新倉東九里。　十二日。辰刻，抵廊下，鱸香别去，予仍回井眉居。

夢因録

夢因録

弱冠時嘗作西笑，十餘年來此妄除矣。乃無端而游，無端而返，夢也則有因焉。道光癸卯秋，錢雪枝通守熙祚。將赴都謁選，約予及李蘭槎長齡。同行。九月八日，自秦山啓行。錢鼎卿學博熙輔。陳蓮塘送行，三舟並發。戌刻，抵楓涇，訪程蘭川上舍，文榮。留飲，二鼓歸舟。九日。游蘭川南村小園。辰刻，解維，東南風。酉刻，泊丁家栅。十日卯。刻解維，東南風。酉刻，泊蘇州北濠。平湖陶香楞中桂。送其子福堂鴻禧。來，聚陳潁莊安卿。寓，留飲。二鼓歸舟，雨。十一日。晴。東北風。予買舟赴外舅堅香先生之約，官船塞城，繞道婁門出鹿山湖。二鼓，抵平望。十二日。辰。起謁堅香先生，晤吴穎仙、文泰。李杏生，元熙。偕堅香先生、杏生訪吴鑄生丈，鳴鏘。不值，晤其姪右岑。渙。呼舟同泛鶯脰湖，登平波臺，禮張元同、陸魯望像。飲小岳陽樓，訪閔廉泉，入勝徑寺，訪山磬上人。性純。鑄翁來會，偕堅翁、鑄翁訪趙静薌、筠。邵稼甫嘉穀。回穎仙，留飲蘭桂山房。右岑以頭疼不至。二鼓，歸舟。十三日。西南風。曉發。午刻，抵吴江城，訪姚杏士燕穀。於震澤縣署，留飲。二鼓歸舟。十四日。西南風。辰刻，回蘇晤錢艫香學博。熙泰。自白下回，留蘇，送行得繆少薇微甲。書。蘭槎偕定湖廣大船一號，姜星湄招同鼎卿、雪枝、鱸香、蘭槎、福堂、潁莊至錦源館觀大章部劇。晚飲潁莊寓。二鼓歸舟。　十五日。偕雪枝、福堂先登大船，移泊上津橋西三里。　十六日。東風。蘭槎到船。辰刻，起碇，鼎卿、鱸香、蓮塘三舟送行。次楓橋，偕鼎卿、雪枝、鱸香換小舟至西新橋訪覺阿上人祖觀。於通濟庵。酉刻，微雨，即上。追會大船於滸墅關，登岸步月，二鼓回宿大船。　十七日。立冬，東南風。辰刻，出。關鼎卿、鱸香、蓮塘辭去。戌刻，泊無錫北門外。　十八日。曉發，西北風。申刻，横甚，泊洛社鋪。偕蘭槎、福堂散步開利寺、都城隍廟、東嶽廟，寥落無可觀。　十九日。曉發，東南風。戌刻，泊奔牛。　二十日。曉發東南風。未刻，抵丹陽。劉玉川大令琅。添撥縴夫六名、胥吏一名護送，而糧艘賈舶擁塞不前，離城數里泊。　二十一日。辰刻，有進奉船過，船路始通。舟中無聊，代杏士作吳山圖記一首。申刻，抵月河閘。時内河水淺，恐糧船回空阻滯，定出月河口。寄朱稽松學博、鳳笙。繆少薇二書。　二十二日。東北風。辰刻，過閘。雪枝偺肩輿赴丹徒錢篠珊大令燕桂。之約。小雨竟日，候潮不至，船陷淖中，强拔之進。下皆砂石，碌碌有聲，舟人争鬥喧嚷，夜不能寐。三里，抵月河鎮，雨止，天亦明矣。　二十三日。西北風。候潮不至，偕蘭槎、福堂散步江口。西望焦山門，東望海門，煙濤蒼茫，風帆參錯。回顧虹雨諸山，娟若静女。回船作鐵岸上人妙塵。詩序。轉東北風，復雨，上漏下溼，幾無移床地。　二十四日。陰，東北風。潮至，拔舟淖中，力挽仍不進。四更，始出月河口。　二十五日。晴，東北風。侵曉，揚帆入焦山門。焦山門者，左爲焦山，右爲象山，兩厓對峙，江水經此一束，勢益湍急。舟行若飛，泊金山下轉東南。風漸急，呼渡。游江天寺，登妙高塔、江天一覽亭、吞海亭、黄鶴樓，訪裴公洞，望石簰山。溯流至南岸，游銀山寺。寺僧述去夏英夷犯京口事，所毁三皇像及牆壁户牖，歷歷如昨。下山晤雪枝，言尚需明晨到船，同至壚頭。小飲作别。回船。轉東北風，夜雨。

二十六日。西北風，雨。午後借蘭槎、福堂再游江天寺，訪帶禪閣、蘇米軒、操江樓、印心石屋、朝陽洞，望善才石。惜妙高臺下鑰不得登。呼渡回船。夕陽隱暎，江水半黄，衆岫迴環，蒼煙無極。　二十七日。西北風。偕蘭槎、福堂呼渡，沿銀山麓至京畿嶺，迎雪枝不值。入延生庵，訪菊回，雪枝已至舟，復同游江天寺，謁韓蘄王祠。至水月山房小坐，薄暮回船。　二十八日。晴，東北風。揚帆曉發。酉刻，泊揚州東關，偕雪枝、蘭槎、福堂入城閒步。　二十九日。曉霧，晴，西北風。水湍急，不得進數里，泊。　十月一日。曉霧，陰，西北風。酉刻，泊露筋祠。下祠在邵伯湖中，環以楊柳，後池藝白荷，漁洋山人詩所謂「門外野風開白蓮」也。祠左有三十六湖樓，蓋運河之西南爲邵伯、高寶諸湖，其東北則三十六湖，即古射陽、甓社等湖。築隄而夾運河，於中隨地立名，有此種種。今三十六湖僅存緑洋、菱絲諸名，不能備舉，且半爲民田矣。登樓小憩，女僧獻茶，湖光暝色，高柳昏鴉，晚景頗勝。　二日。陰，北風。偕蘭槎游羅漢寺，殊蕭索地，多楊柳。人家在隄下，捕魚編葦爲業。土牆茅屋，葦壁蘆簾，開隔如蜂房而已。晚，雨，大風竟夕。　三日。大東風，晴。仍山外湖。午刻，抵高郵，離城里許，泊蘆蕩中。夕，大風雨。四日。大東北風，微雨。黎明解維。申刻，抵張家溝，泊馬棚灣。薄晴。偕蘭槎登岸，散步見塘下。圩田廬舍，皆在水中。　五日。東風。辰刻，過界首望，外河漸狹。酉刻，泊寶應西門外，夜雨，即止。　六日。大東北風，陰。戌刻，抵淮陰驛。　七日。大東北風。辰刻，過淮關。午刻，抵清江浦。平湖屈雲堂上舍衍慶。來，乞坿車。陳澹庵少尹葆青。來拜，春溆總憲嗣龍。子也。八日。雨。　九日。陰。雲堂至舟，陳澹庵、屈光甫城。來送行。　十日。晴。寄家信，并杏土信一通。巳刻，僱輿篙渡河。時中牟決口，南河清矣。抵黃家營，宿姜進公車行，偕雲堂、蘭槎赴西垻觀劇，殊惡劣，半折即回。丁雋人少尹、昌穀。查虛谷自都門回，同寓來會。　十一日。陰。僱定篙車六輛。　十二日。晴。巳刻，開車。同伴共五人，下人三人，厨子一人。時魚溝已上。三四日前下雪，淤阻難行，沿運河繞道。二更，猶未至，人驢俱疲。雪枝駕轅驢驚車幾債百里，抵重興集，已子夜矣。重興集有二，此在桃源縣境，水陸要路也，河西即縣治。其一屬山東郯城縣，去此百二十里，由東大道入都，則由此歷紅花埠而至彼。夜闌無佳店，投宿村舍，維進草具，不堪下嚥，圖假寐片刻而已。　十三日。卯刻，開車。雪後淤阻，車行甚艱。六十里抵杏花集，亦名仰花集。雪枝、蘭槎疲頓不能行，遂宿壁間，有癸卯仲春卧雲女史題詩云云。葢浮薄者僞託。　十四日。寅刻，開車。濃霜滿地，車行冰上，作碎玉聲。四十里至順河集，打饉渡運河。五十里宿皂河鎮。　十五日。丑刻，開車六十里抵邳州，打饉。自渡江至此始見山，雙眼一明。又四十里抵曹白集，宿。此山東嶧縣境也。嶧本鄫子國，後屬魯，其東爲魯次室邑，南爲偪陽。後入楚，改次室曰蘭陵。秦屬薛郡，漢分丞、蘭陵、繒三縣，屬東海郡。晉廢繒，置蘭陵郡，治丞縣。隋改丞爲蘭陵縣，屬彭城郡。唐復爲丞，屬沂州瑯琊郡。金改蘭陵縣，爲嶧州治。元省縣，屬益都路。明改嶧縣，屬兖州府，今因之。　十六日。寅刻。開車，四十里抵汴塘，打饉。五十里抵澗頭，宿山石犖确，顛震不安。磵頭距臺莊南六十里，西南半里許曰泉河，水出黄丘山，南西流而北注至此。凡十五里有澗頭橋，雍正初兖寧道徐湛恩倡建，亦曰徐公橋。乾隆間徐之孫績來爲巡撫重建，又曰公孫橋。　十七日。子正，開車。寅刻，渡河。天陰有雪意，六十里抵陰平驛，打饉。日晡晴。又五十五里宿臨城驛，屬滕縣。滕，故滕、薛、小邾三國地。秦屬薛郡，漢分小邾爲蕃縣，屬魯國。分滕、薛爲戚、昌慮、公丘、薛四縣。晉以蕃屬魯郡。北魏置蕃郡，隋改滕縣，屬彭城郡。末爲滕陽軍，金改滕州，以縣爲倚郭。元屬益都路，明廢州爲縣，今因之，屬兖州府。　十八日。丑刻，開車，陰。五十五里抵南沙河，打饉。渡漷水，十五里至滕縣郭外，有滕文公祠。又四十里渡沙水，宿界河，鄒、滕二縣界也。　十九日。丑刻，開車。五十里至中山店，打饉，有龍清泉出林城社种家樓土中，經此入沙河。出彭口以至運河。未刻，過鄒縣。鄒故邾國，後改鄒。秦置縣，屬薛郡，漢屬魯國，晋屬魯郡，唐屬兖州，宋屬襲慶府，後省入仙源縣。金屬滕州，元隸益都路，明隸濟寧府，後屬兖州府，今因之。城南有亞聖廟曝書臺、斷機堂。三十里渡泗水，經兖州府，出北郭外五里許有柳下惠墓。又二十五里，有卞莊子祠。又三里渡洸水，抵高梧橋。以上並屬滋陽縣。滋陽，魯負瑕邑，秦屬薛郡，漢置瑕丘縣，屬山陽郡。晋省入南平陽縣，屬高平國。隋復置瑕丘，爲魯郡治。唐爲兖州，屬魯郡。宋升兖州爲襲慶府，改縣爲嵫陽。金爲泰定軍治。元仍爲兖州治，屬濟寧府。明省入兖州，後改滋陽，屬兖州府坿郭，今因之。汶水自寧陽之堽城别爲洸，經高梧橋南流入濟寧。通鑑朱全忠遣朱友恭圍兖州，朱瑄自鄆救之，友恭設伏敗之于高梧。注云：「高梧，即春秋魯國之高魚是也。」高梧，今俗作高吴。是晚不宿。亥刻即開車。二十日。寅刻，過汶上縣。自高梧橋至此六十里。汶上，古厥國地，後屬魯爲中都，再屬齊爲平陸。秦屬東郡，漢置東平陸縣，屬東平國。宋爲平陸縣，屬東平郡。隋屬魯郡，唐改中都縣，屬鄆州東平郡。宋屬東平府，金改今縣。元屬東平路，明屬兖州府，今因之。渡汶六十里，抵東平州，古須句地也，後入魯，再入齊。秦屬東郡，置須昌縣。漢爲東平國，劉宋以後爲東平郡。唐爲鄆州，宋爲東平府，元爲東平路。明降州，省須昌屬兖州府，今屬泰安府。打饘。微雨，進峗山，岡阜迂迴，鈴聲上下，如在棧道圖中。其參差出没於森林雜樹間者，鼇尾、黄華諸山也。六十里宿舊縣驛地，屬東阿縣。東阿，齊穀邑。漢始置東阿縣，後漢分穀城，入東郡。晉屬濟北郡，北齊省穀城，宋屬東平府，元東平路。明改東阿治於故穀城，屬東平州，今隸泰安府。　二十一日。寅刻，開車，陰。十里東阿縣，又四十里抵桐城驛，打饘。又六十里宿茌平。茌平，齊牧丘地。漢始置縣，屬東郡，後漢屬濟北國。晉屬平原國，北齊廢，隋復置，屬清河郡。唐初屬博州，尋省入聊城。劉裕復置縣。元屬東昌路，明屬東昌府，今因之。齊右善歌，有綿駒之遺風焉。自陰平而北，一客入店，挾瑟者盈門，其齒自十一二至十七八而止，靡靡之音不俟客命。纏頭賞數十青蚨，笑盈頰矣。稍長則以縫窮市，鵠面鳩形，飾以濃脂厚粉，車夫奴子視爲温柔鄉，其爲士者笑之，惡知即向之挾瑟來者也？戲填南黄鶯兒四闋。

南北路迢迢，況嚴冬，冰雪交，愁中忽見桃花笑。眉兒、黛描，臉兒粉調，半彎紅袖琵琶抱，髻雙挑，婷婷嬝嬝，一箇箇，翠苗條。　含笑入簾來，坐斜簽，一字排。四條弦上聲聲噯。訴風情幾回勸，村沽，幾杯行雲流水卿休怪。猛徘徊，蒼生此輩，淪落儘堪哀。　幼小識春風，問何曾，習女工。貪財薄俗錢刀重。巫山者峰，巫山那峰，旗亭驛館年華送。太匆匆，紅顔如夢，轉瞬又縫窮。　旅館正無聊，喜征車，暫息勞。酒星入座花星照。高歌恁高，豪情恁豪，花香入酒寒威埽。醉酕醄，繩床一覺，明日馬蹄遥。　二十二日。子初開車。五十五里抵新店，打饘，屬高唐州。二十里過高唐州。州本齊地，漢置靈縣，屬清河郡，後漢屬清河國。後魏分今縣屬南清河郡。北齊並廢，以高唐入清河郡。隋屬武陽郡，唐屬博州。中改崇武，旋如故。梁改魚丘，後唐復故，晋改齊城，漢復故。元初屬東昌路，旋升州，明屬東昌府，今因之。四十里宿腰站，屬平原。平原，齊地，秦置縣，歷代因之，隸濟南府。二十三日。子初開車。三十里抵甜水鋪，打饍。三十里過恩縣。恩本齊里丘地，漢屬清河郡東陽縣，後漢省。晋爲武城、鄃二縣地，隋析歷亭縣，唐屬貝州。宋平王則宥其餘黨，改恩州。金屬大名府，元屬直隸中書省。明降縣，屬高唐州，今屬東昌府。四十里過德州，古有鬲氏之地也。後屬齊，漢屬平原郡鬲縣，後漢爲侯國。後魏初屬渤海郡，後屬安德郡。北齊省入安德。隋改置廣川縣，又分將陵縣，復改廣川爲長河，皆屬平原郡。唐皆屬德州。宋改永静軍，金屬景州。元屬河間路，尋升陵州。明降縣，屬濟南府。永樂間改陵縣，以故陵城爲德州，今因之。渡河二十里，宿劉智廟，爲德州與直隸景州接壤，舊名劉智社。元蓨尹吕思誠嘗行田至此勸化社民。二十四日。子初開車。四十里過景州，漢信都國脩縣地，後漢改屬渤海郡。隋改蓨縣，屬信都郡。唐屬觀州，後屬德州，旋又屬冀州。金屬景州，元升元州，後復蓨縣爲景州治，屬河間路。明省入州，屬河間府，今因之。又五十里抵阜城，打饍。阜城，漢縣，屬渤海郡，後漢徙廢。晋復置，後魏分屬武邑郡。隋屬觀州，又屬信都郡。唐屬觀州，又屬冀州，後改漢阜，漢復故。宋屬永静軍，旋省入東光，後復置。金屬景州，明改屬河間府，今因之。四十里宿富莊驛，屬交河縣。漢置建成、成平、景成三縣，屬渤海郡。後漢省入成平屬河間國，後魏屬章武郡。隋改景城，屬河間郡。唐屬瀛州，改屬滄州，仍還瀛州。

宋省入樂壽縣，金始分交河屬獻州。明改屬河間府，今因之。　二十五日。寅刻，開車四十里，渡濁漳水，過獻縣。本漢河間國樂成縣，晋改樂城。隋兩改廣城、樂壽，唐屬瀛州，再改屬深州。宋還瀛州，金升壽州，改獻州，屬河北東路。元爲樂壽縣，旋復州，屬河間路。明降獻縣，屬河間府，今因之。至商家林，打饇。自獻縣六十里至河間府南門。河間，古燕、趙二國地。秦爲鉅鹿、上谷二郡，漢置武垣、州鄉二縣，屬涿郡。東州屬渤海郡。後漢省。州鄉並隸河間國。後魏移河間郡，治武垣，屬瀛州，北齊省東州，隋始置河間縣，爲郡治。省武垣入之，改東州爲東城。唐河間爲瀛州治，宋爲河間府治。金省東城，元爲河間路治。明爲河間府治，今因之。雲堂分道赴保定。又二十里宿二十里鋪。　二十六日。丑刻，開車。五十里抵任丘西關，打饇。任丘，本燕鄚色，漢置鄚州、阿陵、高郭三縣，屬涿郡。後漢省爲鄚，屬河間國。後魏屬河間郡，唐改屬滿州，旋分任丘屬瀛州。旋於鄚縣置鄚州，并領任丘。開元間改爲莫，天寶初改州爲文安郡。乾元初復莫州，屬河北道。晋入契丹，周復之，未省莫縣，屬河北東路。金廢置莫亭縣。元省入河間，後復置，屬河間路。明省莫州，入任丘屬河間府，今因之。四十里過鄚市鎮，即故鄚州也。十五里過趙北口。又十五里宿雄縣南關。雄縣，燕易邑地。漢置易縣，屬涿郡，後漢屬河間國。晋曰易城縣，後魏復去城字，屬高陽郡。北齊省入鄚縣。唐改置歸義縣，屬幽州，改屬涿州。晋入契丹，周復之，置雄州。宋改歸信縣，政和間賜郡名易陽，置廣法軍，屬河北東路。

金仍曰雄州，天會間置永定軍節度。貞元間改屬中都路。元初軍廢，屬保定路。明省縣入州，旋改爲縣，屬保定府，今因之。　二十七日。寅刻，開車四十里，抵孔家埠。打饉。又五十里，抵曲溝，宿屬固安縣。固安，本燕地，秦爲上谷郡地。漢置方城縣，屬廣陽國，後漢入涿郡。晋屬范陽國，後魏屬范陽郡，齊廢。隋改固安，屬幽州，後屬涿郡。唐初屬北義州，後屬幽州，又屬涿州。元兩改屬霸州大興府，又升州屬大都路。明降縣，屬順天府，今因之。　二十八日。丑刻，開車，陰。過固安五十里抵于岱，打饉。又五十里宿黄村，屬大興縣。　二十九日。晴。雪枝、福堂先行。巳刻，予與蘭槎開車，三十里入右安門，至崇文門驗放。酉刻，至賈家胡同。知雪枝已定寓驢馬市大街聚魁店矣。戌刻入寓。京師本燕地，秦爲上谷郡。漢初復爲燕國，後改廣陽郡，屬幽州，後漢初省入上谷郡，旋復置廣陽郡。魏復爲燕國，晋建興後没于石勒。後慕容儁、苻堅、慕容垂迭有其地。後魏爲幽州燕都，北齊置東北道行臺，後周置幽州總管。隋廢，改幽州爲涿郡。唐復置幽州總管府，改大都督府，開元間置幽州節度使，天寶初改范陽郡，乾元初復幽州。晋入契丹，遼改南京幽都府，又改燕京析津府。宋再入金，貞元初改中都府，曰大興。元改大都。明初改北平，永樂初改爲順天府，以大興、宛平二縣爲坿郭，今因之。大興，遼薊北縣，旋改析津，金始名大興。宛平，漢薊縣，亦遼置。

十一月一日。冬至，晴，大風。　二日，大風。偕蘭槎、福堂覓寓南横街圓通觀。　三日。

偕蘭槎、福堂至天樂園觀嵩祝部劇。　四日。偕蘭槎再至南横街米市巷，覓寓不成。至聖安寺，小憩，頗幽敞。　五日。偕蘭槎、福堂覓寓興勝寺、五聖庵、玉極庵、天仙庵、地藏庵，俱不成。至準提庵，始定。庵在石頭胡同南，出驢馬市大街，北出李鐵拐斜街，去正陽門僅半里許，庵内大殿後西南隅一院八間頗寬敞。　六日。偕蘭槎、福堂，至慶樂園，觀和春部劇。　七日。偕蘭槎散步琉璃廠，由南門大街回寓，夜大風。　八日。大風陰，下午風止。　九日。晴。移寓準提庵。　十日。大風。偕雪枝至琉璃廠書肆，購得鍾祥李雲門尚書潢九章算術、細草圖説，於載本多所糾正。後嫌其説稍繁。　十一日。偕蘭槎、福堂至慶樂園，觀三慶部劇。　十二日。偕蘭槎、福堂至慶樂園觀三慶部劇。回得鼎卿書。江西書估攜眎李雲門緝古算經改注三卷，不用立天元一術。但據本術詮解，精思力索，頗得王氏之意，與陽城張古餘太守敦仁。細草如駿之斬緝，古無餘蘊矣。　十三日。偶感寒疾，不出門。煤氣熏人，竟夕不寐。　十四日。偕福堂入宣武門，即回，夕仍不寐。　十五日。寄堅香先生閔晴岩熙春一書，覆鼎卿書。　十六日。陰，大風。雪枝赴朱建卿助教善旂、唐秋濤農部潮之招，夜晴。　十七日。晴，天氣較寒。偕蘭槎至慶樂園，觀四喜部劇。夜，大風，痰疾復發，不成寐。　十八日。晴。閲黎襄勤世序。續行水金鑑，體例精嚴，似勝傅氏。　十九日。晴。閲續行水金鑑。夜鮮魚口失火，焚死二人。　二十日。雪枝赴雷竹泉比部文瀾。之招。予偕蘭槎、福堂至三慶園觀春臺部劇。京師菊部甚夥，以三慶、四喜、春臺、和春爲四大部，其次則嵩祝。然大都崇尚徽腔，取熱鬧而已。其所謂上駟，不過在蘇班中下間，餘可知矣。北音急遽而腔散漫，如徽腔、梆子腔之類，向來和以提琴，取其緩急相制，彌縫其節族。今易爲雙笛，竹音激烈，强高就低，頗不能諧，殊失弦索遺意。而里耳紛紛，稱之謂二簧，皇□之笑，士夫和焉，迫崑曲。登場坐者四起，宜巴人之日多與。二十一日。蘭槎、福堂赴通州。二十二日。往裕興園觀雙和部劇。操秦音擊甕扣缶令人掩耳。二十西刻蘭槎福堂自通州回。二十三日。稍暖。偕福堂散步南横街，由琉璃廠回寓。午後大風，向晚息。二十四日。雪枝赴朱甲三員外、逢莘。錢小藍兵部、以同。許可侯助教、曾望。雷竹泉、王竹侯承基。兩比部之招。予偕蘭槎、福堂至三慶園觀和春部劇。二十五日。淩一卿、先斗。來夜話。二十六日。偕蘭槎至天樂園，觀嵩祝部劇。二十七日。偕蘭槎至天樂園觀嵩祝部劇。二十八日。往琉璃廠書肆，購得郝蘭皋比部懿行。注山海經，以畢刻爲主，於草木鳥獸蟲魚考證爲多，至山川地理頗多舛誤。二十九日。偕雪枝、福堂至琉璃廠書肆，購得孫子十家注，乃孫淵如觀察星衍。據道藏本刻者。此書初擬列入指海，不謂先得我心。三十日。淩一卿來夜話。

十二月一日。偕蘭槎廣德樓觀和春部劇。二日。大寒，天氣轉暖，冰凍皆釋。往琉璃廠書肆，購得武進劉申受禮部逢禄。遺集。其説經左祖公羊，頗訾左氏。三日。偕雪枝、福堂往琉璃廠。四日。微雪即止。偕蘭槎天樂園觀嵩祝部劇。雪枝赴車廉甫之招。五日。往琉璃廠，購得陳伯玉集。蜀楊中丞國楨補輯者。七日。大風，晴。雪枝赴雷竹泉比部之招。八日。大風，陰。閱劉禮部集。九日。大風，晴，較冷。王瑞堂尤中。命子熾昌。來拜。十一日。晴，稍暖。偕蘭槎慶和園觀三慶部劇。十二日。往琉璃廠購得江都陳逢衡逸周書補注，望文生義，空疏處多。十三日。微雪，閱蘇州宋于庭翔鳳論語纂言，雜採古近人說，不見精意。十四日。晴。閱郝注山海經。十五日。往琉璃廠書肆，借得姚姬傳大史鼐惜抱軒集。十六日。偕蘭槎廣德樓觀三慶部劇。居雲堂自保定至寓。十七日。立春。微雪，午晴。偕蘭槎慶樂園觀三慶部劇。十八日。晴，大風。閱惜抱軒集，頗不滿意於戴東原，殆忌其名高，有意傾之。然戴之學豈姚所敢望後塵哉？十九日。偕雲堂散步琉璃廠，由南横街回寓，天暖如二月間，可怪也。二十日。偕雲堂天樂園觀嵩祝部劇。晡後大風，夜愈甚。二十一日。大風。閱惜抱軒，文平正簡潔，出方望溪上，惟應酬之作刪汰未盡。二十二日。閱惜抱軒集，説經空疏，無所心得，惟不信僞古文，尚爲有識。二十三日。風小減，寒甚。偕蘭槎、雲堂、福堂天樂園觀嵩祝部劇。二十四日。大風，得顧韋人作偉。書，知鐵岸上人復儒冠就試。二十五日。大風晚息。燈下作寄熊露芷丈昂碧。書。二十六日。大風，寄堅香先生、繆少薇二書向晚風止。二十七日。晴，暖。閱惜抱軒集，五言詩步武中盛，七言稍弱。二十八日。閱惜抱軒集，今體詩鈔去取頗平允，其於宋獨不取歐陽則謬也。　二十九日。閱惜抱軒筆記，較勝經説。論説文數條亦有可取。朝鮮國使李姓、卞姓來寓筆談。凌一卿來夜話，三鼓去。

甲辰，正月一日。陰。閱高廟欽定續通志。　二日。晴，暖。偕蘭槎、雲堂、福堂三慶園觀三慶部劇。　三日。閱續通志。　四日。陰。朝鮮使吴姓、李姓來購守山閣叢書、珠叢别録各一部去。雪枝連日各處賀節，頗勞，是夜感寒，咽痛潮熱。　五日。陰。雪枝潮熱未退，請延醫，弗許。是夜熱甚。　六日。朱建卿來問雪枝疾。延宜興馬序東診視，云冬温也。夜加洞泄，心竊憂之。與蘭槎寄鼎卿書一通。　七日。再延馬醫視雪枝病，云係挾虚，殊棘手，顧無止瀉法。寓中皆驚恐，不寐。是夕瀉如故。　八日。雷竹泉來問疾，延吴門王石華希潞診視，用桂枝白虎湯，瀉止，而熱愈熾，病勢漸篤。再作書寄鼎卿。　九日。竹泉來，再延王醫診雪枝，進犀角地黄湯。下午病愈亟，於是自知不起，呼蘭槎及予書遺屬，索進參湯。朱甲三員外、心葵孝廉應陽。喬梓陸尾山、淩一卿、沈濟堂希文。咸來問疾，相顧束手。勉進參劑及至寶丹。至半夜已不能語矣。　十日。寅刻，雪枝辭世。與蘭槎作書，馳訃鼎卿。辰刻，諸同鄉至商理喪事。是晚對酒大醉，哭雪枝於寢門，悲從中來，不自知其過哀也。　十一日。予病酒，竟日寫樣。鄧沛庭來，以胎産祕書商刻，并屬作序，成雪枝意也。　十二日。料理雪枝喪務，客中諸事艱難，長安居真不易哉。　十三日。辰時，殮雪枝。諸同鄉皆至。校胎産祕書竟，代作序一首。　十四日。偕蘭槎至潘家河沿，拜唐秋濤慶部。復至爛麪胡同，拜胡岫桐，世華。商雪枝請封及回南事。　十五日。往琉璃廠。唐秋濤來答拜。　十六日。延僧課大悲懺一日。雷竹泉、唐秋濤來商回南事。　十七日。赴南横街，拜朱甲三、心葵、喬梓回，入正陽門。至十景花園，拜王瑞堂，均不值。淩一卿來夜話。　十八日。陰。宋建卿、胡岫桐、魏環溪、承恩。呂吟梅俊□。來拜。朱甲翁來議雪枝請封事。夜大風。　十九日。唐秋濤來祭雪枝，商請封及回南事。與蘭槎寄鼎卿書，寄堅香先生書。　二十日。魏環溪、淩一卿來。　二十一日。唐秋濤來。　二十二日。延僧課大悲懺一日。朱甲翁來拜。　二十三日。朱甲翁、錢小藍、許可侯、雷竹泉、王竹侯、張仲玉紹珩。來祭雪枝。午後，至東珠市拜淩一卿不值。至雲間會館，拜魏環溪、呂吟梅、沈濟堂、俞雨薌、葵。金一山，鍾華。晤環溪、吟梅。　二十四日。較冷。至賈家胡同，拜朱建卿及子良孝廉，善驥。晤子良。至四眼井，拜阮受卿郎中，祐。不值。進宣武門，拜雷竹泉、張孟韓、紹琦。仲玉晤竹泉。仲玉、俞雨薌來答拜，不值。薄暮，雪。　二十五日。辰，起雪，積三寸。蘭槎、福堂赴通州。晚晴，一卿來夜話。　二十六日。陰。呂吟梅來閒話。蘭槎、福堂回寓。　二十七日。晴。　二十八日。陰。沈濟堂來。　二十九日。晴，驟暖。一卿來夜話。　三十日。延僧課大悲懺一日。午後赴琉璃廠。阮受卿來答拜，不值。

二月一日。大風。張孟韓、仲玉來答拜。　二日。福堂赴通州，予赴四眼井，拜阮受卿。

回至陜西巷，拜淩厚堂孝廉。堃。厚堂著書等身，輯有傳經堂叢書，皆其一家之學。　三日。雲堂招同蘭槎三慶園觀三慶部劇。唐秋濤來拜，吕吟梅來，均不值。福堂回寓。　四日。淩厚堂來拜。君深於緯候之學，著有德輿子書宗秘笈。又融會京、鄭、荀、虞之旨，爲周易翼。其室安孺人璩珠。爲之釋例。又有學春秋理辨五十餘卷，其第三卷刊於儀徵，阮相國皇清經解者是也。論學大半宗毛，大可。力抵程朱，斥爲僞學，噫亦過矣。接去冬十二月家信，并鼎卿書，夜爲惡酒所困，腹痛，大瀉。四更始痊。　五日。曉雪，繼以雨。未刻晴。　六日。晴。寫定回南如意船一號，擇二十日啓行。　七日。厚堂來祭雪枝。朱甲翁、雷竹泉、唐秋濤來。　八日。胡岫桐來，與蘭槎作寄鼎卿書。　九日。往琉璃廠。　十日。魏環溪來。雲堂招赴慶樂園觀嵩祝部劇。　十一日。大風。朱甲翁來。　十二日。陰。雲堂招同蘭槎、福堂三慶園觀和春部劇。吕吟梅來，不值。　十三日。偕蘭槎、福堂天樂園觀嵩祝部劇。淩一卿來。　十四日。甲翁、秋濤來。雨，午後止。作雪枝行狀。　十五日。晴。往琉璃廠。　十六日。陰。往琉璃廠。　十七日。陰。辭别淩厚堂。往琉璃廠。朱心葵來。　十八日。晴。福堂先押行李赴通州。唐秋濤來，偕蘭槎辭别諸同鄉。雷竹泉來，不值。寄堅香先生書，與蘭槎作寄鼎卿書。淩一卿來祭雪枝。淩厚堂來，眎所纂雪枝小傳，並留之晚飲，二鼓去。　十九日。甲翁、建卿、竹泉、秋濤、岫桐來送行，偕蘭槎赴厚堂之招，同席湖南張處州。許皆厚堂同年湖州葉艖尹陳大令則其同鄉也。福堂回寓。　二十日。辰刻，雪枝靈櫬發紖，諸同鄉送至東便門。予偕蘭槎、福堂雲堂由土道四十里先至通州東門外三里東岳廟前。登舟，其稍北爲石壩，白河、富河合流處。白河源出密雲縣霧靈山，南流過順義縣入通州境。富河即榆河也，源出順天府西罋山口，由順義縣界至此，與白河會而南流爲潞河。通州，漢漁陽郡路縣，後漢改潞。晉屬燕國。後魏仍屬漁陽，後爲郡治。隋廢，屬涿郡。唐於縣置元州，尋廢，仍屬幽州。宋屬燕山府，金始置通州，屬大興府。元屬大都路。明省潞縣入州，屬順天府，今因之。偕蘭槎入西城，拜沈松盟同知。策。回，靈櫬已至舟。同舟者，蘭槎、福堂及予三人。原帶下人三人，厨子一人，又添下人一人，厨子一人。又搭船二人，一紹興人，一江寧人。申刻，松盟來答拜，並祭雪枝。　二十一日。雲堂別去。微雨即止。偕蘭槎、福堂入城。　二十二日。晴，西北風。午刻，起碇，四十里過張家灣。城東北有通惠河，自西北來注之。通惠河者，即大通河，源出昌平州白浮村神山泉，由海淀東南越都城出大通橋分東西二流，徑通州城合流，至此入運河。又西南五里有渾河，自西北合南新河來注之。渾河出大同府桑乾山，亦名桑乾河，經太行山入宛平縣，出盧溝橋東南分二支，一自通州高麗莊至此入潞河，一經固安縣入小直沽，會衛河入海。南新河之上源曰涼水河，自大興縣至此入渾河。又三里泊小屯。　二十三日。卯刻，起碇。東南風急，不能進。泊高莊。　二十四日。東南風。晚泊河西務，屬武清縣地，漢屬漁陽郡雍奴、泉州二縣。晉屬燕國，後魏省泉州。隋屬涿郡，唐屬幽州，天寶初改武清。遼屬析津府。宋屬燕山府。金屬大興府。元屬漷州。明改屬通州，今屬順天府。自通州至此百四十四里。二十五日。行百十二里，泊北倉，屬天津縣。四更偷兒至，卸去窗外護板，聞呼竄去。二十六日。大東南風，不得進。偕蘭槎散步村墟，人家荒落而科第頗盛。二十七日。東南風更厲。十六里過直沽，白河至此會衛河入海。自此西南皆逆水矣。又十二里泊天津，夜雨。天津本燕、齊二國地。秦爲漁陽、上谷二郡地。漢爲渤海郡章武縣、漁陽郡泉州地。唐以後爲滄州地。元爲静海縣。明設天津左右衛。本朝雍正初改爲州，旋升府。二十八日。西北風。巳刻，晴，過闕泊，僱添縴夫六名。閲治河方略，即靳文襄治河書，原本八卷。東撫崔吉升刪補爲十二卷。原黄河圖起閿鄉，蓋據目前河務所急，猶禹貢始積石意。崔氏補河源及古河舊跡，殊失其旨。而運河圖自萬莊牐以南至中河口反有脱略，則大事胡塗。惟末坿河防述言、河防摘要，足見當日君臣賓主，信在一心，故能成不世之功，爲得其要領。二十九日。西南風。六十九里泊濆流鎮，屬静海縣。縣本漢章武郡東平、舒二邑。宋爲清州窩口砦。金置靖海縣。元并入會州，尋復置。明改静海，屬河間府，今屬天津府。三十日。西南風，暖甚。申刻，轉東南風，陰。六十四里泊唐官屯。大風竟夕。

三月一日。陰，大東北風，俗云真武暴也。按夏小正言時有俊風，即風信之類。三四月間地氣上騰，所謂扶摇羊角，故烈風尤多。風暴之説，不知起自何時。博物志載太公爲灌壇令事，蓋其濫觴。夫風無神則已，有則天之號令，彼真武關王諸神安敢拔扈？自私以病行旅，此直妖耳妄耳。至觀音，屈原亦皆有暴，真可供嘔噱。巳刻，風勢小殺，進三十七里，泊二十里屯，屬青縣地。青縣本漢渤海郡參户縣，後漢省入章武縣。隋爲長蘆、魯城二縣地。唐置乾寧軍，晋入契丹，置寧州。周復之，仍曰乾寧軍，并置永安縣。宋初軍廢，屬滄州，旋復置乾寧軍及縣。熙寧間省爲鎮。元符間復置，崇寧間仍省。大觀初升清州，政和間賜名乾寧郡，復置縣。金仍曰清州，貞元初改會川縣。元改清寧府，旋復改清州，屬河間路。明省會川入州，又廢州爲青縣，屬河間府。今屬天津府。　二日。陰，東南風。百二十六里泊滄州，秦上谷郡地，漢置渤海郡浮陽縣，魏置浮陽郡，熙平初又分滄州。隋廢，改清池縣。唐復滄州，治清池。天寶初，改景城郡。乾元初，復曰滄州，屬河北道。興元間置横海軍節度使，梁改順化軍。後唐復曰横海軍，宋亦曰滄州、景城郡横海軍，屬河北東路。元屬河間路。明始以州治清池縣，省入屬河間府，今屬天津府。　三日。晴，東北風。七十四里泊七子堰，屬交河縣。　四日。東南風。五十八里泊東光縣馬頭。東光，漢縣，屬渤海郡。隋廢郡，置觀州，以縣屬平原。唐屬觀州，又改屬滄州，又爲景州治。周爲定遠軍，宋改永静軍。金仍爲景州，改觀州。元移景州治蓨縣，以縣屬焉。今屬河間府。　五日。大西南風。十五里泊大龍灣，屬東光。晚風更厲，窗牖震撼，終夜有聲。　六日。大風如故。窗内皆沙土，食頃輒導分許。　七日。風勢小殺，陰。五十五里泊安陵，屬吴橋縣。本漢平原郡安縣，後漢省。晋置東安陵，屬渤海郡。後魏去東字，隋并入東光。唐復置，屬觀州，改屬德州。宋省入將陵縣。金始分今縣屬景州，今屬河間府。八日。西南風，晴。午後風復厲。三十六里泊草地，屬山東德州。九日。東北風。四十八里至哨馬營，有滚水壩，通鉤盤河故道，由吴橋縣入海。又十五里泊德州。十日。大西南風。四十里泊四女寺，係恩縣境，亦名四女樹。相傳昔有傅氏四女，守貞不嫁，共植一樹，發四枝，故名。今幾毁矣。十一日。東北風，雨。十六里泊孟家灣。十二日。五十里至花家園。偕蘭槎、福堂步至鄭家口，爲故城縣境。故城，古滌縣鬲池地。隋爲歴亭縣，屬清河郡。唐改今名，屬甘陵郡。宋屬貝州。明隸景州，今屬河間府。鄭家口爲運河要鎮，地大人衆，尤多晋商。戌刻，船至自花家園，至此二十里。十三日。申刻，大西南風，遽轉大東北風，小雨。即霽行九十里泊武城，此平原君封邑，非子游爲宰處。俗乃飾弦歌臺故跡，誤矣。漢爲東武城，屬清河郡。唐屬貝州，宋屬恩州，元屬高唐州，今屬臨清州。自天津至此，兩岸緑楊，雜以桃李，流連節物，不啻身在江南。十四日。大西南風。四十五里泊胡家窑，距渡口驛南五里，屬臨清州夏津縣境。夏津爲齊晋會盟處，漢爲鄃縣，屬清河郡。隋置今縣，屬貝州。宋、金屬大名府，元屬高唐州。大風竟夕。十五日。風。勞愈横不能起。碇庖人買得鼈，大如盤，色黄而斑其首，蓋黿也，舉而放諸河。向晚，風息。中夜開，行八里，雨仍，泊。十六日。晴，東北風。八里過孫家口，自此南至半壁店凡二十里。東岸屬夏津，西岸屬清河縣。清河，齊貝丘地。漢屬甘陵，晋始置縣。宋屬恩州，元屬大名府。明改屬直隸廣平府，今因之。自半壁店以南均屬臨清州，凡二十六里抵州治。臨清，故衛地。後入于晋，北魏始置縣，屬平陽郡。唐屬貝州，宋屬大名府。金屬恩州，元屬濮州。明始升州，屬東昌府，今爲直隸州，轄武城、夏、津丘三縣。舊城外有土埂，環截干城之東、南、西三面，謂之新城。其西北有版牐。衛河水源自河南輝縣蘇門山，山有百門泉，詩所謂「泉源在左，洪水在右」是也。東流合滏、洹、淇三水，千里至山東館陶，合漳水北灌臨清、土城至版牐，會汶水北流入運河，亦名御河，即漢之屯氏河、隋之永濟渠也。酉刻，進版牐一里，抵磚牐泊，牐中水僅三尺許。至此須俟南旺開牐放水，始得行。十七日。偕蘭槎、福堂入舊城，游護國禪院、古五松寺。荒索殊甚。出西門，游大寧寺。乾隆間王倫滋事聚衆於此。寺不甚大，略有説書、茶肆之屬。大殿有米元章書「寶藏」二字，明方元焕書「第一山」三字，左右勒石。米書固贋，鼎方書亦平平爾。夜小雨。十八日。晴。聞南旺始開牐，須二十四五水方至。夜雨。

十九日。雨。夜午止。二十日。陰。二十一日。晴。偕蘭槎、福堂游漳神廟，頗整麗。版牐旁有龍王廟，廟後高阜，有觀化亭，可登眺。磚版牐間嫫母無鹽多倚門者，大率糧艘水手之銷金鍋也。再游大寧寺，寺左爲泰山行宫，祀碧霞元君。元君，東嶽之配。泰山爲東望，故齊魯間祀之尤隆。元君所主吉嬰之事，謂之天生尊母，殆因東方生氣而坿會之。興賢街文昌祠後殿阯下有明方元焕三忠殿碑記。三忠者，蜀漢關武安、唐李西平、宋岳忠武也。今殿改祀文昌先代矣。按文昌六星在紫微垣，雖有司中、司禄二名，然與文事無涉，并不當合而爲一，俗乃坿會。晋人張惡子僞纂十七世化身始末，尊之於孔子之下，武安之上。又訛奎壁之奎爲戴匡之魁，作鬼戴斗形，立文昌之首。躁進之徒，淫祠以求福，如瞽如狂，卓然自命爲通人者。亦從而和之，乃復推而祀其先世。夫三忠功烈昭於史册，而文昌先世渺茫不可知，顧以彼易此，謂之何哉？噫！二十二日。晴，驟暖。晚間蒙氣頗盛，星芒動摇，殆又將大風矣。二十三日。大西南風。磚牐水日增，而開牐無期。悶甚！此地本不通舟楫，自元都燕，轉漕東南，初不過由黄河逆水至中灤，陸運至淇門，下衛河以達燕京。迨畢輔國遇汶入洸，由洸通泗、汶水得至濟寧。李奥魯赤因之，開渠分汶水西北流至須城，故瀆通江淮，漕經東阿，由利津海運至直沽。至元二十六年，用壽張尹韓仲暉言，自安山湖西開河，由壽張北過東昌至于臨清，爲會通河。後屢開屢淤。永樂間，宋康惠重濬會通河，用老人白英策，築戴村壩，盡遏汶水，使西南流至南旺分水口，南北濟運。於是漕艘得自江淮直達京師矣。會通河北至版牐而止，由版牐而東北則資衛河之水，而東南則資汶、泗、洸、沂四水。戴村即四汶口也。汶水有五，嬴汶、北汶、牟汶、石汶、柴汶，發源于泰安、萊蕪等山，至此合而爲一，西北經東平州入大清河，至車瀆入海。大清河，故濟水也。禹貢導沇水，東流爲濟，溢爲滎，東出于陶丘。北又東會于汶又北，東入于海。此其會汶處，今堵絶之矣。汶流既遠，時防不足，處處建牐，以節蓄洩磚版二牐，尤北運咽喉啓閉冣嚴。民船來往，惟每年三月間一放，餘則須俟糧艘而行。二十四日。晴。聞糧艘已抵南陽，明晨啓牐。

二十五日。東南風。過磚牐。二十里過二十里鋪，自此至田家口爲清平縣境。清平本齊貝丘地，秦屬鉅鹿郡，漢置貝丘縣，屬清河。隋改清平，唐屬博州，宋屬大名府。元屬德州，明屬東昌府，今因之。十里過戴灣牐，又二十一里抵丁家觜。昏黑兼東南風急，遂泊距田家口九里。

二十六日。大西南風。五里過魏灣，有滚水壩，洩水。東北由篤馬河入海，俗以爲馬頰河，承寰宇記之誤也。又八里過土橋牐。又十五里梁鄉牐。又十六里泊梭隄。自田家口至此，東岸屬博平，西岸屬唐邑。博平，齊博陵地，秦屬東郡。漢置今縣。晉屬平原郡。隋屬清河郡。堂邑，齊清邑，秦屬東郡。漢分發、干清二邑。東漢爲樂陵侯國。晉屬陽平郡。隋置今縣，屬武陽郡。二縣唐皆博州，元屬東昌路，明至今屬東昌府。

二十七日。大東南風。六里過永通牐。二十二里過通濟牐。福堂病，惡寒，潮熱。予偕蘭槎入東昌府東門，至文廟訪所謂三絶碑者，惟黨懷英額尚完好，王去非記文頗尢弱，王□筠書及李穀碑陰似出一手，屢搨漫漶，經俗工刻畫，失故步矣。碑上記字，碑陰作近，此即嵩高詩往近王舅之近。鄭康成讀如彼記之子之記，乃釋其音，非謂即記字。翁覃溪跋遂云合于古義，豈其然乎？城心有光岳樓，凡四層，頗壯觀。東門外有魯仲連臺，相傳爲射書燕將處。然城西北十五里古聊城中亦有此臺，蓋皆坿會。城東南隅洩水湖墩有三皇廟，訪巢父及高陽氏墓，無知之者。沿河呼渡入南門，微雨，仍出東門回舟。東昌，齊西部也。秦屬東郡，漢分魏、濟陰、清河三郡。唐爲博州博平郡。元爲東昌路，明改府。延醫診福堂，病用大表劑，予靳之衆譁然，以爲得汗則病可痊，且在北土，不必以南人囿服一劑。遂大汗不止，是時舟子十人病，五其二以汗愈，故衆人以爲口實。

二十八日。大東北風。寅刻，起碇。三里有龍濟滚水壩，洩水。東北由土河入海，俗所謂徒駭河也。又十七里，過李海務牐。十四里過周家店牐。又一里爲官窑口。自後堤至此，屬聊城縣境。聊城，東昌坿郭縣，本古聊攝地。秦置縣，歷代因之。又十四里過七級下牐。又三里上牐。又二十里過阿城下牐。陸朗天中丞燿。運河備覽作十二里，誤倒也。又四里上牐。岸東爲阿城鎮，即古阿城地。又十二里荆門下牐。又二里上牐。又五里爲五里鋪。自官窑口至此屬陽穀縣境。陽穀本齊地，秦漢爲須昌縣。隋置今縣，唐屬鄆州。元改東平，今隸兖州府。又五里泊張秋，跨河爲城。周世宗遣李穀治隄，自陽穀至張秋口是也。宋改景德鎮，明改安平，界陽穀、壽張、東阿三邑間。壽張，春秋良邑，戰國爲剛壽，漢爲壽良，東漢改今名。元屬東平路，今屬兖州府。福堂既病，舟子三人，坿舟之江寧人皆病，呻吟達旦，不能成寐。

二十九日。東南風。五里過挂劍臺。按徐子國在泗州，今有土阜，傳爲吴季子挂劍處，與此同出坿會，而此尤鑿空。或以兖州四境皆古徐州，不爲無據。是直郢書而燕説之也。岸東有五空橋，東北通大清河。又五里，爲沙灣鋪，自五里鋪至此屬東阿境。又東南有沙河，自西來入之。又二十里戴廟牐。自沙灣鋪至此爲壽張境，岸東有三空橋，東北流通大清河。岸西通老黄河，又三十里安山牐，即安民山湖也。歷元山、大中小金山，在其東梁山，小安山在其西，耿家山在其北，明時與南旺、蜀山、馬場諸湖爲四水櫃，今淤爲民田矣。過牐泊。

四月一日。病斃水手一人，即埋之岸側。西南風。三十里過靳家口牐。自戴廟牐至此屬東平州境。十二里爲石頭口，汶水自何家壩東南來入之。又六里袁家口牐，戴村壩在其東北三十里。又四里爲劉老口，汶水自何家壩東南來入之。又八里開河牐，轉西南風。又十二里過十里牐。又五里泊南，在分水口。雨，此地形㝡高向測與濟寧太白樓岑齊，高於臨清九十尺，高於臺莊百六十尺，故東西決水，有建瓴之勢。然地形南低北高，水性就下，北流常歉，致俗有「三分朝天子，七分下江南」之謡。其實當時原定七分向北，三分向南，故南之柳林牐基較高於北之十里牐，約有尺餘。張清恪伯行爲濟寧道時，曾建議復還七分向北，爲總河張文端鵬翔所駁。予則謂有牐以爲關防，有湖以爲蓄洩，苟能視南北緩急時其啓閉，宜七則七，宜三則三，安用定制爲？福堂汗仍不止，兼以鼻衄，而泊船處皆鄉僻無醫藥，且每值昏夜，姑從中醫之説。二日。曉發。五里抵柳林牐，此南運咽喉牐，東爲蜀山湖，汶水由戴村壩西南經何家壩，又西南至分水口。濟運距口而北五里有十里牐，而南五里有柳林牐，以爲南北啓閉之節。而分水口之北則有馬踏湖，其南則有蜀山湖，以蓄汶水之餘波，濟運河之涸。輒至夏秋異漲，則西有南旺湖以洩之。今馬踏湖涸矣，蜀山湖之中適當柳林牐，其北有金線牐，南有開河牐，皆以備旱時放水濟運者。今惟開河牐，内尚通舟楫云。南旺湖蓋即古大野津，禹貢大野既豬，東原底平。周禮兖州其澤藪曰大野，地志謂在鉅野縣北，何承天云：「鉅野廣大，南導洙泗，北連清濟。」此湖昔合汶、泗、清、濟諸水，積爲大澤。宋時猶與梁山濼匯而爲一，自築漕隄，界運河于中，遂東西分爲數湖。今安山、蜀山、馬踏、馬場諸湖皆是也。延醫視福堂，病仍用表劑，兼生大黄下之。告以多汗，且鼻血又便泄矣。固持無害，衆楚人復咻之如病何？　三日。天氣蒸熱，乍晴乍雨。福堂病大進，竟夕鶩亂。　四日。稍涼，陰雨。醫來視福堂，用藥如前。申刻，益篤，言語恍惚，殆不可爲。　五日。福堂病益憊，醫來，嗒焉而去。未刻竟逝。客路倉黄，遭此異變，聊唤柰何？天熱不能緩，中夜而殮。　六日。晴，西北風。而牐閉，不能揚帆，悶甚。　七日。偕蘭槎呼渡遊蜀山寺，葑葭彌。望水深不及尺，蘋花數點，楚楚可憐。山在湖中，卷石耳。其東南一水，東北流通汶上縣。又有馬莊泉，自東來入之。寺中爲碧霞元君廟，左爲宗魯堂，祀宣聖像，右爲西方三聖及彌勒佛。湫隘穢濁，無容足地。鄉村婦女燒香膜拜絡繹不絶。游閒之輩復結侶拏舟，嘔啞俚曲，以爲歡笑。以明日爲元君生日，搭臺演劇，歲以爲常。云寄鼎卿及陶香楞二書。夜，大雷雨。　八日。陰。偕蘭槎湖隄觀劇。登場者，鶉衣垢面。屬目者，椎結魋顔，地獄變相也。

散步至金線牐，牐向在寺前牐南，乾隆間移柳林牐北，以利北運。今牐内养豖種秫矣。牐右有土阜，眺見百里，東南望，遠山聯綿，若出若没。其尤遠者，天際一痕，淡而無極。西北則一水縈帶，皎如匹練，蓋汶水自何家壩來者。北望長林蔥蒨，人煙隱隱，即汶上邑城也。憶客冬渡汶而西，忽忽半載，雪往柳來，不勝感歎。九日。晴。枯坐篷窗，殆如望歲。十日。西南風。辰刻，過柳林牐。四里過孫村，自靳家口牐至此屬汶上縣。又八里寺前牐。又八里大長溝，傳爲西狩獲麟處。自孫村至此屬嘉祥縣，即古武城子游爲宰處也。本鉅野墳，金始置今縣，屬濟州。元屬單州，明改屬濟寧，今屬兖州府。又六里小長溝，西岸有彭祖、玉皇、李家等山，稍南有晋陽山，即向者土阜所見也。又十六里過通濟牐，馬場湖亦涸矣。又三里曹井橋，自大長溝至此屬鉅野縣。鉅野，古大野澤，漢置鉅嘉縣。唐置麟州。宋元爲濟州，明改濟寧，于任城以縣隸焉。今屬曹州府。又東南四里爲耐牢坡，有牛頭湖，自南迤西而北來入之。又二十六里抵天井牐，汶水自四汶口南流至寧陽縣北，古阿城西分流爲洸，水經注所謂「洸水上承汶水于岡城西」是也。洸水南流至兖州城西，合泗水分爲二支，一東南流，由濟寧州東出天井牐爲府河；一西南流，由濟寧州西入馬場湖，自元人於岡城西築壩，絶汶通泗，洸水遂與汶不通。濟寧，古任、邿二國地。秦屬東郡，漢置任城縣，屬東平國，東漢屬任城國。晋爲任城國治。宋任城屬高平郡，後廢。北魏復置縣并郡。隋屬魯郡，唐屬兖州。宋屬濟州，金爲濟州治。元屬濟寧路，明爲濟寧府治，後降州，屬兖州府，今因之。偕蘭槎登南城太白酒樓，東望群山，起伏隱若煙霧。州城内外林木森秀，佳氣鬱葱，人煙稠密，市肆頗盛，北來僅見。十一日。辰刻，過天井牐。又一里，過在城牐。按此當爲任城之譌，有元俞時中任城東牐記可證。推篷西顧，晋陽諸山隱，若送別，而東望煙巒明滅，向所見最遠者，今漸近矣。又東南二里有浣筆泉，自東來入之。又四里趙村牐。又五里石佛牐。又十八里新店牐。又六里新牐，泗州糧艘抵牐矣。又六里仲家淺牐，西岸有仲子祠及書院。又五里師莊牐，泊，俟糧艘過。新牐下版，此方啓牐也。上有梁山伯、祝英臺墓，蓋坿會小説。十二日。大東南風。卯刻，開牐。八里過魯橋口。泗水發源泗水縣陪尾山，西流至兖郡城，東合沂水，此沂水源出曲阜縣，酈道元所謂出尼山西北，徑魯縣故城，南北對稷門。又西徑圓丘北，又西右入泗水者，非沂州之沂。雩水至黑風口分爲二，其一西流至寧陽會汶，其一南流合白馬湖，出魯橋口入運。又四里棗林牐。又二里四里灣。自曹井橋至此屬濟寧州。又十里南陽牐。岸西爲南陽湖，迤而東南爲昭陽湖，俱茭蘆耳。其岸北爲獨山湖，山在湖中，湖之北爲白山、鳳皇山、西山、東山，綿亘不絶。風逆，舟行甚滯，宜於看山，而頗不利于負舟者。又十八里利建牐。又迤而東，群峰斷續，時隱時見，以地度之，蓋滕嶧間諸山也。湖波綿邈，煙樹蒼茫，望之無極。風吹葭葦，瑟瑟與邪許聲相應。又十二里邢莊牐，牐圮矣。其東岸爲獨山湖，水所侵蝕，僅存一綫，然自是獨山湖漸淤而昭陽湖漸有水矣。又十三里泊馬家口。十三日。東南風。十二里滿家口。有豹突、荆溝等泉自東來注之。又二十里過王家水口。自四里灣至此屬魚臺縣，魯棠邑地也。秦置方與、湖陵二縣，屬薛郡。漢屬山陽郡。晋屬高平國。宋屬高平郡。隋爲方與縣，屬彭城郡。唐改魚臺，屬兖州。宋、金屬單州。元屬濟寧路，明屬兖州府，今因之。又三里珠梅牐。獨山湖至此盡矣。又五里鮎魚涎，有鮎魚河自東來入之。又二十里沙湖口，有古沙河自東來入之，河與鮎魚河通也。其水南注微山河，又五里楊莊牐。又八里泊夏鎮牐。十四日。微雨，大南風，晴。辰刻過牐。七里劉昌莊，有鳳池、玉花等泉，自東出脩永牐。來入之自王家水口，至此屬沛縣。沛，古留邑。漢置縣，屬沛郡，又名小沛，又爲楚國留縣。東漢爲沛縣，屬彭城國。又爲廣戚縣，今夏鎮西岸有戚城是也。隋爲沛留縣，屬彭城郡。唐爲沛縣，金爲滕州。元屬濟寧路，又爲滕州治，旋復爲沛縣。明改隸江南徐州府，今因之。又東爲西灣，楊柳沿堤，緑槐夾道，遥山蓊鬱，頗饒畫意。其北岸取近者爲白山。又十一里十字河，北爲彭口。有温水、許由等泉徑沙山麓來入之，謂之彭口河，南通微山湖，均有壩。又三里彭口牐，有支河北通彭口河。自楊莊牐至此兩牐間水高出牐外三四尺，雖云彭口水盛，實因挾沙而來，河底墊高所致。司水利者視冬挑爲具文，奉行故事，將來河身日高，運道漸梗，異漲泛溢，民其爲魚而屑屑焉。徒事嚴閉蓄水，此不揣其本而齊其末也。晡後雷雨，轉東南風，雨過過牐。又十五里郗山村。村以山得名，在岸北，亦名赤山，土音轉爲雉山。螺鬟新沐，嵐翠迎人，迤而東，左顧群峰，參差斷續，漫漫吐白雲如絮。右望湖水滔滔，孤峰砥柱，即微山湖也。湖界滕、嶧、徐、沛之中，周百八十里，與昭陽湖通，受鄆城、嘉祥、鉅野、魚臺、金鄉、成武、曹州、定陶、壽張、曹單各州縣之水，誠南運一大水櫃也。又六里張王牐，泊。此牐未見志乘，然自彭口牐至韓莊牐五十里間淤沙易積，不可無牐以束水，蓋近所添設者。大風雨竟夕。十五日。曉發。十三里朱姬牐，又名朱家莊，亦有小山，不知名，與湖中微山正相對。其後稍東爲馬家山，自劉昌莊至此屬滕縣。又十六里韓莊牐。大西北風，晴。岸之南稍東爲靈山，又稍東爲黄山，俱在微山湖中。岸之北稍西遠山爲牛山，在馬家山，東北有泉，東流爲牛山河，東南出德勝牐入運。其岸南折而北，當舟環繞者冣近爲銅山，稍東南爲鐵山，稍東北爲張山。又東北爲平山，又東與銅山，直者爲二郎山。稍東爲中山，稍東北爲耿山，餘不知名者猶多隱約雜出，若窺若避，若傲睨若欣喜。湖光映發，宛然圖畫。銅山稍西北有伊家橋，有水出微山湖，由此東流爲伊家河。午刻，過牐，水溜風急，駛若奔馬脱銜。水師絶叫，前牽後挽猶不能止。自此至臺莊八十五里，凡經八牐，地勢建瓴，高下相懸四十二尺有奇。水性趨下，湍急難留，船行沙石間，尤易損壞，故舟人於此兢兢云。兩岸陡峻，望向者諸山皆不得見。申刻風息二十里德勝牐。又六里六里石牐。又六里張莊牐。有侯孟山泉，截伊家河自南來入之。又六里泊萬年牐。十六日。西北風。過牐。八里磨盤觜，岸南隔伊家河有王家山，稍東爲黄丘山，有馬跑泉、龍王泉，合流自東南，截伊家河來入之。其又東爲尖山，又四里丁廟牐。又六里頓莊牐。牐隔河與黄丘山相對也。西北有盧旺河，分二支，出丁廟頓莊二牐入運。又六里大泛口，俗名大鵬口，有丁公、許池等泉自北來注之。又二里侯遷牐。又一里閆家淺，有巫山泉，自北來入之。又十一里臺莊閘，泊，運河至此漸闊。十七日。大東南風，陰。過牐。五里黄林莊，自朱姬莊至此屬嶧縣，過此屬江南境矣。迤南八里爲石拉，俗名渭石工，有伊家河自西來注之。又南有趙村，湖自東來注之。湖之南有山不知名，土人呼其地爲火十步。西岸數里爲虎頭山，稍南爲影山，又八里梁王城牐，即河清牐也。復迤而東，其南岸爲王母山，西南遠者爲茸山，又十里爲泇口，俗呼泇溝。東泇出山東費縣箕山，西泇出嶧縣抱犢山，二泇合流，南會武河至邳州入泗。明隆慶間總河李化龍引泇水行運，自宿遷董家溝迄夏鎮稍南之李家港，凡二百六十里。避黄河之險三百里，後董家口淤，改由駱馬河至窑灣口入泇。國朝康熙間，總河靳文襄復開皂河十餘里，自故皂河口北達温家溝，以至窑灣。復挑支河三十里，俾溯河而北者自張家莊入口而至皂河。然自清口至張家莊，尚有黄河二百里，乃于遥縷二隄内創挑中河，百八十里自清口。對岸仲家莊，直接張莊口，漕運所經黄河遂不過七里。後總河張文端復承聖祖指授，以清水出仲口，遏黄南淄，恐礙運口，乃於清河鹽壩起改挑中河，穿子隄，由雙金門牐入鹽河，經花家莊迤東穿黄河縷隄至楊家莊出口。自清口至此，亦僅二十里，於是黄河如帶，一葦可航矣。而近日民船自北而南者往往至楊家莊，捨舟陸行渡河，至清江浦，過船以避天妃三牐之險。其自南而北者亦如之。又十里沙家口。又十里徐塘口。皆沂河入運處也。沂水出山東朐縣沂山東南，經沂水縣歷沂郡城東，又東南入邳州境。盧口分二支，一合白馬河東，由駱馬湖入海，一合武河南出沙家、徐塘二口入運。又二里抵河成牐。牐上下相懸至三四尺，上流既不閉牐，河面復潤爲牐所束，奔流直下，逆風阻之，激蕩鼎沸。糧艘逆上，牽挽千人，鳴金合噪，數刻僅濟前艘，過則後者銜尾而上。日薄風愈急，遂泊。王厨又病矣。

十八日。東南風。辰刻，過牐。三十五里，匯澤牐。又二十一里，窑灣口。自黃林莊至此屬邳州。又十里，泊牛頭灣。

十九日。大西南風。九里利運牐。水勢視河成匯澤二牐，加峻而風又急，遂泊。予感寒疾，竟日不快。晚大汗，乃解。

二十日。陰雨。牐間水勢愈悍，糧艘亦不得上。

二十一日。晴，大西北風。下午止轉東北風。過牐。十五里，泊皂河集。

二十二日。東南風。三十里支河口。八里新駱馬湖口。又四里舊駱馬湖口。岸東即駱馬湖也。湖受沂河、白馬河、墨河諸水之匯，出董、□二溝以入黃河。明季嘗由此湖行運入泇，自開皂河，遂不行，惟建牐以備蓄洩而已。又十二里過宿遷關。又五里亭濟牐。午後陰，又三十五里泊紫流牐。

二十三日。晴。卯刻，過牐。十五里古城溜。自窑灣口至此屬宿遷。又五十七里，泊重興集。與蘭槎寄鼎卿書。

二十四日。陰，大南風。二十里泊散坌。自古城至此，屬桃源。寄堅香先生書。

二十五日。陰。二十三里雙金牐。又十二里楊家莊，泊。蘭槎渡河赴清江浦。

僱船，夜雨。王厨病亟，醫者仍用表劑，毫不見效。二十六日。蘭槎自清江回，僱定如意船一號，下午仍去。二十七日。放舟出口，泊黄河南岸。其北岸即王家營也。是時東河決口未塞，故南河猶清水。午刻，搬運行李。及雪枝、福堂兩轄過船。二十八日。偕蘭槎、戴名標至陸岷軒觀劇，殊劣。是晚復僱小蒲鞋頭船一號。連日延顧醫診王厨，投黄連瀉心湯，頗有起色。然大船既有兩轎,又人氣病氣天熱熏蒸,不堪倚枕。二十九日。偕蘭槎過小船。午刻，同大船起碇。大東南風。二里過淮關。又二十里抵淮安，偕蘭槎入西門，訪淮陰侯祠。出南門，尋釣魚臺、漂母祠，不得。三十日。大東南風，陰。四十里泊平河橋。午後雨，大船不至。聽風聽水，顛簸竟夕。

五月一日。寅刻，風雨止。四十里抵寶應，西南風復急。大船至，微雨。申刻，挂帆，四十里過汜水。又五里泊。二日。西南風，晴。十五里抵高郵，有競渡之會，陋無足觀。偕蘭槎入南城，游古元妙觀。回至南門，内有毛惜惜祠。惜惜，宋營妓。紹興時守城别將榮全據城叛降金，惜惜責以大義，不聽，遂駡賊被殺。土人祀之爲英烈夫人。申刻，進至露筋祠。大船至，同泊荷花塘。三日。東南風。六十五里抵揚州東關，亦有水會，無以過高郵也。偕蘭槎入東城，游天寧寺、平山堂，謁楊忠愍祠。薄暮大船至。四日。東北風。入徐林門，謁儀徵相國，乞序守山閣叢書，成雪枝意也。許之。相國年八十一矣，視聽聰强，惟患軟腳，不能起立，行動需人。見謂叢書所取甚當，又問輯書始末，及壬寅夏夷寇犯吳淞，陳忠愍陣亡事，咨嗟良久。云午後不能坐，明辰尚欲一會。對以舟有靈轊，急欲南回，遂辭出。未刻，遭八公子孔厚。來答拜攜贈研經室再續集及江都黄春谷觀察承吉。夢晐堂文集，又爲雪枝設祭。酉刻。過紗關，泊安江門外。五日。東北風。辰刻，過由關。巳刻，渡江，泊鎮江西門外。閲研經室再續集，係畢蘊齋光琦。昕校，誤字尚多。六日。東北風，陰。閲夢晐堂集，尤弱瑣碎，尤喜穿鑿。晚泊奔牛。七日。東南風。辰刻，抵常州東門，訪朱稽松學博於陽湖學署，知鐵岸已就試，獲售。少薇近館淮安，作書留寄。飯後回船，抵横林鋪。適鼎卿率雪枝兩嗣子及陳蓮塘、沈松磵、吴研漪、金雲坡等三舟迎喪。次丁家堰，與大船同泊，因挂帆，重回過船叙語。雞鳴回舟，同起碇。八日。東南風。晚泊錫山驛。王厨復病。九日。東南風。未刻，過滸墅關。日暮大船至，同泊。十日。東南風。辰刻，抵南濠，訪陳潁莊，適錢漱六熙經。張筱峰鴻卓。兩學博，及筱峰弟飛卿振鱗、姪梅生家□。封亦愚，同寓潁莊。寓左因訪之，梅生述姚蘇卿先生已捐館舍，爲之憮然。午後大船至，飭人先送王厨回楓涇。十一日。僱舟飭人送福堂櫬回平湖。是夕蓮塘來同舟。十二日。偕鼎卿、雲坡二舟同發。陰雨，泊蘆墟。雪枝兩嗣子及沈松磵、吴研漪二舟尾大船。由崑山塘行，作告靈文一首。十三日。晴。午後抵楓涇，偕諸君同訪程蘭川。申刻，開船，夜雨，泊萬春橋。十四日。曉抵錢圩。夫燕吴僅隔三千里，南轅北轍，歲以千計。此行以四人往，以兩人歸，舟中病者七人，死者二人，殆而僅存者三人。一舟人，一厨子，一搭船者。而予與蘭槎以倖免，痛定思痛，能無怵然。然雪枝之仕與予之行，皆非必不得已，乃毅然北首，車殆馬煩，冒霜雪入都門，僅逾兩月遽有此變，豈意計所及者？然使雪枝獲選大郡，興利除敝，聲動上游，游躋顯宦，一旦溘然朝露，玉棺歸里，亦何異今日？彼東華車馬，冠帶相索，洋洋鳴得意者，聞雪枝之事亦有咄嗟惋惜，而不知同歸於夢也。南柯邯鄲，奚所繹哉？予之入都，予之夢游也。因種于十餘年之前，而夢見于十餘年之後，其夢也非予之所欲夢也。而夢適遇之，客有詢夢境者，出此録以示。甲辰小暑後一日。

撰聯偶記

居處

且住爲佳，自求多禍。大門。
好是懿德，求其放心。書舍。
晚菘早韭有餘味，春鳥秋蟲非惡聲。書舍。
居安思危省躬克己，實事求是尊聞行知。堂楹。
近聖人之居羹牆如見，後天下而樂朝野皆知。冶城閑雲。關。
出谷遷喬尤承堂構，居仁由義長宜子孫。友人。新室。
睡起笑捫王猛蝨，狂來驚走葉公龍。草堂。
開卷有益，用志不分。書厨。
負耒横經從吾所好，吟風弄月與天爲徒。地蘿居。

三杯對飲老兄弟，一刺不通新達官。客次。
鶯喜新陰初出谷，鶴盤遠勢漸翀霄。賀移居。
維摩丈室來天女，白傅吟情寄小蠻。内室。

詒贈

敬業樂群發不中者求諸己，因文見道無所住而生其心。敬業山長楊西華。
閒静讀書端詳處事，和平養福寛厚待人。夏史青。
仲景微言平脈辨證，丹溪家法救敝扶偏。代贈醫者朱德甫。
痛癢關心不殊人我，化工在手即是神仙。瘍科。

祠廟

立德立功立言史篇具在，有猷有爲有守衆論無情。曾文正公祠。
一著不留情幸免雄猜王亦偶，通盤重定局功操勝算祀應同。勝棋樓下有曾文正像。

道勝外無營一片忠誠懸日月，神完中有恃十年談笑卻熊羆。曾文正像。

種果在前生願我民無災無害，拈花參妙相惟爾神能發能收。痘神祠。此聯上五字係集摯，甫讀原擬，下七字曾文正所改。「村」字原作「□」，似太泛，故易之。

即色即空現美人身而説法，大悲大願指恒河沙以爲期。觀音殿。

酒地花天幻境夢回人影少，刀山劍樹孽風吹到鬼魂多。十王殿。

作福作威儼然民望而畏，隨盈隨闕此其天道可知。元壇殿。

一笑開門誰能立腳，幾時成佛便請同龕。彌勒殿。

咦箇中人者般快活，唉門外漢適從何來。彌勒殿。

古來幾箇忠孝人莫把此心看淡，起家一片乾净土何容彼鬼潛留。岳墓。

夥頤爲王榮到寒梅深鶴，當頭有月皎然流水空山。孤山靖安明王祠，宋林和靖以爲財神，其配曰梅隱夫人，鶴子奚□焉。

霧鬢風鬟小劫幾經修月斧，詩天酒地芳辰遍插護花旛。金沙港花神前。花神像斗名二所作，後經重塑，已失真面，故郭頓伽有謝卻海棠修「明月，一場小劫不分明」之咏。今又□修矣。官紳宴會多在此。

不逢哥利王何至漆身爲厲，右遇秦丞相也驚垢面風癡。洋慈寺濟顛肉身，以漆髹之垢面風癡，語見精忠記。傳奇歸秦劇。

開浄度法門回頭便證三摩地，登極樂世界撒手先從七□鈎。蓮池大師祠墓。

圓陀陀面孔絶無一言，直挺挺金身只有半概。大佛頸。

見色見空鬼戲祇争三十日，眼開眼閉世間被騙幾千年。地藏殿。

功勝萊公不使燕雲歸敵境，冤同鄂國尚虚徐石跪墳前。子忠肅祠。

秋菊寒泉千古水仙配食，夢幻泡影刹那龍女參禪。水仙祠一雛尼敏慧絶倫。

身後是非盲女村翁多亂説，眼前□□解元才子幾文錢。唐六如祠。

素問、靈樞不讀通皆爲廢簡，牛深馬勃苟對證即是神方。藥王廟

祝壽

德盛禮恭耆英冠坐，月圓春正家慶齊年。姚衡堂太史八十。

心游太初脚踏實地，穀詒孫子術通神明。賈雲階對君七十。

四德膺封八鸞鳴盛，六旬開慶三鳳□霄。代祝汪母。

雲煙過眼靈光巋然，松柏長年膚壽無已。游芝田七十。

八索九丘楚史倚相，一堂二内漢儒伏生。任梅岑七十。

驚天詩句錢神□，横海功名酒債多。井眉老人六十。
讀畫談詩優游耄耋，安貧樂善瀟灑家庭。代壽程逸苹七十。
公則能平人我無閒，仁者必壽耄耋長春。友人七十。

婚嫁

堂構克承積善餘慶，琴瑟既協和氣致祥。張鳳山于子根。
安親揚名施於孫子，謹身節用宜爾室家。張燮庵長孫。
柯如青銅根如石，雲想衣裳花想容。老翁納少妾。

弔輓

九十年忠厚傳家關心喬木蒼煙過客尚稱通德里；五百載神仙小劫回首清風明月曾孫同拜武夷君。朱老年九十餘。
天道果非邪，宜安而危，宜福而禍，宜壽而夭；情焉置此，其事適丁，其機適值，其病適成。

錢廉溪。

世界都在煙雨中，休論四百八十寺；極樂不離詩酒裏，可能三萬六千場。江寧老僧百歲。

踏破鞋兒，管則甚，閒花野草；倒卻竿子、聽憑他，明月清風。禪僧。

十年心力久忘身，無愧千秋信史；三省軍民齊下淚，豈徒八百孤寒。曾文正公。

兼四德，備五福，二千里陔華孝養，其生也榮；毓三鳳，撫雙珠，九十齡談笑全歸，得天獨厚。龐太夫人。

注經二十篇，校管廿四卷，鋭集遺文卓有成書傳絶學；離家一千里，住世卅七年，隱符噩夢眇無靈藥起沉疴。戴子高。

漢宋本無争，笑衆口傳聞實義；瑕瑜不相掩，到此時毁譽皆空。又代作。

赤舌燒城再入輪迴須慎口，青雲没地博通載籍豈虚生。又。

父循吏，子賢能，先後媲美，章江獨堪傷，缺月難圓，化鶴何時歸毅魄；昔熊丸，今鳳誥，兄弟承歡，白下卻不意，慈雲遽散，琴□未得享期頤。莊母。

弱冠紹旁枝，十載空巢悲旋燕；病魔淹瘦骨，中年後事倚原鴒。錢偉甫。

芝草無根，直與松筠同藻範；蓮花證位，依然箕帚侍蓉城。錢雪枝側室倪氏。

黄髮尚依人，日暮途窮，拭目桑榆聊慰意；白眉偏失望，天愁海怨，招魂贏博久傷心。姚杏士。

松柏慶長春，冣難梁案齊眉，猶親中饋；葛蘿明末誼方羨萊，衣舞綵忽散慈雲。姚恭人。

弱冠即相知，會少離多，葭倚平生殊静躁；養閒惟自適，含輝守素，瓜綿遺澤淡榮名。擬致堂。

其年亞轅固服生，議議洽聞，無媿西京博士；所學在文章性道，知行合一，允推儒林丈人。

府學聞老師少谷。

一木苦支，持必欲使漏屋重推，天何此酷；三年勤纂，輯初不意前徽莫續，命竟難回。錢子馨。

七秩靳稱觴，此日陳牲猶泣血；一官遲列鼎，他年捧檄倍傷心。楊古醖母夫人。

相夫助子勤不告勞，多福延年終以譽命。錢母。

齋奠肅瞻園元相詩篇傷内助，淵源存子舍周官音義續家傳。孫方伯夫人。子仲容方疏周禮。

卅年妯娌同心，撫子克家，不特哲夫能仗義；七秩兒孫繞膝，承歡獻壽，何期天道竟難徵。

張鳳山叔母。

作守十年無慚循吏，懷仁百世不泯清風。楊卓庵太守。

群紀論交記，觴泛東籬，曾拜德公床下；喬佺等壽待，鶴歸華表，重來丁令人間。代輓刁老。

靈爽近松楸，曰友曰恭，克繩祖父；和衷營兆域，既安既固，以利嗣人。偉甫子馨同葬。

原隰裒矣兄弟求矣，子孫保之福禄宜之。又代。

毓德高門既有令名兼壽考，蟠根福地從來富貴即神仙。代輓李伯相太夫人。

一病何因，屬纊彌留，公瑾醇醪猶惠我；六旬中壽，詒謀周至，小同家學定承君。于充甫。

移孝作忠閱歷艱危頻叱馭，先勞無倦淹留醫藥尚從公。顧穎樵太守。

服杜功深，兩世遺書勤繼述；紀群交久，十年同學感存亡。劉恭甫。

世事鏡中花藻譽，文章虛空色相；科名身外物白頭，黃口遺恨泉臺。王沖平。

蘋閣誦清芬，喜寶樹三株，連枝競秀；芹宮騰俊譽，悵秋風一葉，片影先凋。張籀生。

人言叔寶神清法闡師門編繩祖武，我歎仲文儒雅峰青江上雲黯秦陽。錢慎之。校刊顧尚之三簡法，重刻蠡測編。

念二年老屋重新，子順孫賢，有基弗棄；小萬卷叢書傳世，光前裕後，無忝所生。錢夢花。

生入玉門，尚恨奇功輸定遠；修成金粟，祇應勝果證如來。劉開生都轉。

訂交五十六年，傾蓋班荊，皓首蒼顏嗟向老；相別百廿餘日，安歌撤瑟，素車白馬恨來遲。張嘯鋒。

福壽康寧，陸地神仙愁失偶；慈和節儉，朝天司命醉稱賢。夏母周孺人。

懷舊雜記

懷舊雜記卷一

余所居里，在邑城西北四十八里，曰周浦鎮。舊志謂即元下沙場杜浦司地是也。周浦之名，不知所自始，俗偁澧谿，殊無謂。余謂宜名儲里，以儲華谷名也。

周浦鎮街有内外棋盤之偁，蓋皆十字形也，而居中者爲姚氏南蔭堂，俗云姚家廳。據譜，姚世籍河南，宋南渡時遷至松江，再遷至今南匯地，逮明成化間已三世矣。有承事公諱塤。者，忼慨好善，始於其處，建積慶橋，至今便之，呼爲姚家老石橋。後過僻野，遥見母雞率群雛啄食荒冢間，近之忽不見，知其異，因建此堂。旁築廛舍，招集商賈，遂成市肆，爲南邑首鎮。姚氏聚族而居，子孫繁衍。道光初稍衰，咸豐辛酉遭粤寇之亂，堂遂燬，而姚族亦多離散矣。南蔭堂額爲文待語著，今亦燬。

外棋盤街之港東街，俗曰旗杆街，以朱日平覺。與子子治良裘。名也。日平博學能文，雍正癸卯進士，以年老重聽，就寧國教授。治，子，雍正甲辰進士，歷官詹事府少詹事。日平所編古文評注便覽，自三傳、國語、國策、史、漢、歷朝唐宋八家，旁及家語、莊子之類，并及古今人評語，間下已意，皆有條理。刻手亦佳，余少時尚及見人家案頭有此書。今則村塾通行，翻板不絕者惟觀止耳。旦平讀書處曰静觀樓，今亦燼於粤寇。

静觀樓北數舍，余家老屋在焉。先徵仕公少孤，予復少孤，於先德惘然。但聞父老言先祖克明公爲人任俠好客，戚友多依以爲活而已。賈君曉春嘗爲予言，聞之傳説，有鄉人晨起抱布入市，過君家門，首見肩輿從内出。視之中乃君祖也。此向所未見□，□□之。由水步登大□，秘問從者云：往某建懷，疑不得賣布返探之。乃知頃已逝矣。殆爲神也。先世譜失，不知所自。始祇知出自張家浜。張家浜者自港東街，直北過□源橋，折而東是也。據利造橋張氏譜言，宋南渡時自豫遷松江，再遷周浦鎮。明初族頗盛，人傳張家浜及成祖驅富民鎮燕京有□一公者，挈長子伯江公北徙其仲子仲清公婚於利造橋鄔氏，遂家焉。季子導江公則居鎮之列船橋，别爲一支。而遍考兩譜世，次皆無端倪，不敢漫坿。先祖没後，先徵仕公以屋多人少，賃於它氏，而别僦三椽於南蔭堂之旁，取卜鄰之意。及予總角即就傳於姚氏蒙塾。先師東渠夫子諱煒球。所課，雖皆童蒙，而每爲之講貫字義。課餘命之屬對，以子稍能領會，教以聲律唐詩，漸進以古唐人賦、文選、明人制義。師嚴氣正性，不苟言笑，而架上書籍任予翻閲，未嘗禁。曰：「汝能解甚善，但不得塗抹耳。」師自課甚嚴，屬文如宿成詩。喜袁簡齋，脱口即是，予亦輒效之，師曰：「袁詩得其性靈意趣可矣，其輕薄不足法也。」嘉慶庚辰院試，題爲「可以託六尺之孤」，師暗用三國志諸葛亮傳，大爲學政姚文僖公所賞，拔入松江府學。師益勤於學，閒則兼治醫書，有神悟。道光癸未春，師課予及同學輩，命亥初卧，丑初起。治盥頮。師亦起，命題日以時藝律賦相間，師亦如是，限天明脱稿。午後繕正。至皆時課，誦畢則作試帖及雜體，亦日相問，必脱稿而後就寢。及院試，不售，師以爲恨，而予稍怠於業。師怒與之扑。然是秋師以霍亂卒，而徵仕公亦以是冬病没，予日窮促。明年遂就館訓蒙矣。

泰庵太夫子，諱伯驥。嘉慶丁卯舉人，就職直隸州州同。學行誠篤，見義必爲，著有五經劄記。上海李心庵户部序云五卷，而所見刊本則止一卷，豈有所散佚邪？

守璇夫子，諱煒琛。東渠師之長兄也，府學歲貢生。閉户課徒，不問外事。予幼時見，以爲可造，輒善視之。每館課時，亦預焉。有所請必詳爲講解，未嘗厭倦。卒年八十一。所著有洪景堂詩集十卷、躔坦一覽、黄河溯源竟委圖考二卷、前明治河圖考二卷、分省水利圖説、地理雪心賦注，皆未刊行，佚於咸豐辛酉之亂。孫小稽，有元。廩貢生，少孤，育於祖，今以軍功得五品藍翎。

惺齋夫子，諱煒琥。東渠師次兄也。東渠師既卒，命以所業就質。予早歲文蹶弛，不就軌範，每抑之。既而謂諸及門曰：「若輩非其倫，毋效之也。」予既就館浦南，歲時祭埽，暫歸外，惟歲科試郡寓一相見，而夫子以近境不得意。又丁火太夫人憂，哀毁致病，卒。嗣君若一，其鈞。少孤，方貧，訓蒙，以隸書篆刻承家學，著有周浦紀略，予嘗爲序之。曉山夫子，諱景福。諸生，亦東渠師族也。性舒徐不迫，困於有司，試多年，怡然無怨怠。及其得之，亦無歡容，常誡諸弟子無欲速此，足以爲時俗箴砭也。

吾里言風雅者，首推馮墨香先生。金伯。先生以廪貢生選句容訓導。工詩書畫，尤富收藏。乾隆間主脩縣志，著有國朝畫識、墨香居畫識、海曲詩鈔、續鈔、詞鈔。先生女蘭因女史，玉芬。與上海歸佩珊懋儀。齊名，有静寄樓詩詞。

朱雪鴻先生，清榮。邑諸生，居南市，與先祖克明府君友善，有公事必走商。博學多聞，通醫經、術數，喜儲華谷祛疑説，爲之箋釋，著有祖洲詩草。子琴村先生，南枝。亦與先祖爲紀群之交道光壬午舉人，官清河訓導。好提獎後學，借人書有蠹損者，必爲之整理。子蔭松，風笙。廪貢生，署陽湖訓導，亦通醫。以乃祖所箋祛疑説屬校，予以詒金山錢氏編入續藝海珠塵壬集。又所藏唐雷霄琴，内款「咸通某年雷霄造」。案雷氏善斲琴，見樂府雜録，殆不易得。今後人不振，不知所歸矣。

丁書圃先生，許秦。與朱居比屋。性耿直，爲里嚴師。詩宗陸放翁，有芳藹齋集行世。子繩本，咸豐辛酉駡賊被戕，人曰：「不愧丁先生子」。

祝秋田先生，文瀾。邑諸生，居北市，嘗封臂愈。母病，盛夏不袒裼，恐見傷痕也。品學端厚，易以康節爲宗，詩效明七子，間涉吴梅村，書法大歐，工白描仕女。著述等身，遭寇並失。

蔡曉峰先生，鋼。竹濤裔孫也，監生。嗜吟詠，所居曰其順堂，常集丁書圃、祝秋田、蕭亞史諸先生，於此一時稱風雅藪。云夫人朱愛秋庚。工詩，唱和無虚日，爲先生所心折。著有愛秋詩稿。

姚瀛三先生愚堂。能詩，工書畫，通音律、術數，談笑詼諧，與予爲忘年交。嘗夏晚納涼，至先生處，先生取壁間笛，箕踞庭中小卓上吹之。忽畜犬自外跳躍而入，盤旋起舞，口中嗚嗚然，笛止亦止。予爲之大笑。自後每詣先生請作之，屢次不爽，其游戲如此。然有惡少年詢其鄰女者，先生正色不與語，其人慚沮而退。先生所居在中市西偏，所謂石子街也。

張海珊先生庭村。貢生。居市西南隅，謂之西圈門，舊有園亭，道光來漸傾圮。先生山水學文待詔，喜用乾筆，淡於科名。公事不受獎，年踰八旬卒。同治己巳，予自金陵回周浦，從西市移居，僦先生衍慶堂左廂，凡住八年。主人爲先生曾孫，所謂園亭者，止疊石存耳。

閔一法先生亮。邑武生。世居新場，精眼科，以術來往吾里，且結姻，遂家焉，實予表姑壻也。豪於酒，善弈，其致力時於馬上挾譜精思之，既而閱琵琶譜亦然，皆名於時，卒年六十五。子憲□號晴巖，傳其眼科，客死於鄂。次月嵩忠連。遷居郡城，亦以眼科名。

周金垞墉。廩監生，居市東，工山水花卉篆刻。豪俠仗義，中落游廣東，爲廣守所重。既而以母老辭歸，中途遇盜喪其資斧。川沙同知何公士祁。聘脩廳志，淹蹇以病没，年未五十，愛其才者惜之。

計芥舟布衣，泰，後改名渤，字介生。幼孤寒，依其叔賈於市。偶得吴梅村詩殘本，效之，遂工詩。有欲羅之門下者，不可。中歲遷上海，以訓蒙爲業。妻以鍼黹佐之，或比之梁孟。著有孱守居詩。王蓛畦觀察録入，可作集。

吾里于氏，有東于西于之目。兩于皆居西街，東于曰雙璧堂，以奢侈先，中落。西于曰紹澤堂，世儉樸，人多謹飭。予所見者，有甜齋、佑安。迪齋。佑吉。甜齋，監生，沉静雅飭，篤於行誼。迪齋以廩貢生候選教諭，書法趙文敏，參以蘇、米，工水墨畫。兄弟友愛，怡怡如也。甜齋子充甫，爾大。道光癸卯優貢生，好學深思，工詩兼詞，書亦如其叔。爲人狷潔，不苟取，與予相善。新邑志田賦、橋梁、水利得其力爲多。迪齋季子松唐，爾棣。諸生，通醫，以調理氣機爲主。求診者如市，遇貧苦者不受酬，或且代償藥值。其所受酬積之以備周恤，不妄用。年餘四十没，不知名，來哭者甚多。其從子澧尊，鬯。諸生，英年篤學，潛心注疏，後來之秀當首屈一指。

張惠箖，兆熙。歲貢生，海珊先生族子也。居中市大街，後遷南後街，爲守璇夫子入室弟子。品學淵源，步趨必踐。授徒暇則詣師門研究經史，旁及地輿、醫術。每至，移晷人，謂能繼武不衍者一人而已。遭寇傷顱，不死，旋病卒，年六十四。

王望溪，渭熊。周金垞姊壻也。先世以寧波籍居川沙，再遷周浦。性誠篤，外和内介。畫山水，涉獵諸家，尤工墨竹。道光甲申以火中落，依人賣藥。咸豐末遭寇播遷。賊退，其子世彦。予弟子也。約同居西市。予客皖江之七年，暫歸，移居西圈門，君亦先移北市，已病矣。屬爲題其獨立圖，無何卒。世彦孝，侍惟謹人頗偁之。

姚魯琴，煒楷。東渠師族也，居油車衖。父培齋，延槐。善寫蘭，明醫，尤精痘科。魯琴得其傳，門庭如市。猶動心研究舟輿道路，手不釋卷。所詣益進，應手取效，有仙人之目。没後有遺影曰未濟圖，子嘗爲題之。初于松唐及同里李時香德照。皆從君學醫，君曰：「得吾道而先行於時者，時香也。松唐之行當在其後，而名則過之。」已而果然。時香，予友甘棠之子。甘棠名春棣，久困童子軍及雜諸生，年蓋四十矣。

賈曉珠，允明。諸生。居張家浜，祝秋田先生之甥，亦其弟子也。多聞緒論，與予爲總角交，幼相唱和，詠梅有「一枝寒破隴頭煙」句，爲計芥舟所賞。五言喜效選體，中歲習醫，晚遭寇，其稿與秋田先生著述並没。

黄月瑚，乘燿。居悦和橋，張惠箊高弟，邑諸生。詩喜袁簡齋，曉珠嗤之，然亦服其敏捷。中年困於諸弟，以瘵疾卒。

賈葵卿，國炘，後改榮禧。曉珠族也。居中市東大街，有肆應才，豪於談刊帖括。援例捐小宫，游楚、蜀，訪故人不如志，僅得詩一卷而已。因繪松、菊，猶存圖以寄意，予嘗爲填詞。既而遭火難，益窘，惘惘以没。弟蓉卿，國杰，後改榮懷。道光甲辰舉人，文辭富贍，書亦豐腴，隱然翰林風采。

乃以内閣中書改府同知，需次陜西，竟客死。

王泖秋，珠樹。居東市，即周金垞故宅也。爲火星垣入室弟子，廩貢生。雅淡能詩，畫如其人。父竹鄰，朝棟。以孝稱，慷慨好施，親友有待以舉火者，亦能畫。

賈步緯者，曉珠族孫也。幼學賈，後篤志天算，讀數理精藴、曆象考成，盡通其術。今在上海機器局，司擺印書籍，於西人對數、代數、微分、積分之術蓋亦窺其奥矣。

朱雨窗，作霖。張惠笭弟子也。幼孤露，將廢學，惠笭捐其脩脯時賙之，遂爲名諸生。能詩詞、駢體籀篆、分書。上海某君撰墨餘録，得其助爲多。今南匯新志，君實收其成。

丁竹村，秀甲。書圃先生族子。亂後貧乏，閉門授徒，其聰穎者導以對偶，意頗諄切。閒則栽花種竹，以詩自遣。嗣君璞人，慶玉。工人物花卉，又善以朱筆鉤摹篆籀、朱文、白文，有如鐫刻，且古雅勝於真者，絶技也。竹村兄柳塘，春熙。諸生，亦與予善，早卒。

道流陸滌齋，字錦文，忘其名。居西市，精卜筮之術。於干支五行生剋制化能析其微，有奇驗，兼通壬遁。予幼好術數，每與之談，謂予曰：「小道不足以致遠，子宜究心儒理，毋屑屑於是此。」語至今猶在耳也。

趙醴源大令，秉醇。上海，贈光禄寺少卿，升之先生文哲。弟三子也。乾隆乙卯舉人，由實録館議叙授湖北監利縣知縣，歷署恩施、鄖西等縣。凡在鄂二十三年。告歸，卜居吾里之北街，置田贍族。好書畫香鑪，精於賞鑑，與祝秋田、姚瀛三諸先生相往來。予有時旋里，亦相從談笑，諄諄有古人風。其季子簡甫，枚。監生，候選縣丞，咸豐辛酉罵賊死，賜恤如例。

大令從孫星甫，紀勳。幼與喬鷺洲重溥。齊名，應童試，時皆冠軍。主試者不能決，命背誦經書，則喬爲流利乃定之，後亦同以廩貢生入監肄業，議叙訓導。君爲人惇實，與東渠師至契，工詩賦駢體。見予，對花朝中，酒翦燭夜敲詩句，曰：「將來一詩人也。」亦折節下交。後遷住郡城，予至郡必訪之，握手道故，憶東渠師未嘗不相對憮然。星甫從兄序甫，繼勳。嘉慶己卯順天舉人。道光甲辰予自京師回至臨清，遇君適選泰興教諭涖任，並舟南下。樂數晨夕，距今三十八年矣。聞已卒於任所，其家遂留於彼。

大令從子君復，林。候補知縣，以病不赴。時至周浦，與秋田、瀛三諸先生游，予亦與焉。子芸伯，□□。嗣爲大令孫，居周浦，予僑居之，張氏乃其戚也，故常相見。忠信不欺，能書，亦喜爲詩。

曹桐華，耀翔。上海諸生，居市南。予從曉山師游時，正館於曹也。儉樸無華，書法歐趙，後歸鍾王，不輕落筆。

王雩舟，滋。慈谿諸生，有別業在吾里中市。歲來閒住，與瀛三、曉珠、月瑚及予相得。喜談論，背誦經書如瓶翻水，貫串意義，無少窒礙。好觴客，酒酣耳熱，聲震四壁。一別如雨，聞以抑鬱没，幾五十年矣。

勞㝇卿，權。浙江仁和人，居塘栖。家故藏書，喜傳刻秘籍，群從皆然。咸豐辛酉，避寇吾里，寓八竈灘。來訪，恨相見晚。顧多病，醫者輒與以補劑。予曰：「視子狀貌，乃溼證，不宜補。」醫泥之，歸竟卒。君嘗謂予曰：「舊藏有錢唐范介兹景福。春秋上律表，未刻。病間當檢以付子，予欣然會，危篤不果。」

張雲槎先生，慕騫。少華内翰熙純。孫也，居張江栅。諸生，籍隸上海，與吾里諸前輩相善，詩詞外兼工度曲。嘗於賈曉珠處得先生手稿一紙，蓋鄉試回抵常州，從某君借閲曝書亭集、葉兒樂府。和其折桂令五闋，今祇憶其首闋云「問何人妄想封侯，黄盡兼金，黑敝貂裘。一半佯狂，三千冷眼五十平頭。神先往□，下失記一字。門走狗嘲，争解麟閣圖猴自對。歌休何處，天涯著個閒鷗。」其末自題一律云：「填詞强借曝書亭，沐手添香再拜曾。五百里程猶繭足，十三回客久模棱。下失記兩句。片刻木犀花下坐，莫嫌草草過蘭陵。」其爲人志趣可知先生詩。著録海曲詩鈔。而南邑脩志，采訪者無聞，上海新志又無坿傳，姑記於此，以志吾過。

金冶堂先生，在鎔。邑城人，官福建永定巡檢。爲人忠厚，樸訥無雜職習氣。嘗爲予言：「在官時某歲大饑，人相食，兵役一空。一日出署散望，四無人影。俄聞隔壁似有人聲，從隙窺之，一人持刀割一屍，屍瘠如柴矣。乃取股就火炙食之，顰蹙棄去。復剖腹，腹中纍纍出之，似是字紙。其人大哭，亦死。」至今思之，猶爲心悸。

王曉篷先生，熙。歲貢生。居航頭鎮，孝友無間。接物謙和，讀書崇實，學而無門户之見。於易絀鄭氏。爻辰，於梅賾古文謂多聖賢遺文，宜節取。於詩守傳、箋，而不信魯頌沙尊之説。於春秋隱元年經「惠公仲子」則主穀梁。於左桓十六年傳「衛夷姜」則從史記爲宣公夫人；僖十五年「賈君」則從趙固爲申生之妻。其持論如此，或勸其著書，則曰：「前人已言者何待言？未言者又何敢輕議？」教鄉鄰子，諄諄如親子弟，盛德君子也。子藹儒，履階。以博覽名，佐脩南匯新志。

火裕堂先生，始然。諸生居百曲一門，皆能詩，而先生步武唐賢，尤擅其勝。有小瑶池吟草。子星垣，文煥。蔡曉峰先生壻也。道光癸卯優貢生，文辭敏捷，古學尤著，名與東渠師爲中表，互相推服。中歲後肆力於詩，嘗輯海曲詩以廣馮氏之選。會病卒，未成。著有夢花齋詩稿。

儲旭樓，龍賓。諸生，華亭張滄霞克儉。弟子也。居沈莊鎮，少倜儻，文如其人。聞其父以賣鹽爲活。旭樓幼育於儲氏，儲亦窶人也。長能盡孝，侍及稍充。又迎生父母事之，人無間言。惜中年逝世，未盡其才。

陳雲莊，大章。諸生，居邑城，其叔祖母予從姑也。詩喜涵泳深細，音在弦外。少與計芥舟常唱和，有望杏山莊詩，予嘗爲序之。

顧金圃，祖金。諸生，居二團。喜聚書，通天文、算學，與賈步緯友善。咸豐三年，土匪陷邑城，與叔思恩。募勇入城夾攻破之。事聞，以訓導用，賞戴藍翎。其敦行好義，爲衆所偁。晚歲多病，同治十二年卒。

王子勛，蓉生。居邑城，咸豐己未舉人，海州訓導，以軍功賜同知銜，藍翎。歸主講惠南書院，經其指授者皆破壁飛去。分纂南匯縣新志，尤矜矜於風俗。少時從父古春，之佑，先世姓左。涇縣教諭，時嘗作羅浮夢傳奇、規橅玉茗，人服其綿麗。配夏氏，菊初。有才早世，有棲香閣詩賦遺稿。子勛子，保如。予孫女壻也。諸生喜繪事，子勛曰：「是子畏作制藝，而山水花卉涉筆便似殆，夙根不可强也。」

陳雲亭，爾賡。居邑城，少爲賊擄，得閒繞道逃回。廢書治生。母訓嚴，無習染，然諾謹信，爲衆所重。來宰是邑者，胥倚之。邑志之成，終始其事。

丁慈水，宜福。歲貢生，居紫岡，詩文下筆立成。當咸豐辛酉之亂，奔走逃難，目擊世事，有新樂府一卷，直言無諱，讀者皆謂得未曾有。繼室姚吉仙女史，其慶。予弟子也，唱和静好，有雙聲閣詩鈔。其所著詩詞、駢體、散文，凡若干卷。臨没謂女史曰：「吾無德以遺後人，惟此心血，俟兒輩長成付之，毋暴露於外，落妄庸人手也。」有華約漁孟玉。者，亦諸生，詩與君齊名，困頓場屋，乍食餼，旋客死江北，著有百花草堂詩詞稿。

馬健齋，元德。居六竈，道光己酉拔貢，句容訓導。同治元年，吴建瀛投誠，君獨從前令鄧公賢芬。入城受降，人服其膽。書法顔柳，詩文不苟作。分纂南匯新志，嘗欲重注王文簡古詩選，以補聞人舊注之失。

張鳳山，鑫。利造橋支裔也，監生，居六竈鎮。生十三月而孤，母唐氏，賢孝知大體，苦節撫育，教養兼施，動必以禮。鳳山以貧棄儒習賈，起其家，喪葬盡力，爲母請建坊表節。資僅温飽而好善不倦，重訂族譜，寒暑不辭以瑕。讀書臨法帖，時時述母訓，猶流涕。人曰：「如母賢，宜其有此子哉。」

時文八股利禄之階，衆所向往。外是而言筆墨，則相率而笑之矣，而我邑爲尤甚。近得二人焉，曰顔秋巖、翯。艾譜園。祇禧。秋巖居黑橋，歲貢生，篤實無外好，喜爲詩、古文。詩喜李昌谷、謝皋羽，文則意在孫可之、劉復愚，不肎作尋常語。予告以當由文從字順入，先讀古書，厚積以待其化，勿沾沾求異人。譜園居横河而籍隸上海諸生，明通政使可久。後也。喜考證之學，爲求志書院高材生。葉秀居，新場鎮薙工也。能仿四王山水，幾於神似。時趙醴源大令以賞鑑自負，每售之，或曰：「葉秀作也。」大令曰：「能充吾目，技亦可矣。」又善葉子戲，偷攧虚摭，同坐者無能覺。吸淡巴菰，以兩計煙，不出口，久乃徐噴，作大小圈，疊成塔形，奇矣。然聞有人能噴煙，作樓臺仙鶴形者，又出葉秀上矣。以上以周浦鎮爲主，間及寓賢，其散在同邑者次之。多有已見縣志，然詳略互異。

懷舊雜記卷二

華亭南鄉近海之區，在金山衛城東北曰大潭，俗曰茅柴蕩，今飾其名曰南塘。南塘張氏聚族於斯，蓋自國初以來。予童時嘗見虛谷刺史應時。於閔氏，談笑聲振四壁。道光甲申、乙酉間，則於閔氏晤刺史從子嘯峰，鴻卓。如舊相識。丙戌應試郡城，君時負笈湯繹山先生門下，與予寓處相望，無日不相見。已而同補學官弟子。明年遂館君家橫經草堂，授經其弟飛卿，振鱗。與君群從往來聞相唱和，如是六年。其後雖移館秦陽，歲時仍一至所謂南塘者。君少喜填詞，其後乃學詩於武康徐雪廬典簿，熊飛時主講乍浦觀海書院。以青丘、漁陽爲宗，矜矜不失尺寸。中年以往，奔走人事，又援例需次教職，歷署蘇、常、太諸屬邑。喪亂播遷，意興非昔，詩格亦漸變矣。初刻緣雪館詩詞十二卷，燬於寇。後金山錢夢花爲續刻其晚作一卷。君幼好佛老，更持誦不輟，年七十四無疾而終。飛卿諸生亦能詩。

嘯峰從兄雲閣，烒。文尚瑰瓌，困於場屋，乃入資需次布政司理問，而以詩自鳴。蓋近白香山，有聽鶯館詩及所選海上詩逸。爲人簡率，無城府。弟瘦峰、振凡。小我振宗。没，其子皆幼，君理其家事，皆井井。及兩家子長，爲之婚娶，簿積年，所入視昔加贏，而逋負悉填，人無閒言。卒年七十。瘦峰諸生於書無所不窺，尤好讀史，有大吉祥室詩草。多病淹蹇，遂皈首蓮宗。小我議叙鹽運司，知事豪健，好書畫，古玩收藏甚富。先瘦峰卒。雲閣子燮庵，家鼎。浙江候補鹽課大使，加同知銜，有鐵花仙館詩鈔。又輯刊南塘張氏詩略二卷。瘦峰子梅生，家鼒。有曼陀羅館詩詞駢體，又校刊元遺山樂府。小我長子炳齋，家燊。諸生，有蘋花水閣詩鈔。蓋南塘張氏幾於江左諸王矣。梅生、炳齋皆先後早世，燮庵撫其諸孤，經理門户，如雲閣昔日事。兩世高誼，鄉黨偁焉。

張理堂，進。諸生，實雲閣胞弟。初，虛谷刺史未有子，抱爲長子。落拓喜詼諧，詩文不主故常，卻能道人所不能道。有蘚石山房詩一卷。咸豐辛酉秋，以杖擊賊中目，賊割其首以去，幼子家桓。亦死之。

張淡香，振芬。監生，亦嘯峰從兄。好招客飲，疏落不致飾，閒亦吟詠自得，有槿籬書屋詩草，亂後失之，僅記其凍墨「作書淡欲無句殆，頡頏楓落吴江冷」矣。

吴柳堂先生，基枋。監生，明陝西參政衡。後，張氏甥也。自曲村遷居南塘，以豪宕好客貧其家。晚境蕭瑟，不廢嘯歌，有仿佛山房詩鈔。後徙張堰，卒年七十四。

侯楚帆，克溆。華亭諸生，居金山衛城東門外。學有根柢，知天文，以文名海上。凡聲於學，飆於庠者，多其門下士，而君顧寂寂。先是，翁查麓醇，金山諸生。建議重脩衛學文廟，并創設大觀書院，未成而卒。君與嘯峰繼之，以公事寓郡城。時大暑，病痰喘，診者投以麻桂，遂致劇而亡。此死於藥乎？死於醫也！

熊露芷先生，昂碧。金山諸生，亦張氏甥也。居金山衛城南門，其先江西人，以武官來金山，遂占籍焉。先生爲徐雪廬典簿，高弟弟子，偁詩雄海上，豪於酒幕。游豫、晉、閩、粵間，晚再入晉乃歸。授徒南塘，提唱風雅，與予爲忘年交，不恥下問，卒年七十二，有海棠巢詩鈔及賸稿，所選海嶠一塵已刊。又有雲山求是集，未成。子熙春。喜博覽，以病廢。

宋大憨先生，蓮。金山諸生，居金山衛城。以水墨寫菊深得其離披之趣，謂之菊影。詩學杜少陵，或云「乃似李空同」。則大怒曰：「爾豈足讀乃公詩邪？」刊有大憨詩鈔一卷。予至南塘，先生没矣。道光中，在郡寓，露翁嘗以其遺稿文數篇眎予，置之袖。及歸，失之，吾負二老，至今惻然。

徐小盎，藻。諸生，亦衛城人。以背僂自號。工詩詞、駢體，善病卒，年未四十。

李蘭田，光烈。郡城人，客授南塘。蕭然一席，歌嘯自得。熊露翁題其詩後云：「超然出塵表，吾友李蘭田。霜氣橫孤劍，秋聲聚一編，唱酬偕老輩，自注謂菖蘆坪顧竹坡。談笑赴黄泉。自注：君以醉死。欲遣巫陽去，招魂降泖邊。」適如其人。

程桐生，東。吴江人。畫山水，能出新意。嘗見其摹竹垞詩，八幅，迴出塵表，然他作未能倆也。篆刻入古者亦異俗手。道光庚寅、辛卯間，來南塘，寓横經草堂。又與小我嘯峰同游平湖、嘉興。

張堰古曰張涇堰，隸金山縣，其東半則隸華亭。金山王氏多居此。予所識曰寒香先生、步蟾，諸生。硯農先生不曾，廩貢生。兄弟，明沅江令鹿柴翁廷宰。後人也。父孫雄。家世以畫名，山水人物筆意入古。其人皆和靄静默。其宅曰世賢堂，其起居之所曰還讀齋，曰釣魚閒處，皆幽寂無雜賓，陶然静坐，時拈筆墨，望而知爲雅人也。憶還讀齋懸鄭板橋書尺幅，曰「亂髮團成字，深山鑿出詩。不惟難得骨，誰得似其皮。」筆力奇縱，不可仿象。

盧晴野，寶煦。諸生，居張堰西市，蓀塘先生祖潢。孫也。先生以經術制藝教授鄉里，步趨先正爲一邑所服膺。子稼村，有椒。亦諸生，爲人醇厚坦率，晴野倜儻，有肝膽，好金石篆刻之學。予往來秦山、南塘間，每宿君齋，翦燭夜談，輒忘其屢跋。乃不數年間君父子兄弟相繼謝世，後嗣夭折，屋既易主，予亦二十年來未過其門矣。隻雞斗酒之祭何有哉？

汪植庵，培。諸生，學博味經先生逢堯。孫也。所居亦園，去予抱甕居甚近，時相過從。書守九宫格，流利而不失端莊，人亦如之。

沈松琅，雋曦。諸生，居松隱館錢氏古松樓。予遷張堰，往來最親。能詩不多作，好酒亦不多飲。爲人和厚而中實狷介。書法劉文清。避亂滬上無識者，遂歸松隱，卒。

陳柳溪，邦棫。諸生，居松隱。初亦嘗館古松樓，後常家居。同治甲戌春，訪之，雞黍留賓，情意綦篤。揖別候潮猶殷殷握手，至今如在目前，而不知君之没已三年矣。思之憮然。

董夢蘭，兆熊。本姓王，從其母黨之姓，吴江諸生。舉孝廉方正，能詩，尤長駢儷，小謨觴館之亞也。錢鱸香學博延爲張堰義塾師，佐脩金山縣志。以事歸，病暑，久之竟不起，予有詩哭之。著有厲樊榭詩注二十卷，朱子門人考、南宋文録其味無味齋駢體文二卷，刊於蘇州。

僧雪舫，覺堂。自言焦山水晶庵主，或曰非也。偉岸，豪於飲噉，能詩善畫。竹大幅，蓬勃有生氣，到處以其技鳴。至張堰，介盧、晴野投詩求見。後屢贈以畫竹，曰：「我於公無他求，得長歌一章足矣。」予笑而應之，乃大喜。往來二三月，去不復見。

予居姚家廊下凡二十年。咸豐丙辰春，始還張堰。先是癸丑歲，張梅生買別墅於張堰，約同居，予未應也。而梅生遷一年病卒。明年秋，或舉前言，錢夢花慫恿之乃定期。是時予患痁已數月，幾不能支，人曰：「咄哉，又將爲梅生也。」是屋門臨流水，啞子橋北堍。入爲長廊，由廊右並書舍三間，南面空地，寬廓背爲堂庭。堂後小庭，則有樓房三楹，旁屋爲厨。後又有空地，統包以大牆。予病稍間，乃相度地勢於前空地，編籬爲界，環以藤蔓，壘石爲壇，脩篁雜樹花草。惟所適於後空地，藝蔬果，豆棚瓜架，足代藜藿。攜鉏荷耒，疲則展書，或引觴自酌。一日方與兒子錫卣。袒袂灌畦，客至，相呼失肩，糞膏翻滿地，客睨而視曰：「此乃遠不如村傭。」相與大笑。

自名之曰抱甕居，如是三年，不特我忘病，病亦且忘我矣。

由抱甕居堂右小閣通長衖有聽事，其上爲樓，即梅生昔所居，已空屋閉置矣。咸豐辛酉夏，浙賊東竄，妻兄姚杏士挈家避至張堰，遂居之。八月間，賊犯張堰，兩家眷屬同舟而逝，由阮巷莊家行南橋三官堂而赴周浦襆被。且不攜暇，計書籍乎？同治丙寅，予自金陵回訪抱甕居，徒瓦礫而已。因作詩以自弔也。

張堰西不三里爲秦山，又西南六里則錢氏所聚族也，謂之錢圩，亦曰秦陽。道光癸巳，予始館錢圩。錢雪枝通守熙祚。方輯守山閣叢書，與顧君尚之分任校勘。時拘於昭文張若雲海鵬。墨海金壺之例，書首務冠以四庫全書提要。予謂嘉道以來，書之未登於四庫者先後繼出，不必限此。且既限此例，則宜求四庫所收之本，是必請鈔於文瀾閣而後可。其餘所議，或異或同，不能畫一。蓋越三年而始決云。甲午冬，雪枝邀予與尚之、李蘭垞及其弟鱸香族弟即山僑寓西湖，有文瀾閣校書之役。別詳湖樓校書記。雪枝以治家廢讀，然展卷點筆頗能別其利鈍，脱落差謬，指摘不爽。特以通族事繁，以一人爲之提挈。頑者遷延，黠者觀望，公事詰屈，即代爲之籌，不以爲德而反腹誹焉。意忽忽不樂，會以海塘捐石叙選府通判，是時守山閣叢書已竣工，復輯指海亦編就十二集矣，乃於癸卯九月入都。同行者，予與蘭垞也。君素不習行役之苦，在道頗委頓。抵京，寓石頭胡同之準提庵。予與蘭垞每出游觀劇，君偃息日多時。或偕往琉璃廠書肆及古董肆而已。甲辰正月初四日，自外賀節返，夜覺寒熱，旦而求醫於朱建卿助教。善旂，平湖人。既而雷竹泉刑部文輝。亦□其素識來，皆曰春温也。飲食不進，洞泄大汗，寐不安枕。至初九日晡後自知不可爲，且服參且促蘭坨書遺屬。夜深，語模糊不可辨，未明而逝。首尾病七日，迄今思之。殆兩感證也。素問、熱病論盡之矣。別詳夢因録。

錢氏之先蓋自奉賢遷金山，世以積德好善，相傳至雪枝本生祖槎亭，溥義。家益恢廓。有族弟溥聰。氣誼最相得，而無子，乃以孿生幼子樹蘭。爲之嗣。以産薄辭，則曰：「勿也。」及析産，乃與諸子均分。既而樹蘭。子又夭，以母兄瑞庭樹芝。弟三子繼，即雪枝也。瑞庭，翁長者也，刊有温熱病指南集。有子五人，長湛園，熙恩。次鼎卿，熙輔。次雪枝，次葆堂，熙哲。次鱸香。熙泰。湛園，諸生，喜搜羅古今祕本小集。多病，早世。鼎卿，廩貢生，蕪湖教諭，我邑吴稷堂閣學省蘭。壻也，輯刊藝海珠塵壬、癸兩集。初，閣學輯藝海珠塵，未竟而卒。後人約分八集，紀以金石絲竹匏土革木，至是學博又增輯二集，紀以十□。又校刊英人胡威立重學十七卷，著有勤有書堂詩一卷。辛酉之難，避居滬上，卒年七十。葆堂，監生，工漢隸，兼篆刻。輯華嚴墨海集一卷。鱸香，廩貢生，署靖江學訓導。能詩，好游山水，既予湖樓校書之役。越五年己亥，邀予續游，寓寶石山彌勒院。詳蓮龕尋夢記。因至西天目。明年再往□錢唐江訪蘭亭。時英人據定海，欽差大臣伊里布公統兵籌剿，聞有封江開仗之謡，遂返，實訛傳也。未幾，君遜住張堰。又十餘年，予亦遷張堰。君方續姚水北先生舊稿重脩金山縣志。予謂脩志以水利爲最要，宜使熟於地理者挾一善測一善畫，櫂舟環行，且量且繪。尺幅太窄，則四鄉分載，庶幾實事求是。君以爲然。久之，僅成四圖，及舊志訂誤一卷，而君遽以病没。著有古松樓賸稿二卷。

錢漱六，熙經。雪枝從兄也。諸生，候選訓導。爲人渾厚和易。雪枝校刊叢書指海，嘗代搜輯。君善笑語，有發笑者必笑，而使人再言之，因復大笑。隔屋二三重輒聞其笑聲。自雪枝没，君常悒悒，爲門户憂，笑聲漸稀。既而多病，不復聞君笑，而君亦且卒。君相於法宜長年而僅得中壽，卒年五十四。天其可問乎。南塘，君壻鄉也，故予於諸錢識君最先，亦最相契。

錢嘯樓，熙載。雪枝從兄，諸生，議叙鹽課司提舉，博覽載籍，能詩。晚好佛，清脩一室，鄴侯之架束高閣矣。刊有明胡粹中評纂元史續編。從子水西，培益。例貢生。好書畫、碑帖、彝鼎、古錢，其所居曰「蘭隱園」。園有延青閣，所以聚古物也，刊有貨布文字考。華亭馬昂著。嘯樓孫聽甫，銘彝，海鹽朱朵山□撰壻也。聰敏善悟，於西人機器之理頗有所會。著有萬一權衡，又烏程徐莊愍公有正。算學三種、秀水杜小舫方伯文瀾。江南北大營紀事本末、平湖沈志裕。瘍科輯要，皆用鉛鑄活字印行。

夏儼山先生，履泰。諸生，居長浜鎮，葆堂家偉甫培杰後嗣，爲雪枝子，議叙知府。其弟子也。能詩善弈，好種樹書。卒年八十餘。

汪松扉，鳴良。歲貢生，能詩，尤工試帖。有求在我齋試帖集、禊帖聯句，亦通醫。予作顧尚之觀光。別傳，詳列其所著書。知君者每憾其未顯於世，然所輯帝王世紀已編於指海，所校素問、靈樞則錢氏亦既鐫之矣。邇者上海製造局刊其所著九數外録入十種算書，錢夢花以其武陵山人遺集入小萬卷樓叢書，錢慎之潤道聽甫子諸生。刊其推步簡法三種，同里高近齋桂，諸生。刊其七國地理考、國策編年，其禹貢讀本則其子深刊於家塾。上海莫大令復節次刊其大曆通考、九執曆解、回回曆解、算賸初續餘三編。惟九數存古卷袟較繁，以及諸古書校勘記則猶有待耳。

錢氏藏書，嘯樓爲冠，雪枝次之，鼎卿晚歲，亦頗喜聚書，所收蘇松舊族藏本多有善者。辛酉、壬戌間，毛賊所至，書籍板片無留焉。即有孑遺，書以裹物，板以爲炊，冥冥浩劫，詎可勝歎。潄六長子夢花，培名。困於童子試，援例縣佐。棄制舉業，搜輯古今希見之書，以承乃父之志。校刊小萬卷樓叢書。寇患日逼，僅成十七種，未大印行，而板片燬焉。年來復命工重雕，可謂有志之士矣。鼎卿次子子勉，培懋。廩貢生，候選訓導，早卒。其子伯桓，銘圭嗣，鼎卿長子廉谿。廉谿名培讓，議□八品，早卒。樸厚無習染，侍祖父及嗣母病，衣不解帶，晷刻不離左右，兩刲其肱，人言「錢氏後起，當在此子」。而年更短於乃父，惜哉！自名其詩曰蕉鹿居，爲之識矣。子馨爲坿刊勤有書堂詩後。

朱午樓，錫光。雪枝之甥，諸生，婁籍。能書善弈，其先世上海籍，居沈莊，總憲性齋公椿。曾孫也。

錢即山，熙咸。雪枝族弟，所居涉平湖界矣。少孤敏悟，瑞庭翁撫之，延師與諸子同學。道光乙未，中浙江舉人。爲人静謐寡言，然發語輒傾一坐。酒德蕴藉，未見其醉。其卒也，雪枝歎曰：「天斷吾右臂矣。」

李蘭垞，長齡。監生，嘉興之梅里人。明快勇決，能任事。雪枝没於京邸，經理喪紀，自運河回秦陽，事無巨細，必以見商。外人齮齕多端而不知其心力之殫也。

魏東溪及其從子竹雲，皆忘其名，與蘭垞同里，在施醫局，精瘍科，爲人坦率，無江湖氣。

姚家廊下在錢圩西北九里，今爲金山五保地。姚氏其先平湖人，明時有諱璋。者來，爲張氏贅壻，遂家焉。子諱參。以舉人分教上饒，爲學使李夢陽所重，陞宜春令，有惠政。調桐廬，告歸。起工部郎中，卒祀江西名宦祠。自是簪纓累世，以至國朝，科第不絶，見金邑志。先是，予館南塘，古然先生前樞。來訪嘯峰，邂逅相遇。索觀詩稿，引爲忘年交。曰：「我舊食於人者也，子當食人。」予曰：「恐兩不能，柰何？」明年人日，與嘯峰訪先生於棲雲館，亦出詩稿屬商，欲爲其從女相攸。以堅香先生前機。方病，緩之。孟夏，先生將之嶺南，再至南塘告辭，會病不果行。越五年秋，堅香先生理前議，始定聘而先生已没矣。先生嘉慶辛酉拔貢，甲子舉人，撝則公湘，有棲雲館集。長子也，諸生。書學李北海，詩出入蘇、陸，詞亦在蘇、辛間。議論豪爽，聞者傾倒。學士山陽李公芝齡宗昉。撝則公放萃同年也，尤與先生相得。督學浙江、江西，皆在其幕所至唱和。及先生没，李公典試浙江，從其嗣人杏士燕穀。索手稿去有年。既選定，未付梓，而李公薨於京邸，稿竟失去。杏士掇拾殘賸，屬編輯而序之，僅得詩詞各一卷耳。堅香先生，撝則公次子也，附監生。少從青浦王蘭泉侍郎、昶。長洲王惕甫教諭芑孫。游，與古然先生有「二俊」之目。久困場屋，入都以詩古文駢體鳴，卒無所遇。客授河南，歸館於湖州。道光乙未冬，予始就婚廊下，每談古然先生往事，輒欲歌欲泣。及論詩文則曰「學問之道，當仁不讓。子弗以年齒爲拘。」後先生館平望冣久，蓋十餘年。晚病痁，牢騷不已，年六十九卒，著有井眉居詩詞、駢體雜文。其駢體與青浦陳益卿先生以□。稿相亂。今咸豐辛亥初刻之本已燬於賊。光緒丙子孟秋，所刊栢湖兩姚先生詩詞則重删本也。

姚蘇卿先生，清華。堅香先生族父也。予既爲之傳矣。當道光己丑，予與嘯峰訪古然先生，因爲導見先生，先生欣然賦詩見贈。逮予就婚井眉居，先生時以新詩相商搉，辭氣謙下，過於等夷，不謂得之於長者也。先生詩矯健生造，有似趙耘菘者。或以爲專效甌北，殆非也。弦詩塾前後稿爲朱涇丁溉餘繁培。所刊，晚年又自删爲四卷，今舊刻已燼。其外孫程仙甫豐玉，居朱涇，浙江布庫大使。重刊者，仍依原本。又先生父竹硯先生念曾，乾隆己酉拔貢，仕至湖北德安府同知。賜墨齋詩，亦仙甫重刊也。

姚水北先生，汭。亦堅香先生族父，初僑居新橋，在南塘西北三里許。後遷朱涇，今金山治。廪監生，與蘇卿先生齊名。嘗以後漢書鄭康成傳章懷注太略，别爲補注一卷。通天文算學。邑志久失脩，親采訪增纂，辨其譌舛，稿凡數易，未定卒。著有二十三桂草堂詩集。其從弟墨卿先生海，嘉慶庚申恩，科舉人。居廊下，有西江游草。子蘋香，思孟，咸豐壬子恩貢。予叔舅行也，閉門授徒甚盛，能體恤寒士。

姚龍門先生，之桐。伯舅行也，監生。精瘍醫，不受酧，能詩。紹脩宗譜，頗精密。子耳峰，元熊。監生，工篆刻。

杏士，諸生。少歲即侍父從幕浙江，李學使愛之，命居門下。詩文書法皆師之。後游京師，試北闈，不得志，回南，肄錢穀幕，游江浙間。移家蘇州，盛氣難親，頗有嫉之者。賊陷金陵，回廊下，遭寇播遷不定。賊平，仍回蘇，失跌傷髀，教讀養病。以子季泉浚湧。溺黑水洋，憤甚，未幾卒，年七十六。季泉幼聰，雋年十六，父命從候補知府曹君赴貴州習幕。道出安慶，予憐其幼，留之，後又從杭州。周雲屏大合錫堡。赴建平會杏士，在荆谿，遂間道歸，補學官弟子。捐縣丞，從事海運局，以紳董押運船，叙觸不及救。恩給府同知銜，世襲雲騎尉。杏士六子，死其二矣。第三子叔文，禄源附貢生。書法得何子貞太史指授亦能詩，今幕游陝西。

姚譜苹，以煌。堅香先生從弟。萊陬先生前□□貢生。子也，諸生。詩效瓶水齋。其弟卓峰，以煊。十三歲與兄同入學，見賞於學使白公。鎔。詩筆勝於兄，多病，夭。

徐古香，桂芬。譜苹從甥，又女壻也。居朱涇，少穎敏，能勤學，董夢蘭盛偁之。中咸豐辛酉拔萃科，以小京官候補户部主事，選用軍機章京。又中光緒己卯北□舉人，恂恂温雅，書近梁山舟，後來之秀也。

鈕莛汀，安濤。予僚壻也，諸生，居上海之馬橋，遷於廊下。學醫，讀柯韻伯琴。來蘇集，以書抵吴江。吴子音金壽以醫名。反覆千百言，吴不能答，祗曰：「此宜著書爾。」果不大行。又習形家言，蓋宗蔣大鴻。晚歲爲詩經名物考，藏於家。長子式如傳其醫，好善。

程蘭川，文榮。居楓涇、嘉善界，雪枝妹壻也。書學麻姑仙、壇記論，帖宗翁覃谿閣學，作帖考數卷，辨證精確。海鹽許珊林太守槤。盛偁之。任南京北捕通判，佐藩司祁公宿藻。守城，城破死之，贈道銜，雲騎尉世職。初儀徵阮文達公刊薛氏鐘鼎款識，祗據明人影寫朱印本。君乃得宋搨石刻本，以爲天下無二本。又蜀石經殘字原搨亦難得，所至必與俱至，是俱燼。帖考板存錢氏丙舍，未及印行，亦被賊燬。成敗有數，此數果孰定之哉？·蘭川所居南郙有池亭竹石，有茹古樓以藏書籍。碑帖亂後無遺跡。

張叔未解元，廷濟。嘉興人。阮文達撫浙時詁經精舍肄業生也。書法蘇、米，深於金石之學，摹隸尤神似翁覃谿。道光庚子夏，嘗偕程蘭川至秦陽，姚氏故姻婭，遂邀予同至郎下，盤桓三日。堅香先生飲餞席上，用平湖朱椒堂侍郎題八磚精舍先生室名。九言詩韻聯句送之。喜曰：「我將書以刻石，識此日之會。」後以病不果。

屠荻樓，鈁。監生，堅香先生甥也。居嘉善之張涇匯。幼奇鈍，讀書一行，以銅尺左右夾教，必百遍乃命之讀。展轉間忽大哭，問之曰：「書何往矣。」蓋銅尺離其所也。稍長，寫片紙寄舅氏，一字不可解。舅輒探其意，批改之曰：「某語當如是，某字當如是。」久之稍有省。年且三十，遂能作書通問，并寫大字矣。事母至孝，待人以誠篤，期期艾艾，頗能直言。訓子甚嚴，遂補學官弟子。

平湖錢夢廬先生，天樹。監生。好收藏舊書金石、書畫。能詩書，效十七帖，爲人姁姁嫗嫗，若村翁而不知其爲浙西一路風雅主盟也。中落後，其所珍祕大抵入其壻家。胡氏後又入上游郁氏。嘗以竹裏煎茶圖索題，曰：「勿泥圖意。」其天趣可知。

高藏庵，三祝。亦平湖人，文恪公裔孫也。文恪著春秋職官考，未成，君續成之，用功甚深。道光癸卯，領鄉薦遠近聞之，皆曰：「文章真有憑據哉。」蓋素愜於衆望也。論詩亦宗青丘、漁洋。初，古然先生挾予詩至平湖，君見之，題五古長篇於卷首以定交。三年而後相見，可謂非偶然已。

錢澥香，椒。平湖人，居乍浦，亦雪廬翁詩弟子也。以風雅好客秏其資，病卒。詩效孟襄陽，有篁山山人詩鈔。

汪謝城孝廉，日楨。烏程人，母上海趙謙士侍郎秉沖。女也。古文、駢體、詩詞皆平視作者。謝城幼承母訓，及長，博極群書，通天文算學，著有歷代長術輯要十卷、古今推步諸術考二卷、湖雅八卷、湖蠶述四卷、荔墻詞一卷，皆已刊行。惟如積引蒙未刻，其校正大唐郊祀録皆已編入指海矣。今相國左恪靖侯督兵浙江，時招之入幕，未赴。會選，補會稽學教諭。就任數年，悒悒多病，卒年七十。失此老友，爲之嗒然。

懷舊雜記卷三

松郡披雲門外百餘步，青浦陸氏别業，頗有池亭樹石。其旁東出馬衖，考之舊志，元時有陳家園，疑此其舊址也。錢雪枝嗣子子馨，培蓀。鼎卿幼子也。粵寇之遷滬上，數年後回郡城，得此地。予自金陵歸，於同治甲戌春訪之，值梅花盛開，愛其幽藹。子馨請留并名其諸建，予爲名其園曰復園，其堂曰謝華啓秀之堂。又爲之作記，訂以消夏來。是夏，以張燮庵招住鐵花仙館，不果。明年夏始踐約而至。秋病溼兩月，子馨侍奉醫藥，如親子弟。冬初平復。又堅訂明年早至。及丙子再來，而子馨於季秋病，遽殁。悲哉！初予□屋郡城，子馨嘗偕予相宅，皆不合。子馨殁，眷屬俱以喪回。錢圩衆議勸予，且住此宅，免閉置。明年乃遷來，荏苒五載，而枝栖未定，思之惘然。復園記見雜著。

子馨少跳蕩，鼎卿命之，問詩於予，不果學。捐職府同知，聽鼓浙省。既而翻然告歸，不復作出山計。治家接物一軌於正人，皆偁之。當以先世所刊，書板盡燬於寇。亂後中落，力不能重刊爲戚。予勸以搜求舊刻，彙刊書目，以待他年，乃欣然曰：「請并刊序跋及校勘記，可乎？」

予曰：「甚善。」於是悉心編輯，越三年乍成而身歿。其從子仲穀，銘璧。請序而刊之，今行於世。

姚衡堂太史，光發。其先亦自平湖遷松城，初居南門大街，後遷崇厚里。堅香先生族祖父也。道光乙酉拔貢，辛丑進士，以翰林散館爲户部主事，丁艱回籍，用團練保衛功，欽加四品花翎。爲人謙和慈諒，好讀乙部書，尤熟班、史，制藝古學皆具先正典型。晚年常有江湖日下之感，年踰八十談笑舉動猶似五六十許人。孫松泉，肇瀛。同治癸酉舉人，太史弟致堂，光弼。候選訓導，五品銜藍翎鑑別。詩文不輕許可，能繪事，尤自矜重。

姚鐵梅明經，大本，後改名濟。太史族子也。祖勉樓先生培詠，恩貢生，以文雄一世，工六法，能琴。歲貢生，居東馬橋。詩文敏捷，談笑生風，有卜滄桑記、一樹梅花老屋詩。其從子松仙，前琪，諸生，現任浙江按察司照磨。將校刊之，屬予爲序。

名醫視雲樓先生，景福。衡堂太史外舅也。居悦安橋，恂恂儒雅，無疾言遽色。三子瑶圃，康治。諸生；蓮塘，康達。監生，皆傳其術。其季省堂，康成。諸生，尤與予善，以困於場屋，恒鬱鬱不可一世。入學後亦習醫。

董雨亭，致文。文敏裔孫，通敏善談論。困於小試，以奉祠生終，予表戚也。

祁芝香，逢甲。諸生，居金沙灘，亡兒錫卣婦翁也。課徒自給，安於淡泊。庚申避寇，轉徙各鄉，侘傺無聊。錫卣之歿，君復愴然，未幾卒。子量玉，自衡。亦諸生。

盛問沂先生，麟。居芰荷潭。乾隆甲午舉人，官四川南川知縣。值教匪犯境，先生城守獨全。丁外艱歸。途遇盜曰：「清官也。」相率引去。著有性理名言、明心寶鏡説。弟文周，蓮。戊中舉人，甘肅大通知縣。

張柳泉先生，允垂。居南埭。嘉慶辛酉拔貢，官杭州府知府，護理鹽運使。置田贈族，藏書甚富。子伊卿，爾耆。附貢生，姚春木先生弟子。閉户讀書，至老不倦。孫聞遠，錫恭。諸生，少年嗜學，後來之俊。

黄研北先生，仁。居包家橋，乾隆壬子舉人，官山西稷山知縣。辭疾歸，主講柘湖、大觀兩書院。咸豐辛亥重宴鹿鳴，嘗集里中諸老爲九老會，以詩相倡和。卒年八十有六。

姚春木先生，椿。心嘉方伯令儀。乾隆丁酉拔貢，四川布政使。子也，監生。居南埭，嘗從姚姬傳先生游，詩古文辭爲海内推重。歷主彝山、荆南講席，歸又主景賢書院。選國朝文録八十三卷，張温和公爲之刊行。卒年七十七。同治庚午，入祀鄉賢祠，有通藝閣晚學齋集行世。弟建木先生，楗。廩生。有志經世之學，官河南盧氏知縣。歸里後惟以詩酒自樂，兄弟怡然。著有歸雲堂詩草，遭兵燹散佚。哲嗣壯之，之恒。搜求殘賸，編爲白石鈍樵遺稿，并掇拾春木先生遺詩，以聚珍版印行，屬予弁言。展卷卒讀如聞，昔日之謦欬也。壯之以歲貢生爲荆谿訓導，能世其學。

朱悦田先生，光珽。居外館驛，廩生，官江寧府教授，善寫梅，風骨俊健如其人。卒年八十餘。

范芸卿先生，棠。芃野給事械士。孫也，居小塔前。以能文名與修郡志，爲人謙和敦厚，喜表章。潛德以歲貢選旌德訓導。道光甲辰，重游泮水。卒年八十。

湯繹山先生，輅。居南門大街。閉門課徒，爲郡城宿望造就甚多。又精於迷虎，有刊本。以歲貢選旌德訓導。子春筠，衡。廩生。爲人伉爽，雄於制義。春韶翼。工書法，筆力健舉，得顔柳之奧。以優貢選碭山訓導，不赴。光緒乙亥，重游泮水，卒年七十九。

顧卿裳先生，夔。居菜花涇。道光丙戌進士，以翰林散館，授山西靈石知縣。哲嗣香遠太史，蓮。嘗屬予表其墓。先生品學，爲衆望所歸。獎誘後生，慇懃甚至。歸田後，方將優游自憩，而卒不免於世累。詩文皆有根柢，尤擅倚聲。香遠好學深思，有名父風。分纂華亭縣志，詳慎不苟。光緒庚辰進士，改庶吉士，今爲四川梁山知縣。

宋紀堂，允奎。居佛字橋，與予同入學。敦義好友，予與嘯峰每至郡，必主君家。君翁平山，泰。仁善簡静。弟西簃，琳。爲人亦如之紀堂。雖早世而其孫茁生，樹滋。已領鄉薦。西簃三子長葆初，承濂。嘯峰壻也，諸生，有祖父風。次養初，承庠。以拔萃科授七品小京官。次守初，承昭。亦領鄉薦。善人有後，豈不然乎？

葉桐君，珪。居秀野橋。有別墅曰自怡園，蒔花草極精。又精於鑒賞碑版、鼎彝，羅列几案。時集名流作詩酒之會，更唱迭和。有錦屏集行世。其好尚風雅如此。以廩貢生署吴江教諭。

雷研農，良樹。諸生，居北門外。工詩善書，書法米襄陽，求者踵接，朝夕揮灑不爲厭苦。尤豪於酒，嘗賀歲詣友人飲，夜歸失足行河中，隨流及水關。守門卒駭而掖之出，冰琅琅凝衣袖而君自若也。從弟秋園，慶昇。秋園子葆純，皆諸生。葆純爲粤匪所擄，秋園用是鬱鬱，以貧困卒。

席晦甫，元章。青浦籍，廩貢生，居西塔衖。先世富藏書，君資以涉獵，有志徵實之學。治尚書，力辟梅賾之僞，旁及天文算術，皆有心得。中年困於病，忽耽藤悦，執守甚堅。庚申寇至，誦經不輟。賊揮以刃，創甚踣地，乃棄去。未幾郡城復，曾一晤君。詢被所情狀，君謂無甚痛楚。踰年賊再至，遂不知所終。然以君爲人宜無不佝者。子儀庭，威。諸生，能讀父書。

蔡梅茵，鵬飛。諸生，居錢涇橋。酷嗜吟咏，直寫性靈。或寓以詼嘲，讀者頤爲之解。有六半樓詩詞稿，予嘗爲之序。赭寇後版燬，其子堃。爲之重刊。

倪松甫，士恩。畬香先生元坦。之孫，道光癸卯舉人。居湖橋角。工制舉文，能詩，習篆隸書，摹漢唐諸碑，入古處如金石刻畫。

韓緑卿，應陛。道光甲辰舉人，内閣中書，居南埭，春木先生弟子也。劬於學手，一編不輒。喜周秦諸子及泰西曆算之書。李壬叔續譯幾何原本後九卷，君爲覆校，而授之梓。生平收藏圖籍古器甚富。庚申寇擾，與所居俱燬，鬱鬱不樂，卒。著有讀有用書齋雜著。其子陽生，載陽。屬予序而刊之。陽生端謹有父風，捐職主事。

顧韋人，作韋。諸生，居亭林，常來郡城。善談論，喜交游，遇酒輒飲，興酣賦詩，旁若無人。寇亂後困頓無家，自號無住老人，寄寓節孝祠，卒。

何穆山，章。本姓夏，青浦人，布衣，寓居火神廟。精繪事，山水、人物、花鳥各擅勝場，秀逸之氣充溢筆端，自改玉壺後一人而已。

楊肖英，煃。諸生，居谷陽橋。家屢空，有祖母年九十餘，力謀菽水，客游浙江，與王叔彝觀察交最厚，唱和無間。觀察采其詩於同人詩録。君困於一衿，託詩酒自遣，既醉而歌激昂慷慨，多淒涼之音。卒以是損其年，悲夫！

胡公壽，遠。以字行，又號橫雲山民，居景家堰。殫精繪事，山水入大癡堂奧間，寫花草亦涉筆成趣。書法温潤，詩亦娟秀，顧皆爲畫所掩。挾其藝游上海，海東諸國慕其名，有執贄請業者。

夏貫甫，今。秋園先生璿，歲貢生。子，監生，居景家堰。善畫山水，得北苑遺意。丘壑深邃，秀韻饒溢，蓋得之天資者多。家貧藉，賣畫養親，以勤咯血，卒年二十餘。儕輩皆爲痛惜。

郭友松，福英。柳村先生權，諸生，善醫。子也，居明星橋。後遷南門大街。未冠游庠，有神童之目。

性踈弛好奇，爲文亦如之。李嘯湖學使特賞異，延入幕。未幾辭歸，以賣畫自給，不問世事。歲科試，率首列而秋闈屢薦屢躓。同治癸酉，始登賢書。憶予與熊露翁訪柳村先生時，君侍側一少年耳。比予寓居復園，君以不良於行過從甚稀。蓋亦頹然作老翁狀矣。

沈菊泉大令，霖溥。居東馬橋，以制藝名於時，衡堂太史高弟也。君家嘯園，爲昔時勝游地。亂後蕪，莫能治，課徒自給。門下士多知名。光緒乙亥，領鄉薦連捷，進士，授知縣，需次浙江，年五十餘矣。君於吏治非所長，顧以境迫之，行未幾，卒。

耿思泉太守，蒼齡。居北倉橋，張温和公壻也。監生，援例爲德安知府。告歸，後以詩酒自娱。爲人質直無城府，樂於爲善。手書日記以自省察，皆端楷，無一筆苟，歷數十年如一日。子作齊、葆清。仲宣，葆龢。皆諸生，篤志風雅。

仇祝平太史，炳台。居笏谿衡堂，太史入室弟子。同治壬戌進士，改庶吉士。奉諱家居，遂不復出。主講大觀書院，所居笏東草堂，雜蒔花竹，時邀朋輩吟賞其間。光緒丁丑，晉豫旱饑，君約同志爲書畫社，以潤筆助振。作詩記事，亦藝林佳話也。書法顔平原，畫梅具有風骨，著有笏東草堂詩集。

尹子銘，鋆惠。小莘先生習洛，諸生。子也。居會星橋。幼有才氣，小莘先生授以戰國策。爲文頗雄肆，顧困於場屋，捐職光禄寺署正，肄業龍門書院。應敏齋廉訪寶時。分巡上海時冣器重，聘脩上海縣志。子鹿笙熙棟。諸生，後起之秀也。

楊古醞，葆光。諸生，居東門外。退谷先生汝諧。元孫。詩文援筆立就，兼擅書畫。幕游江浙間，所交皆知名士。以小官謁選京師，黄子壽方伯彭年。奇其才，薦於合肥相國，分脩畿輔通志。今爲黄巖縣丞。

沈躍齋，祥龍。優貢生，居妙嚴寺，後龍門書院高才生也。詩文敏捷，常與祝平太史唱和，亦善飲。能隸書，與脩松江府續志。

雷諤卿，葆祥。研農族侄也，諸生。少孤，出贅於外。妻亡，一子寄外家，孑然一身。子馨招之居復園。鯁直不諧於時，屏棄帖括，爲聲韻之學，亦工詩。子馨殁，落落寡合，以貧困卒。

蔣子石，確。諸生，居景家堰。清雅絶俗，以詩書畫自娱。書效李北海，畫梅石尤勝。筆情高淡，如其爲人。橐筆游上海，忽染痘症，卒四十二。

閔頤生，萃祥。子馨友也。生而左右手各詘一指，因又號曰八指生。居艾家橋，予至復園，子馨必招與俱來。其後遷居復園，亦頤生贊之。爲人閒静，端謹好讀書，爲衡堂太史所賞識。詩古文皆可造，亦能書畫。與脩華亭縣志、松江府續志。予扶病之南菁書院，頤生與偕院祀鄭高密、朱新安栗主。將行釋奠禮，黄漱蘭侍郎命之作祝文，機茂淵懿，侍郎亟偁之。文載予南菁書院崇祀鄭朱二公記。

陳福卿，又號益卿。先生，以謙。青浦人，亦姚氏壻也，恩貢生。與古然、堅香兩先生尤暱。工駢體，爲吳穀人祭酒所賞。詩亦瑰瓌，有安蔬草堂駢體文、益齋集。

何書田先生，其偉。增貢生，居重固。其先自奉賢遷青浦，世以儒醫名。先生爲同邑王蘭泉侍郎弟子，與姚春木、建木兩先生善。詩效陸放翁，著有竿山草堂集。子鴻舫，長泠。監生，咸豐庚申以集團保衛鄉里功，保舉五品銜藍翎。煒如，昌煥。咸豐壬子舉人。石根，昌霖。諸生，保舉訓導。皆與予善。鴻舫豪於詩酒，興酣高論，有不可一世之概。書學顏平原，特蒼勁。乙亥秋，予寓復園，病溼，諸醫束手。鴻舫來視，一劑而愈。

袁澂甫，璥。奉賢人，寓居嘉善，咸豐壬子舉人，援例户部主事。豪於飲，詩文倚馬可就。在京師以松江會館湫隘爲擴其制，未幾卒。

陳尚志，淵泰。道光壬辰舉人，居北竿山。篤學敦行，尤邃於三禮。主講珠谿書院，著有吉祥止止齋詩稿。

何古心，其超。書田先生從弟，恩貢生，居北竿山。世醫，兼以詩名。風骨凝鍊，似大曆十子。應張温和公之聘，客河南，主講明道書院，遍游嵩山諸勝。歸，避寇滬上，又遷澱西。亂平，還竿山，築棗花書屋以終老。著有藏翁詩草六卷。

莊俠君，世驥。青浦人，居盤槐里，咸豐己未舉人。少以詩名，與同邑熊蘇林等結社唱和，繼又篤志經學。袁漱六太守芳瑛。延之幕，校理古籍，一字之疑，必求確證，太守盛偁之。著有坐花草堂詩集、急就章異同考。

陸雪亭，日愛。居金澤，吴江籍，候補浙江同知。從姚春木、畢子筠游，爲人質直，見義勇爲。咸豐季年，奉檄募捐餉，勇，保守鄉里。賊至，失利，憤甚，同治二年病卒。著有夢逋草堂詩文集十二卷。

王叔彝觀察，慶勳。上海人，諸生。援例爲知縣，需次浙江，擢知府，加道銜，兩署嚴州府事。意氣豪邁，酷嗜詩，求才若渴。嘗集刊朋輩詩，曰同人詩録，曰應求集，曰可作集。其自著曰詒安堂稿。弟季平，慶均。廩生，工書法，秉性和平寇。飢時，嘗攝崇明訓導，予爲序贈之。

黄鶴樓，金臺。平湖人，歲貢生。爲人坦率，喜交游，工駢體文，兼擅詩詞，與嘯峰唱和最多。著有木雞書屋文集行於世。

青浦熊蘇林，其光。純叔其英。兄弟。砥志礪行期，有用於世，乃一則積勞於團練，一則盡瘁於振荒，皆以壯年摧折，賫志九原。予爲二熊君兄弟合傳，未嘗不黯然以傷。曩予寓郡西郭蘇林，每過訪，議論淴涌，流連忘日夜。時純叔尚幼，未及見。逮予客金陵，純叔以秋試過予冶城山館，英鋭如其兄，此後未再面也。其所著恥不逮齋等稿，雖未刊行，度必有爲之整理者。特蘇林雜著遺稿遭亂散失，并無以傳於世，尤可傷已。然其長君鞠蓀，祖詒。今方以庶吉士改官知縣，措施未可量，則君兄弟之志庶其申乎。

賈雲階，履上。上海人，歲貢生。工制舉文，能詩善飲，豪宕自善。秋闈屢試屢絀，苦戰不已。及咸豐己未喆朔綺雲襄。獲捷，乃咤謂人曰：「吾顏不及小兒。」又治堪輿家言，力洗時俗之陋。鄉邦文獻，勤於紀述，纂脩上海照志，特爲詳備。予與君同歲，又同入學，今皆老矣。回首壯游，能無嗒然？綺雲今爲甘肅知縣。

繆少薇，徵甲。江陰人，諸生。咸豐壬辰秋試，三卷墨法，題詩號舍。君一見駭咤，即走筆屬和，遂訂交焉。爲人伉直樸誠，詩學甚深，亦雄於文。顧困於場屋，不得申其志。其室劉孺人，亦能詩，賢而早卒。繼丁内外艱，境日以蹙仰事祖母，俛育子女。課徒不能給橐筆，依人鬱鬱不自得，遂促其年。予交君十五年，未嘗再面，然書問往還歲時不絕。歿後其弟子徐静三蓉鏡。輯其詩寄予，予爲汰存其半，與劉孺人所著夢蟾樓遺稿合刊之。

畢子筠大令，華珍。鎮洋人，秋帆尚書從孫。由舉人官慈谿知縣，乞病歸，僑居嘉興。杜門著述，邃於音律之學，著有律吕元音，予屬錢夢花少尹刊入小萬卷樓叢書。

蔣劍人，敦復。寶山人，豪俠尚氣，好談時務。詩文才思横發，不屑斤斤尺度。少游江淮，無所遇，遁而爲僧，號曰妙塵。嘗住持郡城脩微庵，既又返初服，補諸生。劉松巖中丞令上海時聘爲記室。同治初，重脩上海縣志，應敏齋廉訪延君纂脩，未幾卒。有嘯古堂集，廉訪爲之刊行。

江弢叔，湜。長洲人，諸生。屢躓場屋，幕游江浙間。咸豐初，僑居郡城時相過從。後以小官需次浙江，卒於嘉興。詩學昌黎、山谷，當其得意，喜笑怒罵皆成文章。有伏敔堂詩録。

胡竹邨農部，培翬。績谿人，嘉慶己卯進士，户部主事。受經於凌次仲教授，尤邃於禮。道光己亥秋，相遇於西湖文瀾閣，時方著儀禮正義，以糾賈氏之訛，縱論忘疲。予以其所著燕寢考俾錢氏刊入指海。嘗主講雲間書院，後主涇川書院，其研六室文稿近亦刊行。

陳碩甫明經，奂。長洲人，附貢生。傳金壇段氏之學，與竹邨農部同寓。借閒小築，相見甚歡，出示所著詩毛傳疏，融貫經傳，引據賅洽，毛氏遺義，宣暢無餘藴矣。嘗訂西谿觀蘆，會雨不果。予别君歸，君曰：「吾寓西湖，竹邨外無過問者。今竹邨歸矣，方將與子邂逅，復舍吾去，誰堪與言者？」行亦歸爾。

黄小田儀部，富民。勤敏公幼子也，當塗人，居蕪湖。道光乙酉拔貢，歷禮部儀制司郎中。咸豐癸丑避亂，至金山，一見如故。觸目時事，以詩唱和，殆無虚日。既而遷郡城，遷張堰，遷召稼樓，遷周浦。時予亦以寇偪旋里，君曰：「曾不意相見於君鄉。」予曰：「誠然，然未必爲樂土。」無何奉南失守，遂先後至上海，唱和如昔日。同治癸亥，予以曾文正公招至皖，君餞之曰：「今則子之入吾鄉，顧安得從子歸相與？」悵然而别。同治丙寅，予暫歸晤，君步履猶健，惟酒量減耳。明年聞患眩瞀，亦既稍痊，以書慰問而答書與訃俱至，爲之驚絶。君詩本勤敏公家法，在少陵、香山間，其遺集曰過庭小草，曰誓墓餘稿，曰避弋小草，皆自爲編定；曰萍軒小草，曰萍軒詞草，曰律賦賸稿，曰試帖賸稿，則哲嗣子慎太守安謹。屬予爲編次，而總名之曰禮部遺集，凡九卷。子慎以小官需次江蘇，累擢直隸州知府銜，亦能詩善畫。

符南樵孝廉，葆森。江都人，咸豐辛亥舉人。避亂寓朱涇東林寺，攜一子一僕，行李蕭然。每相見，坐談忘倦。偶及時事，未嘗不慷慨咨嗟。嘗選國朝詩正雅，以繼沈文慤別裁，後主柘湖書院。

劉融齋宮允，熙載。興化人，道光甲辰進士，累官中允學行，兼粹主講龍門書院，以身率教，遐邇欽矚。著四聲定切，以欵意烏于四字攝一切音，條分縷析，獨出手眼。又著有説文雙聲疊韻、持志塾言。藝概、昨非集皆已刊行，書法亦蒼古。

周叔米，文禾。嘉定人，諸生，績學好義。光緒丁丑秋，與寶山陳同叔如升。介鴻舫過訪復園，議論風發，出所著南宋百一樂府及駕雲螭室詩鈔，凡若干卷，皆卓卓可傳。同叔監生家羅店，亦績學士也。恂恂儒雅工詩詞。

頤生足下上月中旬頒到手教，知歗山未刊遺著陸續刊竣，甚慰。鄙懷歗山，精心博覽，不名一家。世徒以校讎書數、音律之學偁之，皆皮相耳。其不立門户，易氣平心，近世諸儒自番禺陳蘭甫先生外未見有此。人雖零星小種，皆足以啓導後學，況其詩文乃晚年未及？入集之作，尤非它家外集可比。吾子悉心校讎，又得錢子仲穀、張子鳳山力任剞劂，歗山有知，應含笑九泉矣。委作弁言，追念歗山平生，相與之深，其何敢辭？然老病日深，不事鉛槧久矣。每一搆思，輒不能寐，欲倩它人爲之，恐無以質死友。精華衰竭，莫可彊爲，願吾子之諒之也。諸種均承賜讀，懷舊雜記厰印後幸賜先睹。此外雜存零種爲覆瓿集，目中所無者，鄙意宜集外別行離之則雙美也。老耄不能多牘，諸惟諒詧不宣。姚光發頓首。

歸自江陰之明年甲申，先生著懷舊雜記未畢，痿躄日益甚。初冬驟寒，手握筆顫不止，散稿滿几案，不復檢拾。萃祥。每趨侍，爲稍稍整齊之。一日先生顧而歎曰：「是稿也，余未能竟，將就所有以付子。」萃祥。謂：「天方寒沍，高年氣血衰，手足不良，亦常耳，入春當漸舒展，無過慮。」未幾先生病中愈，明年正月復作，遂不起。乃與先生孫壻王君賡九謀刊未刊各稿，得金山錢君仲穀、昆季任剞劂，遂絡續校刻。自鼠壤餘蔬以下凡五種，惟雜記散稿未敢倉卒編次，遷延以待。賡九數以書促，而張君鳳山復督責之，且以梓費任，於是就存稿依先生原例銓次爲三卷。先生初擬叙周浦諸人爲一卷，叙南塘、張堰、秦陽、廊下爲二卷，叙郡城爲三卷，其四卷將以叙安慶、江寧諸舊游而未及屬草。兹惟一二卷較完備，三卷則固未全之稿也。烏乎！自先生歿距今不十年，萃祥。奔走衣食，學殖荒落，此豈先生夙昔期望之心所及料？蓋有負先生多矣。今託諸君之力，於先生手澤所遺次弟刊行，俾萃祥。得藉手觀厥成，是雖不足以塞先生之責，而獨非萃祥。私心所喜，幸者與？光緒十九年癸巳秋八月門人華亭閔萃祥謹識。

舒蓺室尺牘偶存

舒藝室尺牘偶存

答黄越瑚 戊子。

徐孛陬回接手教牢騷之意，溢於豪端，不平則鳴，固無足訝。第人生涉世，安能事事如意？老兄所處，固屬萬難，然譬如弟之一門，凋落六尺飢軀，豈遂將日日以淚洗面邪？功名二字，自有天命，惟當盡人事以待之。奉勸此後將腳根立定，眼界放開，且看老天作何處置我耳。來恉云云，具紉雅愛，但轉蓬之身，南北無定，何暇計家室？晤望溪希婉覆之冗次，草草。

又答 庚寅。

入夏來屢奉手翰，足下爲弟之心可謂至周且悉矣。弟雖不敏，何至頑如木石，豪不省事？然一念及此，方寸鶩亂，不知所從。圓覺了義經云：「如彼迷人，四方易位，此可意會不可語説爾世豈有夢乘車入鼠穴，擣薤噉鐵汁人哉？呵呵！

也。前接五月二十四日扎，深感厚意，辭之無可辭，故以小詩自解。適查麓先生赴東，屬爲寄致，亮已垂覽。實則篷萍蹤跡，未卜稅駕之所。故可緩則緩，若執前事見疑，則弟詩固」云云。

答某甲午。

兩過留溪，得聆雅教，而悤悤返櫂，未及一毣。幽悰午刻，敬接華函，具悉梗概。周急濟困，弟之本懷，況高才如足下，尤向所傾注，願效指臂者無如飢驅。作客録録依劉，徒此一片熱腸，竟無用武之地。至筆墨一道，本屬冷淡生涯。今之坐高堂擁厚貲者争白論黑，有貶無褒，但言及孔方兄，便兩目矐矐如雷，否則口角流沫，欠伸假寐。此謂拒人於千里之外，雖有百、儀，秦安能爲茂陵劉郎作説客邪？學醫如布帛粟菽，可以濟人，可以自給。鍾鼎篆刻如書籍、古董，得時則獲，可不訾遇盲瞽兒。且一錢不值，竭來歲穀不登，富家每多惜費，若敗家子揮金如土，寧結交粉頭篾片，其視酸寒措大如風馬牛，豈肎見白紙黑字遂解囊慨贈乎？乍川風景較前十年大不相同，弟意此游可已，則已不必畫蛇添足，即不至往返徒勞，亦未必遂能捆載東陽處。既未有成説，宜即整裝歸里，筆墨謀生，策之下者。一身在外，八口瞻望，非弟之四海無家者可比也。辱在垂青，縱談無忌，幸勿以交淺言深爲怪。五月十八日。

與繆少薇甲午。

闊津間隔，通問爲難。風雨雞鳴，何如感念？此境想彼此其之。去夏忻接手書，備知近況，擬申李報欲寄，無由徒想望耳。自青溪判袂，遂賦驪駒過觀音巖。泊舟半日，窮十二洞，回登燕子磯，讀足下所題詩，穆然有懷，漫和一律。川途無俚，惟以吟詠。自遺騷回風而餞秋，□落葉而寄雁。長江如帶，曙波弄晴。望金焦，兩點若煙，非煙。寒翠欲滴。跂足坐船頭，放懷高歌，同伴皆笑，格格作老鸛聲。至無錫，經芙蓉湖，畫船葉葉，衣香撩人，蓋惡少年挾妓游者。舍舟適岸，入九龍山寺，訪東坡游跡，啜第二泉。胸膈一清，方擬登山頂，俛瞰太湖，遍攬洞庭、林屋諸勝。山靈妬客，風雨卒至，嗒然而返。抵吴門，同人小住，拉游笑而謝之。舟中獨坐，剥蓮子，沽酒自酌。醉且倦，則高枕而卧。如是留二日，乃行歸後。同人各出，掄元作請鉅眼决科，予則檢點行裝，僅得詩一卷，不敢示人也。去歲來移硯，金山錢氏陳編相對，日以校讎自娱。時文試帖向未營心，即偶爾染指。毛錐子倔强不從，未免支左詘右。朱衣神有知不當作絶交論邪？足下前賦倬亡曾否續？膠尊甫在粤，有無音問？請習討論，孰爲同志？三秋桂子倏又嫦娥，望人曩者矮屋談詩。淮清看月，曾不轉瞬如在目前。烏兔飛馳，葛裘再易，良時坐廢，顧影自慚重。以蒲柳易衰，不堪觸暑。白門之役，望而卻步矣。遥念魚更螢案，摩厲以須。弓燥手柔，亮無虚發。一月三捷，跂予望之，悼香詩頗難下筆。久疏聲韻，竟不能成一語。佳章先就，盍付便鱗。碧水無言，紅闌依舊。秦淮歌管，與日俱新。倘晤筠軒，爲我問□兒消息也。

與計芥舟丙申。

甲午秋，盧晴野兄自滬城回，示手教。並米賈詩，略悉足下近況，則慨然以悲。夫江城十萬家，鱗次櫛比，獨一人焉。拳曲甕牖，仰屋梁而著書。一家兩口，煢然寄跡，世無皋伯通，孰識梁伯鸞哉？然熱鬧腸中斷不可少此冷人，吾惡知江城十萬家，不轉賴一窮措，大爲酒肉道場、脂粉地獄作鴻爐中一點雪邪？屬求席地，豈不在意？無如邇來作猢猻，王者多於禪中，蝨多牛翁，捨一萬錢便可僱一秀才先生聽從役使。稍聞賓主齟齬，曹丘生纍纍踵户矣。此間庸有足下鼾睡地邪？文虎頻年客金山錢氏書局，羈縻迅難竣事，寄人籬下，抑亦且住爲佳耳。去秋以文瀾閣校書之役客西泠兩月，湖山勝概，略睹一班，惜無解人如足下者相與歌呼嘯傲其間。嘗雜紀所歷得詩詞數十首，暇閒録寄，請費杯茗工夫作宗少文卧游何如？

答繆少薇丙申。

去秋，篠峰自白門回，示手教，勤勤懇懇，勉以大儒地位，且感且媿，汗下浹背。方冀秋賦告捷，踐約東來，得一吐胸臆中宿物。乃閱試録，知又報罷，不禁廢然。旋有武林之行，滯留兩月，歸後就婚吴興，已當歲暮。春來屢欲答書，顧無可寄者。月初，於篠峰處見四月中一書，驚悉足下遽遭大故，路途間阻，不獲躬趨弔唁，殊惘惘。足下境處萬難，宜節哀自恤，以承先啓後爲己任，區區哀號踊躄之孝，非所以慰先德也。弟少失二人，孤窮孑立，貧無以存。然每自奮思，所以不負生我者。歲科校，屢絀於有司，又力乏不能頻赴省試，乃棄舉子業，學爲詩古文辭。久之無所得，旁皇進退，蹶乃復起。既而得元和惠氏、歙江氏、海陽戴氏、嘉定錢氏諸家遺書，讀之始慨然歎學自有原本，徒馳騖枝葉無益也。則取九經漢唐宋人注疏，若説經諸書，由形聲以通其字，由訓詁以會其義，由度數名物以辨其制作，由言語事蹟以窺古聖賢精義，所存旁及諸子史，是非得失源流異同，以參古今風會之變。賦質駑下，百不得一，而心思所及，輒復相依。雖欲自釋而不能已。區區之心，非欲矜奇衒異效此博士家伎倆也。以爲學成得寸進，或有所建立，不則窮老牖下，著書自娱，坿古之立言者，以示方來冀於世教有所裨益，庶不負先人所以教子讀書之意，是亦足矣。癸巳來，金山錢雪枝通守刊刻叢書，舁以校讎之役，兀兀魯魚亥豕間，不得已耳。豈將與抄胥争勝負邪？若夫揣摩風尚，支左詘右，以僥倖功名，既有所不能，至屏棄群籍，糟粕六經，以從事於所謂大儒之學，是則自南宋以迄有明諸公高談性理自矜獨得者，弟何人？斯烏足以語此？足下銜恤之餘，不當雜以更端，顧前書有不容不答者。知足下愛我深，欲以自勉者勉足下，遂縱言之，惟垂察不宣。

答計芥舟丙申。

八月十八日，接手書，知方患瘍，比已平復否？讀孱守居草，年來近況歷歷如睹。惟片鱗寸爪，未饜宿望，因憶庚寅秋偕篠峰暨侯君楚帆奉訪，相遇劇場間，詢舊作足下，曾爲誦秋草四律，甚深宛惜忘其詞，希再寫示一通，外有他作，幸並寄一二。不佞少習制舉，舍而爲詩古文詞，又舍而爲經學考證，訖無所成就。人皆笑之，不知者以爲所求愈高，所守愈拙，其知者以爲此才力不勝，故屢遁而益窮。足下顧沾沾焉。漫以古人相比擬，不特使不佞媿汗無地，并使笑不佞者轉而笑足下，柰何？昨在郡城晤曉春，道祝秋田先生已捐館，舍里中宿學僅推此老。老成凋謝，爲之黯然。嗣君先故著述，鮮所付託，曾屬曉春代爲收拾。其易、春秋諸經說及詩文稿，足下係此老之侯芭，倘晤曉春宜留意贊襄，他日得流傳一二，一不負作者苦心，二不負生平知己。此後死之責大著，埘皦拙稿一册，乞勘定所作。散體半屬考訂之文，餘則應酬筆墨，不及呈教，容圖續寄。嚴寒洊至，惟加意攝衛。

答賈雲階丙申。

郡城造答，一把袂恨，未罄叙比，惟文祖綏善。前六月中所惠書並芥舟扎，中秋後始寄到。鹿鹿致稽裁答，恕罪恕罪。芥舟與弟生同里閈，以遷滬城，故相聞名而未面。乙酉冬，始遇於曉春所，相見恨晚，然蹤跡殊落落。丁亥、庚寅嘗兩至滬城訪之，或稍稍誦近作，輒扼腕歎急，服其才，悲其遇，又竊以自悲也。士不幸不習舉子業，不能以功名自見，又當世無大力者爲之噓拂，俾以一藝著，惟一二儕輩相與咨嗟，感喟爲同病之憐。脱驂之贈，廣厦之庇，日往來於胸久之，瓠落而無所容，此徒令旁觀者笑耳。吾兩人於數百里外作忘年交，雖魚鴻稀少，然雲樹之思未嘗少閒。足下知弟，亦知芥舟者，又望衡對宇，朝夕過從，其爲芥舟地至矣，而卒皆無如之何。嗟乎！可慨已！芥舟著撰，弟處絶少，比始讀其孱守居稿，不及四十首，已略録數首入篋，衍他日遇解事兒當持付之。弟才劣學疏，無片長可舉，足下過爲推挹主臣。主臣□抄拙作一册，奉去草稿，都未繩削，乞與芥舟共商之。屬題蕭君册葉率塵兩絶句，復轉乞舍親。金山姚君、青浦陳君各題古近體一章，坿繳天寒，惟自愛不一。

寄熊露荃丈丙申。

甲申夏，嘯峰來浦東，眎尊稿，格高氣清，風骨蒼健，絶異時下筆墨。私心向往，恨願見而不可得。及丁亥歲，假館南塘先生，已前二年入都，又無由見。時於令子曦郋處詢客況，而先生書回，亦間及不佞。十年夢想，千里神交，不必真識荊州而拈髭苦吟。浮白豪飲，已如見其人。仲冬聞文旆言，旋將訪故交於廊下村，竊自喜慰，得遂向來企慕之念。乃嚴寒水涸，繼以堅冰，致遲瞻仰。日天氣稍暖，舟楫漸通，擬以東坡生日待先生於井眉甥館。外舅氏旼香先生處先已達意，專眄德星，以負瓢腰笛之吟，訂傾蓋班荊之雅。先生或一笑許之乎？荒言一首，聊當乘韋，具別紙，幸惠教之。

復繆少薇丁酉。

二月初，接手書，悉兄頻遭家難，此實人生至慘之境。弟於癸未、丁亥連失怙，恃鮮民之悲，至今徹骨。兄乃遇之，期年之中，其銜痛當有不可言喻者，然惟推令先君萊衣侍養之意，節哀順變，以慰白頭。是即足下之所以盡孝也。弟久客彭城，豪無寸進，學問一事，心思躁則不能入，精神弱則不能出。陳編相對，如理亂絲，往往坐而受困，磨磚作鏡，多見其不知量耳。所屬尊甫傳略，弟文辭婞鄙。又名不出閭巷，不足闡揚。盛德若以交誼惇篤，求之名士大夫，不若弟言之親切，此則弟所不敢辭者，望詳録遺行寄示，俾得據實載筆，他日文以人傳，亦筆墨之幸也。此次秋闈，親友勸駕者甚衆，然久荒舉業，榛蕪叢雜，無一可自信者。加資斧不給，未免乞憐於人，以不自信之文乞憐於人，以儌倖萬無一得之事。毋亦可已，則已遂決意不行，致孤厚望無任慚悚。東南一帶，頗多疫癘，郡城尤甚，不知尊處何似？涼暑迭更之際，惟加意自恤，鴻便報我片音，禱切禱切。

答胡竹村農部 辛丑。

客秋載接手書，以送世兄入闈。即日旋里，未獲，遂奉教之私，至今爲悵頊者。朵雲飛至，知德星已涖雲間，翹首臨風，無任欣抃。比惟道體萬安，著作日富，禮經一疏，想節次告成，定使鄭學從新，賈君奪席，後進之士將争先快睹，奉爲斗杓。虎等别去年，餘坐荒日，力媿無寸善，足告於大賢之前。每一念及，泚汗無地。承示毛詩，申成大致，節取箋疏，間采諸家，以申毛義。卷帙較繁，容暫留細讀，斷勿令寒具手汙也。少師公總集爲目幾何，共有幾卷，欲求副本，一讀冀便中寄，示碩翁近狀何如？毛詩疏前略見樣本，比已開雕否？聞子仁太守已真補杭州，亮可始終其事矣。俗冗稍撥，當虔叩講堂，暢聆清誨，先此鳴，復祇候起，居不莊不備。

與繆少薇 辛丑。

秦淮一別，忽忽垂十載矣。雖來魚去鴈，無間形骸，而落月停雲，時深寤歎。去秋嘯峰就試回，從問近狀，不甚了了，大要「不得意」三字盡之。第此心不可爲境所役，天道難知，宜脩其在我，戚戚何爲？今歲安硯何處？去春曾具一函，仍由德潤寄達，不致浮沉否？以嘯峰帶回手教，未及此聊一相詢，弟録録如故。比來逆寇鴟張，頗驚風鶴。當事者慮奸民乘間竊發，論各城鄉團練堡寨預爲堅壁清野之計，此策甚善，惟積弱之區難與圖，始遷延觀望而已。聞關外一帶頗苦水荒，區區硯田，得毋入不敷出。白頭黄口，俯仰惟艱。天各一方，代爲頻感。杜陵廣厦，徒存胸臆，柰何？柰何？弟近擬搜輯諸知己詩稿，彙爲盍簪小集，酒邊展卷，如對故人，冀抄寄一二外奉呈金山熊露蕤丈詩鈔一本。此老爽概，略似足下，詩筆亦蒼健，以足下好吟愛友，用敢分餉。然吾知手披口誦之際，又當聞聲相思矣。萬筠軒詩才清麗，似非俗人，别後時時懷念足下，書來總未一及，豈一擊不中，遂不復踐省門邪？相距六百里，寄書苦無妥便。足下所居在邑城内，外係何村坊，幸以相示，弟亦略開居址，並轉寄處所，庶不爲殷洪喬所誤。便中幸時通消息，禱切。

答熊露蕤丈 壬寅。

使至誦手示，藉稔種種。尊恙前梅生曾略述一二，大都酒溼所傷，過勞則發，木旺之際，兼挾肝風，宜息心静養，可勿藥有喜。南山松柏，不能不遇霜雪之侵，然而其天全者時過自復，區區何足致慮邪？虎澧溪之行，須過清節，方回，爾時或由内港徑趨衛城，祇候不勞，專使堅翁於前月十九日往平江云。客秋有函奉寄，曾入覽否？虎去春奉訪，後得俚句七章，初擬面請繩削，因循一載，竟未果願。兹先録呈一粲，或藉此消遣病魔也。

答張篠峰 壬寅。

屢奉書未見報，殊怏怏，頃荷手畢，喜慰交并陳軍門殉節。諸作家皆以此大題目不可放過，弟胸次格格，亦有所不能已。於言者思於此。一發之，然詢諸從征之士，言人人殊。楊雷紀略，又頗有出入。昨聞徐雪舫云曾見軍門履歷，載在福建時軍功甚詳。嘗從李壯烈伯征，蔡牽亦著戰績，擬覓得一審其始末，故未敢妄自下筆，需之兩三月，或半年一年未可定。若同人彙刊之舉，聞之汗顔，斷不敢埒驥，惟有藏拙而已。還讀齋詩，板樣尚未寄至，此間發刻之叢書，板亦亟須配齊，連次扎催，竟如泥牛入海。一則夷氛滋擾，道路不便，再則此輩脾氣往往如是，足下當亦深悉其弊。弟館務栗六，不易脱身，文旆能偕露。翁北來作數日聚，甚妙，否則俟至中秋，扁舟奉訪，不知爾時兩君能約會否？去秋屬作王依孺人詩，春間脱稿，自視不甚愜，心遲未奉寄，容面商之。處暑後一日。

答少薇 壬寅。

海波乍沸，江水旋渾，天各一方，同兹恾悼。秋分日嘯峰處寄至手書，略悉近狀。藉慰渴臆目疾，甫愈不宜遽事。書史窘促，亦寒士常情。時勢如此，未免倍形拮据，在善守其方寸而已。弟自乙未來，向居甥館，緣與居停相近。歲時伏臘，僅一二次回故里，頻年食字正如鑽紙癡蠅，不敢望小成，況乎大乎？至挂籍諸生，浮沉歲校，偶倖優等，實非所期。輾轉年餘，依然故我。六月中，同學將循例考貢，適聞江陰之警而止。雞蟲得失，本似浮雲，飲啄由天，於兹益信。承齒及埘博，逌爾飢驅奔走，亦出萬不得已。然瞻烏爰止，度非浪賦。遠游秋水，雙魚好音，遺我引領以俟。去冬曾泐一函，由琴川轉寄來，書未及想，爲殷洪喬所誤矣。冗次佈復，不盡欲言。

答吴鑄生丈壬寅。

耳先生名久矣。東西間阻，未遂願見之。私時於堅翁外舅處謹詢起居，稍慰渴念。客歲寄塵拙稿，謬荷題語，汗顔之至。今夏四月，中辱賜書，至中元節回井眉甥館，始接到。循環雒誦，如晤紫芝眉宇。惟奬借過隆，撝謙過甚，令晚學者更無地以自處。主臣！主臣！虎少孤失學，橐筆依人，妄效塗鴉，無所師法。即一知半解，亦如鈍漢參禪，無一語對著機鋒。我丈詩文書法，有目者自當傾倒，何待不佞頌揚？諸君仰慕文譽，望如景慶，際此秋高，夷氛稍息，計藻采遥，頒當以先睹爲快也。

答汪謝城癸卯。

仲夏，外翁堅香先生傳示手書，博雅好古，如見其人。頃復承下詢種種，益欽佩無已。虎少嬉戲，不知讀書，今稍稍事此，然不能專力求一事，能始終條貫者，率不可得。讀足下書，自省又自愧，恨也。史記正義自南宋與諸家合刊後，世間單行本絶尟。四庫全書所收係明震澤王氏刊本。河間紀文達公經進者，當日在文瀾閣，緣應校書多，遂未暇檢閲。戴東原校夏侯陽算經，從永樂大典綴緝而成。其後孔氏刻毛斧季所得元豐足本，東原又爲作跋，并未言及大典本。今以兩本互校，前後次序竟無一字不合，此疑案百思不解。漢魏叢書有鹽鐵論，係明張之象注。四庫所收本即此，然割裂倒亂，舛謬甚多。嘉慶間，元和顧澗薲得明弘治十四年新淦涂氏依嘉泰壬戌刻本及錫山華氏活字本，與張本大異。陽城張古餘太守重刊之，復撰考證一卷，系其後，爲桓書最善之本。然嘗以群書治要所引校之，猶有脱誤。凡魏晉以前古書類如此。簡明目録與單行提要披此去取頗有不同，即文瀾閣書，其書或有或無，其卷數或多或少，亦往往與簡明不合。閣本前所冠提要，又有與單行本殊絶者。又有提要相同而其本大相刺謬者。蓋四庫全書既竣之後，又屢經更改，而文瀾閣本當分鈔時或即依俗本抄録，以圖省事，未必全遵四庫本也。朋九萬烏臺詩案完本久佚，據直齋書録解題，凡十三卷，而説郛、函海諸書所録寥寥數帙而已。然諸家詩注及苕溪漁隱叢話、詩話總龜等書尚可撏拾度。秋翁既作廣證，當已及之。僻處海隅，聞見甚隘，無足酬雅問者。一水相望，苦不得謀，而幸時惠教言。

與陳碩甫丈 癸卯。

湖墺揖別，轉眴三年，比惟履候勝常著述，益盛三月間有客赴衢，坿致片函曾達左右否？虎緣居停拉往都門，自春阻夏，因循未果。今定重九前一日就道荒學，□而事風塵，素心人聞之，得無莞爾？邸報王子仁太守擢監中州，大著毛傳疏諒剞劂已竣。二千年來昏昏暗室，一旦忽睹天日，誠不朽盛業也。方外友鐵岸變儒冠，爲浮屠服浪游江河間，所至士大夫莫不傾倒。明年將攬勝西泠間，友於虎念平素寡交，武林尤尟相識，相識而氣誼，且洽者一寓公而已。因作數行遺之，俾而謁時奉致，固知詞章一道，渠所優爲而先生之所唾棄。然儒林、文苑各有千秋，必不因此而存畛域，且鐵岸之所能者技也。先生將進而語之，以道當有砉然，而解者秋風載塗，暮雲在望，臨緘馳溯，伏惟爲道珍攝。

與彌勒院僧 癸卯。

一別明湖，忽已四周，寒暑涼宵，清夢未嘗不在十三間樓也。比惟道體安頤，白業精進，實剎自尊師化去，後得法嗣爲之繼續，想見慧日長新。慈雲永庇，如來滅度，啓教者端在阿難，惜牽絆塵緣，不得時親梵宇，徒呼負負，無任拳拳。道友鐵岸，本寶山人，易儒服爲緇衣，詩古文詞不在小顛、松光兩禪伯下。茲將薄游兩浙，冀分莊嚴片土，俾作一枝之棲，不致立錐無地，幸甚！泰株守如恒。虎擬重九前偕雪枝通守入都，在山出山，何處判此一重公案？向承護念，并以坿聞。

復阮相國甲辰。

前月脩誠祇謁，後生末學得瞻仰顔色，誠二十年向往之忱庶幾焉，而不敢自必者也。退後復蒙八公子賁臨舟次，傳命持贈《揅經室再續集》、《蕶陔堂文集》，並爲錢君致祭，厚意優渥，非所敢當。文虎適以事入城，殊失禮迓，引慫無及其日即解維，旬餘始抵金山，仰賴福稽，在途平善，邇日諸冗稍定，正擬肅書申謝。十八日郡署中遞到台函，暨《守山閣叢書序》，盥誦之餘，曷勝感荷。竊惟執事居爲通儒，出爲台輔，德業之隆，天下仰望。譬猶日星河嶽，自公卿迄士大夫苟得一言，靡不重於九鼎。錢君自輯書以來，殷殷就正之意無日去懷，不幸不及躬親訓誨，而身後之屬竟蒙倜從。所請賜文弁首俾數十年，苦心不致湮没，且六百五十二卷之書，挂名鉅集，從此不朽。九原有知，可無憾矣。文虎鄉曲陋儒，學識檮昧，伏讀鈞岸，意恉深遠，安能窺測於萬一？惟弘獎風流，娓娓言外，令綴學之士油然相勸，此則大君子之善成人美，而古大臣之所爲休休有容，不啻若自其口出者，固如是也。敬校勘一過，有數字似轉寫脱誤，因照録副本另識所疑，呈求審正示悉，以便付梓。外坿上湖海文傳一部，坊訂不甚闊大，惟印本尚清楚，較勝近出者。冀即察收錢君所輯指海十二集，先已刊竣，俟裝訂後郵請鑒定。其餘稿未編者，嗣子某某擬遵遺命續刊，知荷垂注，敬坿以聞。

與胡岫桐丈甲辰。

寓齋一别，忽忽半載，比惟尊候萬福在都，日奉教良多。當錢君靈轝發紖時，又蒙代爲照護，及虎等出城，恩恩就道，竟未稱謝，殊深歉仄。自潞河南下尚不至十分阻滯，至五月十八日抵里，一路平善，惟同伴及下人水手十病六七，陶六兄竟卒，柳林又意外事耳，蘇卿先生於二月間捐館，老成凋謝，不勝人琴之感。尊函今存蘋香叔舅處，聞客冬今春由竹報兩次坿書，曾無寄達。虎回南鹿鹿無狀，惟家口如恒。外翁仍授讀，鴛湖杖履頗健，藉可告慰。雲山間隔相見，尚未有期尊名，想即到班能選浙皖近處缺分則甚善耳。長安居，真不易。及之而後知近況稍能如意否？馳企無已。

與淩厚堂丈甲辰。

在都深荷教言，至今佩服。二月二十日發潞河，無大阻滯。至五月中抵里，途次平善，足慰垂注。比仍館錢氏。錢君哲嗣遵遺命續成指海，檢遺稿析爲六集，覆校付梓。明春諒可竣事。先生著撰等身，真近儒之魁。周易翼集古義而貫通之，注文精簡，較惠氏周易述有過無不及。學春秋理辨體大物博，於弟三卷略見一斑，未知禮堂寫定何時得窺全豹？前有南回之議，行止如何？先生非汲汲功名者，然君子不爲不近人情之舉，竊意轉瞚已□，再商進退，隨遇而安，是或一道也。虎鹿鹿依人，無狀足述，閒效操觚，未嘗敢示人。先生知我者，不容自掩其陋，會當録副呈教，鴻便肅佈，不盡傾企。

上阮相國甲辰。

六月中拜奉賜書，暨守山閣叢書序函肅丹佈謝，并坿呈湖海文傳一部，仍求洪郡伯轉達，計邀鑒悉。越數日，又從蘇州接到第一次所寄手諭，緣前函已送郡署，未及奉聞。秋暑甚酷，繼以驟涼，比惟道體萬福。文虎甫成童，即讀執事書，積向往之私。逾二十年，地分殊隔，莫爲之先，容徒望風引領而已。仲夏以故友之屬造次求謁，執事不麾之門牆之外而命之進見，其爲喜荷，非可言喻。自審譾劣，無足陳獻，又重勞清聽，不敢久侍，未盡其所懷而退，退而又悔之。夫知其拙而隱焉，揜覆是自欺也。曩願見而不可得，得見而又不以誠告，是自棄也。自欺自棄，非所以事大君子也。文虎少孤失學，奔走衣食，以意學爲詞章，無所師法。既而讀近儒江、惠、戴、錢諸家書，乃悟其本不立，無以爲言，始從事於形聲、訓詁、名物、度數之學，以庶幾古聖賢立言之意。賦質駑鈍，聞見膚淺，俗事牽之，旋作旋輟。癸巳以來，錢君招同商訂守山閣叢書，雜而寡要，徒騖心力。閒事筆札，一知半解，無當於所謂根本者。執事口敝萬卷，胸貫九流，著作之盛，衣被天下。其視綴學之士，管窺蠡測，沾沾自喜，奚翅鳳皇翔於千仞，而下顧醯雞方舞於甕中也。雖然，泰山不讓土壤，河海不擇細流，執事自撫浙江，迄節制兩粤、黔、滇，造就人材不可枚舉，寸長薄技，無不誘掖獎勸，以曲成之，以文虎之不敏，固不敢自比於弟子之列，抑又安知執事之不因其來而樂爲之教誨邪？謹獻散文二十篇、詩一卷，敢求垂覽。其有一言之幾於古，則請誨以其所未至，而勉其將來，無任冀幸之至。

答郭友松甲辰。

客秋於郡西郭晤足下，方自白門回，草草數語别去，時見足下面有晦色。竊意試未必得意，比返櫂，即偕雪枝通守北行道中，時時念我友松也。關山重阻，風雪載途，十月晦始抵都門，隆冬苦寒，不出。擬春間遍攬燕臺諸勝，不意入新正通守，遽攖疾卒，游興索然。屏當喪務，束裝而歸，水道紆迴，幾倍於陸。五月中抵里，晤熊露翁，道足下近況，代爲鬱鬱，乃知客秋途遇時已聞尊甫訃矣。然聞近與熊蘇林讀書葉湘秋園中，甚喜，得良友切劘，學可大進。及八月中，在郡傳聞友松已入都，則又憮然，何也？足下天分甚高，氣質甚弱，又未習世事，人情變幻，行路艱難，非可口喻。萬人海中如足下者，奚翅數百，馳驅道路，淪落風塵，目擊心傷，有不忍言者，安得不爲足下危？越數日，從柳溪處獲手書，始審行止，則又一喜，非特喜足下之未入都也；又喜得安硯地，從此息心數年，壹志讀書，不爲俗學俗事俗説所誤，庶幾有成；而又喜如虎者，得同志切劘，益奮於學，如我友松之於蘇林也。江山游歷，當有濟勝之具，有濟勝之資，有濟勝之境，正非易易燕齊八閩無聊之極思耳。流行坎止，飲啄由天，其遂與否？非能豫定，願勿以此自荒落井下石。古今同慨君子獨立不懼，遯世無悶，彼世情何足責邪？蔣劍人之窮，與足下等，忽然而爲僧，又忽然而歸儒，其出不得已，均可原諒。其才其詞章之學與其放誕，蓋有過於足下者，嘗以爲劍人狂友松狷，虎則處狂狷之間，其子莫乎？十月初，柳溪回里，足下俟其到館，坿舟至張堰鎮，由鎮之秦陽六七里耳。來時可同詣熊老，作數日聚如何？

與汪謝城 乙巳。

客夏承示手校大唐郊祀録，正譌補脱，千餘年斷爛之書焕然一新，實爲稽古者一大快。録副訖，覆校再過，有數端似可商者。古人引書，不盡依原文義，苟可通，不必一一標出。至脱文誤字，顯見爲傳寫之謬者，徑即補正，省去案語，以免瑣屑脱簡之處。他書所引，事雖略同，未必盡合，則但宜坿案，不可徑補。又古人疏略，引用經傳注語往往概舉一名，不復分析。或有檃栝諸篇合爲一論者，此類但舉例，於前後並可略，敢以鄙意妄爲增損。復檢通典、六典、新舊唐書、唐會要、樂府詩集諸書，參證異同，坿注圈外，餘並仍原校授工寫樣。春夏間，可繡梓矣。古人校書，亦各隨其人疏密。今世所傳林億之校内經，彭叔夏之文苑英華辨證冣爲精細。近時戴東原、盧抱經校書頗仿其例。高郵王石臞文簡父子光精其要，不過博觀約取，闕疑慎思而已。然弟能言之，非謂遂能爲之。足下精思聰察，弟萬不及一，竭其愚陋，何足當輕塵墜露之益而來恉云云，何其學逾邃意逾下而詞逾謙與？《大唐郊祀録》繳上，管見所及，揭諸簡端，幸再審之。

答洪子齡乙巳。

繆少薇兄書來，盛稱閣下門才世學，恨未一親芝範。兹荷手教，先施申誦之餘，曷勝欽佩。文虎才識媕鄙，貧賤依人，雖竊慕諸先輩緒論，希志古學而力既不足，又荒廢於詞章雜藝，半生悠忽，無一足以自立者。同郡錢雪枝通守纂緝叢書，謬邀襄校，已閲數年。甲辰春，錢君不幸卒，於京師彌留時，以書事見屬。文虎不敢孤死友之託，仍館錢氏以完未竟之業。所輯《指海》除已編十八集外，餘稿不能成集，故旁求祕籍以足二十集之數耳。發微顯幽，夫何敢當？前少薇書中示北江先生遺書目，未刻頗多，惜無好事者補刊以成全帙。今指海中所缺無幾，又卷帙稍繁者不能入；片鱗寸爪，未免窺豹之譏。初擬九月間約友奉訪，而人事牽率，未能自必來教，乃許以抄副惠寄，極爲感荷。目中如《毛詩》、《天文考》，謝承《後漢書辨誤》、《魏書地形志補正》、《國語釋地》及孟慈先生《續漢書藝文志》，祈各抄一本，仍望審正一過寄下。蓋引用古書尚有原書可檢，至文義烏焉之誤？以意推測，或致多岐，不能不加慎重耳。從蘇轉寄諒，不致浮沉，他日倘獲，遂訪戴之游。敬當虔詣禮堂，暢聆教益也。

答郭友松丙午。

客冬得陳潁莊來書及篠峰所述，足下在蘇光景略知之矣。苦寒行役，殊繫人懷。月初八日接手告，則審留滯維揚，進退惟谷，行路之難，動足即是，何必天涯？知其難者，當於無可立足中求立足之地，向者相阻之意，足下知之矣。抑知所以相阻之意乎？蓋足下視事太易，視去就太輕，致有此悔。然既在楊州，何不即揚謀席地？以足下之才，龍性稍馴，豈無遇合，可止則止，何汲汲往返爲？弟意徐州未必即有信，即信至，未必竟具行李以迎。既抵徐州，復欲借省試爲歸計恐無説以處。此即有説以處而幾月，徐州官舍何所聞而來？何所見而去邪？如決計不欲居徐，莫若即今勿往。然在外情形難以逆料，足下且以弟言熟思之，而度之以勢，徐定行止可耳。承示棣華齋叢書，蓋仿樊氏鹽邑志、林趙氏涇川叢書之例，爲一方文獻起見。所謂「維桑與梓，必恭敬止」者也。揚州有江陰故人繆少薇，館曹子固司馬家，今值渠赴館，託轉寄此函。繆君伉爽樸誠，爲知交中第一人，足下相見，必有所合。惜同此窮途，不能轉升斗之水以蘇涸，轍令杜陵老聞之，又當思萬間廣厦矣。

答汪謝城丙午。

昨奉手言，知文從尚留郡城。清河氏，有就緒否？尚之於中西算術，實能會其淵微，所著大都可傳，他日當彙刻單行。若便編入指海，非特美不勝收，且近標榜。故弟等兩人筆墨不登一字，一以免人訾議，亦爲杜情面地也。尚翁殷曆考所以申鄭氏一家之言，弟證之經傳，竊謂鄭氏誤執緯書及大傳之文，致召誥注破經從曆，而劉歆又損夏益周，移前五十七算以求密合經文。嘗作周初歲朔考以疏通之，容日另録呈教。魯獻公年自當以史記爲據，顧，説非是。煬公六年則似不誤。劉歆於此二公平加七十二年，此宋忠所云横斷年數者也。燕寢考、三家詩拾遺各一帙，希察入旋楫，何日幸留片紙見寄。

與胡竹村農部丙午。

客春承手書，暨鍾山書院留别記，審年來主講涇川，於珂里較近，消息易通。比惟起居清豫，文虎仍館金山。錢氏所輯指海，自十三至十八又增六集，梓工延漫，板片未齊。大著燕寢考刻手頗劣，修補尚有不盡處。今先印二十部寄上。文虎學識膚淺，於三禮尤疏，竊惟士冠禮及昏禮納采以至親迎皆在廟中，經文不别。言東西左右似東房西室，士之廟制爲然，而特牲饋食禮一語如鯁在喉，急不可出。昏禮行於燕寢，固如先生言，然讀喪禮通篇，亦了無窒礙，則亦可通於正寢。昭四年春秋傳置饋之文，安知个非夾室？即如杜注爲東西廂，又安知非春秋時僭制？然則東房西室於正寢，燕寢皆無可疑者。承命作序媿，無以發明，尊恉坿獻，所疑並希惠教。淩氏燕樂考原思之數年，有珍藏家幸爲借讀禱切。

與熊丈 己酉。

初二日至南塘，欣審道體清豫。適以時祭回城，曦村近狀何似？念甚。比日計當抵館矣。梅生猝遭大故，聞居喪哀毀，水漿不入，誠至性過人，親友合爲勸慰。初三日瀕行，曾書片紙託嘯峰致唁，未審日來能稍進溢米否？蓋愛父母者必當愛身，亦惟能愛身，乃可謂能愛父母。不能食粥，羹之以菜，有疾食肉飲酒，載在喪禮，微而可思。抑有進者，脩齋誦經，俗例難免。竊謂當此災年，繼以疫癘，宜少作佛事，多恤飢寒。時届收租，尤宜上稱慈命，格外減額亦善，則歸親之義而别房佃户不致藉爲口實，可資冥福，可洽鄉情，可以保家，可以慰親。至隨俗隨宜，斟酌無弊，非子墨所盡要，比佛事爲有益。然此可爲知者道長者老成，冀可轉達耳。寒氣漸肅，惟興寢加攝。

與李壬叔癸丑。

上月望艾君見訪，弟適先五日南旋，悵未一晤。王雨樓轉寄之函，至月初始到，欣審近狀。周貞烈女傳，劍人作劇佳，弟更何從落筆？徵詩亦未有應者，想寇氛聞報，不一心緒，皆恇惶耳。江氏數學、曉庵新法、五星行度解三種，希致艾君，雖在今日以爲吐棄之餘，然曆算之理，不厭參詳，或可資旁涉。重學曾否授梓？微分法凡幾卷，中西通書誤字頗多。日過冣高距夏至至四十七日，尤爲顯謬，亟宜改正。緑卿欲覓四五尺長遠鏡，有否？朱述翁、畢筠翁消息，若何風便示及。

答賈仁山乙卯。

兩奉手教，久稽裁答，惟知己不罪。虎性疏拙，顧平生所學無一足自信者，故不敢求聞於人。足下過聽人言，藻飾逾分，非所克當。主臣！主臣！制舉業爲求名者，羌鴈不能舍而之他，足下見地甚高，篤志實學，宜不屑屑於此。若欲以此示異，則非也。大著史論，當必有卓識偉議，足以鍼古砭今，有裨於人心治術者，何時得浮白快讀？俾胸中格格，藉此蘇洗。虎學無師法，近更荒廢，無足益足下者。竊窺古人勸學之意，在腳踏實地，持滿而發，勿馳騁筆墨，汲汲自見。足下方當盛年，壹志讀書，潛心察理盈科，後進所至，何可測量？然則史論猶其淺焉者矣。相去咫尺，會圖良覿，冗次率復，殊媿草草。

答錢鱸香乙卯。

承示脩志條例，足下所定似較簡質，惟經略名志，畢竟不妥。中如賦法、均徭、鹽法、荒政，可併入賦役志；水利、海塘可併入地理志；兵略則視其所宜，或坿營汛，或坿海塘，或入列傳，不必另列一志。松郡七邑，方言大略相同，已見府志，似可從省。祥異非文獻所關，可入雜志。雜志亦分四類，曰風土，曰雜事，曰祥異，曰兵燹。凡婚喪俗禮，土産潮汛，皆歸入風土類；如必欲志方言，亦入此類。山墪海唑，坿祥異類，此其大略也。河道以經流爲主，大書自某處來，經某處某方向，凡記某方向，則不言曲折而曲折自見。至某處某支水，自左或自右來入之。於是低一字詳某支水起訖，法如上。其某支水又有小支水來入者，雙行小注詳之。如是則脈絡井然矣。柘湖在當時爲巨浸，今雖湮廢，不得遽如姚志所云。譬禹跡久湮，而志燕齊疆域者遂削丸河名目，可乎？不可！邑以金山得名，雖在華境，亦宜略載，則夢若已言之矣。藝文志著録最難謹嚴，而不可不謹嚴。此中去取，頗費踟蹰。至間附論略，尤難確當，且不免罣漏。此條可删。不佞於郡邑志素未留心，偶須檢閱，一翻便過。承問茫然，聊佈所疑，以俟裁擇。

與朱述之郡丞乙卯。

久疏音問，馳溯而已。秋冬間晤李壬叔，始審守制省垣，并悉尊眷均已免難，額手欣慰。惟紅羊小劫，殃及圖書，造物忌人，抑何太甚！虎鹿鹿如恒，學無進境，冬來困於二豎，尤增嬾散。上月接奉手教，感荷雅厪。適當疾作，先屬錢廣文書中聲候。諒蒙鑒悉。前承寄示左傳博議拾遺及醫經正本，書已慫恿。錢夢花少尹刻入小萬卷樓叢書。業竣，工刷印於此。兩種特另印十部，將以奉寄，而未得執事消息，以致遲遲。兹郵便奉上，并原本坿繳，伏祈察入。承諭近得祕本，許借抄刊布，想見愛古之心，無間人我。所恐輾轉寄遞，不無蹉失，擬乞代覓抄胥，先將敦交集、史子朴語、友會叢談三種傳寫見寄，應給工價示悉奉償，如此即有疏虞，原本終在，可爲後圖。惟因此瑣屑，瀆及執事，罪過不小。聞金陵賊勢大蹙，不久恢復。未知三年殘燼中尚得一二遺册，幸逃劫外否？又不禁爲執事作無窮冀幸也。

與何鴻舫 乙卯。

鶊蟀迭更，忽忽殘歲。郡城往返，未圖一晤。昔易今難，有如是乎？僕自入冬來，困於痁疾，三日爲期，晷刻無誤。瘧鬼之信，乃踰世人。孫可之顧作文逐之，冥冥中負此良友矣。小雪日壬叔赴滬，坿致寸函，計邀垂覽。蘇林甫及强仕，遽作古人，平生著述都未成就。聞卯君服習古書，頗能劬學，嗣音以起，或冀代爲料理。晦甫旋郡，僅一握手，仍赴金閶忽遽之狀，殊可意會，相去百里，宛然天末。鴻沉羽滯，徒翹首耳。叔季無恙，幸各道念。

與畢子筠大令 丁巳。

前承手教，並眎音學、心髓圖，鹿鹿久未裁答。上月章之兄枉顧，欣審起居，康健隅例。即從姚壯之處借讀，伏惟尊意在，以聲貫字，助學者記誦之功。似極淺近，而音學淵微不出乎此。

然知其解者，縱横錯綜，脱口即是，否則一著言詮，都成鈍置矣。方音互有不齊，可隨其地編母爲號，有闕此聲者，徑去之，不必拘定四十二，似更捷便。惟是著書所以正俗，苟徇俗論音，則如市儈相傳洞庭反切之類，以口相宣，則可筆之於書，似乖體製。寧都魏氏集坿有手語一條，虎嘗議其蛇足。尊著固遠出魏上，於鄙意則以爲撮其大概，著論一篇足矣，不必屑屑爲圖爲説也。謬見無當，幸恕狂瞽。盛暑惟加意攖衛，不宣。

答高君戊午。

得手告悶悶。憶去冬第一次奉復之函，勸足下審慎爲之，毋蹈覆轍。既而聞前途爲人沮止矣。旋又聞有人斡旋矣。旋又聞已下聘矣。及到郡，晤悉種種，弟固已疑之，遂事不諫。抑又何言？然就前事論之，一則原非嘉偶，再則足下處家之道，或亦有所未盡，愈疏愈遠，以致如仇。今日之事，未免類此。夫龍性難馴，朋友間尚難相諒，而況責之閨闥？婦人女子，即使讀書，未必深明大義，細微之處，宜委曲寬容，勿遽以才氣淩之。且足下處境窮蹙，得毋常常自疑，恐爲婦女所輕。於是一言一動，弓影杯蛇，積疑成信，固結莫解。古來倫常之變，大都成於猜嫌疑忌不善處置耳，盍反覆思之。足下向年所餘銖積寸累，此番既羅掘一空，而又云將入都，以爲孤注之一擲，未知足下之注金乎？瓦乎？天博縣於投咒，彌揭羅者多矣，誰爲劉毅者？張空拳冒，白刃而曰：「我操必勝之，術誠未見其人也。」足下之甑數墮地而未破，然不能保其終不破也。抑維持之，固護之，勿使其墮地可乎？弟於知己間有所不然，言之無隱，非以沽直。實友道宜爾，亦願諸君有以見報，然能如此者，惟一席晦甫耳。弟以前與足下書，度既皆烏有矣。此書所言，無論足下聽與不聽，願姑藏之，他日不幸言而中，出而試驗，知芻蕘之獻不盡謬妄。即不中，亦足以見弟之多言過慮，無益而誤事，俾弟有以自鑒焉。

與王叔彝觀察戊午。

數年闊别，僅作三日小聚，於心未爲慊也。比日計已抵浙，曾否督軍赴瀧？粵寇初陷江城，群方以爲如神如鬼。今觀其技，正如驚犬避之，則炰烋擊之則反走。其長策在分兵牽率，使我無所不備。而我兵以承平日久，鮮習戰鬥，臨陣恇怯，不免爲所乘。若重賞懸前，嚴刑驅後，俾勇往力戰，勝勢自當在我。以閣下檠檠大才，辦此小寇，取褌中蝨耳。當明季倭寇之亂，所至披靡，而任參政環、熊兵備桴、董僉事邦政等皆以文員將兵，屢破之。況今賊狡詐獷悍遠出倭寇下，何難摧枯拉朽乎？第當此酷暑，馳驅鞅掌，惟爲吴越一方加意調攝。拙詩率筆自娱，不堪示世，遽荷著録，厠之當世作家之間，何異陽阿薤露，更唱迭和，忽雜以折楊皇荂之音，不令觀樂者笑。閣下爲貂不足乎？感媿！感媿！何古翁詩稿屢催未至，聞在人前謙讓未遑，此則不如弟之顔厚矣。元和江㪚叔詩學精深，意趣在後山、誠齋間，見需次浙省。客徐方伯署弟嘗與肖英言之，項作函致渠，録稿奉教，盾鼻磨墨，時揮灑甲乙，可當雅歌投壺也。

與孫勤西觀察甲子。

惠顧次日，即訂壬叔晨興，趨送而旌旆已發，深海徭遲。別來六閲弦望，中間與令弟蕖田學士一再往還，藉諗道履清豫，少慰馳仰。前月壬叔出眎手簡，感荷存問。許氏説文温習一周，心力就衰，就向所見及者都已忘失，奚論新得？不足副盛注甚媿。去臘社集十四人，去留各半。縵老常在館，相見頗稀。黄文節生日，與李梅生、見山、少石、壬叔、周孟輿同集蟄庵，寥寥七人。少石旋即赴滬，半載之隔，離合不常如此。日穎仙自望江來，舍館未定，兼病後意興蕭索，計欲就試而爲日尚遠，暫求一席而不可得，宜其惘惘。爵相將移節金陵，虎等亦擬九月中爲淮王之雞犬，相去日遠，何時重聚？能不憮然。聞台從已駐壽州，想公餘著述與日俱進，此間紛傳捻孽復然，幸盜魁已獲，無難瓦解，談笑揮之而有餘也。拙稿已領回，檢閲覺無可録者。又𡢃畏書，容遲求政。近作孝匄傳、山谷生日詩，寫呈一噱。又朱友寄來新刻許烈姬遺詞一卷坿上。

與周縵雲侍御 乙丑。

昨閱姚刻左傳杜注之外，雜采釋文、孔疏下，至諸家論説，并胡傳、林注皆取之，於初學誦習，誠便然。閣下既雅意崇古於小戴記，不用陳氏集説，而用鄭注，且以撫州公庫本爲主，則三禮、三傳宜歸一例。但刻集解而坿陸氏釋文於後，是姚氏所雜采不全之釋文，無爲贅出矣。自疏以下，諸家論説浩如煙海，擇未必精，語未必詳，合金銀銅鐵爲一爐，是兔園册子、三家村學究之著述耳。夫非謂一讀杜注，諸書便可廢也。以此爲準，俾胸有所主，然後泛覽古今，博觀約取，隨其識力所至以自成其學，不當用此抄撮之本。襲取速化之術，錮學者神智，不古不今，以爲道在於是，則隘矣。姚刻經傳，杜注以岳本爲據。岳本是者固多，間亦有舛誤，姚不能訂正，其陋可知，似未可以爲善本。尊意何如？雪後泥濘，不得走謁。攄此奉質十九日之集，未聞號令，遷延之役，忽將三九東坡生日，恰值立春，何以待此者？

復杜小舫廉訪 乙丑。

承詢姜白石詞、旁譜配今譜之理，此不可考矣。姜譜訾亂脱誤，無善本校勘。虎徒以意更定，猶未知其是否。宋人以聲配律，致爲巨謬，今用上尺工，凡六五乙七字配七聲，視五字所在旋宫轉調以爲七調，直截易知。以此推之，按陳氏樂書云：「今太常笛從下而上，一穴爲太蔟，半竅爲大吕，次上一穴爲姑洗，半竅爲夾鍾，次上一穴爲仲吕，次上一穴爲林鍾，半竅爲蕤賓，次上一穴爲南吕，半竅爲夷則，變聲爲應鍾。」謂用黄鐘溝與仲吕雙發爲變，聲半竅爲無射，後一穴爲黄鍾清。然則其以翕聲爲黄鍾也。黄鍾爲宫，合二十八調之正宫。以上字配之，於今調爲一字調矣。餘皆仿此。演爲譜，如别紙然。宋人以合字配黄鍾，則第一穴當四字，大吕、太蔟同用四。第二穴當一字，夾鍾、姑洗同用一。第三穴當上字，仲吕。第四穴當尺字，蕤賓用勾即低尺，林鍾用尺。第五穴當工字，夷則、南吕同用工。第三、第六穴雙發當凡字，無射、應鍾同用凡。第六穴當六字。黄鍾清。於今調爲工字調，宫立宫羽主調。以黄鍾合字爲宫，則南吕工字爲羽，然則正宫爲工字調矣。於是高宫爲凡字調，中吕宫爲六字調，道調宫爲五字調，南吕宫爲乙字調，仙吕宫爲上字調，黄鍾宫爲尺字調，其調名皆當羽位，亦合旋宫轉調之理，未知古人何塗之從？而又考之今唱曲家遇南吕宫調每唱作工字調，仙吕宫調每唱作凡字調，越調每唱作六字調，則正宫爲五字調矣。唱家名五字調爲正調，亦曰正宫調，其爲自古相傳如此，或後世之滦迭高於前代，而翻工字調爲五字調，皆未可知也。管窺蠡測，不足以當雅問。聊述所懷，惟當再質之審音者。

閣下欲討論宋人歌詞之法，宋人詞集今存者惟姜詞有旁譜，其以宫調分編者，惟張子野、柳耆卿兩家。柳詞舛誤脱漏甚多，虎曾有據戈慎卿校宋本及各書校正本，今尚存其論宫調及歌詞之書，則有王晦叔碧雞漫志、張叔夏詞源二書。漫志刊於知不足齋叢書，詞源刊於江都秦氏詞學叢書，而校訂未善。虎昔爲金山錢氏校刊入守山閣叢書，板雖燬，印本尚可求，盍取此五書合刊之，以存宋人詞譜之一隅，亦大有功於倚聲家也。

上湘鄉相侯

恭惟節鉞所臨，德威普振，士卒有父兄之慶，閭閻獲衽席之安。豺虎潛蹤，鯨鯢屏息，斯蓋成算在胸，不爲物動，守則如山岳之不可摇，出則如雷霆之不可禦。仰見平時學養之效，非矯情鎮物者所能亦非，高語韜鈐者所及也。文虎昔遭蕩析，分納溝壑，蒙公過聽人言，呼之至皖。適館授餐，寵賜奬飾，俾得與海内賢達才學之士揖讓於左右間，各以其所業私相切劘。拔之於索居窮愁之中，而授之以朋友講習之樂，又憫其終老一衿，舉與儒官之選以慰之。此在公愛才重士，大裘廣厦之願，誠非獨私於文虎一人。而區區私心，一若心受者爲尤隆也。江蘇習俗輕薄浮侈，積久難返，遭亂以後，不知悔禍，有加厲焉者，非清節重望如宋范文正、司馬文正者不能振起。自金陵克復，疆理肅清，謂得公建節數年，與宫保合肥公同心綱紀，庶幾一變其俗。文虎生居其鄉，竊幸得目見數百年前純樸之治，而公復督師境上，鞭長莫及，導民成俗，内脩外攘之任，畀之宫保一人，而猶慮宫保之不能不他徙也。文虎才不任草檄，力不任荷戈，不獲與執鞭之士常侍左右。當江皋謁送，目極旌旆之行，中情係戀，莫可名狀。乃復沃承眷顧，恐其飢寒失所，仍準所司月給薪水。如公待士之厚，與其用意之周，且至求之古人有幾人哉？自七月以來，合肥宫保憫亂後書籍殘毁，坊刻經書多誤文俗字，童蒙之始，在所宜慎，因即舊局鳩工開雕善本。文虎謬承縵雲侍御引，佐校讎之役，先校刊易朱子本義、吕氏音訓、詩集傳、四書集注，均已竣事。伊川易傳初授梓，尚書蔡傳須之明春，其三禮、三傳擬用古注，次第刊行；而繼之以史記、兩漢書、資治通鑑、文選，亦猶沅浦宫保之志也。文虎末學膚淺，深恐疏失，貽誤初學，有負公與宫保所以知遇之意。常用是爲兢兢顧惟，違侍顔色，自夏涉冬，曾無片函達於左右者，以軍書旁午之際，不敢以尋常稟候徒溷記室也。前月讀公復李壬叔書，猥辱垂詢，益增感媿。比聞來春將進軍豫省，相離日遠，固知跳梁群醜不難迅奏膚功。又恐振旅歸朝，入正黄閒，霖雨之澤，將遍及四海，而非江南一隅所得私我公也。文虎衰老，不能遠游，何時復得瞻仰光采，奉教誨於末坐邪？興言及此，方寸飛越，用肅蕪稟。敬請鈞安，伏惟垂察不宣。

上曾沅浦宫保 丁卯八月。

宫保大中丞勳伯執事。文虎在皖之日，即仰慕威望。及甲子秋，隨節相至金陵，一再晋謁，則見執事謙和醇雅，若不有其蓋世之功者。乃知性情學養，棣蕚同符，而不欲徒以勛業顯。雖古儒將何以如兹？無何，執事養痾回鄉，祕期星發，不獲追送。每以爲疚，繼於眉生觀察處，奉到贈聯執事，蓋以自勉者勉人。且感且佩，敬時縣座右。自旌旆回湘，常於劼剛公子處問起居，知杜門養痾，精神漸復，輒以手加額，因以前作送行序及詩各一首坿呈，聊解寂寞之思。於萬一語多媕鄙，惟莞爾置之。去春欣聞執事遵旨出山，遥計尊體勝常，舊患悉去，不禁喜而起舞，非以爲私喜也。方今寇孽未盡殲除，人民未盡得所，能爲朝廷分憂任事，不避艱險者，海内幾人？天之所佑，霍然疾已。豈非朝廷百姓之福哉？文虎於乙丑夏襄校船山先生遺書，既蕆事而節相北征。歐陽曉晴員外亦將赴楊州，適合肥宫保復有校刊經史之舉，命仍留局。今春經書甫竣，而節相回任，接刊史記、班、范三書，移局城西冶城山。史記向無善本，譌舛百出，而文虎蒲柳早衰，學不加進，常以不勝其事爲兢兢。船山遺書劉伯山明經用功冣深，文虎所參校不及十之二三，而節相弁言乃獨以賤名與伯山首署，兹復叨惠鉅帙，汗顔滋甚。自亂後書籍無存，得此帙真如窮兒暴富，當什襲珍。弆以爲家寶，伏思船山先生著述等身，而行世者甚尠，今得重刊全帙，宣布遐邇，詎非盛舉？惟卷帙較重，寒士力不能置，亦不便舟車攜帶，中如諸經稗疏、禮記章句、讀通鑑論、宋論、張子正蒙注、莊子解、楚辭通釋諸書，似可散印單行，各隨所嗜。質諸表彰前賢，嘉惠來學之盛，心以爲何如？撚孽東西分竄，虎兕入柙，然難保無一二逸出，惟執事智珠在胸，罝網早設，非迂愚下士所得而饒舌也。秋涼洊臻，惟爲蒼生加攝。

與曾劼剛公子 己巳。

七年相聚，如羅浮風雨，時有合離。今則如太形、王屋分厝朔雍，徒望雲長想耳。舟中遥揖，此情依依。及至瓜洲，輪船以天晚不肎多泊，不獲造舟話別，神往無極。旋里後，以覓屋移居，滯留兩月。季夏初，始抵書局，知舟至清江，從船失火，殊出意外。惟大著尚存十之三四，此爲可喜。然整齊補綴，亦正費日力矣。計抵高陽，當在端陽，左右衙齋侍奉朝夕趨庭，舊業新知，與日俱進。尚憶金陵談藝時，有吴下阿蒙否？局中所刊四史，將次告全，而剜補遲延，令人悵恨。讀書雜志繕數卷矣，文選刊過半。近以合肥爵相奏請四省垣分刊二十四史之舉，此間分得自晋至隋南北朝十一史，同人分校發寫，未知竣事何時。聞自河以北，頗慮熯乾，而吴楚之區，並有水患。旱潦相縣，至於如此。月來霖雨不絶，度當分潤蕪齊翹企德音，冀抒勞緒，祗頌侍安，統惟垂察。

復湘鄉相侯己巳。

文虎於三月中旬請假省墓，覓屋遷居，至六月初抵局。仁壽出示中堂三月二十五日復書，敬悉種種，下忱具蒙垂察，誠感誠佩。上月以來，史記十表陸續付刊，重寫各卷亦俱上板，惟刻工中能修補者無幾人。又以各省開局，工價較優，見利争趨，頗難僱覓，以致遲延，不能迅速。此時兩漢書將次脩竣，催令刷樣，覆校後恐尚須覆修，秋間計可印行。其史記欲俟兩漢修定後飭脩，以脩工少，好手多，則慮草率了事也。未定秋冬間能否趕印。校勘記則須全袟告成依次細檢，擬稿請政。竊思史記傳本承譌已久，無論本文，即三家注已如亂絲，不可猝理。近世大儒著書間有校正，不過就其所見略出數條，但論本文，不及各注。今刊刻全書，祇宜取舊本之稍善者，如柯本王本之類。依樣壺盧，爲力較易。縵雲侍御之議則以刊書機會實爲難得，當略治蕪穢，以裨讀者。文虎等稟承此意，不揣弇陋，妄冀會合，諸家參補未備，求勝舊本。乃三年荏苒，刻鵠未成，人言實多，無以自解。伏讀鈞諭，但求校讎之精審，不問成書之遲速，仰見體恤，愚蒙特加慰勉。虎等敢不勉竭心力，期副盛懷，但學識寡陋，舉一漏萬，恐仍不免遺譏局外耳。三國志已刊全，文選刊過半，讀書雜志已寫數卷。馬制軍比以合肥節相函商鄂、寧、蘇、杭四局，依汲古閣十七史板式，分刊二十四史。諭寧局除四史外，接刊自晉至隋南北朝十一史，仁壽分校晉書，其史記始終歸文虎一人經理。涂太守升任蘇松太道，書局諸務蒙命洪琴西太守總持。太守於刊書利弊向所熟悉，得此整頓，自當日有起色。江省夏水暴漲，破圩漂屋，災民遍地。城中低窪處多，被淹没踰旬未退，飢溺之思倍深，舊部伏惟少恤焦勞，爲國珍攝。

謝應敏齋廉訪 壬申。

上月旌節惠臨，備承雅教。端六日復拜。龍川、□古兩集之賜，曷勝珍荷？龍川集校訂精審，實爲善本。劍人抱才不偶，每見牢騷，晚蒙知己之賞，生平著述免致沉埋，九原有知，亦可無恨，不禁代爲感涕。執事在滬，特創龍門書院，爲士子栽培，根本用意，致爲深厚。宋時書院本不爲科舉設，近世專重制藝，失其本意，此舉誠爲復古，使繼任諸公能力持其源，勿奉行故事，當必有真材真品出乎其中，惟執事爲之唱也。方今陳臬全吳，恢弘治化，請以此例推之各郡，或專設，或兼行，俾肄業諸生務爲有用之學，其於造就人材爲功甚鉅。昔龍川負經世之略，暮年僅得一第，執事春秋鼎盛，身履台司，爲東南物望所屬。朱子云：林和叔入臺無一事不中的，此亦珂鄉桑梓也。請以爲執事頌。

復金苕人大令癸酉。

上月杪從錢子密京卿處奉到台諭，欣諗偏隅褊陋，得好古崇賢之君子，以爲司命。斯民斯士得所依歸，龔黄召杜之績，將復見於志乘。翩，鴞馴雉，淑我海陬，曷勝額慶。即惟政教洪施，賢勞備著，下塵頌禱如仰喬雲。文虎濫竽侯門，猥參校訂，陶陰帝虎，食字不仙。荏苒十年，虚靡稽豆，而蒲柳先秋未蒙允退，日形昏眊，慚悚莫名。邑志修自乾隆之末，垂八十年，粵寇之亂，文獻散佚，幸其假息，不久尚有孑遺，失今不修，更難綴緝。伏承過聽勉，以贊襄，何敢規避？念文虎貧賤失學，少違桑梓，於故里老成，尟所捧手。至若政俗利弊，地形故跡，素未講求，即欲策其庸懦，以坿諸君子之後，亦已衰憊，無能爲役，況當秉筆之任乎？去歲郡城姚敝戚以華廉張太令之意，見屬志事，文虎自量非材，固請他選。往復數四，訖蒙鑒納。夫采訪增緝，固本邑紳士之責，至於筆削大綱，非名位兼隆者無以鎮定。何則人人皆欲私其祖父及其姻婭，往往各存意見，叢善於己，刻責於人，傳翼吹毛，或致淹訟。又況經費出自捐資，有挾而求，不恤大體。如新脩某縣志第十七卷諸表，雖非創格，然從此將以爲例。近二十年來，此科尤盛，從之則貽識者之譏，違之則犯衆人之怒。文虎學識淺陋，萬不足以及此。里中相知如于充甫、王泖秋、姚小稽、顧趾卿、秋巖諸君，皆可襄采。輯其他同輩及後起，度不乏其人。文虎家居日少，未嘗接見者，不敢妄舉執事，總攬賢才，廣咨聞見，慮無不燭，照數計。若總纂之任，意惟當代先達，德業學問備者當之，益非文虎所敢妄議。秋後得假，容虔詣琴堂暢聆清誨。

復孫勤西廉訪 癸酉。

伏自旌旆登程，未遑謁送，正擬肅丹申悃，顧蒙瑤簡先頒，藻飾逾隆，益滋慚悚。敬諗棠陰好在，竹馬灌迎，時雨至而康阜歌，清風來而煩溽解。江鷗識面，記投飲水之錢；山鳥窺人，重睹勸農之騎。下塵欣抃，頌慰莫名。此間諸務，大抵如恒。惟常郡以南，迄浙西一帶，夏雨不能霑足，均苦熯乾。即遇滂沱，祗期補救晚稻耳。文虎等數載萍依，飫聞塵誨，今則如時禽失樹，鳴息皆非仁壽。即日赴杭，爲下車之馮婦，文虎以制軍慰留暫住，俟試、裝旋局，再圖力告也。皖省民風吏事大都北不如南，所喜轍跡，環經可以駕輕就熟，涖公之暇，尚冀爲道自恤。

復李爵相癸酉。

伏奉賜書，嘉奬逾分，非所敢承，莫名慚悚。敬讀大序，宣明向來史記傳刻之弊，今本不得已而坿以札記之故，以之弁冕全書，使讀者展卷瞭然，益見閣下開示來哲，振興文教之意。誠佩誠服。隨即付工繕寫繡梓，并以台諭轉送洪觀察，俟彙齊呈寄。惟史記開印已久，未知初印之本有無存者。又板片係陸續刓改，舊時印本不皆與札記相應，其最後之本，始得一一符合，而刷印過多，未免漫漶矣。江蘇自常郡以南，梅水不足，頗苦熯乾。思惟霖雨之澤，近輔咸濡，豐登在望，曷勝仰羨。此間傳聞介弟都轉升天爲神，千秋允在。伏冀友于之感少自寬，舒爲軍國珍恤。再文虎目力秏減，記憶更衰，猥蒙閣下暨今制軍慰留，未免虛靡。館穀現緣唐端甫回浙應試，在局乏人，敬遵暫住，俟九月間唐君回局，續當稟辭。

復金若人大令癸酉。

月初翳從賁臨，式瞻風采，高懷雅度，肝膽照人，信知愷悌慈祥，實符輿頌。文虎壯年失學，老更荒蕪，謬竊時名，過蒙矜寵，問心内疚，何以自安？二十日復荷台函，欲以賤名上塵憲聽，益深惶恐。竊惟向來修志，凡在地紳士祇任采訪，或參預校讎，至秉筆之權，必求名位，德業。足饜衆望者一則免築室之謀，一以避衆怨之府，此中委曲，臺下固已洞悉，其弊無待贅陳。文虎生長此邦，事關桑梓，何敢曲爲引避？而此責則萬不敢任。與其遺悔於他時，何若瀆申於此日。二十三日專誠報謁，本擬面請收回成命，豈意舟小漏風，薄有感冒，兼以陵晨大雨，至午未歇，未由登岸，不得已，遣价稟達，不恭之罪，悚仄莫名。其日草草解維，三更抵舍，日來潮熱已除，而體中疲乏，此亦衰朽之徵，惟恐鄙薄之忱未蒙見諒，故復瀝陳其概。統祈矜察，敬請節安。兩帥來函，即與台示同日領到，並謝。

與金若人大令 甲戌。

日前蒙訂期見召，準擬遵諭趨承，不意大雨通宵至晨未已，惟恐復蹈前轍，更冒不恭，歉然中止。小人禄薄，飲啄前定，往往如此。然優寵之誠，已如饜飫，不待升堂而嚌胾也。去冬惠顧，時鄙意舊志不動，而以新脩者接續。細思板片既已無存，重刊徒覺費事，不能不合兩舊志而增删之。竊擬欽志所有者采欽，闕者采胡，而各注所本於下，其不注者爲今所脩，自可識別。其兩志所分類，目互有不同，或分或并，或因或革，則當詳審定議。頃從友人借得胡志，麤閱之，大致尚分明，而未見欽志，皆須購覓一部，俾可動筆。又上、南連境有宜互考者。上海新志前蒙廉訪見惠，其松江府宋志修於嘉慶之末，所載南邑事在胡志之後者亦可備采掇。惟聞新印本多有爛板，闕葉得購舊本爲佳。至於上、南兩邑古近人詩文雜著，其中不無有關本地故事故跡者，寇亂之後搜索綦難，此則恃采訪諸公不分畛域，廣託知交，留心物色，非時日所能限矣。漕倉、錢糧、學校、軍政、田畝、户口，具有案牘，册籍並須細心核對，亦非時日所能限也。賤軀衰颯，不特畏雨，兼復畏寒，稍俟晴暖，容當趨叩面悉。

復李制軍甲戌。

三月杪奉到台諭，草茅下士采薪之疾，猥蒙垂廑，殷殷五中銘勒，曷勝感佩。文虎所患左臂不仁，初擬至蘇就診，後因道遠憚行，適有薦本地鍼醫者試之，據言由春而夏漸暖而瘳，秋後向寒，慮其重發。五月以來，叨蒙福庇，頗幸著效。惟是正逢炎夏，未能趨謁，悳韓實深悚惕，屬南邑有脩志之舉，金廉屢以梓誼敦飭，辭不獲命，勉承其役，從事纂脩，難期速就。比日稍冒微涼，便覺舊患欲作，若如醫者所云，終成廢疾，無以圖報寵恤於萬一，用常惴惴。局刊大學衍義，想將次告成，前奉命擬作跋尾，屬稿再三，仍未愜當。勉繕呈繳，敬求削正，肅丹報命，祇請鈞安。

復李制軍甲戌。

月初謹肅寸丹寄書局。唐端甫代送轅上，計蒙垂察。初九日本邑金廉復傳到台諭，敬悉蜀省新設尊經書院，蒙吴制軍以學院張公舉薦賤名，俾應其選，循環展誦，愧汗無地。文虎學殖荒落，垂老無聞，誤蒙當代。名公獎借逾格，撫心自問，實非其人。況比歲以來，衰廢日甚，出門數里，便覺困頓。雖欲勉策駑駘，應命就道，而度德量力，兩非所堪，敢求俯鑒。下忱致函，婉達下材，譾陋萬不足以辱棫樸之采，曷勝感佩。

與孫勤西廉訪甲戌。

文虎自客冬請假，忽忽半年，離群索居，日形衰老。雖欲振厲精神，重游白下，而支體頹廢，鞭策無從。金陵七百里之遥，皖江又踰其半矣。回憶侍坐之初，恍然一昨，而雲泥勞燕迴如隔世，云如之何？·端君寄頒大集，真氣旁薄，厚積而發，信非世之描頭畫角者所可並論。近時言古文動曰「桐城」。夫古文義法，蓋自韓柳以來所同用，豈桐城所私造？若夫學識氣度則各隨其人之淺深。桐城又安能强人以必同邪？荷知愛十餘年，昔嘗以舊作詩存求正，蒙許弁言。今相去益遠，會合無期，倘能不虛宿諾，坿名大著之末，俾千百載下知韓退之所交，有孟郊、賈島其人，是所幸也。世兄捷音在邇，引領以俟。

與李小湖廷尉甲戌。

敬惟道體清綏，著述益盛，馳仰無極。去秋在局，得世兄孝廉捷音，時騶從未旋，致虛謁賀，至今爲歉。文虎自請假回里，亦已數月，衰狀日增，自分不勝跋涉。有孤制軍殷眷，常用悚然。閣下主講十年，精心振拔，猶是昔年輶軒校士之心，俾肄業諸賢知制舉業外仍須讀書，興起人文於斯爲冣。文虎久承青契，略分下交，得以時聆雅誨。違侍以來，荏苒彌歲，雲山在望，心焉藏之。華亭故詩人張烒於咸豐七年科試，閣下案臨松屬，時經其鄉人，以行誼呈求旌表。所坿聽鶯館詩稿蒙賜題辭，今其後人增刊卷首，以志華衮之榮。復屬轉呈一袟，伏冀鑒納。

與黃天河學博乙亥。

客冬文斾遠來，未獲申杯酒之雅，至今耿耿。比當遏密八音，想吟詠稍減。奉邑志稿初聞業已成編，祇需披閱大概，忘其固陋，勉效執鞭。不意一室散錢，無緡可貫，惠顧之際，本擬歸璧。台諭諄諄，未忍方命，迄今竭八十日之功，不特鼻堊未除，且幾於代斲而傷手矣。冒總纂之美，名而侵分，纂編校之職，實無以對從者，然此猶脱粟也。或春或揄，或簸或揉，宜質之當代名家。若夫地名勝，跡及儒林、文苑、忠孝，行誼事實，仍須土著訪求，的實非鄙人所能爲役也。

復周縵雲侍御乙亥。

客冬奉手教敬審，夏秋小極旋即平復。比惟道履勝常，諸如馳系尊體，頤養有素，即偶感六氣，苟其醫藥無誤，斷不爲害。所謂精神内守，病安從來者，非不病也，病不能入内耳。奉志本已成編，嫌其蕪雜，故不避代斲傷手之譏，力爲删訂，未免侵及。分纂編校之事，日已草草，卒業南志，則自去春開局，後諸君分投采訪，都未送稿。大約二三月間可次第彙集。局中隨事往返，不常住也。蜀道險遠，量力固不克，而度德亦非其人，況以文翁故事，毋乃戲論。應廉訪爲本省憲司，旋里以來，不敢通問。江南通志就蘇垣一方人才已足，何須采及葑菲。海珊在滬，曾丁太夫人艱，此番奉諱，是否嗣與本生道遠，末由一奠，深爲抱疚。前函請及編詩，誠以人生處境時地不一，識力進退，略見於抒寫之中，足資體驗。而一時交游故舊，存亡離合，亦足增今昔之思。其存其删，要須自定。又在工拙之外，若夫傳世與否，則無庸置念於其間。蓋有可傳而不傳，不必傳而竟傳者矣。來恉謙和，固知造詣益進，然鄙見以爲不宜過拘也。文虎於古文實未致力，又雅不喜摩放前人，應酬所作，以意爲之，僅可謂之散體，何古之云？從者文苑之選，他日自有秉筆者，求之鄙人，殆亦戲論。或者盛意不釋，則古有贈人以序者，請援其例，假日試爲之以獻可乎？遏密八音，普天同慟，臨楮悵悼，不盡欲言。

上李爵相丙子。

恭惟控制中外，翼衛神京，入則周公、召公，出則方叔、召虎，今當條風叶律，淑氣回春，德威允著於宣猷，燮理咸資於論道。下塵逖聽，式舞且歌。文虎辭局三年，日形衰廢。比以奉南脩志之役，辭不獲命，勉竭愚陋，而文獻凋落，蕆事無期。睽隔燕吳，靡承面命，瞻仰之下，依戀莫名。伏讀盛著奉邑朱半畦學博墓志銘，超出桐城，接跡韓柳，雲天高誼，欽佩奚如。而閣下猶以未得遺事爲憾。文虎姻婭姚太史光發，與學博至交。丙戌朝考，同行同寓，嘗述學博行誼，因據以入奉賢志傳。然下邑志乘未必遂足以傳，敬請於志銘續書數行，將來全集風行，學博亦坿以不朽。謹坿傳略如別紙。

與孫勤西方伯丁丑。

兩奉環章，敬諗政祉，綏宜動祺，楙豫曷勝欣慰。閱申報知蕖翁學士主席鍾山勝地，名區代有通儒管領，爲金陵多士慶矣。文虎衰老無能，情甘伏處而台教比以雲中白鶴，殆戲之邪？三邑志皆因人成事，形模稍具，紕漏尚多，正需苴補。當事者汲汲授梓，未敢信從，仲容世兄篤學好古，兼淵源純萃，睽違數載，計已深造精微。憶前科有榜名同行者，是賢從否？松郡東門外有復園者，舊徒錢子馨所居，曾求法書堂扁。往常銷夏於此，前秋子馨物故眷屬悉回金山，因僦居於此，小有池亭樹石，前嘗爲之作記。搨本一紙，呈奉粲政。

與劉融齋山長戊寅。

聞文旌已涖講院，而牽於塵冗，未獲趨承歉甚。春來飫讀大集，意思深長，在語言文字之外不得以詩人、文人限之。欲以一言讚頌而不得也。中間有一二譌字，呈繳覆閲。及門艾承禧向館滬上，今歲賦閒本求志書院翹楚也，兹欲求坿龍門藉親道範。此生頗有志古學，苦家無藏書，倘蒙賜一席之地，如巨魚縱大壑矣。惟公樂與爲懷，必有所以成就之者。

與楊見山都轉己卯。

十年疏闊，半晌清談，言别匆匆，一何太遽。比想安抵省垣，諸符馳系，暑氛漸減，候入新秋，悠悠忽忽，總成虚度。世人之所以求富貴利達者，不離乎聲色芻豢，車服玩好，固匪我思存，但得身心無所係累，書史自娱爲計已足。至若蒿目驚心，不自憂而憂人，衰老之年，復何所爲？然即使壯年精力彌滿，勇往出山，事處萬難，欲進不能，欲退不得，悔無及矣。惟是後顧茫茫，不堪思議，此亦無可柰何。前日所云，聽其所止而休，此真結題妙訣。有一二友人參禪念佛，日夕孳孳，窺其意仍不過借此自遣，與吾輩穿穴故紙殊塗同歸，未必果有所得也。謝城境地，同病相憐，會稽一席，牽於家累，亦如雞肋。去秋銜莊缶之悲，不能無概。喜所著歷代長術輯要遂已刊行，于古大快。壬叔之信，得自傳聞，亮非的耗。奉呈續筆，聊破一須臾之寂，有必不可通者拈示之。前惠大稿，已爲友索去，再乞一本，見寄幸甚。

答姚桐生己卯。

相地之術，自古有之。大雅公劉詩相其陰陽，觀其流泉，度其隰原，此地形之説也。又云：度其夕陽，庸風云定之方中，揆之以日，此方向之説也。世所傳郭璞葬經，晋書本傳及隋書經籍志皆不著録，疑本託名，然其言葬者乘生氣也。又云乘風則散界水，則止語簡意該，足以包括壹是。後世五行、叢辰、太乙、九宫諸術，皆羼入形家，喧賓奪主，今所謂三合者也。明季蔣大鴻埽除榛梗，舉而歸之三元，然三元甲子，託始堯年，共和以前史失其紀。邵康節以其私見臆推，何足爲據？術家出奴入主，互相詆娸，蠻觸之争耳。騎牆者或又爲狡兔之窟，以必售其地，彼此指駮，父子不相假，圖利而已。大既云相地，自當以形爲主，山法則巒頭，平洋則水龍，姚正甫之書以形勢爲重是也。水龍經出蔣氏所輯，非其自著，書中所言不出「藏、風、聚、氣」四字，大約忌直忌斜，忌衝忌雜，忌散忌反，實契乘風界水之指，此其可信者。至星鈐一卷，則誕妄之尤，而祕爲神奇謬矣。大三合穿鑿，瑣碎蕪穢已極，捱星尤爲淺陋，而術士寶之。彼其所恃一格盤而已，二十四向之外又出中鍼、縫鍼，彌縫其闕。及其營作，又影射遷就，且羅經所指，隨地偏向，列宿歲差，過宫屢改分金，亦非一定。膠柱鼓瑟，致可發笑。蔣氏序水龍經，謂學者以此爲體，而更以三元、九宫、易卦、乘氣爲用，意與姚氏先形勢次理氣相同。乾嘉間上海有陳澤泰著陰陽宅鏡，其主持亦近三君者，皆不全恃格盤，差勝汩没於俗術者，參取而善會之可也。鄙人於此事素未用心，所知者如是而已，以塞下問，勿令地師見也。

與顧竹城大令 辛巳。

陽春有腳，膏澤無愆。野雉馴桑農，就西岐之麥；林鴞集泮，人滋九畹之蘭。遥眄喬雲，奚勝額慶。上月杪展奉台函，隨即肅牋申報，計邀冰鑒。蒙賜新刊屏幅付裝，乍葳縣之荒齋，覺龍蛇飛動如一筆書信，非香光不辦，此樓得此名蹟，當爲世寶。而執事賞鑒之精，好古之雅，尤爲南邑佳話，亦千古矣。委撰魁閣記，久稽報命，偶有友來辨論魁星始末，幡幡問答借以成篇，詞理草率，慮不足以辱法書。繕呈教正，紕繆處幸宣示。

復汪謝城壬午。

惠示嚴氏文編目，敬諗付梓緣起，是書體大物，博誠古今，來未有之。鉅觀惟嚴氏能輯之，惟蔣君能纂其目次，而其嗣克承遺書而壽之梓，皆不可及也。大著古今長術考，向所傾心。前命作序，未有以應，繼見已有俞、梅兩序，可無庸架屋下之屋，來恉以爲不屑，殆通謙與？其文編之序，則又有所不敢者。嚴氏著述極博，嘉道間諸儒無出其右者，此編肆力幾三十年之久，爬羅剔抉，分并去取，既專且精，一時未能窺其指要。而漫然成篇，以求坿驥，不足以爲嚴氏重，而使鄙人徒見笑於人，是亦不可以已乎？而望洋向若之餘，又有所不能釋，然者内徑大都黄帝、岐伯、鬼臾區輩問答之語，不在甄録之例，而靈樞禁服篇有插血祝，何以不録？若云依託，則所取依託者多矣。佚經宜録，而尚書、論語、孟子皆有逸文，何以不與？佚子宜録，而莊子逸文何以不與？又如司馬法、慎子、尹文子皆由後人綴緝，非全書，而其外且皆有佚文，又何以不與？釋、道二氏之文本，可舍□，今既廣及，則摩西天方之文亦可采矣。自寇亂以後，書籍散亡，徒列其目，無從□采。而嚴氏原書卷袟繁重，亦難全刊。意且斷其上古三代，或全漢文刊之，見於三傳、語策及史、漢者，或止存其目，則較輕矣。以此先導，則其後列朝必有好事者以次踵爲之，或不負嚴氏編輯之勞也。嚴氏爲貴鄉先進，兄又與蔣君生死交誼，抑力又足任之此序，似不可它委，尊意以爲何如？

復黎蒪齋觀察 癸未。

闊別十餘年，僅一通箋，候疏懶甚矣。前冬使車西回，旋復東略，自恨衰老，不足備執鞭之役，緬企扶桑，徒□領耳。頃承遠懷，詒以尺璧，且感且佩。世所見玉篇，僅有張、曹兩刻，皆所謂大廣益會本。孫自强本已成廣陵散，況顧氏原本乎？昔讀歐陽文忠詩，言日本多留遺古書，以爲好事者傳説。近時如群書治要、佚存叢書始出，則疑其或有。今臺下躬蒞斯邦，目所親見信非讆，言據梁書蕭子顯傳，野王奉令纂玉篇，太宗嫌其詳略未當，使蕭愷更與學士删改。則當時已有兩本，不待孫自强之增字。此本但有野王案語，疑爲原纂雖殘帙僅存，彌可寶貴。以校今本，大相徑庭。又影相之術能使字裏行間纖豪畢見，正如初寫蘭亭，神乎技矣。珍荷之至，謝非穎罄。昔郘亭得唐寫説文殘本，詑爲奇遇。今臺下此舉，真堪媲美。物聚所好，亶其然乎？聞此外尚有奇書，不憚搜訪，將彙而嗣行，又不無望蜀思焉。使重洋之隔，以佚待勞，何福飫此？炎歊正熾，伏惟爲古今人加攝。

復顧竹臣大令 癸未。

花生日曾肅寸箋，由局轉遞。昨奉台示，亦同日所發，則蕪函亦當達典簽矣。即諗省垣，整駕政利，安宜具如瞻仰賤體。四五日來已叨福，庇如恒而胃納不舒。行步恃杖，少動即覺氣促，此非病餘，乃老狀耳。虎自分荒陋，年過始學，一知半解，無所是正，聊以自娛。謬爲親友慫慂，遽災梨棗，慚悔無地，何圖當代？大人過加獎譽，此或從隗始之例，然而非其人也。南菁書院開創伊始，自宜教請言坊行表之真儒，以爲泰山北斗，庶幾名實相稱。如虎者，鄉曲庸生曾何足齒？而膺此選實深惶恐，然蒙執事青睞有年，或未免以爲虎之禮辭，則有隱衷可以鑒悉。虎伏處鄉隅，數年無館，間有相招，欣然欲往。自顧視聽漸衰，心力俱瘁，徒誤人子弟，益滋罪戾，不得已而固謝。今者以大憲識拔，且無甄别，制蓺之責，豈不踊躍？説從實自恨，昏憊不足以辱命，伏求代爲申剖，非敢藉辭緣，飾曷勝感佩。前日提調楊都轉先奉命以函見勸，虎所答亦如此，從來不作僞謙，賴知虎者能諒之耳。

上黃漱蘭侍郎 癸未。

文虎末學膚淺，年老志昏，特以聲聞過情，誤蒙采録。自揣非分，未敢應命，乃復傳諭諄諄，再三勉勵，五中銜感，竭蹶趨承。比來每月兩期，應接不暇，目迷五色，智囿一隅，纔閲數行，便苦困倦，乍披後幅，前袟已忘，蓋一知半解，本無取乎師資，而枯木朽株，又奚堪乎模範。知難而退，實負付任。時届仲冬，遵例解館，宜候使節星旋，面辭請退，而證成癱瘓，勢不可爲，敢瀝下忱，以謝知遇。伏冀延訪通人，甄陶多士，復暨陽之教澤，廣南國之菁莪，曷勝幸甚。

復黃漱蘭侍郎 癸未。

伏維輶軒，更歷程材，漸遍諸州。太乙居中，息駕乍歸，燕寢固已。丹砂玉札，並入刀圭東箭，南金不遺巖穴。蓋將舉星周之典，羅拔萃之英，離朱過目，無失錐欽。即廣求音必符秒忽。遥瞻喬采，莫罄頌思。文虎因經刻里儒，遺書，慮歲晚寒沍舟阻，故豫提十一月兩課於月初并行，俾以時交卷。又自維半載，以來謬充師席，裨益豪無平居，不能講貫臨課，亦故事奉行。如此即數年亦仍然耳，而痿痺至不得移動。行年七十，好爲人師，此亦自忘其齒而不量力不度德也。故留一稟，乞曹鏡兄代申，謂如文虎之流，斗量車載，宜別訪高賢以膺斯任。歸後體常不足，月初傾跌傷脅，旬餘稍得展動。適課卷已到，力疾從事，昨日龘畢先，寄書院。上月華署傳到，臺諭文虎，何人敢勞。踰格慰留，盛意開導，人非草木，豈無知識而不感戴？乃自秋間在院，謂所疾尚可圖效，求藥醫治詎，知絶無影響。入冬更甚，時時傾跌，患處自足，兼手自左及右，實已無可爲，留此殘喘，或當明歲。案臨鈐轅，一謁不敢飾病以自取戾也。

復黃漱蘭侍郎甲申。

伏惟鈞候，萬福春正。蒙賜函撫諭，諄諄訓誨，開以調養之方，俾知自修之術，五中感戢，莫名欽佩。夏秋荏苒，音敬闕如，惶恐之至。自半載以來，二三友人敦勸醫藥，不爲不多。胃氣似進而痿躄，如前年踰七外，精華已竭，展卷數行即已昏瞀，此生已矣。孤負栽培盛，心爲隱疚耳。敬承台命，校閱臨海周君遺集，讀行狀得年止三十有三，而目洞九流，胸羅七略，極之商賈，利敝軍營，積習無不悉其源流。其在製造局僅四年，已能通曉其理，竊怪其用心之過銳，致夭天年，惜哉！使假以歲月，藉手斧柯，必有足以自見者。所著箣議，洋洋大篇，經生策士，向所未見，即服習未深，然存此區區，亦必有可采。留侯之目，實非徑庭，雜文一卷，亦迥異尋常。中有平環說略，簡質明通。其別鈔晷儀記出自金華張氏揣籥續録，小有可疑，恐傳寫之誤。詩詞稍次。臺下愛才若渴，欲删訂之以爲千古計，其存其没，感當不朽。文虎舊學麤疏，今更荒落，雖間坿芻蕘，不足以論定。惟鉅眼裁量，可使九原傾服耳。

圖書在版編目（CIP）數據

張文虎集/（清）張文虎著；王瑾，顔敏翔整理．—上海：復旦大學出版社，2024.12. --（浦東歷代要籍選刊/李天綱主編）．--ISBN 978-7-309-17888-3

Ⅰ.I214.92

中國國家版本館CIP數據核字第2025VL6514號

張文虎集

ZHANGWENHU JI

（清）張文虎 著 王 瑾 顔敏翔 整理

出版發行 復旦大學出版社

上海市國權路五七九號 郵編：二〇〇四三三

八六—二一—六五一〇二五八〇（門市零售）

八六—二一—六五一〇四五〇五（團體訂購）

八六—二一—六五六四二八四五（出版部電話）

fupnet@fudanpress.com http://www.fudanpress.com

責任編輯 高 原

印 刷 上海盛通時代印刷有限公司

開 本 八九〇×一二四〇 三十二分之一

印 張 四一點三七五

字 數 七七七千

版 次 二〇二四年十二月第一版

印 次 二〇二四年十二月第一版第一次印刷

書 號 ISBN 978-7-309-17888-3/Z・131

定 價 貳佰陸拾圓